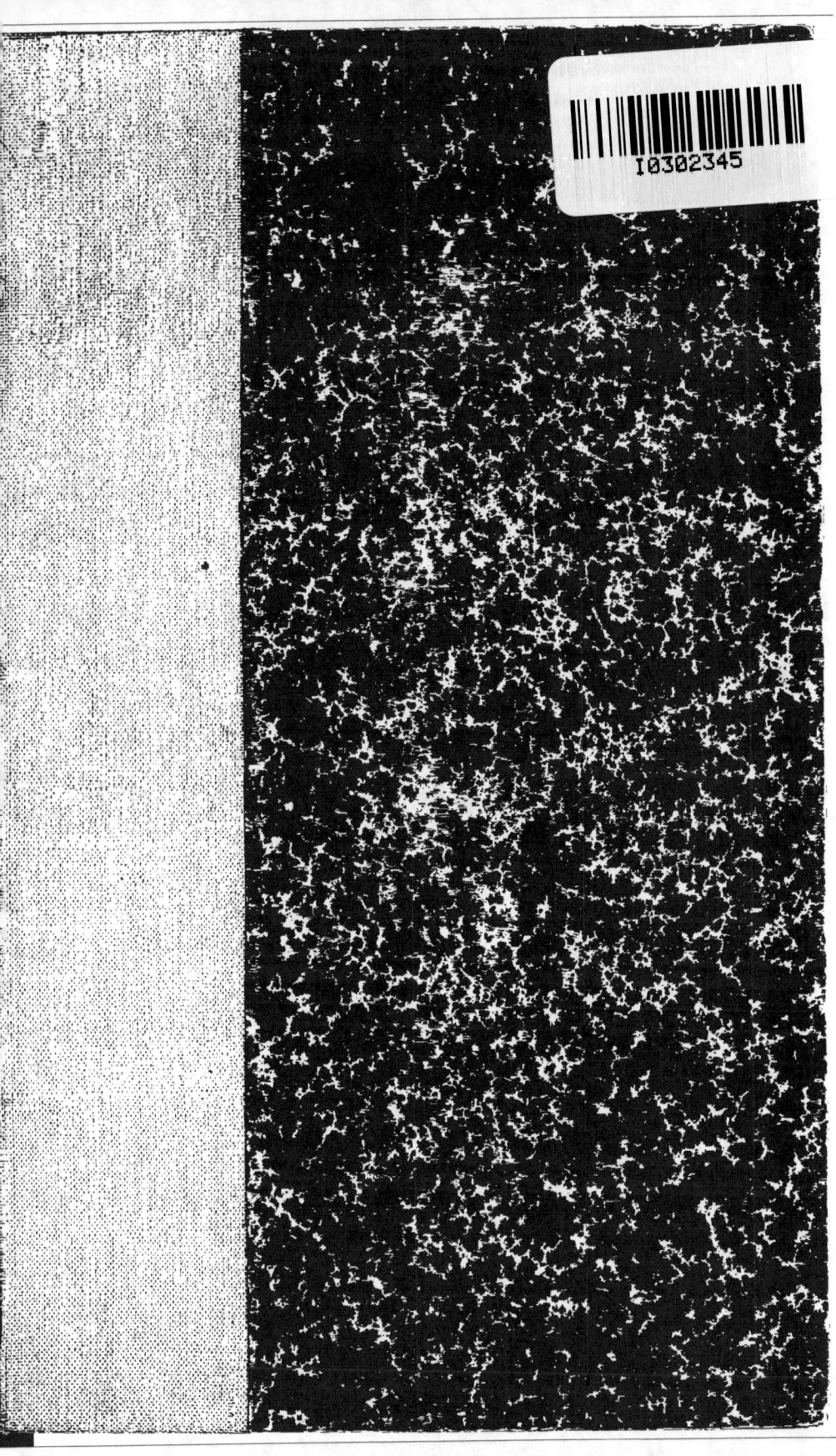

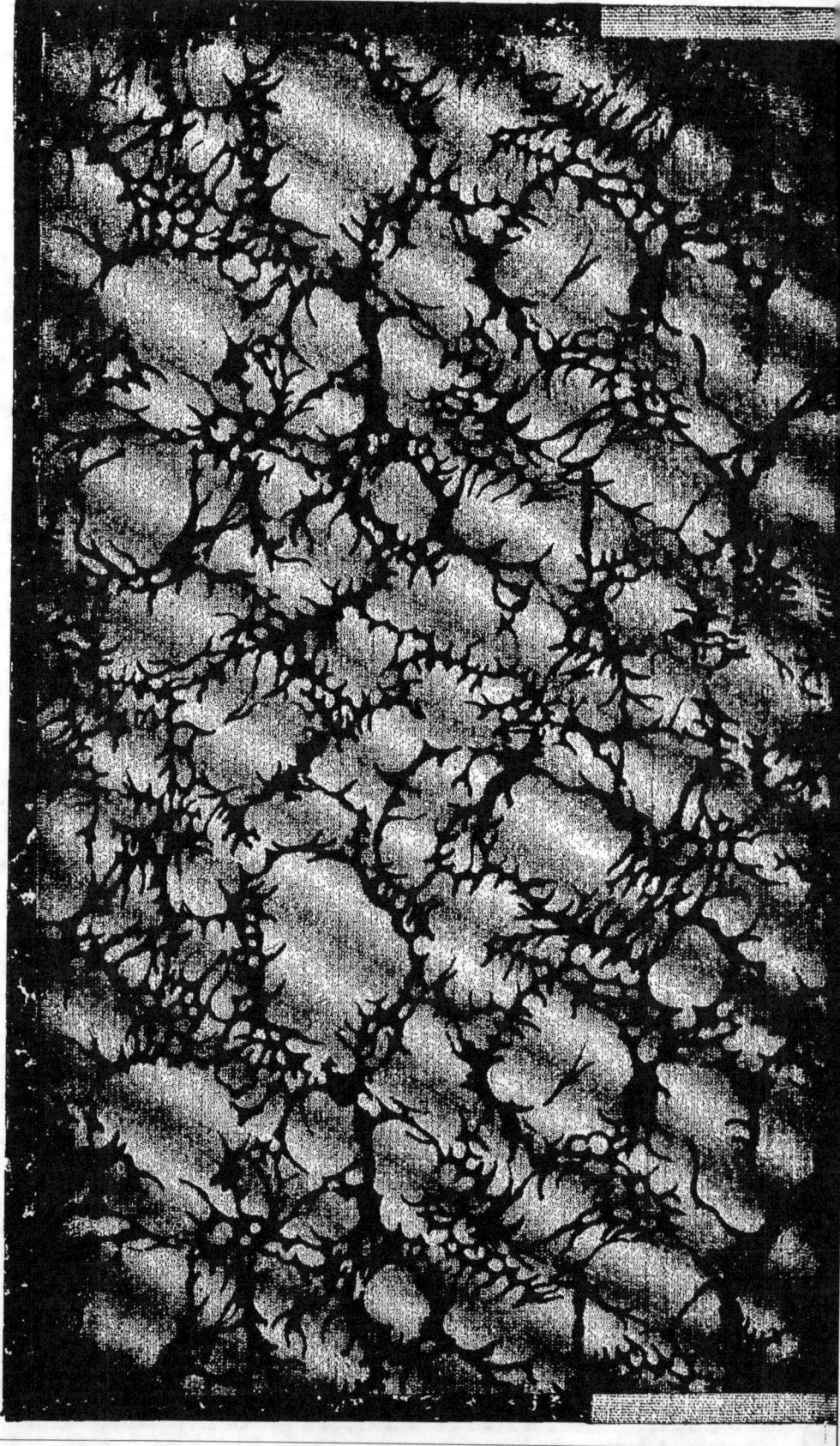

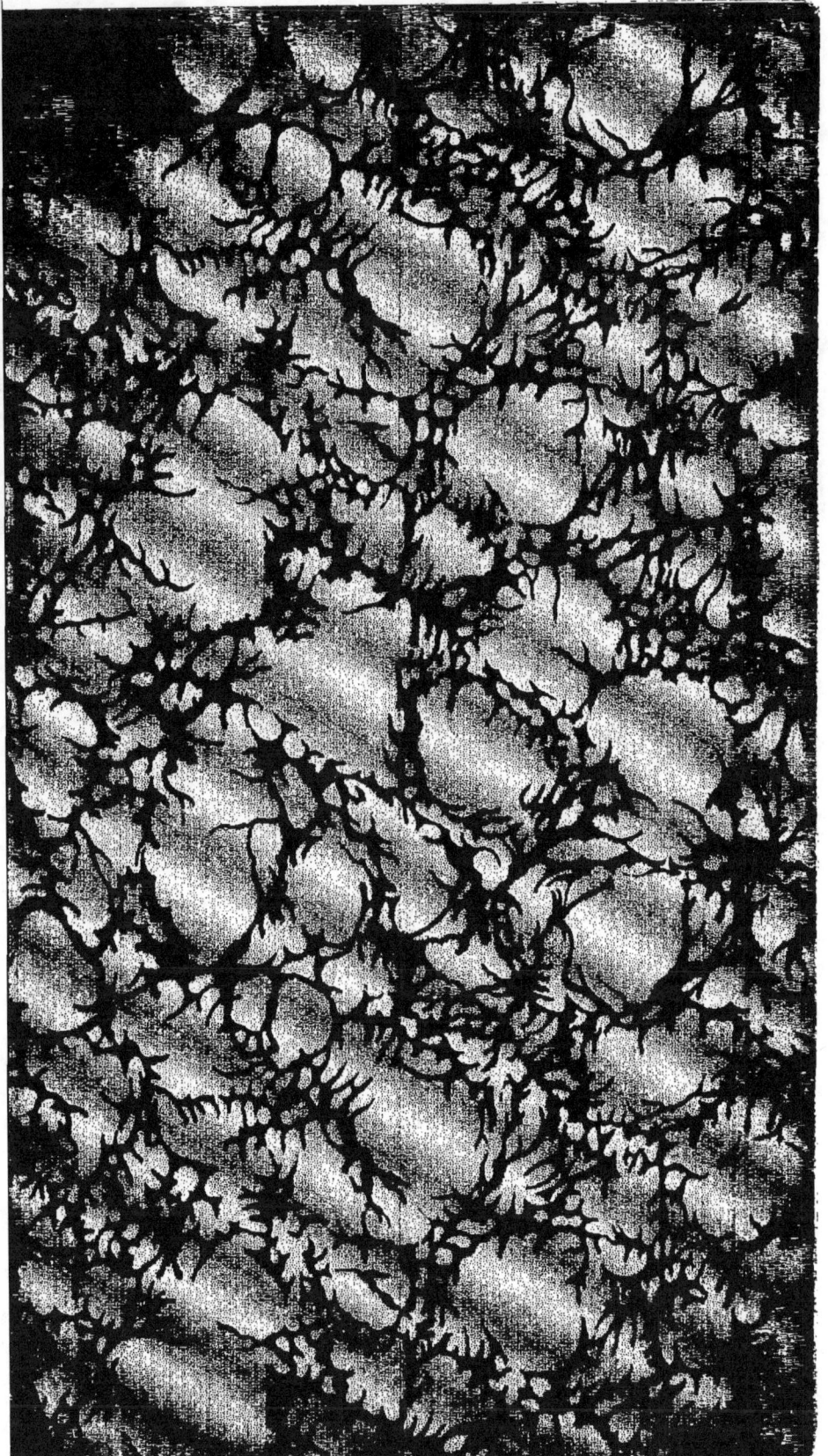

STEMPFER-REL

VIE

DU RÉVÉREND PÈRE

ACHILLE GUIDÉE

DE LA COMPAGNIE DE JÉSUS

AMIENS. TYP. LAMBERT-CARON.

VIE

DU RÉVÉREND PÈRE

ACHILLE GUIDÉE

DE LA COMPAGNIE DE JÉSUS

PAR LE

P. F. GRANDIDIER

DE LA MÊME COMPAGNIE

AMIENS	PARIS
LAMBERT-CARON, ÉDITEUR	LIBRAIRIE VICTOR SARLIT
Place du Grand-Marché	Rue Saint-Sulpice, 25

1867

PROPRIÉTÉ.

AVANT-PROPOS.

Disciple des Pères de la Foi et leur coopérateur dans le dessein de rétablir l'Institut de saint Ignace, reçu l'un des premiers dans la Compagnie de Jésus renaissante, successivement élevé à tous les degrés et aux fonctions principales de son Ordre, le R. P. Guidée s'est trouvé mêlé à presque tous les événements qui ont signalé pendant un demi-siècle l'existence des Jésuites en France ; il a pris part à leurs affaires les plus importantes; il a été associé à toutes leurs épreuves et à tous leurs périls, à leurs combats, à leurs revers, à leurs succès.

Ces rapports intimes de la vie du P. Guidée avec l'histoire générale de sa Compagnie, ainsi que les beaux exemples de vertu qu'il a donnés en des situations très-diverses et parfois très-difficiles, ont fait croire à ses nombreux amis que le simple mais fidèle tableau de sa longue carrière ne serait pas dépourvu d'intérêt et pourrait produire une salutaire édification. C'est pourquoi ils ont manifesté le désir de le voir tracé par un de ses frères en religion. Mgr Boudinet, évêque d'Amiens, s'est fait l'interprète de ce vœu unanime. S'adressant aux religieux qui entouraient les restes inanimés de leur vénéré supérieur, il s'est écrié : « Ah! sans doute il se rencontrera quelqu'un parmi vous, mes révérends Pères, pour raconter l'histoire de celui qui a écrit la vie de tant d'autres! »

L'humble notice que nous publions a pour but de réaliser ce désir. Puisse-t-elle y avoir réussi! Nous oserions l'espérer, s'il suffisait au biographe, pour réussir dans son œuvre, d'admirer et d'aimer celui dont il redit les actions. Mais il faut quelque chose de plus, et nous ne nous dissimulons aucune des imperfections de notre ouvrage. Du moins notre excuse sera d'avoir obéi en entreprenant ce travail, et notre consolation, de pouvoir offrir un tribut de reconnaissance à celui que nous avons appris, pendant douze années, à écouter comme un maître, à chérir comme un père, à vénérer comme un saint religieux.

Saint-Acheul, en la fête du Sacré-Cœur de Jésus, 28 Juin 1867.

VIE

DU RÉVÉREND PÈRE

ACHILLE GUIDÉE

CHAPITRE PREMIER

FAMILLE — ÉDUCATION — VOCATION

(1792-1814)

I. — Vers l'an 1787, une femme, pieusement agenouillée devant l'autel de Notre-Dame de Liesse, demandait à la Mère de Dieu ce que plus d'une illustre princesse y avait obtenu : la bénédiction du ciel sur son mariage. Depuis huit années, elle attendait en vain la naissance de son premier enfant. Elle priait avec une foi si vive et une telle ardeur que, semblable à la mère de Samuel, elle ne s'apercevait pas qu'elle exprimait tout haut ses chagrins et ses désirs. Le succès de sa prière répondit à sa ferveur. La pieuse cliente de Marie se retira exaucée : dès l'année suivante elle devint mère. Elle s'appelait Adélaïde-Reine Dottin, et elle était mariée à Jean-

Joseph Guidée, honnête orfèvre d'Amiens. De ce mariage, visiblement béni du ciel, naquirent trois fils et deux filles.

Les deux fils aînés continuèrent dans le monde les traditions de probité qu'ils avaient reçues de leur père.

Les deux filles, marchant sur les traces de leur mère, édifièrent longtemps la ville d'Amiens par leur piété, leur zèle et leur tendre charité envers les pauvres.

Celui de ces enfants qui eut sans contredit la meilleure part, ce fut le troisième : Dieu le destinait au sacerdoce, et l'avait choisi pour en faire un auxiliaire actif des restaurateurs de la Compagnie de Jésus, un infatigable promoteur de l'éducation chrétienne en France. C'est celui dont nous écrivons la vie.

Achille-Paul-Étienne Guidée naquit à Amiens, le 18 août 1792, et fut baptisé le même jour. Il venait au monde à l'époque la plus néfaste du régime révolutionnaire, au lendemain du 10 août, à la veille des hideuses journées de septembre, ce qui lui faisait dire plus tard : « Je suis un enfant de la révolution ; mais je me flatte de n'avoir accepté d'une telle mère ni son esprit, ni ses sentiments, ni son culte. »

La première éducation d'Achille ne souffrit en rien du malheur des temps. Dirigée d'après les maximes de la religion et les traditions particulières de la famille, elle fut chrétienne.

Achille se distingua de bonne heure entre ses frères par des goûts plus sérieux et un attrait plus sensible pour la piété. Imiter le prêtre était son passe-temps favori. Son père lui avait arrangé une petite chapelle, qu'il avait pourvue de tout ce qui était nécessaire aux cérémonies du culte. Que de fois, dans le cours de sa vie, le P. Guidée a rappelé, comme un des plus doux souvenirs de son enfance, et les messes qu'il célébrait avec une gravité précoce, et les processions pour lesquelles il réclamait le concours de ses frères et de ses sœurs, et les instructions improvisées qu'il adressait à son jeune auditoire sur le bon Dieu et la Sainte Vierge ! Il se plaisait à reconnaître, dans ce goût pour les cérémonies de la religion, le premier germe de sa vocation sacerdotale et religieuse.

L'éducation privée cependant, si parfaite qu'on la suppose, ne fait d'ordinaire qu'ébaucher le caractère de l'enfant. Pour le façonner et l'achever, pour faire de cet enfant un homme et un vrai chrétien, il faut l'éducation publique, avec sa mâle discipline et son implacable égalité, ses froissements salutaires et ses rivalités généreuses, ses luttes, ses revers et ses triomphes : mais à une condition toutefois, c'est qu'elle soit subordonnée aux préceptes de la vertu et dirigée par des maîtres véritablement chrétiens.

II. — Achille eut le bonheur de commencer son éducation publique au moment où, par un concours admirable de circonstances, les maisons d'éducation religieuse se relevaient de leurs ruines. Le concordat récemment conclu entre Pie VII et le premier consul venait de clore, pour un temps du moins, l'ère des persécutions et de l'arbitraire. Les Pères de la Foi se hâtaient de rentrer dans leur patrie à la faveur de la paix, et profitaient des premiers rayons d'une liberté qui devait être si courte, pour fonder des établissements d'instruction secondaire sur divers points du royaume, à Belley d'abord, puis à Amiens. Celui d'Amiens s'ouvrit au mois de septembre 1802, dans l'ancienne maison de l'Oratoire (1).

Achille avait dix ans; c'était le moment pour lui de commencer les études classiques, regardées à juste titre comme les auxiliaires obligés d'une éducation libérale. Ses parents eurent la bonne inspiration de l'envoyer, avec ses frères, au pensionnat de l'Oratoire. Il y trouva ces religieux savants et modestes, prêtres zélés et pour la plupart confesseurs de la foi, dont il devait un jour, en de simples mais précieuses notices, recueillir les noms vénérables et transmettre aux âges futurs l'édifiant souvenir. Il fut admis dans la classe du P. Loriquet, qui était à la fois régent de sixième et préfet général des études. Le maître était habile; l'écolier, diligent : les progrès furent rapides aussi bien dans les lettres que dans la vertu, et, dès la première année, le prix de sagesse, des prix ou des nominations dans toutes les matières, attestèrent la conduite exemplaire d'Achille, en même temps que son application au travail et ses succès. Depuis lors il ne cessa d'occuper les premiers rangs de sa classe, et la première place dans l'estime de ses maîtres et dans l'affection de ses condisciples. Tous les ans, on le voit figurer parmi les

---

(1) Elle devint plus tard le berceau des Dames du Sacré-Cœur.

élèves d'élite admis aux examens publics et honorés des palmes littéraires.

Entre tous les souvenirs que le P. Guidée avait conservés de ces premières années deux s'étaient plus profondément gravés dans sa mémoire.

Le premier, de beaucoup le plus cher à son cœur, était le souvenir de sa première communion : il l'avait faite à Notre-Dame, le 31 mai 1804, avec une ferveur admirable, telle qu'on pouvait l'attendre d'un cœur naturellement ouvert à la piété, et parfaitement préparé à cette grande action par le zèle de ses maîtres.

Le second, qui remontait à l'année précédente, était le souvenir d'une visite du premier consul à l'Oratoire. Bonaparte, sur le point de convoquer en comices le peuple français pour lui demander, avec le titre d'empereur, la consécration de son pouvoir souverain, se montrait tour à tour aux principales villes de France, afin d'exciter leur enthousiasme et de s'assurer leurs suffrages. En parcourant la ville d'Amiens, il ne dédaigna pas d'entrer au pensionnat de l'Oratoire (1). L'admiration que le jeune héros inspirait alors était universelle et sincère ; aussi sa présence causa-t-elle un enthousiasme inexprimable. Le P. Guidée, dans ses vieux jours, aimait encore à se rappeler quelle vive, quelle profonde émotion avait saisi son jeune cœur, à la vue de celui qu'on appelait alors le nouveau Cyrus et le nouveau Constantin, et qu'illustraient doublement, aux yeux de la France, les victoires remportées sur les ennemis de la patrie, et la paix inespérée rendue à l'Église par le Concordat.

(1) Voir la vie du P. Loriquet.

Hélas! ce beau temps dura peu, et l'Oratoire n'eut pas longtemps à se réjouir de la visite consulaire. Peu s'en fallut même que, dès l'année suivante, il ne pérît dans une bourrasque soudaine, qui faillit emporter d'un seul coup tous les établissements des Pères de la Foi. La vogue méritée dont jouissait l'Oratoire avait éveillé la jalousie et ravivé les haines irréligieuses, plutôt comprimées que détruites par la main puissante du nouveau maître de la France. Profitant d'une heure critique, où l'inquiétude ouvrait le cœur du souverain à la défiance, les ennemis de la religion dénoncèrent l'Oratoire d'Amiens et les autres établissements des Pères de la Foi, comme des foyers redoutables de politique réactionnaire. La dénonciation, appuyée par le crédit de Fouché, eut d'abord plein succès. La suppression de tous les colléges des Pères de la Foi fut résolue, le décret préparé et signé. Heureusement, les vives réclamations des premiers habitants d'Amiens, présentées par le ministre de l'intérieur, Chaptal; un mémoire justificatif du P. Varin, appuyé par le ministre des cultes, Portalis; et surtout la puissante protection du cardinal Fesch, parvinrent à détruire les impressions de la calomnie. Le décret ne fut pas publié. L'école de l'Oratoire fut épargnée; mais le péril qu'elle venait de courir inspira la pensée de la transporter hors de la ville et de l'établir au faubourg de Noyon (1).

Achille y suivit ses maîtres, au mois d'octobre 1804. « Ni la Société des Pères de la Foi, ni la ville d'Amiens, ni le pensionnat ne perdirent rien à cette translation. Ce fut au faubourg de Noyon le même empressement

---

(1) Dans une maison qui est occupée aujourd'hui par les Sœurs de la Sainte-Famille. Vie du P. Varin, par le P. Guidée, p. 151.

des parents pour envoyer leurs enfants dans la nouvelle école, et parmi ceux-ci une régularité plus grande encore. Ce pensionnat offrit bientôt un spectacle difficile à rencontrer dans une maison d'éducation : celui d'une jeunesse qui portait si loin l'émulation de la vertu et du travail qu'il fallut plus d'une fois y mettre des bornes. L'amour de la prière et même de la mortification animait ces bons jeunes gens ; et, si la vigilance des maîtres n'avait eu les yeux ouverts sur ces pieux excès, on aurait eu lieu de craindre des indiscrétions; mais la docilité des enfants surpassait encore leur ferveur. L'esprit de la maison était parfait : c'était en réalité le beau idéal d'un pensionnat chrétien : piété sincère, attachement cordial aux maîtres, régularité constante, charité et union entre tous (1). » Tel est le témoignage que le P. Guidée rendit plus tard à ses anciens maîtres et à ses condisciples. Nous y ajouterons le témoignage que rend au P. Guidée lui-même un de ses anciens condisciples, M. Léraillé, aujourd'hui doyen de Saint-Remi : « Parmi tant d'excellents élèves, dit-il, il y en avait deux que l'on distinguait et que l'on avait coutume de proposer pour modèles aux autres : c'était Maurice de Bonald pour les grands, et Achille Guidée pour les petits. »

Cependant on s'aperçut bientôt que le faubourg de Noyon n'était pas un abri plus sûr que l'Oratoire. Une loi de 1806 annonça la création de l'Université impériale, et il fut aussitôt question d'établir un lycée dans la ville d'Amiens. Les Pères de la Foi, craignant, non sans motif, de se voir contraints d'envoyer leurs élèves aux classes universitaires, résolurent de s'éloigner

---

(1) Vie du P. Sellier, par le P. Guidée, p. 48.

d'Amiens, et de se réfugier à Montdidier, qui leur offrait pour asile les bâtiments déserts d'une ancienne abbaye de Bénédictins. En une journée, le 5 août 1806, le pensionnat fut transporté à son troisième domicile, et dès le lendemain, les classes reprenant leur cours ordinaire, les élèves, leurs habitudes de travail et de piété, on vit régner à Montdidier, autant et plus encore peut-être qu'à Amiens, la ferveur des études, l'amour et la pratique de la vertu (1).

Ce fut là que, sous la conduite spirituelle du P. Sellier, Achille sentit éclore en son cœur et se développer rapidement les germes de la vocation religieuse. Sa piété se fortifia; elle se manifestait dès lors par une régularité stricte et ponctuelle, qui en sera désormais comme le trait distinctif. Sa fidélité à la règle était en effet si exacte, son zèle à la maintenir si inflexible, que certains de ses condisciples, dont il était, par sa conduite, le censeur incommode, le taxaient de pharisaïsme et l'appelaient le *juif :* reproche exagéré, que nous verrons se reproduire plus tard sous un autre nom et sans plus de justice.

Au mois de novembre 1807, la paix du pensionnat fut troublée de nouveau et d'une façon plus grave. Un décret impérial qui supprimait toutes les maisons des Pères de la Foi, força ceux de Montdidier à quitter leur établissement. Achille ne put consentir à se séparer de ses anciens maîtres, devenus les guides indispensables de son âme. Quand le P. Sellier se retira à la cure de Plainval, dont l'autorité diocésaine lui avait confié l'ad-

---

(1) Vie du P. Sellier, par le P. Guidée, p. 60, et Annales inédites de Saint-Acheul, p. 6.

ministration, Achille l'y suivit avec plusieurs de ses condisciples, désireux comme lui d'achever leurs études sous celui qui les avait si bien dirigées jusque là.

Le P. Sellier leur consacrait tous les moments libres que lui laissaient les fonctions du saint ministère. Eux de leur côté, l'aidaient de leur mieux dans ses travaux apostoliques, ainsi que nous l'apprenons du P. Guidée lui-même : « La piété, dit-il, et les exemples de ces bons jeunes gens exercèrent une salutaire influence sur les habitants de Plainval et secondèrent merveilleusement le zèle du pasteur (1). »

Cette douce vie, partagée entre les travaux de l'étude et les premiers essais de l'apostolat, dura un peu moins de deux ans. Au mois de février 1809, le P. Sellier, ayant été rappelé à Montdidier, ramena ses élèves au pensionnat, dont il était nommé supérieur, et Achille y termina, cette année-là, sa philosophie et son éducation littéraire.

III. — Il avait alors dix-sept ans. Sa vocation lui était connue ; il se sentait appelé au sacerdoce. Bien plus, il nourrissait le désir d'être admis un jour, avec ses maîtres, dans la Compagnie de Jésus, qui s'était comme miraculeusement conservée en Russie, et que l'on espérait en voir sortir incessamment pour se répandre de nouveau dans le reste du monde.

Ces espérances, ces aspirations du jeune Achille, n'étaient pas tout-à-fait ce que ses parents eussent désiré en lui. Ceux-ci, quoique bons chrétiens, n'étaient pas

---

(1) Vie du P. Sellier, par le P. Guidée, p. 70.

exempts des préjugés et des erreurs de l'époque. Au premier soupçon qu'ils eurent des projets de leur fils, ils les combattirent avec force : « Sois prêtre, j'y consens, lui disait son père; mais jésuite, je n'y consentirai jamais. »

Cette opposition empêcha sans doute Achille de contracter dès lors un engagement avec les Pères de la Foi, comme le fit, dès cette époque, un de ses compagnons de Plainval, le P. Maxime Debussi; mais elle ne changea rien à ses résolutions pour l'avenir. Il entra, comme professeur, à la maîtrise de la cathédrale d'Amiens, et s'abandonna tout entier à la direction de M. de Sambucy, un ancien Père de la Foi, qui essayait, lui aussi, de former, sous le nom de *Spiritins*, une association destinée à préparer le rétablissement de la Compagnie de Jésus. Le jeune professeur trouva, parmi ses collègues, M. Giraud et M. Carrière, qui devinrent plus tard, l'un archevêque de Cambrai et cardinal, l'autre supérieur général de Saint-Sulpice, et M. Léraillé, avec lequel il resserra les liens d'une sainte amitié, qui avait commencé au pensionnat du faubourg de Noyon et qui ne devait finir qu'à la mort.

Achille parcourut la carrière de l'enseignement, sinon avec éclat, du moins avec succès. Ses débuts furent modestes; il fit d'abord la classe élémentaire, mais il montait chaque année avec ses élèves. Par son exemple, il les animait au travail; par son zèle industrieux, il leur en aplanissait les difficultés; et par l'usage de parler latin, auquel il les forma de bonne heure, il les fit avancer rapidement.

Il demeura à la maîtrise ce qu'il avait été au collége : un modèle accompli de régularité et de ferveur. C'est le témoignage que lui ont rendu ses illustres collègues ; et lui-même confia à l'un d'eux que, dans l'espace d'une année, il n'avait omis qu'une seule fois son examen particulier.

Professeur et élèves profitaient de la sorte en science et en vertu, lorsqu'un évènement imprévu les força brusquement à se séparer. Vers la fin de 1811, M. de Sambucy fut arrêté par ordre du Gouvernement et conduit au donjon de Vincennes ; sa petite communauté fut dissoute et ses professeurs dispersés. Quelques-uns se retirèrent à Saint-Sulpice, et Achille Guidée entra au grand séminaire d'Amiens, où il se fit bientôt remarquer par sa ferveur et le salutaire ascendant qu'il exerça sur les autres séminaristes. Plusieurs de ses condisciples de Montdidier l'y rejoignirent en 1812. Chassés, avec le P. Sellier, du collége de cette ville, ils étaient venus se réfugier au grand séminaire, « où, tout en suivant les cours de théologie et la vie commune, ils devaient se conserver dans l'esprit de leur vocation religieuse, et se tenir unis par les liens d'une spirituelle fraternité (1). » L'abbé Guidée, qui avait depuis longtemps les mêmes aspirations et les mêmes desseins, se réunit à eux avec empressement, adopta leur règle de conduite, fut admis à leurs exercices particuliers et aux retraites que le P. Sellier leur donnait pendant les vacances, pour enflammer leur ardeur et les fortifier dans leurs saintes résolutions. « L'abbé Louis Debussi était, nous dit-il, comme l'ange gardien de cette petite colonie transplantée, qui remplit le séminaire de la bonne odeur de ses vertus (2). » Nous pouvons bien ajouter que l'abbé Guidée

---

(1) Vie du P. Sellier, par le P. Guidée, p. 87.

(2) Vie du P. Sellier, par le P. Guidée, p. 87.

en était un des membres les plus édifiants et les plus distingués. Car, en 1813, lorsqu'il s'agit de réorganiser la maîtrise de la cathédrale, il fut, avec l'abbé Debussi, appelé par l'administration diocésaine à ce poste de confiance. Tous deux n'y devaient rester qu'un an ; c'en fut assez néanmoins pour réaliser les espérances qu'ils avaient fait concevoir, et pour former entre eux une de ces rares amitiés qui sont le charme de la vie, parce qu'elles ont pour lien la vertu et pour fruit une noble et généreuse émulation.

En revenant à la maîtrise, l'abbé Guidée y retrouva ses élèves. Il déploya, pour les instruire et les édifier, la même activité et le même zèle qu'auparavant ; si bien que l'année suivante, lorsqu'ils passèrent de la maîtrise de la cathédrale au petit séminaire de Saint-Acheul, ils furent jugés capables d'être admis dans la classe de rhétorique, où ils se maintinrent constamment au premier rang pour le succès comme pour le travail.

On pourrait invoquer aussi, en témoignage de son zèle, les statuts d'une petite congrégation qu'il avait établie en l'honneur du Sacré-Cœur de Jésus et du Cœur immaculé de Marie. L'énoncé des vertus dont il proposait la pratique à ses élèves, peut être regardé comme le tableau de son cœur à cette époque : « Fidélité exacte à toutes les lois de Dieu et au règlement de la maison, soumission, modestie, piété douce, charité soutenue, conduite irréprochable. » L'extrait suivant de sa consécration révèlera les ardeurs de son âme.

« Voulant donner au Sacré-Cœur de Jésus une preuve de notre amour et de notre entier dévouement à son culte, nous lui offrons notre cœur ; nous lui consacrons tous ses sentiments, toutes ses affections et tous ses désirs, nous le lui donnons sans réserve et sans retour. En conséquence, nous déclarons devant le Seigneur que notre intention est aujourd'hui et sera tous les jours de notre vie, jusqu'à notre dernier soupir, de faire autant d'actes d'amour de Dieu, autant d'actes de consécration à son saint service que nous respirerons de fois, que notre intelligence aura de pensées et notre cœur de palpitations. Notre désir est que ces actes soient aussi parfaits que ceux des Séraphins et des âmes qui ont le plus aimé Notre-Seigneur. Nous prions le bon Dieu qu'il leur donne cette valeur pour sa plus grande gloire et nullement pour notre mérite. »

IV. — Cependant des évènements mémorables s'étaient accomplis en France. Napoléon, vaincu par l'Europe coalisée, avait abdiqué, le 14 avril 1814, et Louis XVIII, remontant sur le trône de saint Louis, faisait espérer un régime plus favorable à la religion et à la liberté d'enseignement. Les Pères de la Foi, qui n'ignoraient pas la valeur d'un fait accompli, se réunirent à la hâte et s'occupèrent aussitôt de relever leurs anciens établissements. Dans ce dessein, le P. Sellier avait jeté les yeux sur Amiens. Mais, craignant de compromettre par une précipitation inconsidérée une affaire aussi importante, il songea à s'assurer d'avance la protection ou du moins la tolérance du nouveau gouvernement. Il rédigea une requête et il chargea son ancien élève, Achille Guidée, dont il connaissait la prudence et le tact, d'aller la présenter au roi, et, s'il en était besoin, de la développer devant lui et de la défendre. Le négociateur se présenta au château royal de Compiègne, le premier dimanche de mai 1814.

La mission était délicate, et le moment assez mal choisi ; car, dans ces premiers jours de la Restauration, les requêtes et les placets pleuvaient de toutes parts autour du monarque, et ne lui laissaient, ni la possibilité d'y faire droit, ni même le loisir d'en prendre connaissance. La requête du P. Sellier eut le sort de beaucoup d'autres ; elle ne parvint pas même jusqu'à Louis XVIII. Le jeune député ne se laissa point décourager. Ne pouvant pénétrer jusqu'au roi, il demanda une audience au duc Eugène de Montmorency, gouverneur du château ; et l'ayant obtenue, il exposa le but de sa démarche et l'importance de sa requête avec tant de clarté, de convenance et de force, que le duc lui dit enfin : « Commencez toujours avec confiance. Une entreprise qui ne tend qu'à former de fidèles serviteurs de Dieu et des citoyens dévoués à leur patrie, loin d'éprouver aucune contradiction, sera soutenue et protégée (1). » Ce n'était pas là une autorisation officielle, ce n'était qu'une assez vague promesse de tolérance ; mais c'est tout ce qu'alors on pouvait obtenir, et cela suffisait. L'abbé Guidée avait donc réussi dans sa mission.

Les évènements les plus heureux se succédaient avec une merveilleuse rapidité. Pie VII, quittant sa prison de Fontainebleau, était rentré en triomphe dans la ville éternelle, et s'y préparait, disait-on, à rétablir prochainement la Compagnie de Jésus dans tout l'univers catholique. Déjà, dans cette espérance, les Jésuites de Russie envoyaient partout des Pères chargés de recueillir les débris de l'ancienne Compagnie et d'enrôler les nouvelles recrues qui se présentaient en foule. Le

---

(1) Vie du P. Sellier, par le P. Guidée, p. 104.

vœu le plus ardent d'Achille et de ses maîtres, les Pères de la Foi, allait donc se réaliser !

Dévoués à l'Institut de saint Ignace, dont ils avaient adopté les règles et conservé le culte durant les jours mauvais, les Pères de la Foi n'avaient jamais eu d'autre but que de concourir au rétablissement de la Compagnie de Jésus, ni d'autre espoir que d'y être un jour admis. Tous se montrèrent fidèles à l'esprit de leur Société et disposés à tenir leur engagement ; mais ils ne furent pas d'abord unanimes sur le temps ni sur le mode de la démarche décisive. La plupart voulaient se présenter sur-le-champ au Général de la Compagnie ; d'autres, avec le P. Varin, leur supérieur, étaient d'avis qu'il fallait encore attendre.

Pendant qu'ils délibéraient entre eux, un ancien jésuite, le P. Fonteyne, arriva en Belgique avec le titre et les pleins pouvoirs de commissaire du Père Général. Ceux des Pères de la Foi qui se trouvaient dans cette contrée, sollicitèrent de lui aussitôt et obtinrent d'être incorporés à la Compagnie de Jésus ; ceux de France désiraient vivement obtenir une semblable faveur, mais on exigeait qu'ils vinssent la solliciter en personne, et qu'ils entrassent au noviciat récemment ouvert en Belgique. Quitter la France en ce moment leur paraissait difficile, et ils demandaient que le P. Fonteyne consentît à venir jusqu'à eux, ou du moins qu'il leur envoyât un Père nouvellement admis, auquel serait délégué le pouvoir de les admettre à leur tour. Le P. Sellier et l'abbé Guidée écrivirent plusieurs fois en ce sens au P. Leblanc, leur ancien supérieur d'Amiens et de Montdidier. Le

P. Leblanc, avec sa franchise un peu rude, répondit en ces termes à son ancien élève :

« Gand, 14 mai 1814.

« Achille, je reçois votre lettre du 10, avec la lettre de M. Sellier. Comme je vous l'ai écrit, le 10 aussi, il ne s'agissait pas de venir avec la certitude de ne pas retourner; mais seulement pour prendre les avis du R. Père et suivre la marche qu'il aurait tracée. Je vois par la lettre de M. Sellier, qu'il n'a pas du tout compris comment les affaires iront. Il ne s'agit pas de prendre des patentes d'admission à la Compagnie, de dire le lendemain qu'on lui appartient, et d'aller, le surlendemain, ouvrir des colléges ou prêcher en son nom. Il s'agit, pour tous ceux qui le veulent, de se présenter individuellement à l'examen, d'y être refusés ou admis *ad novitiatum*, de faire ce noviciat, et ensuite tout ce que les supérieurs jugeront convenable.

« Je me réjouis, si l'on peut former un noviciat en France. Mais 1° je ne crois pas qu'il reste des anciens capables d'y présider. 2° S'il y en a, il faut qu'ils y soient autorisés par le T. R. Père Général. 3° S'il faut en envoyer de Russie ou d'Amérique, outre qu'ils n'y sont déjà pas trop nombreux, il faudra du temps pour régler cette affaire. 4° enfin, les impies, qui ne sont pas abattus en France, retarderont cette œuvre autant qu'il leur sera possible. Ceux donc qui auront le zèle de leur vocation, s'empresseront de profiter de la possibilité d'être admis, soit en Belgique, soit même plus loin s'il le faut.

« On demande que le R. Père se rende en France, ou

qu'il y envoie quelqu'un. Mais 1° ses infirmités ne lui permettent pas de courir au gré de chacun. 2° Qu'ira-t-il faire? C'est à ceux qui se présentent à venir le chercher. 3° Comment m'enverrait-il? Il n'y a que deux heures que j'ai reçu la nouvelle de la grâce que me fait le T. R. Père Général en m'admettant *ad novitiatum*. Sera-ce donc à la troisième heure qu'on fera de moi un provincial ou même un commissaire délégué? Tous les nôtres qui sont dans ce pays sont tout simplement, comme moi, admis *ad novitiatum*, et par conséquent ineptes à traiter les grands intérêts de la Compagnie. Ainsi, ni le R. Père n'ira, ni il n'enverra. »

Ces observations, communiquées au P. Varin, le déterminèrent à se rendre en Belgique, et, sur l'avis du P. Fonteyne, à entreprendre le voyage de Saint-Pétersbourg, afin de se mettre, lui et tous les siens, à la disposition du général. Mais, au moment de partir, il apprit que celui-ci venait de confier au P. de Clorivière, pour la France, les mêmes pouvoirs que le P. Fonteyne avait pour la Belgique. Toutes les difficultés étaient évanouies. Le P. Varin revint donc en France, et se hâta de solliciter pour lui-même, pour tous les Pères de la Foi qui le reconnaissaient comme supérieur, et pour un grand nombre de leurs anciens élèves, l'admission immédiate dans la Compagnie. Les prêtres, pour la plupart, furent exaucés; les autres, comme l'abbé Guidée et ses condisciples du grand séminaire, durent attendre l'arrivée du P. de Clorivière à Amiens, où il promettait de venir bientôt.

Ce délai fut pénible sans doute à la sainte impatience de l'abbé Guidée; peut-être lui fut-il nécessaire pour triompher des dernières oppositions de sa famille. Son père était mort; mais sa mère avait hérité en partie des préjugés de son mari, et, si elle tolérait en son fils une vocation à l'état ecclésiastique, elle ne le voyait pas sans déplaisir se diriger vers l'état religieux, surtout vers un ordre aussi universellement décrié, disait-elle, que celui des Jésuites. Cependant ses préjugés et, par suite, son opposition aux vœux de son fils, durent enfin céder devant l'éclatante réhabilitation de cet Ordre par le Souverain-Pontife. La bulle *Sollicitudo omnium Ecclesiarum,* publiée le 7 août 1814, vengeait la Compagnie de Jésus de toutes les calomnies sous lesquelles elle avait un instant succombé, et la déclarait solennellement rétablie dans tout l'univers chrétien.

Vers le même temps, l'Académie d'Amiens ayant mis opposition à l'établissement d'un collége libre dans l'intérieur de la ville, les Pères se virent obligés de chercher un refuge dans la banlieue, de quitter Amiens pour Saint-Acheul, et de substituer le titre de petit séminaire à celui de collége.

Enfin, au mois d'octobre 1814, le P. de Clorivière arriva à Saint-Acheul pour organiser les études, donner les exercices spirituels aux futurs professeurs, et recevoir dans la Compagnie ceux qui en seraient jugés dignes. L'abbé Guidée se présenta des premiers, et fut admis le 18 octobre. Quelle fut alors la joie de son cœur et sa reconnaissance, on en jugera par ces lignes que nous détachons de son journal de retraite : « C'est Dieu lui-même qui m'a choisi pour me faire membre d'une société religieuse, qui a l'honneur insigne de porter son nom et de partager avec lui la haine des méchants. Et dans quel temps? lorsque, après cinquante ans de mort, elle renaît enfin du tombeau, et que, autour de moi, le monde est menacé d'une apostasie générale. Et comment? par des circonstances qui paraissaient ou étrangères ou indifférentes à ce dessein. Je ne puis me lasser d'admirer par quel prodige Dieu avait tout disposé pour ma vocation, et comment, d'un si grand nombre qui semblaient vouloir suivre la même carrière que moi, je me trouve le seul aujourd'hui qui serve Dieu dans la Compagnie de Jésus. Abîmé de reconnaissance, je n'ai plus d'autre parole que celle-ci : O bonté ! ô miséricorde ! ô amour ! »

CHAPITRE DEUXIÈME

NOVICIAT ET RÉGENCE
(1814-1818)

I. — Le P. Guidée, en racontant, dans la vie du P. Sellier, les origines du petit séminaire de Saint-Acheul, a nommé tous les religieux qui concoururent à cette fondation, et donné le catalogue de leurs emplois. Lui-même y figure avec les titres de professeur de quatrième et de premier préfet de santé. Cela n'empêchait pas qu'il ne fût encore novice, aussi bien que tous ses collègues, depuis le supérieur de la maison, le P. Jennesseaux, jusqu'au portier, le F. Firmin Heigny.

Car, d'une part, la nécessité de prendre sans retard possession de la liberté d'enseignement, en ouvrant des collèges; de l'autre, la pénurie de religieux déjà formés que l'on pût consacrer immédiatement à cette œuvre, ne permirent pas à la Compagnie renaissante d'accorder à ses recrues de la première heure la solitude, la paix, les exercices particuliers, tous les avantages enfin d'un noviciat constitué suivant les prescriptions de saint Ignace. Mais, si elle dut les jeter aussitôt dans les combats de la vie active, elle leur accorda du moins tout ce qui était essentiel et possible.

Le P. de Clorivière inaugura lui-même le noviciat à Saint-Acheul, et, dans une retraite de huit jours, il s'efforça, par le moyen des Exercices, d'initier les nouveaux enfants de saint Ignace au véritable esprit de leur bienheureux Père et de sa Compagnie. A cette indispensable initiation succédèrent les exercices et les épreuves de la vie commune, sous la direction du P. Loriquet, établi maître des novices, tout novice qu'il était lui-même. L'oraison, les examens, la lecture spirituelle, les pratiques de piété et de mortification, en un mot, tout ce qui pouvait s'accorder avec les laborieuses occupations de l'enseignement, fut prescrit avec soin et fidèlement observé. On y ajouta, plusieurs fois par semaine, des conférences sur l'Institut, desquelles cependant les prêtres se voyaient privés, à raison du surcroît de travail que leur imposaient les devoirs du saint ministère. Enfin, chaque quinze jours, une exhortation spirituelle avait lieu à quatre heures et demie du matin, seul moment de la journée où l'on pût réunir la communauté tout entière.

Telle fut l'éducation religieuse que le P. Guidée et les anciens Pères de la Foi reçurent à leur entrée dans la Compagnie. On verra aisément combien elle était incomplète, si on la compare à ce que l'aurait faite l'observation de tout ce qui est prescrit dans l'Institut et pratiqué dans un noviciat régulier ; et l'on ne s'étonnera pas que ces premiers novices de la Compagnie renaissante, quoique d'ailleurs exercés de longue main à la pratique de l'abnégation et du zèle, n'aient pas complètement reproduit en leur personne le type parfait de l'ancien jésuite. Le P. Guidée lui-même en a fait la remarque. « Ils n'avaient pas été, dit-il, façonnés entièrement à l'esprit et aux usages de l'Institut, qui ne s'acquièrent que par une espèce de transmission traditionnelle. Ils avaient bien une vertu d'une solidité à toute épreuve, mais il leur manquait quelque chose dans la forme du religieux de la Compagnie de Jésus (1). » Ce qui leur manquait, nous n'essayerons pas de le préciser, à une si grande distance des faits et des personnes. Nous nous figurons qu'ils avaient dû conserver, pour la plupart, cette nuance trop prononcée d'austérité, qui fut un résultat malheureux de la lutte contre le jansénisme, et que l'on remarqua chez les meilleurs prêtres et les plus habiles théologiens français du siècle dernier.

Le P. Guidée, élevé dans le sein des Pères de la Foi, n'avait pas échappé à cette influence ; il en garda quelque temps une sorte de zèle un peu âpre pour la régularité matérielle. Cependant cette légère imperfection, moins sensible en lui qu'en plusieurs autres, alla diminuant de jour en jour. Grâce à la justesse et à la docilité de son esprit, grâce surtout à la méditation assidue des Constitutions, à laquelle l'obligèrent, presque toute sa vie, les hautes fonctions auxquelles il fut élevé, ces aspérités s'adoucirent ou s'effacèrent peu à peu, pour ne plus laisser paraître, à la fin, que la forme vraie et l'image naïve du « légitime enfant » de la Compagnie. Peut-être ne serait-il pas sans intérêt de suivre pas à pas, dans le cours de sa vie, le double travail qui s'opéra en lui : l'un, tempérant les habitudes un peu raides d'une vertu austère ; l'autre, dilatant, au sein d'une régularité toujours inviolable, la bonté et la condescendance, la douceur et l'amour, qui sont le véritable esprit de saint

---

(1) Notices historiques sur quelques membres de la Société des Pères du Sacré-Cœur, par le P. Guidée, I, p. 313.

Ignace et la plus pure doctrine du Sauveur. Les notes de retraite que le P. Guidée a laissées, et qui, de 1815 à 1865, durant un demi-siècle, nous offrent, année par année, le tableau fidèle de sa vie religieuse, faciliteraient cette étude; mais cela nous entraînerait trop loin. Nous nous permettrons seulement d'ouvrir de temps en temps ces notes, et de les interroger sur les sentiments du P. Guidée, aux principales époques de son existence. Écoutons d'abord ce qu'elles nous apprennent sur son noviciat.

Dès son entrée à Saint-Acheul, le F. Guidée se propose, comme type de la perfection, l'image du religieux, telle qu'on la voit tracée dans les Constitutions de saint Ignace et parfaitement réalisée dans la vie de ce grand saint. C'est à la reproduire en lui que le fervent novice se dévoue avec ardeur et s'applique sans relâche : « Seigneur, s'écriait-il, j'en prends à vos pieds la ferme résolution, je veux, à quelque prix que ce soit, être un *vrai*, un *parfait* jésuite, puisque l'un est inséparable de l'autre. La chose n'est pas si difficile : il suffit d'observer mes règles avec fidélité; j'y trouverai la perfection. »

Parmi ces règles, une le frappe d'abord, et c'est en effet la plus caractéristique, celle que saint Ignace donne comme la marque des vrais et légitimes enfants de sa Compagnie, l'obéissance : « C'est surtout à l'obéissance que je veux m'appliquer avec votre sainte grâce, ô mon Dieu; déjà il me semble avoir acquis, par votre secours, l'obéissance d'action et de volonté; mais le jugement résiste encore quelquefois. Seigneur, faites que, en employant les moyens que saint Ignace nous prescrit, je parvienne à la perfection de cette vertu ! »

Un de ces moyens, c'est l'abnégation, la pénitence. « Je ferai pénitence, et, puisque ma santé et l'obéissance m'interdisent l'usage fréquent des pénitences corporelles, j'y suppléerai par celles qui ne sauraient m'être nuisibles : mortification des yeux, de l'ouïe, du goût, de l'odorat, du toucher ; mortification du cœur, de l'esprit, par une entière docilité et une grande simplicité à découvrir le fond de mon âme. Je supporterai en esprit de mortification les peines attachées à mon état. »

Il s'encourage à la pratique de ces pénibles vertus par l'exemple de Jésus-Christ. « O mon âme, que vois-tu dans l'étable de Bethléem ? Un Dieu dans une crèche, un Dieu sur la paille, un Dieu enveloppé de pauvres langes, un Dieu raide de froid et n'ayant que l'haleine de deux vils animaux pour se réchauffer ! Qu'est-ce que cela veut dire ? quel langage me tiennent cette paille, ces langes grossiers, ce petit corps engourdi de froid, ces larmes que je vois couler de ses yeux ? Ah ! ils me disent bien éloquemment que les souffrances, les humiliations, la pauvreté, doivent être le partage de ceux qui veulent suivre Jésus-Christ. Oui, souffrir, être humilié, être pauvre, voilà le pain quotidien d'un religieux. Que la nature crie, qu'elle témoigne son horreur, c'est toujours là qu'il faut en revenir. Eh quoi donc ! doit-il paraître difficile de souffrir, d'être pauvre et humilié, quand un Dieu le premier nous en donne l'exemple ? Non, mon divin Jésus ; pour moi, il me semble que je suis résolu, avec le secours de votre grâce, d'endurer tout ce qu'il vous plaira de m'envoyer de souffrances, d'humiliations, de pauvreté. »

Il s'entretient dans l'estime et l'amour de sa vocation :

« O délices de l'état religieux, qui nous rend si semblables à Jésus ! O heureuse servitude, aimables liens, précieuses chaînes, qui m'unissent à mon Sauveur d'une manière si intime ! O bonheur de l'état religieux, où l'âme trouve toutes les facilités possibles pour faire le bien et mettre des obstacles au mal ! Mon Dieu, quelles actions de grâces vous rendrai-je pour une telle faveur ? Non, ma vie tout entière ne suffira pas pour vous en témoigner ma reconnaissance, et ce n'est que dans le séjour de l'éternité que je pourrai sentir la grandeur de ce bienfait inappréciable et vous en remercier dignement. Ici, par le moyen des trois vœux de pauvreté, de chasteté, d'obéissance, je suis attaché à la croix de mon Sauveur et dans l'heureuse nécessité de renoncer aux richesses, aux plaisirs, à ma propre volonté. Ici, je vis et je suis mort en même temps : je vis de la vie de Dieu, et je suis mort au monde et à ses vanités. Ici, je suis sur la terre et dans le ciel : mes pieds touchent la terre, ma tête est dans les cieux. Ici, je partage la croix de mon Sauveur, ou plutôt je suis crucifié sur une croix formée par la pénitence et l'obéissance. En vain le monde criera comme à mon Sauveur : *Descende de cruce !* descends de cette croix ! viens jouir avec nous des plaisirs de la vie, quitte ce genre de vie qui n'est pas fait pour toi ! Monde insensé, lui répondrai-je, laisse-moi, laisse-moi sur ma croix ! C'est une croix, il est vrai, mais je ne l'échangerais pas contre un diadème. Faux plaisirs, vains honneurs, richesses frivoles, vous êtes à mes yeux moins que de la boue. Ma croix fait mon bonheur ! ma croix fait mes délices ! »

Ces beaux sentiments étaient en même temps efficaces ; ils déterminaient des résolutions pratiques. Dans la retraite qui termina sa première année de noviciat, le F. Guidée prenait les suivantes :

« 1° Grande fidélité à mes exercices de piété.

2° Faire toutes mes actions avec esprit de foi, c'est-à-dire, les vivifier, par une intention droite.

3° Bien faire mon examen particulier.

4° Ne pas approcher des sacrements par routine.

5° Bien remplir mes fonctions.

» Voilà, s'écrie-t-il, en employant une image familière, voilà, Seigneur, les *cinq doigts* de la main avec laquelle je veux travailler à l'œuvre de ma perfection et de votre gloire. Et, pour ranimer le doigt qui pourrait s'affaiblir, j'ajoute la résolution d'employer, chaque jeudi, la seconde demi-heure de l'oraison, à examiner comment je suis fidèle à ces cinq points. Daignez, Vierge sainte, bénir de votre main maternelle ces saints exercices. Je les ai commencés sous vos auspices, c'est encore sous vos auspices que je veux les finir. Vous êtes ma Mère ; en cette qualité, vous avez gémi de mes infidélités. Vous avez vu mon repentir ; vous voyez la bonne disposition dans laquelle je suis. Obtenez-moi, je vous en conjure, ô ma bonne Mère, obtenez-moi de votre divin Fils, qui est mon Sauveur, la grâce de la persévérance. Anges gardiens, saints Patrons, saint Ignace, mon Père, et vous tous, Saints de la Compagnie, intéressez-vous en ma faveur, et demandez pour moi à notre Dieu, que les grâces que j'ai reçues dans ces saints jours ne soient pas tombées dans une terre ingrate et stérile, mais qu'elles fructifient au centuple. Ainsi-soit-il ! »

Cependant, le F. Guidée n'était pas seulement novice ; il était professeur aussi et surveillant. Dans cette multiplicité de fonctions et de devoirs, n'était-il pas à craindre que l'esprit intérieur ne se dissipât au milieu de soins si divers, ou que le cœur, séduit par l'attrait des études profanes, ne gardât plus que du dégoût pour les choses divines? Le fervent novice aperçoit le danger et le signale ainsi à son âme. « Pourquoi, ô mon âme, es-tu entrée en religion ? Est-ce pour étudier les sciences humaines? est-ce pour les apprendre aux autres ? Non, sans doute. C'est pour travailler à ton salut et à celui de ton prochain; mais à ton salut d'abord. Que te servirait en effet de sauver les autres, si, ce qu'à Dieu ne plaise, tu venais à te perdre toi-même? *Quid prodest ?* Or, comment pourrais-tu travailler efficacement à ton salut et à celui des autres sans l'esprit intérieur, et acquérir l'esprit intérieur sans l'esprit de prière et l'habitude du recueillement ? »

Il redouble donc d'attention pour se tenir plus étroitement uni à Dieu, « et ne travailler que pour Dieu et en vue de Dieu. » Nous livrant le secret de ce maintien modeste, de cette démarche grave, qui le distinguèrent toujours, « Je crois, dit-il, qu'il me sera aussi très-utile, pour la même fin, de marcher plus lentement, et de me recueillir dans le passage d'un lieu et d'une action à une autre. »

Aussi, avec quelle sainte avidité il saisissait les occasions de se retrouver seul avec Dieu ! Avec quelle joie il voyait approcher l'époque de la retraite annuelle ! « La voilà donc arrivée, cette bienheureuse retraite où, libre de tout soin extérieur, je vais, seul avec mon Dieu, considérer la grandeur de mes obligations et la manière dont je m'en suis acquitté durant le cours de cette année ! »

Ce fut dans ces saintes dispositions qu'il vit arriver le moment de se lier irrévocablement à Jésus-Christ dans la Compagnie. Le 20 octobre 1816, en présence du P. Follope, supérieur de la communauté, il prononça ses premiers vœux de religion, et le jour même il écrivait dans son journal de retraite : « *Funiculus triplex difficile rumpitur.* Me voilà donc lié à Dieu avec cette triple chaîne dont il est si difficile de rompre les nœuds ! Me voilà tout entier consacré à vous, ô mon Dieu ! Par le vœu de chasteté, je vous ai abandonné mon corps ; par celui de pauvreté, mes biens ; par celui d'obéissance, ma volonté. Biens du corps, biens de la fortune, biens de l'esprit, tout est à vous, ô mon Dieu ! Ah ! c'est maintenant que je puis m'écrier avec le Prophète, dans les transports de ma reconnaissance : *Quid retribuam Domino?* Que rendrai-je au Seigneur pour toutes les faveurs dont il m'a comblé ? Il a daigné me faire naître dans son Église ; il m'a prévenu dès mon enfance des bénédictions de sa douceur ; il m'a donné de puiser dans une éducation chrétienne le goût et les principes de la vertu ; il m'a appelé, malgré mes nombreuses infidélités, à la sainte Société de son divin Fils. Vous m'avez fait de grandes grâces, ô mon Dieu ; mais, j'ose vous le dire, je ne puis rien vous donner de plus que ce que je vous ai donné aujourd'hui. Sans doute ce que je vous donne n'est rien, ce que vous m'avez donné est tout ; au moins ce rien est tout ce que je possède ; c'est aussi tout ce que je vous donne : *vota mea Domino reddam.*

« Mais, Seigneur, j'ai besoin de votre secours pour être fidèle à mes engagements sacrés. Je connais les obligations qu'ils m'imposent, et je ne puis y être fidèle sans votre grâce ; daignez, Seigneur, ne pas me la refuser. De mon côté, je vous promets de faire tout ce qui dépendra de moi pour y être fidèle. Que ma langue glacée s'attache à mon palais, que ma main droite se dessèche, si jamais je t'oublie, sainte Compagnie de Jésus, ma mère, mon tout après Dieu ! *Adhæreat lingua mea faucibus meis, oblivioni detur dextera mea, si non meminero tui, Societas Jesu!* Mon Dieu, quel bonheur d'être tout à vous et de n'avoir rien à soi ! *non omnes capiunt verbum istud, sed quibus datum est.* Le monde ne le comprend pas : grâces vous soient rendues, mon Dieu, de ce que vous me l'avez fait comprendre. Où en serais-je maintenant, si vous ne m'aviez retiré du monde ? il en serait de moi comme de tant d'autres : je suivrais le torrent. Mais vous avez bien voulu m'y soustraire, parce que vous prévoyiez que je serais entraîné par sa violence. *Misericordias Domini in æternum cantabo.* »

II. — Jusqu'ici nous avons considéré, dans le F. Guidée, le novice seulement, et nous l'avons vu uniquement occupé, ce semble, du soin de sa propre perfection. Dans la réalité, il en était bien autrement. Comme nous l'avons déjà dit, à Saint-Acheul le noviciat se compliquait du professorat, et celui-ci, de la surveillance : « position critique, position difficile, inconciliable avec un état régulier, » mais rendue nécessaire par les exigences de l'époque (1). Elle dura jusqu'au mois d'octobre 1818, tout le temps du noviciat et de la régence du F. Guidée ; en sorte que, durant ces quatre années, au soin attentif de sa propre perfection, au travail assidu de l'étude et de la

---

(1) Vie du P. Sellier, par le P. Guidée, p. 112, note.

classe, se joignait pour lui l'occupation pénible d'une surveillance, qui absorbait tous ses loisirs durant le jour, et souvent ses heures de repos durant la nuit. Le zèle qui l'animait soutint son courage au milieu de toutes ces fatigues.

Il débuta, à Saint-Acheul, par la classe de quatrième. Les nombreux cahiers qu'il écrivit à cette époque, attestent avec quel soin il s'entourait de toute espèce de secours, avec quelle ardeur il s'efforçait de faire honneur à son enseignement, et quelle importance il attachait à l'influence secrète, mais efficace, exercée sur l'application des élèves par le travail même du professeur. C'est ainsi que, entre beaucoup de semblables travaux, il avait rédigé un traité d'analyse grammaticale et un autre d'élégance latine, formé un recueil de traits spirituels ou d'anecdotes intéressantes, dont il se servait pour ranimer l'attention de ses élèves ou égayer leurs thèmes et leurs explications, et transcrit en entier, pour sa direction personnelle, le règlement d'un professeur de l'ancienne Compagnie. En tête de cette copie il avait écrit : *Juravi et statui;* et, avec son devancier, dont il adoptait ainsi les sages résolutions, il se disait : « L'autorité dont j'ai besoin dans la classe dépend d'une conduite et d'un maintien égal, grave, posé. Ne point laisser entrevoir de passion, s'il est possible; ne point se permettre de gaieté déplacée, d'enfance, de caprice, d'alternative de bons et de mauvais quarts d'heure; ne passer rien, surtout dans les commencements; avoir l'œil à tout, veiller sans cesse, épier un geste, un regard, sans toutefois laisser paraître qu'on y pense ; se servir de tous ses talents pour tenir son petit monde attentif et appliqué. »

Comme on le voit, le F. Guidée, en homme pratique, ne s'égarait pas à poursuivre de séduisantes utopies : il allait droit au but. Il s'appliquait d'abord à soumettre ses élèves au joug d'une discipline vigoureuse, sans laquelle il ne croyait possible ni instruction, ni progrès. En cet art difficile, il était déjà passé maître lorsqu'il vint à Saint-Acheul. Aussi fut-il bientôt jugé digne de l'enseigner aux autres; ce qu'il faisait toujours volontiers, même plus tard, après qu'il eut été élevé aux plus hauts emplois de son Ordre. « Lorsque je commençais à enseigner, nous a raconté un Père qu'il instruisit de la sorte, le R. P. Guidée, alors provincial, étant venu faire la visite du collége, s'offrit à me donner tous les détails utiles pour la tenue d'une classe. « J'ai été professeur des basses classes, me disait-il, et j'ai toujours grand plaisir à m'en occuper. » Pendant plus de deux heures il me communiqua toutes ses industries. Il insista spécialement sur la nécessité, pour établir l'ordre et le silence, d'attendre, avant de commencer la prière, que les enfants soient tous à leur place et parfaitement tranquilles, de faire le signe de la croix avec lenteur et gravité, et de réciter la prière posément et à voix médiocre, afin, disait-il, que les enfants soient obligés de prêter l'oreille et avertis de répondre à leur tour avec attention et modestie. »

L'ordre une fois établi, il stimulait l'émulation par les moyens qu'il trouvait indiqués dans les règles de sa classe : division des élèves en deux partis, concertations, récompenses. Il parlait le moins possible, s'ingéniant à faire beaucoup parler ses écoliers et à les tenir toujours en haleine. Il ne se piquait pas de les emporter au pas de course ; il les faisait avancer pas à pas, mais sûrement ; il demandait peu à la fois, mais ce peu, il l'exigeait ponctuellement et bien fait. Devoirs proportionnés au bon milieu de la classe, mais travaillés avec intelligence et exempts de fautes, écrits ou, comme il disait, peints nettement et proprement ; leçons de mémoire peu nombreuses, mais bien apprises et parfaitement récitées, c'est-à-dire, avec une prononciation correcte, la quantité exacte et le ton naturel. De *pensums*, point ou presque point, parfois quelques lignes à copier, mais écrites distinctement, et recommencées autant de fois que cela était nécessaire pour qu'il n'y manquât ni un accent, ni un point, ni une virgule.

Une de ses maximes était qu'il faut beaucoup tenir aux petites choses, et il la mettait en pratique. Chaque jour il donnait à ses élèves une note particulière pour l'écriture et l'orthographe. Il avait promis une récompense à celui qui le reprendrait lui-même d'une faute contre la quantité ou la bonne prononciation ; c'est dire avec quel soin il surveillait l'une et l'autre dans ses écoliers. Ce soin ne l'abandonnera jamais. Plus tard, devenu supérieur, il usera de la même exactitude à l'égard de ses inférieurs ; il relèvera les moindres irrégularités de leur langage ou de leurs écrits, une articulation trop molle ou trop rude, un accent provincial, un ton chantant, une lettre mal formée, un signe d'orthographe de moins ou de trop. Quant aux fautes de quantité en latin, il en restera toujours l'ennemi déclaré, et il les poursuivra jusque chez les frères coadjuteurs. Un jour dans une cérémonie solennelle présidée par un évêque, le chantre, qui était un frère, commit une lourde faute de ce genre. Après l'office, le P. Guidée appela le délinquant, le réprimanda paternellement et lui imposa pour pénitence d'aller demander pardon au prélat, et lui dire que celui qui maltraitait ainsi le latin n'était pas un latiniste.

Minuties, dira-t-on. Soit; mais avec ces minuties, le P. Guidée arrivait à d'importants résultats. Cette attention constante aux moindres détails enseignait à ses inférieurs, élèves ou religieux, la pratique de l'ordre, le respect de la discipline, l'habitude de veiller sur soi et l'application à bien faire toutes ses actions : leçons qui n'ont assurément rien de minutieux et qui ne doivent pas être reléguées avec mépris parmi les petites choses.

Application, exactitude, autorité, prudence, telles furent les qualités solides que le P. Guidée fit remarquer en lui durant sa régence ; elles devaient bientôt le signaler au choix des supérieurs pour la charge plus importante de préfet général du pensionnat. En attendant, et comme pour le préparer, elles le désignèrent pour une sorte de ministère plus obscur, mais peut-être aussi difficile. En 1815, il avait suivi ses écoliers et commencé avec eux la troisième, lorsque, dans la classe de cinquième, le grand nombre des élèves, joint à la présence de certains caractères ardents, occasionna un commencement de désordre, et fit craindre que, si l'on ne soumettait ces élèves à une main plus ferme, leur travail de toute l'année ne fût gravement compromis. On offrit au F. Guidée cette classe indisciplinée en échange de la sienne. C'était, aux yeux du monde, lui proposer de descendre; mais le F. Guidée, en disciple de Jésus-Christ, estimait que, aux yeux de Dieu et pour son service, descendre c'est monter : *Qui se humiliat exaltabitur.* Il accepta volontiers cette apparente disgrâce; il descendit de troisième en cinquième, où il eut bientôt par sa vigueur dompté les plus remuants, et par sa dextérité rétabli la discipline, l'émulation et le travail. Il en fut de même, les années suivantes. On lui confia, non pas la classe que son mérite semblait lui assigner, mais celle qui, aux degrés inférieurs de la hiérarchie scolaire, avait plus besoin d'un maître énergique et prudent.

La force du corps ne répondait pas chez lui à la vigueur de l'âme. Les fatigues de l'enseignement, jointes à celles de la surveillance, minèrent peu à peu sa santé. Vers l'été de 1817, la faiblesse de sa poitrine inspira d'assez graves inquiétudes pour qu'on lui ordonnât d'interrompre la classe. Il usa de ce repos à plusieurs fins : en même temps qu'il refaisait ses forces, il se prépara, dans une demi-retraite, à recevoir le sacerdoce, auquel il était appelé par les supérieurs.

Il fut ordonné prêtre le 29 juin 1817. Celui qui l'assista à sa première messe fut son fidèle ami, M. Léraillé, à qui, une cinquantaine d'années plus tard, il rendra un semblable office, lorsque ce vénérable prêtre célèbrera à Saint-Remi son jubilé demi-séculaire.

Les sentiments que le P. Guidée éprouva, en montant pour la première fois au saint autel, furent dignes de ceux qu'il avait eus en se consacrant pour la première fois à Dieu dans la Compagnie. « Eh quoi ! Seigneur, disait-il, ce n'a pas été assez pour vous de venir au-devant de moi, de me recevoir dans vos bras, de me combler de vos caresses. Vous avez voulu m'élever à la dignité sublime du sacerdoce, me faire la grâce ineffable de pouvoir tous les jours immoler sur l'autel la victime sainte. O bonté ! ô amour ! »

CHAPITRE TROISIÈME

PREMIÈRE PRÉFECTURE DES CLASSES
(1818-1822)

I. — Depuis quatre ans que la Compagnie de Jésus était rétablie en France, son organisation s'y était peu à peu régularisée. A la condition provisoire de *mission* avait été substituée, en 1818, la forme définitive de *province;* et au P. de Clorivière, qui n'avait eu que le titre de supérieur, succédait le P. Simpson, avec le titre et les pouvoirs de provincial de France.

Le nouveau provincial vint à Saint-Acheul, vers le mois d'octobre 1818, et y opéra des changements considérables dans l'état de la maison. Réunissant les deux portions de l'autorité suprême, séparées depuis trois ans et partagées entre le P. Follope, supérieur de la communauté religieuse, et le P. Loriquet, *primarius* ou directeur du pensionnat, il les confia au seul P. Loriquet, avec le titre de vice-recteur; et lui donna, pour le seconder dans cette vaste administration, d'une part le P. Druilhet, en qualité de ministre de la maison, et de l'autre le P. Achille Guidée, en qualité de préfet général des classes.

La charge de préfet général, dans un collége de la Compagnie de Jésus, est sans contredit la plus importante après celle du recteur. En elle se concentre la double direction des études et de la discipline. C'est au préfet qu'il appartient de diriger les professeurs dans leur enseignement, de soutenir les préfets inférieurs dans la surveillance, et de promouvoir, chez les élèves, le culte des lettres et les progrès de la bonne éducation; par conséquent, il semble que le préfet, pour être à la hauteur de ses fonctions, doive réunir en sa personne toutes les qualités qui font le bon professeur, le bon surveillant et le bon supérieur. Aussi, quand on vit cette charge importante confiée au P. Guidée, à un jeune homme de vingt-six ans, prêtre depuis quelques mois seulement, et jusqu'alors confiné dans l'obscure régence des classes inférieures de grammaire, éprouva-t-on une certaine surprise, qui n'était pas sans quelques appréhensions. Mais surprise et appréhensions se dissipèrent, aussitôt que l'on vit le jeune préfet à l'œuvre, et que l'on eut reconnu en lui ce que les supérieurs y avaient deviné depuis longtemps, l'énergie d'un homme fait, avec la maturité d'un vieillard et l'ardeur d'un apôtre.

Ce poste mit en évidence le P. Guidée, et en fit l'un des principaux personnages de cette maison de Saint-Acheul, dont la célébrité était alors universelle.

Trois noms résument plus particulièrement l'histoire de Saint-Acheul, et trois hommes le représentent : le P. Loriquet comme supérieur, le P. Sellier comme directeur spirituel, et le P. Guidée comme préfet général. Le P. Loriquet organisa l'enseignement et gouverna le collége; le P. Sellier excita, enflamma le sentiment religieux parmi les maîtres et les élèves; le P. Guidée, placé entre les deux et participant à leur double ministère, facilita le gouvernement du premier par son active vigilance, appuya le zèle du second du poids de son autorité, et arriva ainsi, comme à son insu, à partager leur renommée. Son nom, sans avoir eu peut-être le même éclat, est cependant demeuré, avec ceux du P. Loriquet et du P. Sellier, le plus connu du public et le plus souvent répété par les anciens habitants de Saint-Acheul.

L'entrée en charge du P. Guidée fut signalée par une alerte assez vive, premier effet des haines qui se formaient contre Saint-Acheul, et qui devaient un jour le renverser. Elle fournit au nouveau préfet l'occasion de prouver son activité et son savoir-faire.

Le petit séminaire de Saint-Acheul comprenait deux sortes d'écoliers, et occupait deux maisons assez distantes l'une de l'autre. Depuis l'origine, tous les élèves laïques habitaient Saint-Acheul, où se trouvait le cours complet des classes; mais depuis trois ans, la plupart des élèves ecclésiastiques avaient été réunis au Blamont, et ils y suivaient à part les classes inférieures de grammaire. Cette division, qui semblait dénoter deux établissements distincts, un collège à Saint-Acheul, et un petit séminaire au Blamont, n'échappa point à la clairvoyance jalouse des adversaires de Saint-Acheul; elle fut par eux dénoncée au gouvernement, comme une violation des lois sur l'instruction publique; et l'administration diocésaine reçut du ministre de l'intérieur l'injonction formelle de réunir tous les élèves ecclésiastiques de Saint-Acheul dans l'une des deux maisons : celle-ci serait alors seule reconnue comme petit séminaire, l'autre serait immédiatement fermée ou soumise au régime universitaire. L'exécution de cet ordre devait avoir lieu le 19 décembre 1818. La veille seulement, à huit heures du soir, le P. Loriquet en fut averti; il convoqua aussitôt le P. Guidée et ses autres consulteurs, leur exposa l'étendue et l'imminence du péril qui menaçait Saint-Acheul, et leur fit aisément comprendre que l'unique moyen de parer le coup, c'était de rétablir sur-le-champ l'unité de la maison, en fondant l'un dans l'autre le collége de Saint-Acheul et le petit séminaire du Blamont.

Le P. Recteur avait suggéré la mesure : ce fut au P. Préfet à l'exécuter. Le P. Guidée n'avait pour cela qu'une seule nuit. Après avoir recommandé l'affaire à Notre-Seigneur et à la Sainte Vierge, il fit réunir le soir même un grand nombre de voitures, partagea la conduite des diverses opérations entre les plus habiles de ses collègues, et présida lui-même au mouvement général. Dès le point du jour, trois cents élèves changèrent de domicile, les uns refluant du Blamont à Saint-Acheul, où ils furent aussitôt incorporés à leurs classes respectives, les autres allant prendre au Blamont les places vacantes et y constituer, avec les trois cours élémentaires, la dernière division du pensionnat. Telle fut la précision et la rapidité de tous les mouvements, dans cette difficile opération, que, dès 8 heures du matin, elle était accomplie : le collége et le séminaire fondus ensemble rendaient l'unité de Saint-Acheul manifeste et inattaquable. Le préfet de la Somme et le recteur de l'Académie, appelés à la constater officiellement, furent en effet contraints de la reconnaître, et d'avouer qu'il n'y avait qu'une seule institution là où il n'y avait qu'un seul cours d'études, une seule autorité, un seul régime.

C'est ainsi que l'orage fut écarté, et Saint-Acheul préservé d'une dissolution immédiate.

Cette affaire, en révélant dans le P. Guidée les qualités nécessaires à ses difficiles fonctions, — une rare présence d'esprit jointe à une grande activité, — établit solidement l'autorité du jeune préfet. Un autre évènement l'affermit encore davantage, en manifestant la haute estime dont il jouissait auprès de ses premiers supérieurs.

Au mois de mai 1820, le P. Simpson, faisant à Saint-Acheul la visite provinciale, y tomba gravement malade. Sentant que sa dernière heure approchait, il manda auprès de lui le préfet des classes, qui accourut aussitôt. Le P. Simpson, homme d'une foi profonde et d'une gravité extraordinaire, donnait comme naturellement à ses paroles et à ses actes un air de solennité religieuse. Quand le P. Guidée se présenta : « Vous voilà ! lui dit-il, c'est bien. » Puis, lui montrant un livre posé sur une table à côté de lui : — « Ouvrez. » Et, quand le livre fut ouvert : — « Lisez. » — Le P. Guidée lut : *Biblia sacra*. — « Oui, c'est la Bible, interrompit le P. Simpson, c'est le livre des saints Évangiles. Maintenant, déposez-le sur la table; puis, la main étendue sur ce livre sacré, jurez-moi de garder un secret absolu sur ce que je vais vous dire, et d'exécuter ponctuellement ce que je vais vous ordonner. » — On se figure aisément l'impression produite sur le jeune prêtre, et par la proposition d'un acte aussi grave que le serment, et par le ton solennel de l'imposant vieillard, et par toute cette scène enfin, à laquelle les circonstances prêtaient une sorte de majesté surnaturelle. Ce fut donc pénétré d'une religieuse terreur et avec une profonde émotion que le P. Guidée prononça le serment qu'on lui demandait. — « Je vais mourir, continua le P. Simpson, l'Institut me donne le droit et me fait un devoir de nommer un vice-provincial, qui puisse gouverner après ma mort jusqu'à ce que le T. R. Père Général ait désigné mon successeur définitif. Ce vice-provincial, je le nomme par un billet cacheté que j'ai déposé dans cette cassette. Prenez-la, je vous la confie ; vous la garderez jusqu'à ce que j'aie rendu le dernier soupir, et que mes funérailles soient terminées. Alors, seulement alors, vous réunirez ici, dans cette chambre où je serài mort, le P. de Grivel, mon *socius* (1), le P. Recteur, ainsi que les autres supérieurs de maison qui se trouveraient à Saint-Acheul, et vous leur donnerez connaissance de mes dernières volontés. Me le promettez-vous ? » — Le P. Guidée jura de nouveau, reçut le dépôt qui lui était confié, et sortit encore tout ému du grand acte qu'il venait d'accomplir, et du témoignage si particulier de confiance qu'il venait de recevoir.

Quelque temps après, le 25 juin, le P. Simpson mourut, et tout s'exécuta comme il l'avait prescrit. Au milieu de l'affliction universelle, et pendant que les Pères les plus graves s'interrogeaient les uns les autres avec anxiété, se demandant si le P. Provincial, avant de mourir, avait pourvu au gouvernement de la province, et quel chef il avait désigné, le P. Guidée, fidèle à son serment, gardait le silence. Les funérailles eurent lieu le 26. Après la cérémonie, au moment où le P. Varin et le P. Gloriot arrivaient de Paris, trop tard pour recevoir la dernière bénédiction

---

(1) On appelle ainsi dans la Compagnie de Jésus le compagnon d'office du P. Provincial.

du mourant, mais assez tôt pour entendre l'expression de ses dernières volontés, le P. Guidée, en vertu de l'autorité qui lui était déléguée, les convoqua, ainsi que le P. Socius, le P. Recteur et les autres consulteurs, dans la chambre mortuaire. Là il produisit la cassette qui lui était confiée, et la présenta au P. Loriquet. Celui-ci, l'ayant ouverte, trouva le billet scellé, le décacheta et le lut à haute voix : il désignait pour vice-provincial le P. Rozaven, qui était alors hors de France, et à son défaut le P. de Grivel.

La mission temporaire du P. Guidée était accomplie : elle l'avait investi pour un instant d'une sorte d'autorité extraordinaire ; désormais il se renfermera dans les attributions obscures et les occupations pénibles de la préfecture des classes, dans lesquelles il nous reste maintenant à le considérer.

II. — Le P. Guidée n'avait pas à organiser les études ; cette œuvre avait été commencée par le P. Loriquet dès l'origine de Saint-Acheul, et accomplie tout récemment par le P. Simpson, qui s'était efforcé de remettre en vigueur les traditions de l'ancienne Compagnie. La tâche du P. Guidée fut de maintenir cette œuvre : il s'en acquitta avec un dévouement irréprochable.

Exact observateur des règles de sa charge, il veillait à ce que les régents, qui lui étaient soumis, fussent également fidèles aux leurs. Il les dirigeait dans leurs études ; il les initiait à l'art difficile de l'enseignement, en leur communiquant les fruits de son expérience, en les consolant dans leurs épreuves, en les encourageant dans leurs succès; il soutenait leur autorité, en les honorant aux yeux des élèves; il visitait fréquemment leurs classes et présidait volontiers à leurs exercices littéraires.

Préoccupé, comme c'était son devoir, d'élever le niveau des classes et de le maintenir à une juste hauteur, il se montrait sévère pour l'admission des élèves et leur promotion d'une classe inférieure à une classe supérieure. Il exigeait des épreuves sérieuses. Au commencement de l'année, si les nouveaux venus n'étaient pas jugés capables de suivre la classe pour laquelle ils se présentaient, il les faisait descendre jusqu'à celle qui se trouvait à leur portée, fût-elle la dernière de toutes. C'est ainsi qu'un jeune homme qui se présentait pour la rhétorique, et qui avait, disait-on, expliqué déjà Virgile et Horace, se vit rejeté en sixième, où même il ne fut pas des plus forts. A la fin de l'année, les élèves qui n'avaient pas satisfait à l'examen de rigueur, étaient soumis à l'expiation si connue et si redoutée sous le nom d'*examen des paresseux*, et retenus impitoyablement dans la classe inférieure jusqu'à ce qu'ils fussent dignes, par leur application et leurs progrès, de monter enfin plus haut.

III. — C'est par cette sage sévérité que le P. Guidée éleva et conserva les études de Saint-Acheul au niveau de celles des plus célèbres institutions de l'époque. Il contribua peut-être encore davantage au maintien de la discipline et par là au progrès de l'éducation; car les qualités que le maintien de la discipline exige, — un sens droit et pratique, la bonté, la fermeté, la prudence, — étaient ses qualités distinctives.

Regardant l'éducation comme une fonction paternelle et une œuvre d'autorité, il concevait le collége comme une continuation de la famille, et il entendait que l'autorité y agît dans toute sa liberté et toute sa plénitude. L'autorité suppose dans celui qui obéit, envers celui qui commande, l'estime, l'amour et la crainte. L'art de gouverner la jeunesse consiste donc pour le maître à appuyer son autorité sur ce triple sentiment, à faire jouer ces trois ressorts tour à tour et chacun à son heure. Ce fut l'art du P. Guidée.

Il n'ignorait pas quel doit être le rôle du cœur dans l'éducation ; mais il ignorait encore moins quelle est, sur les enfants, la tyrannie des sens, et combien il importe, pour trouver le chemin de leur intelligence et de leur cœur, de savoir leur inspirer une crainte salutaire. Il avait appris de Bossuet que « la crainte est un frein nécessaire aux hommes, » — à plus forte raison aux enfants, — « à cause de leur orgueil et de leur indocilité naturelle ; » et il répétait souvent avec l'Écriture : « *Initium sapientiæ timor Domini;* le commencement de la sagesse c'est la crainte du Seigneur ; » c'était là son adage habituel. « Se faire respecter d'abord, disait-il encore, et au besoin redouter. » Toute autre voie, si spécieuse qu'elle parût, il la déclarait déraisonnable et fatale.

Ce qu'il inculquait aux autres, il le pratiquait. Il se fit craindre : il ne s'en défendait pas, et lui-même s'appelle quelque part « le terrible préfet de Saint-Acheul. » Sa haute stature, ses grands yeux noirs, ombragés d'épais sourcils, son regard vif et parfois foudroyant, son visage austère et sa parole accentuée, nette, vibrante, tout en lui commandait le respect et la crainte. Sa présence, —

moins que cela quelquefois, — un indice de cette présence, un soupçon qu'il n'était pas éloigné, sa barrette aperçue de la salle d'étude, suffisait pour maintenir la discipline. Pour arrêter le désordre, il n'avait qu'à se montrer et à faire entendre sa voix : c'était véritablement l'homme du poète :

> Tum pietate gravem ac meritis si forte virum quem
> Conspexere, silent... (1)

et Saint-Acheul vit un jour la scène décrite par Virgile se réaliser à la lettre.

Les élèves prenaient, comme d'habitude, leur récréation sur une vaste esplanade située le long de la route. Des élèves d'un établissement de la ville, venant à passer, les provoquèrent par des insultes, et parurent vouloir s'ouvrir un passage sur l'esplanade même à travers les jeux de leurs rivaux. Ceux-ci accourent en foule sur le point menacé, et, serrant leurs rangs, se disposent à repousser la force par la force. De part et d'autre on s'échauffe, on crie, on se menace ; on s'arme de pierres, de bâtons, de tout ce qui tombe sous la main. Le combat va s'engager, lorsque le P. Guidée, averti du tumulte, se présente tout-à-coup, se place entre les deux armées, et, d'un geste, commande à celle de Saint-Acheul de déposer les armes et de ne plus répondre que par un silence dédaigneux aux provocations de l'ennemi. A ce geste, les courages émus de la troupe belliqueuse se calment ; elle rompt ses rangs, se disperse et retourne paisiblement à

---

(1) Virgile, Énéide, I, 151.

ses jeux, laissant les adversaires exhaler par des injures et des menaces leur grossière et inutile fureur (1).

Il est bien évident que le P. Guidée devait cet ascendant extraordinaire moins encore à ses avantages extérieurs qu'aux solides qualités de son âme.

Il savait commander. Ses ordres étaient clairs, précis, mesurés. Avant de les prononcer, il en méditait les termes, pour n'en proférer aucun qui fût messéant, obscur ou équivoque. Après les avoir énoncés une première fois, il les répétait lentement, afin d'ôter tout prétexte à la mauvaise foi, toute excuse à l'ignorance. Mais une fois promulgués, il en poursuivait l'exécution avec vigueur et persévérance. Il épiait ou faisait épier l'occasion de prendre en flagrant délit le premier délinquant, et le punissait le jour même ou du moins le réprimandait publiquement, afin que cette sanction rapide et sévère de la loi en imprimât fortement la connaissance dans tous les esprits et le respect dans tous les cœurs.

C'était là une de ses industries, comme une de ses maximes était que, après avoir édicté une prescription quelconque, extraordinaire ou commune, intéressant l'ordre moral ou l'ordre matériel, on doit y avoir l'œil et y tenir la main.

Pour lui, en effet, il avait l'œil à tout. Comme il visitait les classes pour s'assurer de l'observation des méthodes d'enseignement, il visitait les salles d'étude pour se rendre compte de l'application des élèves, les ré-

(1) Annales, p. 137.

créations pour encourager les jeux, les dortoirs pour assurer le repos de la nuit, prévenir ou arrêter toute espèce de désordre. Dans ces visites, rien n'échappait à son regard observateur. Un objet quelconque laissé négligemment dans un coin de la cour ou de la salle, un livre, un fragment de papier tombé à terre, il l'apercevait, il le signalait du doigt, quelquefois sans rien dire ; et il n'en fallait pas davantage pour que le coupable se découvrît aussitôt, et se hâtât de faire disparaître le corps du délit. Un jour, en parcourant les salles d'étude, il aperçoit un morceau de pain qui est resté sur un poële. Il le montre par un signe au président de l'étude; celui-ci, par un signe semblable, fait remarquer aux élèves et le morceau de pain et le mécontentement du P. Préfet : aussitôt le coupable quitte sa place et vient déclarer publiquement sa faute.

Le P. Guidée, fidèle à sa maxime, tenait la main à ce qu'il avait une fois prescrit. Il punissait, persuadé, disait-il, que, sans cette sanction, la loi perd sa vigueur, et l'autorité son prestige.

La faute une fois commise, il fallait qu'elle fût réparée ou expiée, surtout si, ayant été publique, elle avait causé quelque scandale ; aucun titre, aucune distinction ne donnait droit à l'impunité ; la justice du P. Guidée était impartiale.

Elle n'était pourtant point violente ou inflexible ; il ne punissait jamais dans un transport de vivacité, de peur que la passion n'eût l'air de se substituer à la justice, et ne nuisît à la salutaire efficacité de la correction. Si une faute plus considérable réclamait une punition extraordinaire, il ne l'infligeait qu'après s'être donné le temps de la réflexion et avoir consulté Dieu dans la prière ; alors il prenait un air à la fois si religieux et si grave, que la peine devenait souvent pour le coupable l'occasion et le principe d'une conversion radicale.

Plus ordinairement le P. Guidée arrivait à un résultat semblable, tantôt par une paternelle exhortation inopinément substituée à un châtiment mérité, tantôt par un témoignage de confiance qui prenait les cœurs au dépourvu et les captivait souvent pour toujours. « C'est ainsi, raconte un ancien élève, qu'il fit de moi un élève docile, d'ingouvernable que j'étais. J'avais été mis à la salle de discipline pendant huit jours de suite, pour insolence commise envers mes censeurs. Le neuvième jour eut lieu la promulgation des charges pour le mois suivant. Le P. Guidée, en les proclamant, lit : « Arthur de ***, censeur à l'étude et au réfectoire. » — Rire général parmi tous mes camarades. — Le P. Guidée recommence. — Nouveaux rires. — Il reprend une troisième fois, ajoutant que, dans ce qu'il fait, il ne croit pas avoir besoin de notre approbation, et qu'il ne s'inquiète guère de notre blâme. Le silence se rétablit. J'acceptai cette charge ; dès lors je dus rester tranquille et je devins sage. Le P. Guidée avait trouvé le chemin de mon cœur. »

On voit déjà par ce trait que l'autorité du P. Guidée, si imposante qu'elle fût, n'éloignait pas pour cela de lui la confiance et l'affection des élèves. Il était respecté sans doute, redouté même au point que les plus hardis tremblaient en sa présence ; mais la haute opinion qu'il avait donnée de sa vertu, et l'expérience qu'on avait de sa droiture ainsi que de sa justice, le faisaient également estimer et vénérer.

Les élèves admiraient sa manière d'agir, toujours équitable, toujours calme et pénétrée d'un profond esprit de foi. « Les plus turbulents eux-mêmes, dit le P. Loriquet, avouaient que sa prudence, sa justice, son impartialité, ne laissaient rien à désirer; et le sentiment de crainte, si naturel à des écoliers, à l'égard d'un maître dont le premier devoir est le maintien de la discipline et la répression des délits, n'excluait en eux ni un respect sincère, ni même, ajoute-t-il, une affection toute filiale (1). »

C'est qu'en effet la bonté du P. Guidée n'était pas moins connue que sa justice.

On savait qu'il aimait mieux prévenir le désordre que d'avoir à le réprimer. Tous les ans, vers la rentrée des classes, il lisait aux élèves le règlement de la maison, et, en l'expliquant, il ne craignait pas de descendre jusqu'aux détails les plus minutieux. « Pardonnez-moi, disait-il, mes enfants, d'entrer dans ces détails. Les anciens savent tout cela; mais il y a parmi vous des nouveaux qui, faute d'être suffisamment instruits, pourraient transgresser ces articles, et alors il faudrait punir. J'avertis auparavant, afin de n'être pas obligé d'en venir à cette dure nécessité. » Et il parlait ainsi d'un ton si convaincu, avec un tel accent d'affection paternelle, que tous les élèves en étaient touchés. Les nouveaux ne pouvaient s'empêcher de s'écrier : « quel brave et saint

---

(1) Annales, p. 233.

homme ! » et les anciens lui appliquaient le mot de Bossuet sur le prince de Condé : « Dans quel autre avez-vous trouvé le commandement plus honnête? »

On savait qu'il ne punissait qu'à regret; qu'il était, de sa nature, porté à l'indulgence, et toujours prêt à écouter une excuse raisonnable afin de pouvoir accorder un pardon légitime. Un des élèves les plus vertueux du pensionnat, que les annales désignent seulement par son prénom de François, ayant obtenu la permission d'aller en ville pendant la promenade, ne rentra pas exactement à l'heure réglementaire; il se trouva en retard de cinq minutes. Le P. Guidée en fut instruit. A la fin du souper, au moment où, selon l'usage, on proclamait ceux qui avaient mérité, pour quelque délit, de passer la récréation à la salle de discipline, il proclama le nom, la faute et la punition de François. Ce fut d'abord dans toute la salle une stupeur profonde, puis, quelque temps après, un cri général éclata : « Grâce ! grâce ! » Le P. Guidée se recueillit un instant : « Mes enfants, dit-il, je savais bien que François n'était coupable que matériellement : mais la règle avait été enfreinte, il fallait une protestation : je viens de la faire. Maintenant vous demandez la grâce d'un condisciple jusqu'ici exemplaire, je l'accorde volontiers et à votre intercession et à ses mérites. »

Le fait suivant montrera le même bon esprit dans les élèves de Saint-Acheul, et dans leur préfet la même inclination à pardonner. A la suite d'une altercation assez futile, deux élèves avaient gardé l'un contre l'autre une aversion bien caractérisée. L'un des deux vint à commettre je ne sais quelle faute, et fut condamné à l'expier par un châtiment assez rigoureux. L'autre, l'ayant su, alla trouver le P. Guidée et sollicita la grâce de son condisciple, alléguant pour motif l'espèce d'inimitié qui régnait entre eux et l'espoir fondé que sa démarche amènerait une réconciliation sincère. Le motif était trop noble pour n'être pas accueilli, et l'occasion de pardonner, trop belle pour que le P. Guidée la laissât échapper : il pardonna.

On savait enfin qu'il aimait les élèves et beaucoup. « Je n'ignore pas, disait-il, que j'ai une figure sévère, dure même, et que je fais quelquefois de la peine sans le vouloir. Cependant Dieu, qui est ici présent et que je prends à témoin, sait combien je vous aime et combien tout ce qui vous touche m'est sensible : il n'est aucun d'entre vous pour lequel je ne sois prêt à verser tout mon sang. Croyez donc que, si je vous fais parfois de la peine, c'est uniquement en vue de vous faire du bien. » Et tous savaient qu'en parlant ainsi, il disait vrai.

Aussi l'aimaient-ils à leur tour, et lui donnaient-ils, à l'occasion, des marques non équivoques d'une tendre affection et d'une entière confiance. Un ancien élève lui écrivait de Belgique, en 1820 : « Votre lettre m'a fait d'autant plus de plaisir que je l'avais plus attendue. J'y ai reconnu le bon M. Guidée, me parlant comme à Saint-Acheul, me grondant tout doucement pour mon bien, et me donnant des avis paternels, dont je tâcherai aussi de profiter en fils soumis. Je sens que mon cœur si bizarre manquerait plutôt à la reconnaissance qu'il doit à Dieu, qu'à celle que je vous dois : c'est mal, je le sais, mais enfin, c'est comme cela. Je vous aime bien, mon bon Père, je vous aime de tout mon cœur, et je serai à vous pour la vie, soyez-en bien persuadé. »

Dans leurs embarras, leurs difficultés, leurs mauvais pas, tous recouraient volontiers au P. Guidée. Un jour que le P. Loriquet adressait aux élèves réunis une allocution toute paternelle, quelques étourdis l'interrompirent par des marques d'approbation peu respectueuses. Ils ne tardèrent pas à comprendre l'inconvenance de leur conduite et le péril qui les menaçait. Dans leur détresse, ils cherchèrent un refuge contre la juste sévérité du P. Recteur; et, n'en trouvant point de plus sûr que la tendresse du P. Préfet, ils coururent lui révéler leur faute et le supplièrent d'intercéder en leur faveur. Il le fit avec empressement.

Deux autres écoliers, abusant de la confiance presque illimitée que l'on avait en eux, s'échappèrent de la maison de campagne, un jour de congé, pour aller visiter en amateurs les tours de l'ancienne Corbie; puis, leur curiosité satisfaite, ils revinrent à la maison sans que personne parût avoir remarqué leur absence, ou conçu des soupçons sur leur étrange conduite. Mais, dès le lendemain, et peut-être auparavant, ils sentirent la grandeur de leur faute, et commencèrent à trembler en songeant aux suites qu'elle pouvait avoir : car elle ne méritait rien moins que l'expulsion, et ils ne l'ignoraient pas. Que faire pour prévenir un pareil malheur? — Intéresser en leur faveur la miséricorde bien connue du P. Guidée, par un aveu spontané et les marques d'un repentir sincère. C'est ce qu'ils firent. Le P. Guidée fut touché; il plaida leur cause auprès du P. Recteur, qui promit l'impunité, pourvu que la faute demeurât secrète. La condition fut remplie et la promesse exécutée. Ce fut un grand bonheur pour les deux étourdis, remarque l'Annaliste de Saint-Acheul. L'expulsion les eût peut-être frappés de vertige et détournés de la bonne voie : le pardon les raffermit dans le bien. Quelques années plus tard, l'un devint le modèle d'un parfait chrétien dans le monde, l'autre renonça au monde pour embrasser l'état ecclésiastique.

C'est par de tels actes et sur le triple sentiment de l'amour, de l'estime et de la crainte, que le P. Guidée avait fondé et affermi son autorité; et ce fut cette autorité ainsi établie qui lui permit de contribuer pour une large part, et peut-être plus directement que personne, à faire de Saint-Acheul une des maisons d'éducation les plus justement célèbres; une institution où florissaient à l'envi, sous la vivifiante influence de la religion chrétienne, la science et la vertu, les lettres et les mœurs, la solide instruction et la bonne éducation.

IV. — Est-ce à dire pourtant que tout fût parfait à Saint-Acheul? Non assurément. La perfection n'est guère une qualité des choses humaines; moins encore la stabilité dans la perfection peut-elle être le partage d'une maison d'éducation. « Il est au contraire dans la nature des choses humaines, d'aller toujours en déclinant. La déviation est d'abord presque insensible; ce sont de petites négligences qu'on tolère çà et là, mais qui, s'étendant peu à peu, se multipliant et devenant plus sensibles, révèlent enfin de véritables abus (1). »

Saint-Acheul, plus que toute autre maison, se trouvait exposé à cet inconvénient, à cause du nombre excessif de

(1) Annales, p. 230.

ses élèves et de l'insuffisance du local où ils étaient réunis. Le devoir du préfet général était de prévenir, autant que possible, tous les abus, et, quand une fois ils s'étaient introduits, de les reconnaître de bonne foi et de les combattre avec une persévérante énergie.

Le P. Guidée ne manquait pas à ce double devoir. Il notait avec une implacable exactitude toutes les négligences, tous les manquements à la règle, les moindres désordres; il en étudiait le principe; il recherchait les remèdes et il épiait l'occasion de les appliquer avec fruit. Cette occasion, il crut l'avoir trouvée, en 1821, après une retraite que le P. de Maccarthy venait de donner aux élèves. Il avait médité un plan complet de réforme intérieure; son travail était fini, approuvé du P. Recteur; il ne lui restait plus qu'à le mettre à exécution, lorsque soudainement le P. Provincial le manda à Paris, pour l'envoyer de là à Rome terminer ses études théologiques.

Cet ordre inattendu consterna tout Saint-Acheul, et le départ du P. Guidée fut regardé comme une véritable calamité. « Il dirigeait tout, s'écrie le P. Druilhet, classes et pensionnat, avec un zèle si ardent, une sagesse si admirable! Dieu veuille que son absence ne cause pas aux études un dommage irréparable (1)! » L'affliction était profonde, universelle. Maîtres et élèves firent éclater d'unanimes regrets. « On savait bien jusque là, dit encore le P. Druilhet, que tous vénéraient le P. Guidée à cause de sa droiture, de sa justice et de son zèle pour la discipline; mais quand il dut partir, on reconnut bien que la

---

(1) *Diarium* du ministre.

crainte et le respect n'avaient pas étouffé l'amour. Tous le pleuraient comme un père tendrement chéri, et à son départ plusieurs n'osèrent l'embrasser, de peur d'éclater en sanglots. Lui-même n'était pas moins vivement ému; car sous un extérieur parfois sévère il cachait un cœur vraiment miséricordieux et paternel. »

Ce fut le 7 février 1821 que le P. Guidée quitta Saint-Acheul. Huit jours après, il écrivait de Paris aux élèves une lettre où son cœur se révélait tout entier ; elle contenait, avec les adieux les plus tendres, les plus sages recommandations sur la manière d'assurer le fruit de leur retraite. « On n'a plus cette lettre, dit avec regret l'Annaliste de Saint-Acheul, mais on pourra juger de l'effet salutaire qu'elle produisit, par la réponse du P. Louis Debussi, qui avait succédé au P. Guidée dans la charge de préfet. « Mon cher Père, lui écrivait-il, que j'ai donc de choses à vous dire et peu de temps pour vous les dire! Commençons par votre chère lettre, attendue si longtemps et, je l'avoue, avec tant d'impatience. Enfin, elle arrive ; je la lis sur-le-champ au P. Recteur; je la fais lire ensuite au Père chargé de l'abbatiale. A peine me l'a-t-on rendue que la cloche réunit, pour l'entendre, les deux études de la grande maison. Elle a été écoutée avec un silence admirable, et une avidité qui atteste le vif intérêt que tous portent au souvenir de leur père. Elle a produit une heureuse impression, dont j'ai bien vite profité pour' couler quelques petites réformes. » — Suit l'exposé de ces réformes, qui faisaient partie du plan conçu par le P. Guidée. — « Elles furent acceptées, continue le P. Debussi, avec une facilité que nous n'espérions pas. Bon Père Guidée, que ne voyez-vous ce que vous avez si laborieusement, si douloureusement préparé par vos efforts et vos luttes contre le génie du mal : *sic vos non vobis !* Mais non; ce n'est pas pour les chrétiens, pour les religieux, pour les jésuites, que sont faits ces vers de Virgile ; et vous recueillez en ce moment, dans ce court récit, une partie de la récompense temporelle de vos travaux (1). »

Cette réponse était à peine parvenue à son adresse, que les ordres qui avaient enlevé le P. Guidée à Saint-Acheul furent révoqués. Les élèves de Saint-Acheul avaient-ils adressé en haut lieu une pétition redemandant leur préfet, et fait si bien appuyer leur réclamation par les prières de leurs parents que le R. Père Général ait cru devoir y faire droit? — Ou bien, le retour du P. Guidée fut-il comme le don de joyeux avènement par lequel le nouveau provincial, le P. Richardot, voulut témoigner à Saint-Acheul sa bienveillance et son amour? Peu importe. Toujours est-il que, après une absence de trois semaines environ, le P. Guidée reparut inopinément à Saint-Acheul. « Aussitôt éclata dans toute la maison, parmi les maîtres et parmi les élèves, une joie pleine d'enthousiasme : c'étaient des amis qui, contre toute espérance, revoyaient un ami, des enfants qui retrouvaient un père (2). »

Le P. Louis Debussi se hâta de lui remettre les rênes du gouvernement, avec une lettre où il lui rendait un compte détaillé des réformes projetées ou déjà en voie d'exécution. Le P. Guidée, reconnaissant dans cette lettre ses propres idées et presque la reproduction tex-

(1) Annales, p. 147.
(2) Annales, p. 151.

tuelle de son travail, ne crut pouvoir mieux faire que de la lire et de la commenter en présence de tous les élèves réunis : il accomplissait ainsi son œuvre. Le succès couronna ses efforts ; car d'une part, la docilité des élèves envers un préfet qu'ils croyaient rendu par le ciel à leur amour, de l'autre, l'attention du préfet à maintenir les mesures adoptées, et quelques actes d'énergie exercés à propos, déracinèrent les abus et « firent revivre les plus beaux jours de Saint-Acheul (1). »

Ces beaux jours cependant ne furent pas toujours sans nuages. L'année suivante, 1821-1822, une innovation, légère en apparence, obligea le P. Guidée à déployer de nouveau toute sa vigueur. Voici le fait. « Il montrera, dit l'Annaliste de Saint-Acheul, quels graves inconvénients peuvent s'attacher quelquefois aux institutions les plus innocentes en elles-mêmes. »

Les rhétoriciens demandèrent à rédiger et à publier dans la maison une espèce de journal, qui présenterait les évènements notables arrivés pendant la semaine à Saint-Acheul, et des remarques purement littéraires ou scientifiques sur les compositions des classes supérieures.

Nul doute que le sens pratique du P. Guidée n'ait d'abord été frappé des inconvénients d'un tel projet. Cependant le bon esprit, la docilité reconnue des jeunes pétitionnaires, plus encore la prudence du P. Louis Debussi, leur professeur, et les étroites limites dans lesquelles on promettait de se renfermer, finirent par rassurer le P. Préfet et le P. Recteur. Ils consentirent à ne voir dans le projet des rhétoriciens qu'un moyen d'exciter

---

(1) Annales, p. 158.

leur émulation et de développer leur talent ; le journal fut autorisé, sous la condition toutefois qu'il serait soumis à une censure préalable, et qu'il se renfermerait dans les deux genres indiqués plus haut : la chronique locale et la critique purement littéraire.

Les rédacteurs suivirent d'abord assez scrupuleusement la ligne qu'ils s'étaient tracée. Les faits et gestes de la gent écolière donnaient ample matière à des récits plaisants et sérieux, mais toujours agréables par la juste mesure de sel dont on savait les assaisonner ; les compositions étaient discutées et jugées avec équité et sans trop de sévérité ; si l'on se permettait quelques plaisanteries, elles étaient si douces que ceux-mêmes à qui elles s'adressaient, étaient les premiers à en rire. Jusque-là tout allait bien; on n'avait qu'à s'applaudir d'une invention qui semblait réaliser complètement l'adage : *castigare ridendo mores*.

Mais ce bienheureux état ne dura pas toujours : la faute en fut aux humanistes, qui, à l'imitation des rhétoriciens, voulurent avoir aussi leur journal. Parmi les rédacteurs de la feuille nouvelle, il se trouva des esprits naturellement critiques, que la liberté d'écrire rendit mordants et audacieux, puis téméraires et insolents. Bientôt, aux plaisanteries aimables on vit succéder des railleries quelquefois piquantes, que la censure laissa passer, peut-être en faveur d'un bon mot ou d'un trait ingénieux; puis, sans la permission de la censure, on décocha des épigrammes, auxquelles répondirent d'autres épigrammes; enfin on y mêla des personalités offensantes; le tout, disait-on, pour s'amuser ou pour se défendre.

Le P. Guidée, qui suivait ces écarts d'un œil vigilant, s'efforça d'abord de ramener les esprits à la modération primitive par des avis et de sages réflexions. Mais, en pareil état de choses, l'abstention complète eût été plus facile à obtenir que la simple modération. Les excès continuèrent, s'aggravèrent. Dans cette petite guerre domestique, certains maîtres ne furent ni respectés, ni ménagés ; la licence alla même jusqu'à faire circuler clandestinement des libelles anonymes, dans lesquels un professeur, dont tout le crime était de succéder à un autre très-populaire, se trouvait indignement attaqué.

Manquer à un maître, c'était blesser le P. Préfet à la prunelle de l'œil. Comprenant dès lors que les ménagements ne feraient qu'augmenter le mal, il eut recours, pour le détruire, à une mesure énergique : le journal, première cause du mal, fut supprimé et les auteurs des libelles activement recherchés. L'un d'eux, pour éloigner les soupçons, osa porter au P. Guidée un exemplaire de ces écrits, qu'il avait, disait-il, trouvé déposé à son insu dans son pupitre ; mais qu'il apportait lui-même, pour que l'on vît, dans cette démarche spontanée, une preuve éclatante de son innocence et de son bon esprit. Le P. Guidée ne trouva pas la preuve concluante ; car il savait distinguer entre l'aveu d'un repentir sincère et l'hypocrisie d'une confession calculée. Connaissant le personnage, il pénétra sa ruse, et il le fit mettre sur-le-champ au secret ; cette brusque mesure épouvanta si fort un autre coupable qu'il vint aussitôt faire un aveu complet, et par là démasquer son impudent complice, qui demeura couvert de la honte d'une faute trop réelle, aggravée d'une odieuse hypocrisie. Les deux coupables furent, sinon expulsés avec l'ignominie qu'ils méritaient, du moins éloignés à jamais de Saint-Acheul.

Ce coup d'autorité apaisa aussitôt les troubles, et l'harmonie la plus parfaite se rétablit. « Ainsi fut détruit dans son germe l'esprit de censure et de critique, ce fléau des communautés, lequel, toléré plus longtemps, aurait détruit sans retour l'esprit de simplicité et de charité, auquel Saint-Acheul était redevable du bonheur de ses premières années (1). »

Il semble que les fonctions de sa charge auraient dû contenter l'activité et réclamer tous les instants du préfet des classes. Telle était cependant l'ardeur du P. Guidée que, pour la satisfaire, il lui fallait encore les exercices du ministère apostolique. Au milieu de ses occupations si multipliées, il savait se ménager du temps pour confesser, diriger, prêcher; il faisait de fréquentes instructions aux élèves du collége et aux communautés religieuses; il donnait des stations de carême et des retraites dans les églises de la ville.

Mais à l'activité il joignait la prudence, et, en se dépensant pour le salut des autres, il n'oubliait pas le soin de sa propre perfection. Quand il se vit entraîné par sa charge de préfet dans un tourbillon d'affaires distrayantes, il comprit le danger où il était de perdre l'esprit intérieur. Opposant à ce nouveau péril un nouveau secours, à la retraite annuelle et aux récollections sémestrielles il ajouta chaque mois une petite retraite d'un jour, durant laquelle il se recueillait devant le Seigneur, s'examinait, s'humiliait et s'encourageait. Quelques extraits de son journal spirituel donneront une idée des vicissitudes de son âme et de ses efforts sans cesse renouvelés.

(1) Annales, p. 207 et suiv.

« Décembre 1819. Le travail forcé auquel j'ai été obligé de me livrer, m'a beaucoup dissipé. Mais la grâce attachée à ce jour de retraite s'est fait vivement sentir. J'ai eu dans la journée une grande facilité à me recueillir. Agir toujours par le motif de quelque vertu et jamais par un mouvement de la nature, voilà ce que l'Esprit-Saint me demande et ce que, avec le secours de la grâce, je me propose de faire. Que vous êtes bon, Seigneur, de vouloir bien m'éclairer de la sorte sur l'état de mon âme ! Que vous faites voir de choses dans la prière, et que vous les faites voir d'une manière douce et suave, inspirant avec les désirs le courage de les exécuter ! »

A la longue pourtant le désir s'émoussait, le courage languissait, et, le jour de récollection arrivé, on gémissait. « Misères et toujours misères, ô mon Dieu, *effusio ad exteriora!* Aidez-moi, Seigneur, à triompher. O mon âme, du courage ! Que tant de sacrifices ne soient point offerts en vain pour ma sanctification ! Vivez, Seigneur, vivez dans ma conduite, comme vous vivez tous les jours dans ma poitrine. »

La consolation revenait-elle, on s'écriait : « O doux moments ! J'étais devant la Saint-Sacrement, et je me disais avec une consolation inexprimable : le Dieu qui naquit pour moi dans une étable, est le même qui est là exposé sur l'autel. Je me confondais, je m'abîmais dans ces pensées. »

A la consolation le ciel faisait-il succéder les épreuves ; le P. Guidée venait-il à être affligé en son âme ou en son corps, il trouvait là une leçon à méditer et des mérites à recueillir. A la suite d'une crise douloureuse, il s'écriait :

« Les sentiments que j'ai éprouvés hier, m'ont bien montré que, Dieu aidant, je puis souffrir la maladie avec patience. Je suis encore loin de la souffrir avec joie et de la désirer; mais, aidé de votre grâce, ô mon Dieu, je ne désespère pas d'arriver à cet heureux état. »

En proie à une peine intérieure, il disait à Dieu : « Vous voulez me faire goûter une partie du calice amer de votre passion, Seigneur, en me faisant éprouver le dégoût et une espèce de tristesse et d'angoisse : j'aurais de la peine à dire ce que je sens ; mais je sens que je souffre. J'accepte cet état, Seigneur, et je voudrais avoir le courage de vous dire que, si c'est votre bon plaisir, je m'y soumets pour le reste de mes jours. Agréez, mon Dieu, ce sacrifice. Et ne suis-je pas trop honoré que mon Sauveur veuille bien me rendre participant de ses souffrances ? »

Au mois de février 1821, la mort prématurée du P. Louis Debussi, qui plongea dans le deuil toute la maison de Saint-Acheul, affligea surtout le P. Guidée. Il perdait en lui un auxiliaire puissant et le plus cher des amis : on sait quelle étroite et sainte affection unissait ces deux cœurs. La mort ne pouvait donc enlever l'un sans déchirer l'autre d'une blessure cruelle ; mais si la douleur du P. Guidée fut vive et profonde, elle ne fut pas sans fruit. Le souvenir de « son bon P. Debussi, » en lui arrachant des larmes, lui inspirait de salutaires réflexions. A la suite d'une lecture dans saint Augustin, il écrivait : « J'ai éprouvé une impression bien vive. Le rapprochement de ce que saint Augustin disait pour se consoler de la mort de son ami Nébride, avec ce que je me disais à moi-même dans cette chambre où mon bon Père Debussi a été exposé après sa mort, et où il me semble voir encore sa figure céleste, m'a tiré les larmes des yeux. Nébride, dit saint Augustin, est vivant dans le sein d'Abraham. Oui, Nébride, mon cher ami, est là; car où serait une âme si belle et si chrétienne ? Il est dans ce lieu de gloire et de repos ; heureux pour toujours, il se rassasie de votre sagesse, ô mon Dieu, selon toute sa capacité et selon toute l'étendue de sa soif. » S'appliquant alors la leçon, le P. Guidée s'écrie : « Quelle est donc la folie du monde, de sacrifier de semblables délices à un peu de fumée et de boue ! Folie vraiment surnaturelle ! Que je suis donc heureux quand j'ai l'occasion de souffrir quelque chose pour Dieu ! Non-seulement c'est un trait de ressemblance avec mon Jésus, mais c'est une perle de plus ajoutée à ma couronne immortelle. »

CHAPITRE QUATRIÈME

SCOLASTICAT — SECONDE PRÉFECTURE
TROISIÈME ANNÉE DE PROBATION

(1822-1827)

I. — L'affliction que le P. Guidée avait ressentie de la mort du P. Louis Debussi, jointe à des fatigues trop continues, avait de nouveau altéré sa santé. Les supérieurs, qui, dans l'intérêt de Saint-Acheul, l'avaient retenu aussi longtemps que possible dans ses difficiles fonctions de préfet, comprirent que, si l'on ne voulait pas s'exposer à le perdre tout-à-fait, il était urgent de lui accorder un peu de repos et le loisir nécessaire pour achever ses études théologiques.

Au mois d'octobre 1822, le P. Guidée, après quatre ans d'exercice, quitta la préfecture des classes, emportant avec lui, disent les Annales, les regrets de tous les maîtres et de tous les élèves. Ce n'est pas qu'il eût dès lors quitté Saint-Acheul: Il s'y trouvait un théologat; le P. Guidée en suivit les cours. Il donna le bel exemple d'un religieux qui, après avoir été la seconde autorité d'une grande maison, consent volontiers à n'y être plus que le dernier des sujets, et qui, de préfet des classes devenu simple scolastique, accepte sa nouvelle position sans peine, sans regret, bien plus, avec joie et reconnaissance. Le premier sentiment qui s'échappa alors de son cœur, fut celui-ci : « Que vous êtes bon, mon Dieu, de m'avoir retiré du tourbillon où je m'oubliais continuellement, où je perdais tout-à-fait l'esprit religieux. » Et il se réjouissait de pouvoir désormais « consacrer plus de temps à son intérieur, afin de s'habituer plus facilement à marcher devant Dieu en esprit de foi et d'amour, de reconnaître ses défauts avec humilité et reconnaissance ; car, disait-il, nous apercevoir de nos misères, c'est une faveur de la bonté de Dieu ; il pourrait nous les laisser ignorer. »

A Saint-Acheul, dont la veille encore il gouvernait les huit cents élèves, il demeura comme enseveli dans la solitude la plus profonde, vivant sans bruit, sans éclat, inaperçu, au point que les Annales, si prodigues de détails, ne font pas la moindre mention de lui, et laissent même entendre qu'il avait quitté la maison. Il y passa néanmoins toute l'année 1822-1823 ; mais sans avoir aucun rapport avec le pensionnat, si ce n'est de temps en temps, pour suppléer quelque surveillant dans les fonctions les plus modestes de son emploi.

L'année suivante, les théologiens s'étant vus obligés de céder leur place à l'affluence toujours croissante des élèves qui encombraient Saint-Acheul, le P. Guidée les suivit à Vitry près de Paris.

Là, pendant deux ans, fidèle à la maxime : *age quod agis*, il s'appliqua tout entier à l'étude de la théologie. Esprit juste et pratique, plutôt que pénétrant et subtil, s'il ne voyait pas très-loin, il voyait très-bien ce qui était dans son horizon, et il ne cherchait point à en sortir. Il visait au solide plutôt qu'au brillant, laissant volontiers à d'autres les hautes spéculations et les recherches curieuses. Il se contentait du nécessaire; il se résignait à ne posséder qu'une science commune; mais il voulait du moins la posséder à fond; et ce qu'il savait, il le savait parfaitement. Aussi, à la fin de chaque année, ce fut toujours avec honneur qu'il subit les redoutables épreuves de l'examen, de celui-là même qui roule sur toutes les matières de la théologie, bien que son humilité se plût à en attribuer tout le succès à la bienveillante indulgence de ses examinateurs.

II. — Ses études théologiques à peine terminées, il fut rappelé à Saint-Acheul, et, dès le mois d'octobre 1825, « il rentra dans les fonctions de préfet des classes, à la satisfaction générale des maîtres, des élèves et des parents (1). » Il n'y resta cette fois que deux années : mais ces deux années devaient être plus laborieuses pour lui que les quatre premières; car il ne retrouva point Saint-Acheul tel qu'il l'avait laissé. L'esprit de critique avait pénétré dans quelques divisions de ce pensionnat jusque-là si docile.

Saint-Acheul subissait la fatale influence du mauvais esprit qui soufflait alors sur la France. C'était le temps où la presse, rendue plus hardie par l'impunité, versait à grands flots le ridicule et l'odieux sur la religion, sur ses croyances, ses pratiques et ses ministres. Elle venait de commencer contre les Jésuites une guerre acharnée. Les vieilles calomnies et les imputations les plus atroces se reproduisaient chaque jour, et se publiaient

---

(1) Annales, p. 378.

avec une audace incroyable. Les Jésuites n'y opposaient qu'un silence dédaigneux ; mais la multitude des hommes accoutumés à penser et à parler d'après leur journal, se croyait autorisée à prendre ce silence pour un aveu, et acceptait comme indubitables les inventions les plus absurdes. Les élèves des Jésuites, jetés pendant les vacances au milieu de ce monde, où la licence de la presse avait amené la licence des opinions et mis à la mode un désir effréné d'indépendance, pouvaient-ils n'en pas éprouver l'influence pernicieuse? Cette influence, par un effet trop naturel, affaiblit en quelques-uns l'esprit de foi; elle leur inspira une sorte de défiance et parfois de l'éloignement pour leurs maîtres.

Quand, après trois années d'absence, le P. Guidée reprit la direction du pensionnat, il fut frappé de ce changement. Ces allures d'indépendance, cet esprit critique, ce ton frondeur, qu'il remarquait parmi quelques élèves des classes supérieures, étaient souverainement antipathiques à son caractère comme au sentiment qu'il avait de l'autorité : on conçoit qu'il ne resta pas spectateur indifférent d'un mal si dangereux. Sa première occupation fut donc d'en combattre le principe, d'en arrêter les suites et d'en détruire les funestes résultats. Pour y parvenir, il n'hésita pas à employer les mesures les plus efficaces, et au besoin les plus rigoureuses.

La surveillance devint plus active; les occasions de désordre furent soigneusement écartées, et de nouveaux procédés de correction imaginés.

Ainsi la récréation du soir fut abolie pendant l'hiver : les ténèbres rendaient alors la surveillance très-pénible et le désordre presque inévitable. Cette mesure désirée depuis longtemps et toujours ajournée à cause des difficultés de l'exécution, le P. Guidée eut le courage de la prescrire et l'art de la faire accepter de bonne grâce par les élèves.

Ainsi encore on disposa, dans une ferme attenant à la maison, un local à part où, sous une règle rigide et par un travail assidu, quelques-uns des plus indisciplinés trouvèrent l'occasion, ainsi que les moyens, d'expier leurs fautes, et d'opérer en leur conduite une complète et salutaire conversion. Ceux qui n'en profitèrent pas, en très-petit nombre, furent définitivement expulsés comme incorrigibles.

Le P. Guidée n'hésitait pas à proposer cette peine suprême, dès qu'il la jugeait nécessaire au maintien de la discipline ou à la préservation des bonnes mœurs ; le nombre des exécutions en ce genre ne l'effrayait pas ; il en provoqua une trentaine dans les premiers mois de cette année 1825-1826.

Cette vigueur opportune et ces exemples éclatants arrêtèrent d'abord les progrès du mal. Mais ce fut du ciel, on peut le dire, que vint le secours le plus efficace. Il arriva par l'intermédiaire du B. Alphonse Rodriguez, coadjuteur temporel de la Compagnie de Jésus. L'humble portier du collège de Majorque venait d'être élevé sur les autels par Léon XII. Des fêtes solennelles furent célébrées en son honneur dans toutes les maisons de la Compagnie. Saint-Acheul se distingua entre toutes, et célébra le *triduum* de béatification avec un éclat et surtout une piété qui lui attirèrent la bienveillance du nouveau Bienheureux ; des grâces extraordinaires furent obtenues par son intercession.

Le P. Guidée en particulier éprouva le crédit du B. Alphonse. Durant une nuit, il fut saisi de douleurs si violentes qu'elles lui ôtaient la respiration et lui faisaient craindre le retour de certaines crises terribles qui, peu d'années auparavant, l'avaient plus d'une fois mis aux portes du tombeau. L'infirmier essaya tout pour le soulager et n'y réussit pas. Le P. Guidée eut alors la pensée de se recommander au Bienheureux. Il l'invoqua avec confiance et, sa prière à peine terminée, il se sentit soulagé et s'endormit paisiblement, pour se réveiller le lendemain parfaitement guéri et en état de reprendre ses fonctions.

Plusieurs autres personnes, soit à Saint-Acheul soit à Amiens, avaient déjà été l'objet de faveurs semblables. Mais la plus étonnante, celle qui produisit la plus salutaire impression sur les élèves, fut la guérison du P. Moine, obtenue à la suite d'une neuvaine solennelle que toute la maison avait faite au Bienheureux.

Cet évènement visiblement surnaturel et l'ébranlement religieux qui en fut la suite, renouvelèrent encore une fois Saint-Acheul. « Depuis cette époque fortunée, disent les Annales, toute la maison ne sembla plus composer comme autrefois qu'une seule famille. L'esprit de foi et de piété s'était ranimé, et en même temps l'esprit d'obéissance et de fidélité à la règle, l'esprit de confiance et d'union entre les maîtres et les élèves, enfin l'esprit de zèle pour les congrégations et pour les bonnes œuvres de toute espèce (1). »

(1) Annales, p. 403.

Ce zèle, les directeurs des congrégations s'ingénièrent à l'exciter au profit de la piété; le préfet des classes songea à le développer au profit des bonnes études et de la bonne éducation.

La distribution des aumônes fut ainsi organisée. Chaque division, et bientôt chaque classe du pensionnat, adopta une ou plusieurs familles indigentes. Une ou deux fois par semaine, les députés de chaque classe allaient visiter leurs familles adoptives et leur porter, avec les consolations de la religion, des secours en vivres et en argent. Rien ne les arrêtait dans cet exercice de charité, ni le respect humain, ni la fatigue; leur zèle et leur constance étaient admirables. Nous laisserons ici parler l'Annaliste de Saint-Acheul. « On les voyait se concerter entre eux pour remettre à un trésorier de leur choix les fruits dont ils se privaient, l'argent qu'ils se refusaient, les vêtements même dont il leur était permis de disposer. Toutes ces provisions, ils les portaient eux-mêmes au domicile des familles que la classe avait adoptées. C'était là leur promenade la plus agréable. Tous briguaient l'honneur d'accompagner les professeurs dans cet exercice de charité. Cinq ou six au plus de chaque classe pouvaient y aller à la fois, et c'était entre eux à qui porterait les paniers contenant les provisions destinées à la pauvre famille. Tous les samedis, c'était un spectacle curieux et édifiant de voir, sans compter les trois sections des congréganistes de la Sainte Vierge, quinze ou dix-huit bandes d'écoliers de tout âge, qui, avec leurs professeurs respectifs, prenaient le chemin de la ville, la traversaient chargés de provisions, et allaient dans les divers quartiers chercher des malheureux à secourir. Les temps les plus mauvais, les plus rigoureux, ne les arrêtaient pas; ils étaient attendus, on avait besoin de leurs secours : c'en était assez pour les faire courir à travers la pluie, la boue et la neige. Ils pénétraient dans les galetas, dans les greniers, dans tous les réduits de la misère; et ce spectacle, quelquefois affreux, loin de les rebuter, n'excitait dans leur cœur que des sentiments plus vifs de compassion et de charité. La foi leur montrait Jésus-Christ sous les haillons, souffrant la faim, la nudité, toutes les privations, dans la personne du pauvre qu'ils avaient sous les yeux. Cette même foi les rendait éloquents, et leur inspirait des paroles de consolation, des réflexions touchantes sur la manière de sanctifier la pauvreté et de chercher dans le bon usage des souffrances d'éternels trésors. Souvent aussi ils comparaient le dénuement de ces pauvres avec l'état d'aisance et d'opulence dont eux-mêmes jouissaient dans le monde; et cette vue, en les humiliant, les remplissait tout à la fois de crainte et de reconnaissance (1). »

C'était là un noble exercice pour la vertu, par conséquent un excellent moyen d'éducation morale et chrétienne. Mais c'était de plus un excellent motif d'émulation et une source féconde de progrès pour les études; car cette faveur si briguée d'aller servir les pauvres était accordée, à titre de suprême récompense, au travail persévérant et aux efforts sérieux.

Vers la fin de l'année, le P. Guidée conçut ou du moins adopta l'idée d'offrir aux élèves comme un tableau raccourci de leurs bonnes œuvres. Il fit composer un compte-rendu des secours distribués par les différentes sections de la congrégation de la Sainte Vierge, et de tout

---

(1) Annales, p. 420, 427, 525.

ce qu'elles avaient fait de plus remarquable aux prisons, à l'Hôtel-Dieu et chez les familles adoptées. Les trésoriers de la congrégation lurent le rapport devant tout le pensionnat réuni. — Ils démontrèrent que les aumônes faites en argent par la seule congrégation s'élevaient au chiffre de six mille francs, et qu'elles avaient non-seulement arraché un grand nombre de pauvres à une affreuse misère, mais encore contribué puissamment à ramener dans les voies du salut une multitude d'âmes égarées. Ils calculèrent ensuite que le nombre des malheureux secourus et le chiffre des sommes dépensées auraient été doublés et même triplés, si aux aumônes de la congrégation ils avaient ajouté celles de toutes les divisions et de toutes les classes du pensionnat. — Cette lecture produisit une vive impression sur les élèves. Il n'y en eut pas un seul qui, en apprenant de si heureux résultats, ne sentît redoubler dans son cœur le feu de la charité, et ne se proposât de donner un nouvel élan à sa générosité envers les malheureux (1).

Cette institution était comme une première pensée, comme l'ébauche de ce que les conférences de Saint-Vincent-de-Paul devaient réaliser, vingt ans plus tard, sur un plus vaste théâtre et d'après un plan plus large. Elle fut la bénédiction de Saint-Acheul et son salut durant les trois dernières années de son existence. Grâce à cette noble industrie, qui tenait leur dévouement toujours en haleine et, pour ainsi dire, dans un perpétuel enthousiasme, les élèves de Saint-Acheul conservèrent jusqu'à la fin une vive émulation pour tout ce qui est bien, et par suite l'ardeur au travail, la fidélité au devoir, conditions efficaces d'une solide éducation.

(1) Annales, p. 524.

Ce fut le fruit des labeurs du P. Guidée et l'un de ses plus beaux titres à la reconnaissance de Saint-Acheul. Il avait commencé cette seconde période de sa préfecture au milieu de la lutte et des alarmes ; il la termina, au bout de deux ans, dans la consolation et la paix.

La préfecture du P. Guidée avait duré six ans. Nul autre ne resta aussi longtemps que lui à ce poste difficile, et n'y fut jugé aussi bien à sa place. Nul n'y rendit des services plus signalés et n'y devint plus populaire. Depuis lors il est resté, dans la mémoire et le cœur des anciens élèves, comme le type et la personnification du préfet des classes. On nous pardonnera donc de nous être arrêté si longtemps à le considérer dans cette charge importante, laquelle, à vrai dire, décida pour lui du reste de sa carrière ; car les talents qu'il y déploya devaient le désigner plus tard pour les fonctions de recteur de Saint-Acheul, puis de provincial de Paris, puis enfin de fondateur du collége de la Providence.

III. — En quittant la préfecture des classes, le P. Guidée se rendit au noviciat de Montrouge, où il était appelé pour faire sa troisième année de probation.

Saint-Acheul nous l'a montré dans l'action, et nous a présenté le tableau de son activité et de ses œuvres. A Montrouge, nous allons le voir s'adonner à la vie contemplative ; nous pénètrerons avec lui jusqu'aux principes les plus intimes de son activité laborieuse, et nous aurons sous les yeux l'image fidèle de son cœur.

Ouvrons encore une fois son journal spirituel. Là, en jetant comme elles lui venaient, sans recherche et sans art, ses impressions, ses pensées, ses affections les plus intimes, le P. Guidée a révélé toute son âme et s'est peint lui-même au naturel.

C'est avec joie qu'il a échangé le tourbillon du collége contre la solitude du noviciat. A peine arrivé à Montrouge, il sent combien doit être précieuse pour lui cette troisième année de formation religieuse, que saint Ignace a ménagée à ses enfants, après la période des études et les premiers essais du ministère actif. Il s'écrie : « C'est à vous, ô mon saint fondateur, que je dois cette année accordée à mon âme jusqu'ici stérile et infructueuse. Vous avez dit au Seigneur : « Donnez-lui encore un an, et s'il fructifie, vous le conserverez; sinon, vous l'arracherez. » Vous n'aurez pas lieu de vous en repentir, ô mon saint protecteur ; je ne sais si je me fais illusion ; mais, avec la grâce de Dieu, il me semble que je sens croître ma bonne volonté, en même temps que la lumière de mon esprit pour les choses spirituelles. O mon Dieu, que je ne reçoive pas en vain votre grâce. »

Il détermine ainsi le but général auquel il doit aspirer, les occupations auxquelles il se livrera, le caractère spécial que sa vertu doit revêtir.

« Mourir à moi-même, c'est à quoi je dois travailler pendant cette année précieuse. Oui, mourir à moi-même ; il faut faire enfin un entier divorce avec la nature, et établir dans ce cœur, qui n'est point fait pour la terre, le règne de Jésus-Christ, mon Sauveur. Je n'ai pas de temps à perdre, car très-certainement je suis plus qu'au milieu de ma carrière.

« Le silence, la mortification et la prière, telles furent

les occupations de Jésus durant ces quarante jours qu'il passa au désert, et qui sont comme le modèle de cette année que je dois passer en solitude. Ce sont trois points dont je ne dois pas me départir pendant cette année et ensuite pendant toute ma vie. Sans le silence et la mortification, point de véritable esprit de prière; sans la prière, point d'onction dans le silence ni dans la mortification.

« Les vertus propres de la vie privée de Notre-Seigneur sont la modestie, la douceur et la simplicité : modestie, douceur, simplicité, doivent faire le caractère de ma vertu pendant cette année de probation. Ne point parler de soi, ni de ce que l'on a fait, ni de ce que l'on fera ; rien qui ressente la supériorité et la hauteur; grande affabilité, manière d'agir uniforme; rien de tranchant dans la conversation; intention droite en tout : voilà, Seigneur, à quoi je m'appliquerai avec votre sainte grâce. »

La grande retraite arriva bientôt. La grande retraite est comme une fournaise spirituelle où le retraitant doit s'embraser et se purifier ; c'est la principale épreuve de la troisième année de probation, et la plus féconde leçon de cette incomparable école du cœur. Le P. Guidée commença avec un cœur merveilleusement disposé, dilaté d'avance par un tendre sentiment de reconnaissance envers Dieu et un ardent désir de ne rien perdre d'une si grande grâce. Dès le premier jour, il écrivait dans son journal : « Une pensée me frappe, ô mon Dieu : combien y a-t-il de chrétiens, de prêtres, qui jouissent de l'avantage dont je jouis en ces jours de solitude? Peu ou presque point. Nouveau motif de reconnaissance envers la bonté divine, et motif de zèle pour me bien acquitter de ces saints exercices : *Cui multum datum est, multum quæretur ab eo* (1). »

A la lumière des grandes vérités de la religion, il repassa toutes les années de sa vie dans l'amertume de son âme, recueillant, déplorant, expiant de nouveau ce qu'il appelle « la longue série de ses iniquités. » Il est tour à tour saisi de terreur à la pensée des formidables jugements de Dieu, pénétré de honte et de regret à la pensée de ses fautes ; mais, plus encore, doucement ému d'une tendre confiance en la bonté de son Dieu. « Vous m'avez épargné, mon Dieu, s'écrie-t-il, vous ne voulez donc pas me perdre. Vous m'avez retiré du monde, vous ne voulez donc pas me perdre. Vous m'avez comblé, dans le saint asile de la religion, d'une multitude innombrable de grâces ; vous me donnez ce mois d'exercices spirituels et cette année de solitude pour travailler uniquement à ma perfection : non, mon Dieu, vous ne voulez pas me perdre. »

Après cette période d'expiation, qui correspond à la première semaine des Exercices, il sonda son cœur jusque dans les replis les plus cachés. Il rechercha, par une analyse détaillée, quelquefois très-fine et très-délicate, les effets, la force, les dangers de ses principales inclinations et jusqu'aux racines de ses moindres défauts. Quand il eut poussé jusqu'au bout cette patiente investigation, il aborda l'œuvre capitale, celle de sa réforme intérieure, et il en détermina les points principaux ; puis, les yeux fixés sur les exemples de son divin chef et le cœur pénétré d'une ferme confiance en son aide

---

(1) « On exigera beaucoup de celui à qui l'on a donné beaucoup. » S. Luc, xii, 48.

toute-puissante, il forma des résolutions généreuses, précises, pratiques. « Du courage, mon âme! se disait-il : il nous en coûtera bien un peu; mais le Seigneur est là avec l'onction de sa grâce, pour soutenir nos efforts; avec son paradis éternel, pour les récompenser. Et quand ces motifs n'existeraient pas, souvenons-nous qu'un ouvrier évangélique, qu'un enfant de la Compagnie de Jésus doit oublier, mépriser tout ce qui n'est pas Dieu, mourir à lui-même et à tout ce que le monde aime et estime, pour n'avoir en vue que la plus grande gloire de Dieu. Jésus-Christ, voilà son modèle; c'est sur ce divin modèle que je veux désormais et pour toujours régler ma conduite et mes sentiments. »

Ce travail fut l'occupation des trois dernières semaines, durant lesquelles il se livra avec un abandon, une docilité, une ferveur, qui ne se démentirent pas un instant, à l'action puissante des saints Exercices, à l'irrésistible influence de ces jours de solitude et de silence, de méditations et d'examens, de prière et de combats, d'élans enflammés vers Dieu et de lutte énergique contre la nature rebelle.

Aussi, quand ils se terminèrent enfin, « ces jours bienheureux qu'il avait passés seul avec Dieu, » il sortit de la retraite avec un cœur tout renouvelé, embrasé du plus ardent amour envers Dieu, animé du plus vif désir de se dépenser pour le salut des âmes, et transporté d'un véritable enthousiasme à la vue de l'idée magnifique qu'il se faisait de sa vocation.

« Un jésuite, se disait-il, c'est un homme dévoué par état à la gloire et à la plus grande gloire de Dieu. *Ad majorem Dei gloriam!* Que de choses renfermées dans ce peu de paroles ! Par conséquent, c'est un homme dont toutes les actions, toutes les pensées, tous les désirs doivent être rapportés à cette fin; un homme qui, vivant d'une vie commune et ordinaire aux yeux des autres hommes, anime toutes ses œuvres d'un principe surnaturel et divin ; un homme qui doit se trouver au milieu du monde, quelquefois même du grand monde, et qui doit être crucifié au monde; un homme qui doit ne pas fuir la considération et l'estime, nécessaires parfois à l'accomplissement des fonctions apostoliques, et qui cependant ne soupire qu'après le mépris et les humiliations, afin de ressembler davantage à Jésus-Christ; un homme qui ne doit pas prodiguer sa santé et ses forces, parce qu'elles lui sont nécessaires pour travailler à la gloire de Dieu, et qui doit être néanmoins altéré du désir de souffrir pour l'amour et à l'imitation de son divin chef souffrant et mourant sur la croix ; un homme adonné aux fonctions de la vie active, et cependant uni à Dieu et recueilli dans son intérieur au milieu du tourbillon des choses extérieures; un homme obligé de s'appliquer à l'étude de la science qui enfle, comme si elle seule pouvait assurer tout le fruit de son ministère, et toutefois ne comptant pas plus sur elle que si elle ne pouvait y contribuer en rien; un homme enfin qui, dans la conduite des affaires, agit avec le même zèle que si le succès dépendait uniquement de ses efforts, et qui cependant compte pour rien ses efforts et n'attend le succès que de Dieu seul. »

Un autre fruit que le P. Guidée recueillit de la grande retraite, fut une connaissance plus vraie et mieux sentie du livre des Exercices. Quoique ce livre incomparable ne fût pas encore apprécié à cette époque, dans la Compagnie renaissante, comme il devait l'être plus tard, à la suite des travaux du P. Roothaan, le P. Guidée semble en avoir dès lors deviné la valeur et soupçonné les trésors cachés.

Suivant l'usage de ce temps, il avait entre les mains, comme directoire de la grande retraite, un de ces ouvrages qui, sous prétexte d'expliquer le livre des Exercices, substituent trop souvent la pensée du commentateur à celle de l'auteur original. Or, il est remarquable, et cela ressort clairement des notes du P. Guidée, que jamais il n'éprouve plus de goût et ne recueille plus de fruit de ses méditations, que là où le commentaire reste fidèle au texte du saint auteur. Au moindre écart un peu notable, le P. Guidée se trouve comme perdu, et, à la difficulté, au dégoût spirituel qu'il éprouve, il sent qu'il n'est plus sous la douce et immédiate action de son bienheureux père. Il signale ces déviations avec un accent de surprise douloureuse : tant il avait déjà le sentiment du véritable esprit des Exercices !

Aussi sera-t-il plus tard un des premiers à accueillir avec transport, et à propager de tout son pouvoir, le travail de restauration inauguré et accompli par le P. Roothaan. En 1837, à la suite de sa retraite annuelle, il écrivait au P. Roothaan : « En terminant ces saints exercices, je ne puis m'empêcher d'exprimer de nouveau à votre Paternité toute notre reconnaissance pour le présent qu'elle a fait à la Compagnie, en nous donnant la traduction de l'autographe de notre bienheureux père, et pour les notes dont elle a enrichi cette édition. Ce travail, en m'aidant à mieux comprendre le texte, me l'a fait goûter de plus en plus. »

Après la grande retraite, le P. Guidée s'appliqua à suivre constamment la vigoureuse impulsion qu'elle avait imprimée à son âme, et à l'augmenter encore par les récollections de chaque mois.

Le reste de l'année s'écoula fort paisiblement pour lui. La fin seulement en fut troublée par les échos d'un évènement cruel à tous les enfants de la Compagnie. Le 16 juin 1828 parurent les funestes ordonnances qui enlevaient aux Jésuites le droit d'enseigner la jeunesse, et renversaient d'un seul coup toutes leurs maisons d'éducation en France. Cette nouvelle attrista profondément l'ancien préfet de Saint-Acheul, on le comprend assez; mais il ne se laissa point abattre; il accepta sans murmure cette grande affliction, qui le frappait dans ce qu'il avait de plus cher, et il en reçut comme un nouvel élan vers la perfection de son état. Le 29 juin, il écrivait dans son journal :

« Je vais renouveler mes vœux dans la chapelle de Montrouge; où ferai-je la prochaine rénovation? La persécution a commencé; où s'arrêtera-t-elle? Vous le savez, ô mon Dieu. Mais moi, que dois-je faire? Réveiller tous mes sentiments de foi, apprécier le bonheur de souffrir persécution pour le nom de Jésus, m'abandonner entièrement entre les mains de la divine providence, redoubler d'ardeur et de zèle pour mon avancement spirituel, ne perdre aucun de ces instants précieux qui me restent pour acquérir la perfection du saint état auquel Dieu m'a fait la grâce insigne de m'appeler. Hier, dans l'après-dîner, en réfléchissant sur les biens attachés à l'acquisition des vertus solides, j'ai éprouvé un grand désir de perfection. Oui, mon Dieu, il faut que je sois un saint. Qu'est-ce que toutes ces demi-vertus? Qu'est-ce que cette régularité tout humaine? O mon âme, montons plus haut. Mourons à tout ce qui n'est pas Dieu. Surtout mourons à nous-mêmes, pour ne vivre qu'en Jésus, pour Jésus, et avec Jésus. »

La persécution qu'il prévoyait ne devait éclater que deux ans plus tard. Le P. Guidée put donc achever tranquillement sa troisième année de probation, et consolider l'œuvre de sa réforme intérieure.

Cet actif et persévérant labeur fortifia les vertus qu'il possédait déjà et fixa, pour ainsi dire, les traits de sa physionomie spirituelle. Ce n'est pas sans doute que le P. Guidée se soit dès lors arrêté dans la poursuite de la perfection; il devait y faire des progrès continuels. Mais ces progrès, il les réalisera en suivant toujours la même voie, celle qu'il s'est tracée à Montrouge. Les caractères de sa vertu, pas plus que les traits de son visage, ne resteront absolument identiques; ils se modifieront, mais sans s'altérer essentiellement; ils deviendront plus fermes, plus larges, plus visibles; mais le dessin général demeurera ce qu'il était au sortir de la troisième année de probation.

Esprit juste, cœur bon; volonté forte, quoiqu'un peu irrésolue d'abord et assez lente à se décider; caractère franc, droit, sociable, quoiqu'un peu timide et plus propre à exécuter qu'à prendre l'initiative, à maintenir l'impulsion reçue qu'à donner le mouvement, le P. Guidée se fût montré, dans toutes les conditions de la société, ce qu'on appelle un parfait honnête homme, un homme honorable, utile, considéré. Cet excellent naturel, loin d'être altéré par la religion, sera, au contraire, transformé par elle et perfectionné. L'honnête homme deviendra un parfait chrétien animé d'une foi vive, un saint religieux esclave de la règle et du devoir, un membre de la Compagnie de Jésus dévoué de cœur à son Dieu, à l'Église, à son Ordre.

CHAPITRE CINQUIÈME

RECTORAT A SAINT-ACHEUL

(1829-1830)

I. — Pendant que le P. Guidée se sanctifiait à Montrouge, l'orage qui depuis longtemps grondait sur les colléges de la Compagnie de Jésus, avait enfin éclaté. Malgré les réclamations unanimes de l'épiscopat français et les pleurs des familles catholiques, les huit petits séminaires dirigés par les Jésuites furent dissous, leurs nombreux élèves dispersés, et forcés, pour la plupart, d'aller demander à l'étranger, à l'Espagne, à la Belgique, à la Suisse, à la Savoie, une éducation religieuse que la patrie leur refusait.

Ce qui était le malheur des familles chrétiennes, tourna à l'avantage et fut peut-être le salut de la Compagnie en France. Ses jeunes religieux étaient, aussitôt après leur noviciat et souvent même avant qu'il fût terminé, saisis et emportés par le tourbillon des colléges, retenus indéfiniment, usés plutôt que cultivés dans les fatigues monotones de la surveillance ou les travaux de l'enseignement inférieur; ils n'avaient pas eu le temps, et ils ne pouvaient guère espérer l'occasion, de se former, comme l'exige l'Institut, soit aux habitudes de la vie religieuse, soit à l'étude approfondie des sciences et des lettres. Le loisir forcé que leur procurèrent les ordonnances du 16 juin, arriva donc comme un secours providentiel; le bien qui en résulta pour la Compagnie, tempéra ce que le coup avait eu de rude pour elle, et rendit sa résignation moins difficile.

Ne pouvant plus consacrer ses membres à l'éducation de la jeunesse, elle s'appliqua à les élever eux-mêmes avec un plus grand soin. A ceux qui, déjà prêtres, aspiraient depuis longtemps à échanger l'agitation des colléges contre le calme de la solitude, elle rouvrit les portes du noviciat, et elle les admit aux exercices fortifiants de la troisième année de probation. Pour les autres, elle établit des scolasticats, où les jeunes professeurs, redevenus écoliers, furent appliqués à l'étude des sciences humaines et divines. Le plus grand nombre se réunit à Saint-Acheul, et un nouveau séminaire s'y forma, moins peuplé que l'ancien, mais plus grave et plus laborieux ; aux lettres succédèrent les sciences, à la littérature, la théologie.

Le P. Guidée y fut appelé de Montrouge. Il arriva, au mois d'octobre 1828, en qualité de ministre et de directeur des études; mais, deux mois plus tard, le P. Loriquet ayant été mandé à Paris, le P. Guidée le remplaça, avec le titre de vice-recteur d'abord, et bientôt après avec celui de recteur. Le voilà supérieur : c'est la charge que désormais, sauf pendant une année ou deux, il exercera, sous des titres divers, jusqu'au dernier moment de sa vie.

Il n'avait encore gouverné que des enfants et un pensionnat d'écoliers ; désormais il gouvernera des hommes et une communauté de religieux ; le mode de gouvernement devra être différent. Il ne s'agit plus, en effet, de retenir dans l'ordre et d'exciter à l'étude un petit peuple léger, plus ami des jeux que du travail : il s'agit d'affermir dans leur vocation, et de faire avancer dans la vertu, des âmes religieuses sincèrement vouées à Dieu. Au préfet des classes, ce qu'il fallait surtout, c'était une autorité ferme et vigoureuse : au supérieur de communauté, la vigueur sans doute et la fermeté devront être nécessaires aussi, mais ce qui devra l'être encore davantage, c'est la discrétion et le tact, la prudence et la bonté : « Par la fermeté, disait le P. Godinot au P. de Ravignan, par la sévérité ou par un ton d'autorité, on pourra obtenir la régularité extérieure et certains résultats, en gouvernant les hommes. Mais un avancement vrai et solide dans la vertu, une disposition favorable au service de Dieu et au bien de la vie religieuse, on ne peut les espérer qu'en gagnant les cœurs et en leur faisant aimer, dans la discrétion, ce qu'on veut obtenir d'eux (1). »

Le P. Guidée avait compris de lui-même ces sages principes et s'en était profondément pénétré. Pendant la retraite qu'il fit au mois de janvier 1829, il étudia avec soin, dans l'Institut, les règles, l'esprit, le but de ses nouvelles fonctions, et il se traça à lui-même le programme de son futur gouvernement en ces termes : « Bonté, fermeté, discrétion. Bonté, pour inspirer la confiance et faire aimer Notre-Seigneur ; fermeté, pour maintenir l'observation de la règle ; discrétion, pour se faire tout à tous. Ainsi soit-il ! » Dans la retraite de 1830, il formulait ainsi les mêmes principes et le même

(1) Vie du P. de Ravignan, par le P. de Ponlevoy, T. I, p. 155.

vœu : « Pénétrez-moi, Seigneur, du véritable esprit de la Compagnie. Donnez-moi, dans les fonctions qui me sont confiées par la sainte obéissance, et pour lesquelles je sens toute mon incapacité sans votre grâce, donnez-moi ce juste tempérament entre une molle indulgence qui passe et excuse tout, et une sévérité excessive qui rebute et ferme les cœurs. Mieux vaut encore l'excès d'indulgence que l'excès de sévérité; mais, avec l'esprit d'oraison, je saurai tenir le juste milieu. »

Il sut en effet le tenir heureusement. La communauté qu'il avait à gouverner, étant à la fois résidence et scolasticat, lui imposait l'obligation d'entretenir l'ardeur de l'étude dans les scolastiques, le zèle des âmes dans les ouvriers évangéliques, et en tous la ferveur de l'esprit religieux.

Pour les études, il n'avait qu'à laisser faire maîtres et disciples. Dirigées par le P. de Ravignan, elles furent ce qu'elles devaient être, et ce qu'on pouvait espérer d'anciens professeurs apportant à leur travail l'application qu'ils avaient autrefois demandée à celui de leurs écoliers. Le P. Guidée n'eut guère à s'en occuper que pour seconder leur essor par ses encouragements et ses éloges.

Il s'occupa principalement d'entretenir et d'exciter en tous la ferveur intérieure. Il s'était fait d'une maison religieuse l'idéal à la fois le plus simple et le plus magnifique. « Rien, disait-il, ne ressemble mieux à la sainte maison de Nazareth qu'une communauté bien réglée. Les inférieurs y obéissent avec amour et dévouement, comme Jésus à Marie et à Joseph; les supérieurs y commandent avec douceur et suavité, comme Marie et Joseph à Jésus.

Tout y est à sa place, chacun dans son office : c'est là vraiment la maison de Dieu. »

Réaliser ce ravissant idéal était son vœu le plus cher; ce fut aussi sa constante application. Nous en avons la preuve dans un second journal qu'il commença vers cette époque, et dans lequel il se rend compte, jour par jour, de ses occupations, de ses remarques et de ses impressions. Là on rencontre à chaque page les indices les moins équivoques de sa sollicitude continuelle pour le maintien de la discipline.

Ainsi on le voit veiller à ce que chacun soit toujours à son poste, occupé de ses fonctions et fidèle observateur de ses règles; il note les moindres irrégularités, pour avertir paternellement ceux qui les ont commises; il recherche les moyens de prévenir les abus qui pourraient se glisser même sous les prétextes les plus spécieux; il rappelle aux scolastiques que leur principale occupation doit être l'étude, et leur désir le plus légitime, des progrès continus dans la science; il prémunit les prêtres contre la possibilité même de la calomnie, par le maintien rigoureux de la règle du compagnon, et prescrit à tous une extrême réserve dans leurs paroles et une grande modestie dans leurs manières; il s'attriste de la moindre atteinte qu'il croit voir porter, soit à la modestie, soit à la gravité religieuse; mais aussi, il se réjouit de bon cœur des heureuses dispositions et des progrès qu'il constate en ses inférieurs. Il écrit, par exemple, un jour de rénovation : « Dieu soit loué! ce *triduum* a fait du bien; tous sont remplis de la meilleure volonté. Je suis étonné moi-même de la reconnaissance que ces bons Pères et Frères témoignent quand on les avertit de quelque défaut, du désir qu'ils ont de se corriger, et des prières qu'ils font pour qu'on leur rende cet office de charité. » Et un autre jour, après une promenade bien gaie et bien religieuse, il s'écrie : « *Quam bonum et quam jucundum habitare fratres in unum!* Ces scolastiques sont vraiment bien bons; et ils ne demandent pas mieux que de parler de Dieu. »

Surtout il s'étudiait constamment à se rendre aimable, pour faire aimer la règle dont il était le gardien; il avait pour ses inférieurs une tendresse vraiment paternelle qui se portait sur tous indistinctement, prêtres, scolastiques ou frères coadjuteurs, et qui se révélait par les sentiments ou les soins les plus délicats. Un frère coadjuteur lui est-il enlevé par les ordres de l'obéissance, il le suit de ses regrets et l'accompagne de ce mot charmant : « Je regrette ce bon F. Vernier; c'est un si bon religieux! La sainte volonté de Dieu soit faite! » Un autre tombe-t-il dangereusement malade, il s'empresse à son chevet, il s'inquiète des progrès du mal, mais sitôt que le mieux se manifeste, il se livre à la joie et note dans son journal : « Dieu soit béni! le bon Frère va notablement mieux; j'espère que sa maladie n'aura pas de suite. »

Est-il étonnant après cela que ses inférieurs l'aient payé de retour, et que, pour lui témoigner leur tendresse filiale, ils se soient montrés fidèles à cette règle, dont il leur recommandait sans cesse la religieuse observation?

Le P. Guidée savait également bien entretenir en eux le feu sacré du zèle. Sous sa direction, tous se livraient aux travaux apostoliques avec une activité qui avait plutôt besoin du frein que de l'aiguillon.

Parmi les prêtres, les uns, que leur titre d'ouvriers dévouait spécialement au saint ministère, s'en allaient gouverner provisoirement certaines paroisses rurales privées de leurs pasteurs; ou bien, comme les PP. Sellier, Maxime Debussi et Barthès, ils parcouraient sans cesse le diocèse d'Amiens, évangélisant, remuant les populations et opérant partout des fruits extraordinaires, qu'il n'est pas de notre sujet de raconter ici, mais que l'on peut lire dans la vie de ces admirables missionnaires (1). Les autres, que leurs fonctions retenaient d'ordinaire à la maison, épanchaient au moins autour d'eux le trop plein de leur zèle : il n'y en avait pas un qui n'eût, ou une petite paroisse des environs à administrer, ou une œuvre quelconque, orphelinat, école, congrégation, à entretenir et à cultiver.

Les scolastiques eux-mêmes ne se croyaient pas, à cause de leurs études, dispensés de l'obligation ou exclus des consolations de l'apostolat. Tous avaient sollicité et obtenu, soit un catéchisme à faire ou une première communion à préparer dans les paroisses de la banlieue, soit un hospice ou une prison à visiter dans la ville d'Amiens. Ils témoignaient, pour ces œuvres de charité, souvent très-pénibles, une émulation que le désir seul de procurer la gloire de Dieu pouvait inspirer; et ils s'en acquittaient avec une ardeur qui n'avait cependant rien de compromettant pour le succès de leurs études, puisqu'ils n'y employaient que leurs récréations, leurs promenades ou leurs loisirs. C'était là, en effet, le plus doux passe-temps de ces hommes qui venaient de se voir enlever l'éducation littéraire de la jeunesse opulente.

(1) Vie du P. Sellier. — Vie du P. Barthès, par le P. Séguin.

Privés de ce premier objet de leur sollicitude, ils se consolaient auprès des enfants pauvres; et, comme si Dieu eût voulu donner une sorte de compensation à leur dévouement, ils avaient retrouvé, dans leurs seuls catéchismes, un nombre d'auditeurs égal à celui qu'ils avaient eu autrefois dans leurs classes : ils instruisaient près de mille petits enfants.

Le P. Guidée était l'âme et le régulateur de cet élan universel. Investi des pouvoirs les plus étendus par l'administration diocésaine, il envoyait, il dirigeait tous ces ouvriers apostoliques; il les encourageait de sa parole, de sa présence, de son exemple. Il visitait fréquemment les divers théâtres de leur apostolat : les paroisses dans lesquelles ils exerçaient le ministère pastoral ou donnaient les exercices de la mission, afin de les seconder dans leurs fatigues et de rehausser par sa présence la solennité de leurs cérémonies religieuses ; les hospices où ils consolaient les malades, afin d'enflammer de plus en plus leur charité ; les prisons où ils exhortaient les détenus, afin de régler leur zèle ; les catéchismes où ils enseignaient les enfants, afin de sanctionner et au besoin de corriger leur méthode d'enseignement; les églises enfin où ils annonçaient la parole de Dieu, afin de se rendre compte de leur genre, de leurs qualités, de leurs défauts. Puis, revenu de sa tournée d'inspection, il notait dans son journal le sommaire des observations qu'il avait faites, en attendant l'occasion de les communiquer à qui de droit. Nous en citerons quelques-unes, ne fût-ce que pour donner une idée de sa critique simple, franche, pleine de bon sens et parfois de finesse.

Au sortir d'une exhortation plus que médiocre, il écrit : « Elle était vague, creuse et sans but. » Le jour du Sacré-Cœur, il est allé entendre le prédicateur de Saint-Germain. « Ce Père, dit-il, a bien du bon; mais aussi de grands défauts. Pas de plan, ou un plan annoncé et nullement rempli. Corps voûté ou plutôt cintré presque continuellement. Ton de voix tremblant, et presque tous les monosyllabes mangés. » De là il passe à la cathédrale, où le prédicateur va finir. « Ce que j'en ai entendu m'a donné lieu d'admirer sa prodigieuse facilité d'élocution; mais peu ou point d'onction, et mains jointes retombant sur la chaire avec un bruit désagréable. » Une autre fois, il dit d'un sermon : « La magnificence du style nuit à l'onction; » et d'un jeune prédicateur : « Il a un beau talent; mais il crie trop, il arrondit trop la phrase, il débite trop lentement et d'une manière trop cadencée; les détails de mœurs absorbent son sujet. »

Lui-même, en chef courageux, prenait sa part du travail et se jetait parfois, comme les simples soldats, au plus fort de la mêlée. Ainsi on le voyait faire le catéchisme aux petits enfants de la Neuville, prêcher dans les églises d'Amiens, remplir les fonctions d'aumônier au pensionnat des Dames du Sacré-Cœur, accourir partout où l'un des siens avait besoin de secours ou désirait du renfort. Et, s'il n'épargnait pas les observations à ses inférieurs, il recevait les leurs avec simplicité; il les provoquait même, soumettant d'avance ses principaux sermons, soit à ses conseillers ordinaires, soit à de simples scolastiques dont il appréciait le talent et la franchise.

Il savait bien, qu'en fait d'éloquence, il n'avait rien

d'extraordinaire. « Je ne suis pas, disait-il, un de ces prédicateurs dont on parle. » Et peu lui importait. Il s'était fait de la prédication une idée plus juste et plus élevée. Un jour, en méditant sur la mission des Apôtres, il remarquait comment Jésus-Christ « leur avait indiqué jusqu'à la matière et la forme de leurs prédications. La matière, c'est la brièveté du temps, la longueur d'une éternité heureuse ou malheureuse, *appropinquavit regnum cœlorum,* la nécessité de faire pénitence, de se vaincre soi-même, *pœnitentiam agite... regnum cœlorum vim patitur.* La matière est forte et substantielle; mais la forme, simple et populaire; la diction et l'action, pleines de chaleur et de feu. Voilà le modèle du prédicateur. Maudite soit l'éloquence mondaine, transportée dans la chaire de vérité : *non in persuasibilibus humanæ sapientiæ verbis, sed in ostensione virtutis et veritatis.* Faites, mon Dieu, que je ne m'écarte point de ces règles. » Il ne se piquait pas non plus d'une invention fort originale; il s'aidait volontiers des ressources que lui fournissait une bibliothèque choisie. « Je me contente, disait-il, de traduire ou d'analyser et d'arranger à ma manière. »

Du moins ses instructions étaient solides et convenablement écrites. Il les débitait avec une action généralement naturelle, quoiqu'un peu monotone, et avec un tel air de sainteté, un tel accent de foi, qu'il était difficile de n'en pas être touché; on sentait bien qu'il annonçait vraiment la parole de Dieu et qu'il était le premier profondément convaincu. C'est qu'en effet il pratiquait cette résolution qu'il avait prise durant sa grande retraite : « Ayons toujours devant les yeux Jésus-Christ, cet adorable modèle d'une prédication apostolique. Quelle modestie dans tout son extérieur ! quelle simplicité et en même temps quelle gravité dans le ton et dans les paroles! comme tout y allait au cœur! Et ne commençons jamais une instruction sans nous dire à nous-mêmes : Que ferait Jésus-Christ, que dirait Jésus-Christ, s'il parlait à ma place? »

Cette activité du recteur de Saint-Acheul et de ses infatigables ouvriers prenait, à certains moments, une nouvelle ardeur. Tous les ans, l'avent, le carême, le mois de mai voyaient s'accroître le nombre de leurs œuvres. Le jubilé de 1829 vint encore imprimer un élan plus vif à leur zèle. A cette occasion, des missions furent données à plus de vingt-cinq paroisses, et toutes produisirent des résultats merveilleux, car la bénédiction de Dieu était visiblement sur les travaux des ouvriers de Saint-Acheul. Les Annales sont remplies des conversions étonnantes que Dieu opérait, soit par le ministère des prêtres dans les missions rurales, soit par celui des scolastiques dans les prisons et les hospices de la ville.

Cette époque fut, pour une grande partie du diocèse d'Amiens, comme une ère de rénovation religieuse, et pour Saint-Acheul, que ses ennemis avaient espéré ensevelir dans un oubli perpétuel, la source d'une nouvelle célébrité, moins éclatante, mais sans contredit aussi honorable que la première. » Les populations de la Picardie montraient une affection touchante pour ceux qu'elles appelaient naïvement: *les bons messieurs de Saint-Acheul;* elles conservaient avec une pieuse reconnaissance le souvenir des services reçus; et, chaque fois que les missionnaires reparaissaient dans les paroisses qu'ils avaient une fois évangélisées, ils étaient accueillis comme en triomphe et fêtés avec un enthousiasme sincère. Puis, ce qui valait mieux encore, on sollicitait de nouveau le bienfait de leur prédication avec une avidité incroyable ; on écoutait leur parole, on suivait leurs conseils avec une docilité d'enfant (1).

C'était la plus douce récompense que pussent désirer pour leurs travaux les ouvriers de Saint-Acheul : c'était aussi le fruit de leur parfait désintéressement dans l'exercice du ministère apostolique. Le P. Guidée veillait avec une sollicitude extrême à l'observation exacte de ce point des Constitutions. Le fait suivant en sera la preuve.

Au mois de mars 1830, la cure de Saint-Leu étant devenue vacante, M. Affre, le futur archevêque de Paris, alors vicaire-général d'Amiens, pria le P. Guidée d'y faire donner des instructions par un Père de Saint-Acheul, et lui offrit provisoirement le casuel de cette paroisse. Le P. Guidée lui répondit. « Je vous annonce avec plaisir que j'ai pris des mesures pour satisfaire vos désirs, et que des instructions seront données aux fidèles de Saint-Leu : vous pouvez donc être persuadé de notre zèle à seconder le vôtre. Quant aux offres obligeantes que vous avez eu la bonté de nous faire, relativement au casuel de cette paroisse; permettez-moi, en vous priant d'agréer nos sincères remerciements, de vous soumettre quelques observations, dont le but unique est d'assurer l'exécution vraie de nos règles.

« Nous ne devons, vous le savez, recevoir, à titre d'honoraires ou même d'aumône, rien qui puisse ressembler à une rétribution ou à une compensation, quelque légitime

---

(1) Vie du P. Barthès, par le P. Séguin, p. 38 et suiv.

que cela soit d'ailleurs. Nous vous prions donc de trouver bon que les secours que nous porterons à la paroisse de Saint-Leu, soient entièrement désintéressés, et qu'il ne soit fait aucune mention d'aumône ou de rétribution convenue et annoncée d'avance. D'après notre profession, nous pouvons, sans doute, recevoir des dons et de pures aumônes, mais à la condition que cela soit libre et totalement indépendant, dans l'esprit de tous, de l'exercice du saint ministère; ce qui ne saurait être ici.

« Ces réflexions que j'ai l'honneur de vous soumettre, vous paraîtront justes, j'espère, et vous n'y verrez que l'expression du désir, bien légitime devant Dieu, d'agir selon nos règles et de travailler ainsi plus efficacement au bien des âmes. »

Grâce à cette vigilance continuelle par laquelle le P. Guidée assurait l'observation de la règle, et provoquait le zèle de ses inférieurs, la maison de Saint-Acheul semblait réaliser le type d'une maison de la Compagnie.

Le P. Druilhet, alors provincial, félicitait à chaque visite l'excellent recteur; le P. Fortis et le P. Roothaan, qui se succédèrent à cette époque dans les fonctions de général de la Compagnie, lui firent aussi à plusieurs reprises témoigner leur satisfaction. Un des derniers actes du P. Fortis avait été d'admettre le P. Guidée à la profession solennelle, et l'un des premiers soins du P. Roothaan fut de lui envoyer le titre et les provisions de recteur.

Au mois de mars 1829, le P. Guidée fut appelé à prononcer ses derniers vœux. Pour s'y préparer, il retourna à Montrouge, à cette école du cœur, où il avait naguère recueilli des enseignements si précieux, et fait dans la perfection des progrès si remarquables. Là, après trois jours employés à méditer de nouveau « sur les vertus apostoliques, à se remettre sous les yeux le sublime idéal du jésuite, qu'il s'était proposé, à s'abandonner enfin entre les mains de Dieu, pour lui être comme un instrument docile, *paratum ad omnia*, » il prononça les vœux solennels des profès de la Compagnie, le 25 mars 1829.

Il est inutile sans doute de remarquer que ce jour fut dès lors un des grands anniversaires de sa vie; mais ce qu'on ne s'imaginerait pas, et ce qu'il ne sera peut-être pas sans intérêt d'ajouter, c'est qu'au souvenir de ce grand acte se rattachait, dans la mémoire du P. Guidée, le souvenir d'une aventure assez plaisante. Il devait suivant la règle, aller demander l'aumône de porte en porte; seulement, de peur de s'attirer quelque affaire, dans un pays où la mendicité est défendue, il ne frappait qu'à certaines portes bien connues, qu'il espérait voir s'ouvrir sans être obligé d'exhiber ses papiers, et sans courir le risque d'être livré aux agents de police. S'étant donc présenté à la porte d'une maison religieuse, il demanda humblement l'aumône au nom de Jésus-Christ. La tourière, à cette requête si insolite dans la bouche d'un prêtre, le regarda avec stupéfaction d'abord, puis avec défiance. — « Qui êtes-vous? » dit-elle. — « Un pauvre prêtre qui vous demande l'aumône. » — « Quoi! un prêtre mendiant qui bat le pavé des rues! cela n'indique rien de bon : vous ne dites donc pas la messe? » — « Je la dis tous les jours. » — « Alors vous devez avoir de quoi acheter un morceau de pain. Sortez. » — Et brusquement elle lui ferme la porte au visage. Le P. Guidée accepta l'affront avec joie, et se retira sans dire un seul mot. Deux jours après, il se présenta de nouveau, non plus pour demander, mais pour faire l'aumône à son tour. Il venait donner une instruction à la communauté. La tourière le reconnut et comprit quelle sorte de mendiant elle avait rebuté; après l'instruction elle s'en vint, toute confuse, implorer son pardon et l'oubli de ce qui s'était passé. Le pardon, le P. Guidée n'eut pas de peine à l'accorder; mais l'oubli, il se garda bien de le promettre. Le souvenir de cette petite aventure ne s'effaça point de sa mémoire, il aimait à la raconter, et il en riait toujours de bon cœur.

Le 1er février de l'année suivante, arriva de Rome le diplôme officiel qui substituait à son titre provisoire le titre définitif de recteur. Ce fut une occasion pour le P. Guidée de laisser paraître sa bonne simplicité, et pour ses inférieurs, de lui témoigner publiquement leur vénération et leur amour.

Il est d'usage, dans les maisons de la Compagnie, de proclamer au réfectoire ces sortes de nominations. Le P. Guidée avait d'abord voulu se soustraire à cette formalité, toujours un peu pénible à la modestie de celui qui en est l'objet; et il mentionne dans son journal, avec une bonhomie charmante, d'une part son embarras, de l'autre la joie de sa communauté. « Je ne voulais pas aller souper en première table, dit-il, mais le P. Cagnard et le P. Ravignan crurent qu'il était plus convenable que j'y fusse; j'y allai. Après le souper, félicitations des Nôtres, cela va sans dire, et chansons joyeuses pour célébrer le nouveau recteur. »

Réjouissance pareille eut lieu quelques mois plus tard, à l'occasion de la Saint-Achille. Pour célébrer la fête de son supérieur, Saint-Acheul mit en réquisition tout ce qu'il y avait dans la communauté de talents ingénieux, et tout ce que les lettres, les sciences et les arts ont de plus agréable. Décorations emblématiques sur tous les murs de la salle, thèses allégoriques attaquées et défendues en musique, problèmes scientifiques posés avec esprit et résolus avec délicatesse, poésies de tout genre, couplets sur les airs les plus variés, contribuèrent à l'envi à rendre la fête magnifique, sans lui rien ôter néanmoins de son caractère parfaitement religieux.

Ce témoignage spontané de l'amour filial des siens, rehaussé par l'éclat du talent et les charmes de la piété, alla au cœur du P. Guidée; il écrit dans son journal : « Ces bons scolastiques n'ont rien épargné pour fêter leur pauvre père. Tout, dans leurs chants et leurs emblèmes, était exprimé d'une manière très-spirituelle, très-délicate et très-affectueuse. »

II. — Pendant que la famille du P. Guidée goûtait ces joies innocentes et se livrait à ses études ou à ses travaux apostoliques, la malveillance obstinée des adversaires de la Compagnie ne se contentait pas d'avoir ravi à Saint-Acheul son éclat et ses mille écoliers : elle voulait l'anéantir ou du moins en expulser jusqu'au dernier de ses religieux.

Une première tentative avait eu lieu dès le mois de février 1829. Les Pères de Saint-Acheul furent accusés d'avoir ouvert un nouveau cours d'étude, et de continuer clandestinement l'éducation d'un certain nombre de leurs anciens élèves. Le recteur de l'Académie d'Amiens n'aperçut pas le piège qu'on tendait à son zèle universitaire; il accueillit l'accusation, sans se donner la peine de la contrôler, et, avec une précipitation au moins étrange, il écrivit au P. Guidée une lettre menaçante, dans laquelle, après avoir énoncé la prétendue violation des ordonnances et avoir insinué qu'il agissait en vertu des ordres particuliers du ministre de l'instruction publique, il enjoignait au supérieur de Saint-Acheul de fermer les cours d'études, de congédier les élèves et de lui répondre, par le porteur même de sa lettre, si ses ordres allaient être immédiatement exécutés. Il n'était pas facile d'aller aussi vite. Le P. Guidée prit le temps d'aviser. Le surlendemain seulement il écrivit au recteur pour lui accuser réception de sa dépêche, et l'informer qu'il en référait à Mgr l'Évêque d'Amiens, dont il attendrait les instructions.

Pendant ce temps-là il avait envoyé le P. de Ravignan à Paris, où se trouvait alors Mgr de Chabons, afin d'instruire le prélat des prétentions du recteur de l'Académie. Mgr de Chabons, accompagné du P. de Ravignan, se présenta chez le ministre de l'instruction publique. Celui-ci se déclara tout-à-fait étranger à la tracasserie intentée à Saint-Acheul, et se montra satisfait des éclaircissements qui lui furent donnés sur cette maison; il ajouta même en s'adressant au P. de Ravignan : « Laissez-nous les lettres profanes, et nous vous laisserons les lettres sacrées. » Le P. de Ravignan se hâta de rapporter au P. Guidée cette réponse du ministre avec une lettre de Mgr de Chabons, qui en attestait l'authenticité. Le P. Guidée écrivit alors en ces termes au recteur de l'Académie d'Amiens :

« Monsieur,

« Maintenant que je suis autorisé par Sa Grandeur, je m'empresse de donner l'explication que demande votre lettre du 16 février. Les ordonnances de Sa Majesté ont été ponctuellement exécutées par rapport à l'ancien petit séminaire de Saint-Acheul. Depuis la clôture des classes, il n'y a plus dans la maison aucun élève, soit ancien, soit nouveau. Elle n'est habitée que par un petit nombre d'ecclésiastiques, que Monseigneur a bien voulu retenir auprès de lui, à titre d'auxiliaires, vu les grands besoins de son diocèse. Les uns ont été obligés de desservir des paroisses rurales privées de pasteurs; d'autres se livrent à la prédication, font des instructions et des catéchismes dans les paroisses, les hôpitaux, les écoles gratuites d'enfants pauvres, etc. Tous, sans exception, participent à quelqu'une de ces fonctions. Le temps que ne réclame pas l'exercice du saint ministère au dehors, est partagé entre la prière et l'étude. Daignez agréer, etc. »

Le recteur de l'Académie s'empressa de répondre au P. Guidée; sa lettre était courte, mais polie. L'affaire en resta là; elle eut pour effet de consolider provisoirement la situation de la communauté de Saint-Acheul, et d'en établir aux yeux du public la parfaite légalité. Saint-Acheul était à l'abri pour longtemps des tracasseries universitaires, mais il aura bientôt à compter avec l'émeute. Ce fut 1830 qui l'amena.

Une agitation inusitée, prélude des prochaines commotions populaires, se manifestait déjà dans toute la France que le calme le plus profond et la sécurité la plus parfaite régnaient encore parmi les habitants de Saint-Acheul. Au plus fort de la lutte électorale qui bouleversait le royaume, ils se livraient paisiblement aux exercices du *triduum* qui précède la rénovation des vœux, et le P. Guidée écrivait le 27 juin 1830 : « Dieu soit béni des grâces répandues sur la maison durant ce *triduum*. Quelle paix! quel calme ici, au milieu de ce mouvement, de cette agitation à laquelle la France est en proie! »

Un mois plus tard parurent soudainement les fameuses ordonnances de juillet, et le 28 arrivèrent à Amiens les premières nouvelles de la révolution. A l'émotion qu'elles causèrent on craignit aussitôt pour la ville un mouvement séditieux et pour Saint-Acheul une attaque de la populace. Le lendemain ne prouva que trop combien ces craintes étaient fondées, et le 29 juillet est resté une date tristement célèbre dans les annales de Saint-Acheul.

Quoique les faits déplorables dont cette maison fut alors le théâtre, se trouvent déjà relatés dans la vie du P. Sellier par le P. Guidée, et dans celle du P. de Ravignan par le P. de Ponlevoy, nous nous croyons obligés par notre sujet de les raconter à notre tour. Le P. Guidée a dû, par modestie, taire la part que lui-même avait prise à ces tristes événements, et le P. de Ponlevoy s'est appliqué uniquement à faire ressortir le rôle que le P. de Ravignan y a joué. N'est-ce pas dans la vie de celui qui se trouvait alors le supérieur de la maison, et en qui se concentrèrent toutes les sollicitudes et tous les chagrins, toutes les terreurs et tous les embarras de ces néfastes journées, qu'il convient d'en donner la relation complète et circonstanciée? Nous en avons emprunté tous les détails, soit au journal même du P. Guidée, soit à une relation particulière composée par le P. de Ravignan quelques jours après les événements, soit enfin à la continuation manuscrite des Annales de Saint-Acheul.

Avant de commencer notre récit, nous répétons volontiers avec le P. de Ponlevoy : « A Dieu ne plaise que nous imputions à cette excellente ville d'Amiens le méfait de quelques centaines de malheureux, égarés par des meneurs, surexcités par des liqueurs enivrantes, et payés pour une heure de désordre bien plus que pour une journée de travail (1)! » et nous ajouterons plus volontiers encore avec Mgr Boudinet, rendant justice aux nobles sentiments de sa cité épiscopale · « Non, ce qui s'est fait alors ne se passerait plus aujourd'hui (2). »

Le jeudi 29 juillet, dans l'après-midi, le P. Guidée fut informé que, dans certains cafés d'Amiens, des hommes suspects proféraient des menaces et tentaient d'organiser une colonne d'attaque contre Saint-Acheul. Il se hâta de transmettre ces informations aux autorités municipales, et, à plusieurs reprises, il réclama leur protection contre les désordres éventuels. On lui répondit chaque fois qu'il n'y avait rien à craindre, mais que, en cas de danger, Saint-Acheul serait immédiatement averti et énergiquement secouru. Après des déclarations aussi formelles, le P. Guidée avait lieu de se croire, lui et les siens, en parfaite sûreté : dès lors, à quoi bon effrayer les esprits, et peut-être troubler les imaginations, par l'annonce immédiate d'un péril ou chimérique ou du moins fort éloi-

(1) Vie du P. de Ravignan, I, p. 132.
(2) Le P. A. Guidée, p. 55.

gné ? Il ne crut donc pas à propos de révéler à ses inférieurs les avis qu'il avait reçus et les démarches qu'il avait faites. Néanmoins, dans son inquiète sollicitude, il prévit le cas extrême d'une dispersion de la communauté, et, avant de prendre son repos, il songea à lui ménager des lieux de refuge. Il dressa une liste des principaux amis, ecclésiastiques ou laïques, sur lesquels il croyait pouvoir compter en cas d'alerte. Il inscrivit, en regard de leurs noms, celui des religieux qui pourraient leur être confiés ; et, quand il eut fini ce travail, il se trouva avoir tout organisé pour une dispersion qu'il ne croyait pas si prochaine. Par une autre précaution fort sage, il chargea deux frères coadjuteurs, les seuls qu'il mit dans son secret, de veiller à tout événement et de l'avertir à la moindre apparence de danger. Tous les autres religieux, laissés dans une ignorance complète de ce qui se passait, allèrent se coucher à l'heure ordinaire. Ce n'est pas la faute du P. Guidée, si sa prudente discrétion n'eut pas le résultat qu'il en avait espéré, et si, au lieu d'un sommeil tranquille, ce fut un réveil affreux qu'elle ménagea à toute la communauté.

Cependant, dès 8 heures du soir, un rassemblement considérable d'ouvriers, soudoyés par des chefs d'atelier révolutionnaires, s'était formé dans Amiens, et, pendant qu'à l'Hôtel-de-Ville les autorités délibéraient, l'émeute, ayant le champ libre, parcourait les rues en hurlant : « Vive la Charte ! A bas Charles X ! » insultait la préfecture, attaquait la maison du maire, et brisait tout sur son passage. Arrivée sur la place Saint-Denis, elle s'arrêta un instant, soit pour s'adjoindre de nouvelles recrues, soit pour concerter son plan. Alors un des meneurs s'écria : « A Saint-Acheul ! Allons à Saint-Acheul ! » Ce fut comme un mot d'ordre. Aussitôt la horde révolutionnaire s'élança vers la rue de Noyon, en répétant le même cri et en poussant des hurlements sauvages.

Un escadron de chasseurs, qui stationnait sur le boulevard, non loin du bureau de l'octroi, la vit passer à quelques pas de lui. La charger, la disperser, eût été l'affaire d'un clin-d'œil, et c'était le vœu le plus ardent du capitaine, qui attendait en frémissant de colère l'ordre d'agir, qu'il avait fait demander et qu'on ne se hâtait pas de lui envoyer.

Enhardie par l'inaction de la troupe, l'émeute se jeta, en passant, sur le bureau de l'octroi, pilla, brisa, saccagea tout ce qu'elle trouva sous sa main; ce bel exploit l'arrêta près d'une heure. Pendant ce temps-là, une bande plus pressée ou plus furieuse avait continué sa marche sur Saint-Acheul; elle y arriva vers 10 heures. Le P. Guidée, averti de son approche, se leva aussitôt et envoya requérir le secours promis par les autorités. Les émeutiers s'arrêtèrent devant la maison Saint-Firmin, séparée de l'abbaye par la route et une esplanade. — « Est-ce ici une maison des jésuites? demandèrent-ils à un voisin que le bruit avait attiré à sa fenêtre. — « Non, dit celui-ci, les jésuites l'ont vendue. » C'était un mensonge officieux, il ne servit de rien. La maison fut aussitôt attaquée à coups de pierres, les portes enfoncées, l'intérieur dévasté, et, après quelques minutes d'un semblable travail, ces intelligents manœuvres de la révolution, croyant leur besogne parfaite et leur argent bien gagné, s'en retournèrent vers la ville en chantant victoire.

Le P. Guidée, s'imaginant que le coup était fait et le

péril passé, voyant d'ailleurs qu'un très-petit nombre de ses religieux avaient été réveillés au bruit de l'assaut donné à Saint-Firmin, ne jugea pas encore à propos de tirer les autres de leur repos et de leur ignorance. Pour lui, avec quelques Pères qu'il avait mandés auprès de lui, il continua de veiller au salut de tous, et il prescrivit à deux ou trois Frères d'aller observer ce qui se passait du côté d'Amiens et de suivre de loin la retraite de la bande dévastatrice. Mais les éclaireurs étaient à peine sortis de Saint-Acheul pour accomplir leur mission, qu'ils y rentrèrent tout effarés, annonçant que les brigands revenaient plus nombreux et plus animés.

En effet, les pillards de Saint-Firmin, arrêtés dans leur glorieuse retraite par les pillards attardés de l'octroi, s'étaient joints à ceux-ci, et la horde tout entière, haranguée et conduite par un ancien élève qui avait été expulsé du petit séminaire, s'avançait à grands pas vers Saint-Acheul, et s'annonçait de loin par un bruit toujours croissant de vociférations confuses : « Vive la Charte ! Vive l'Empereur ! A bas la calotte ! Mort aux jésuites ! »

On n'eut que le temps de refermer la grande porte. Une grêle de pierres, lancées contre la façade extérieure, en brisa toutes les vitres, et aussitôt la porte elle-même fut attaquée avec fureur. Comme elle résistait, les assaillants crièrent : « La porte ! La porte ! Ouvrez ! » Quelques voix même, dit-on, ajoutèrent . « Le supérieur ! qu'il se montre ! »

Le P. Guidée n'apprit que le lendemain cette particularité, et il regretta qu'on ne l'en eût pas averti. De lui-même cependant il était déjà descendu dans la cour, et il allait se présenter aux émeutiers, lorsque plusieurs Pères, accourus autour de lui, l'en empêchèrent. Il envoya alors un nouveau message au maire d'Amiens pour requérir la force armée.

Mais tandis que le messager s'égarait ou que les fonctionnaires publics temporisaient, Saint-Acheul se voyait emporter d'assaut. Une partie des assaillants avait escaladé le mur d'enceinte, pendant que les autres enfonçaient la porte à grands coups de levier ; et la horde tout entière s'était précipitée comme un torrent furieux, inondant la cour intérieure et toutes les salles du rez-de-chaussée, renversant, brisant, dévastant, avec une rage inouïe, tout ce qu'elle rencontrait, portes et fenêtres, tables et pupitres, livres, statues et tableaux, faisant main basse sur tout ce qui se pouvait facilement emporter, et remplissant les airs de ces cris forcenés : « A bas les jésuites ! Mort aux jésuites ! »

Il est plus facile d'imaginer que d'exprimer le trouble des habitants de Saint-Acheul, éveillés brusquement par ces cris de mort, et surpris au milieu des ténèbres par l'invasion victorieuse. Les plus courageux, s'armant de fourches et de bâtons, voulaient d'abord essayer de se défendre ; mais le P. Recteur ne le souffrit pas, jugeant avec raison qu'il était plus sage, jusqu'à l'arrivée des secours attendus de la ville, de n'opposer d'autres armes à la violence de l'émeute que la prière, la patience ou la fuite. La plupart alors se dispersèrent de tous côtés ; les uns, croyant la fuite impossible, se réfugièrent dans les coins les plus retirés, les greniers et les combles de la maison ; les autres, escaladant les murs du jardin, s'enfuirent dans la campagne. Quelques-uns, mieux avisés, s'évadant par l'église de la Neuville, coururent à Amiens solliciter du secours; et, dans une pensée semblable, deux ou trois scolastiques, autorisés par le P. Recteur, montèrent au clocher de l'église et se mirent à sonner vigoureusement le tocsin.

Au milieu de ce trouble général, le P. Recteur s'était rendu à son poste: c'était, sinon le plus exposé, du moins le plus important, et celui qui convenait le mieux à son caractère. Accompagné de deux ou trois prêtres, il se tenait dans la chapelle de la Sainte Vierge, devant le Saint-Sacrement, afin d'implorer l'assistance divine et d'empêcher ou au moins de retarder, par sa présence, la profanation du saint lieu et le pillage des vases sacrés.

Le P. de Ravignan essayait de parlementer avec les envahisseurs. Du balcon du premier étage il s'était présenté à eux, et son apparition avait fait d'abord une certaine sensation; mais il s'efforçait en vain de faire entendre sa voix. Le son du tocsin, qui avait commencé à retentir, alarmait les pillards et les exaspérait; ils hurlaient tous ensemble : « A bas la cloche! Faites taire la cloche! » Sur l'ordre du P. de Ravignan, elle se tut. — « A boire! à boire! » crièrent ensuite ces honnêtes ouvriers de la révolution. Sur l'ordre du P. Guidée, on promit de les satisfaire. Il y eut alors un peu de calme. Le P. de Ravignan, croyant le moment propice, essaya encore de parler, mais aussitôt sa voix fut couverte par une nouvelle explosion de cris redoublés : « Vive la Charte! A bas les Jésuites! » Alors, transporté d'indignation et ne ménageant plus rien, il cria lui-même de toute sa force : « Vous venez ici comme des brigands; nous ne vous avons jamais fait que du bien, et vous venez saccager notre maison! Ne voyez-vous donc pas à quoi vous vous exposez? Les gendarmes vont arriver. » Ces derniers mots, et plus encore le bruit du tocsin, qui recommença alors avec une nouvelle force, mirent cette ignoble populace en des transports de fureur plus violents que jamais. A l'instant une grêle de pierres tomba sur l'orateur; il avait déjà auparavant esquivé plusieurs coups ; mais cette fois, atteint par un projectile et blessé à la tempe, il fut contraint de se retirer.

Alors commença une scène épouvantable. « Qu'on se figure, raconte un témoin oculaire, qu'on se figure au milieu de la nuit, au son lugubre du tocsin, quatre ou cinq cents forcenés, criant de toute leur force et sans relâche, frappant à grands coups de bâton sur les fenêtres, sur les portes, sur les meubles; puis, quatre des plus robustes saisissant un énorme tonneau vide qui était resté dans la cour, et le lançant comme un bélier contre la porte ou les fenêtres du grand corridor, pendant qu'un des chefs répétait avec une voix de stentor : « Courage, mes amis, courage! » Enfin le tumulte devint tel qu'il retentit jusque dans la ville d'Amiens. » C'est ce qui sauva Saint-Acheul d'une dévastation complète.

Un agent de police, qui se promenait dans les rues d'Amiens, l'entendit, et, à la violence du bruit, devinant la détresse des habitants de Saint-Acheul, il courut avertir et presser les autorités municipales, lesquelles se décidèrent enfin à délivrer à la troupe l'ordre de se porter au secours de la maison envahie.

Cependant le tumulte s'y était subitement calmé à la

vue d'un panier de bouteilles: « Voila du vin, » dit quelqu'un. Aussitôt les cris : « Du vin ! à boire! » couvrent tous les autres. On s'attroupe dans les salles, dans la cour ; les bouteilles circulent, se vident rapidement, et puis, lancées contre la muraille, s'en vont rejoindre les autres débris qui jonchaient déjà le sol. Grâce à cette occupation qui leur plaît, les héros de l'émeute s'humanisent un peu : ils accueillent, sans les maltraiter, un frère coadjuteur qui leur apporte du vin, et un scolastique qui vient tenter avec eux une nouvelle négociation ; déjà même ils avouent ingénument à celui-ci qu'ils sont les stipendiés d'une faction révolutionnaire, et qu'ils ont été payés pour la triste besogne de cette nuit. Mais voilà qu'apparaît tout-à-coup un agent de police, suivi d'un gendarme à cheval. Surpris d'abord et saisis d'effroi, puis, par une réaction soudaine, transportés de fureur, les émeutiers s'écrient : « Ah! tu nous trahis! » Et ils se précipitent le bâton à la main sur le scolastique, qui n'a que le temps de s'esquiver par une porte heureusement entr'ouverte, et de se perdre dans l'obscurité des corridors. Ce fut le dernier exploit de ces braves. Assez hardis pour attaquer des prêtres, ils jugèrent prudent de se retirer devant un gendarme : à la première sommation, ils se dirigèrent vers la porte pour sortir. Ils se retiraient assez paisiblement, lorsque l'arrivée d'un escadron de chasseurs changea leur retraite en déroute. En un clin d'œil les salles, la cour, toute la maison fut évacuée. Les pillards essayèrent de s'enfuir ; mais quelques-uns seulement y parvinrent, et se jetèrent dans les champs voisins, où l'on retrouva le lendemain une partie des objets volés, dont ils s'étaient dessaisis pour alléger leur course; les autres, en plus grand nombre, furent enveloppés par la troupe, et poussés devant les chevaux jusque dans Amiens, où ils furent dispersés.

Un peloton d'infanterie, qui arriva en ce moment, ne put que constater les dégâts; et, après avoir fait une reconnaissance aux environs de Saint-Acheul, pour s'assurer que tous les pillards avaient bien disparu, il se retira aussi.

Il était environ deux heures du matin. Les habitants de Saint-Acheul, s'apercevant que le tumulte avait cessé, se décidèrent à quitter leur refuge. Ceux qui s'étaient enfuis dans les campagnes rentrèrent peu-à-peu; les autres, descendant des greniers et des combles où ils s'étaient tenus cachés durant l'attaque, se réunirent dans la cour intérieure autour du P. Guidée, qui contemplait avec une morne douleur sa chère maison, affreusement désolée. C'était en effet un spectacle navrant : toute la façade intérieure dévastée, sans portes, sans fenêtres; les salles du rez-de-chaussée et toute la cour jonchées de débris de toute sorte, de livres et de tableaux en pièces, d'éclats de vitres et de bouteilles, de fragments de statues et de meubles brisés. Cependant l'église, les chapelles et les sacristies étaient restées intactes. A la vérité, elles avaient aussi couru un très-grand danger ; car, au plus fort du tumulte, quatre pillards, se détachant de la foule, s'étaient introduits dans la sacristie de la congrégation, et l'un d'eux avait déjà saisi un calice; mais l'apparition soudaine du P. Guidée et du P. Barthès les ayant déconcertés, ils s'étaient enfuis ; et un excellent jeune homme d'Amiens avait arraché au voleur son butin sacrilége. Cette heureuse préservation, au milieu de tant de désastres, fut regardée comme un trait de la

Providence, et acceptée par tous comme une véritable consolation.

Quand le P. Guidée vit les fugitifs de retour et sa famille à peu près tout entière rassemblée autour de lui, il la conduisit à la chapelle de la congrégation, et là tous ensemble se prosternèrent devant le Saint-Sacrement, louant Dieu de ses impénétrables desseins, adorant sa justice et bénissant sa miséricorde. Après quoi chacun se retira fortifié, par la prière et un peu remis des pénibles émotions du passé, mais non exempt de toute inquiétude pour le présent ni des plus tristes pressentiments pour l'avenir.

On avait entendu quelques-uns des émeutiers s'écrier en partant : « Nous reviendrons pour quelque chose de mieux et en plein midi; » et dès le lendemain, 30 juillet, on put croire que cette menace allait se réaliser. Le jour en effet s'annonça comme devant être plus horrible que la nuit. Durant toute la matinée, messages sur messages arrivèrent à Saint-Acheul, annonçant une attaque formidable pour le jour même; on en précisait le moment : ce devait être au plus tard vers deux heures de l'après-midi; on prétendait même que le rassemblement, déjà formé, s'avançait par la rue de Noyon; et quelques personnes plus effrayées que les autres, prenant leurs terreurs pour des réalités, accoururent en criant : « Tout est perdu; ils viennent, les voilà! »

Dans des conjonctures aussi critiques, la conduite du supérieur de Saint-Acheul fut ce qu'elle devait être. Le P. Guidée informa de nouveau les autorités du péril qui le menaçait. Les autorités, après lui avoir promis une garde qui ne fut pas envoyée, lui conseillèrent de céder à l'orage et d'évacuer la maison pour un temps. Le P. Guidée n'avait plus à balancer ; il ordonna de réunir, pour les transporter en lieu sûr, les objets les plus précieux de la sacristie et de la bibliothèque ; et, pendant qu'on exécutait cet ordre, lui-même assembla ses consulteurs pour fixer avec eux le sort des personnes et leur soumettre le projet qu'il avait préparé dès la veille. La délibération fut longue ; quand elle fut terminée, vers onze heures et demie, le P. Guidée convoqua dans sa chambre toute la communauté, et lui annonça d'une voix émue qu'il fallait se disperser, et s'en aller, deux à deux ou trois à trois, demander à quelques amis du voisinage une sûreté qui ne se trouvait plus à Saint-Acheul. Ensuite, à chacun il désigna le lieu de son exil temporaire, et remit une lettre d'obédience avec un peu d'argent ; à tous il indiqua le moyen de correspondre, soit avec lui soit avec le P. de Ravignan, qui devait se réfugier à l'Hôtel-Dieu d'Amiens ; puis il les exhorta, en peu de mots, à subir avec courage une épreuve qui ne devait point paraître étrange aux membres d'une compagnie vouée par état à de semblables persécutions, et que saint Ignace, leur bienheureux père, semblait leur ménager, la veille même de sa fête, comme une occasion précieuse de se montrer ses vrais disciples et ses légitimes enfants ; enfin il les assura que, de loin comme de près, il veillerait constamment sur eux, toujours prêt à les secourir et à les défendre. Tous alors tombèrent à genoux : il leur donna sa bénédiction ; on s'embrassa en pleurant et l'on se disposa au départ. Il était onze heures trois quarts.

Cependant, au moment de partir, on comprit que le Saint-Sacrement ne pouvait pas demeurer, même un seul jour, dans une maison qui allait rester inhabitée et exposée sans défense aux fureurs sacriléges des impies. Un frère scolastique, demeuré à jeun malgré les angoisses de la nuit et les fatigues de la matinée, vint s'offrir pour consommer les saintes espèces. Le P. Guidée accepta avec empressement la proposition; et par son ordre, le P. de Ravignan, suivi du scolastique, se rendit à la chapelle; les saintes hosties furent consommées, puis les vases sacrés soustraits à la profanation, et le tabernacle resta vide comme la maison.

A deux heures, le P. Guidée faisait savoir aux autorités d'Amiens que Saint-Acheul était désert. Tous avaient quitté cette chère demeure, et tous partaient pour l'exil, le cœur affligé sans doute, mais nullement abattu ou découragé: la prudence du P. Guidée avait pourvu au principal, et le ciel veillait sur eux.

Le P. de Ravignan termine ainsi la relation de ces tristes événements : « Grâces soient rendues au Seigneur, qui, après nous avoir visités par la tribulation, nous fit trouver des hôtes pleins d'obligeance et d'amour. L'organisation imaginée par le R. P. Recteur a pleinement réussi. Par son moyen, les enfants ont été à l'abri de tout danger, et ils ont pu correspondre avec leur père. Fasse le ciel que d'abondantes bénédictions se répandent sur nos bienfaiteurs, comme aussi sur nos aveugles persécuteurs! Et puisse la pauvre France, jadis royaume très-chrétien, recouvrer bientôt l'ordre et la paix! »

Tels étaient les sentiments de ces victimes de la révolution, et tels étaient leurs vœux : ce fut aussi leur unique vengeance.

CHAPITRE SIXIÈME

RÉSIDENCE A AMIENS
(1830-1833)

I. — Le P. Guidée avait quitté Saint-Acheul le dernier. Il pouvait se retirer dans sa famille, et, sans blesser aucune des convenances que le monde apprécie, demander à la maison paternelle un asile à la fois sûr et commode; sa mère le lui offrait, et son frère aîné le pressait avec instance de l'accepter. Il refusa, se souvenant qu'au temps de l'épreuve, plus encore que dans les temps ordinaires, un supérieur doit aux siens l'exemple de l'abnégation et du courage ; il se condamna donc à partager leurs privations, leurs périls, au besoin leurs souffrances, « et il s'en alla, écrit-il, le sac sur le dos, demander l'hospitalité à M. de Gillès, au Saulchois. »

Il y fut accueilli, comme il l'avait espéré, avec le plus grand empressement et la joie la plus sincère; mais le lendemain, fête de saint Ignace, il s'aperçut qu'il était pour ses hôtes un sujet d'alarmes, et que sa présence provoquait contre eux les menaces les plus graves; il n'attendit pas qu'on en vînt à l'exécution : ce jour même il quitta le Saulchois, pour se rendre, par Dury, à Saint-Fuscien. A Dury, il fut reçu comme en triomphe par ce bon peuple qu'il avait évangélisé quelques mois auparavant; mais, à Saint-Fuscien, la scène changea; il se vit condamné au domicile forcé, comme un criminel d'État : pour ne pas compromettre la sûreté de son hôte, M. Lardeur, il dut se tenir tout le jour dans une chambre secrète et enfermé sous clef.

Néanmoins le P. de Ravignan, à qui il avait donné rendez-vous, eut la permission de pénétrer jusqu'à lui, et ils se concertèrent sur diverses mesures à prendre. Le P. Guidée rédigea, en forme de circulaire, les avis qu'il jugea les plus propres à diriger ses frères dans leur nouvelle position; et il chargea le P. de Ravignan de se procurer les passeports dont on pourrait avoir besoin, en cas d'événements plus graves.

Les avis paternels du P. Recteur devaient, après quelques retards inévitables, parvenir à tous ses enfants, être reçus par eux avec attendrissement et fidèlement mis en pratique. La mission du P. de Ravignan devait aussi rencontrer toutes les facilités possibles dans la bienveillance du maire d'Amiens, qui s'empressa de délivrer tous les passeports nécessaires.

Le soir venu, les deux Pères s'étaient séparés: le P. de Ravignan pour rentrer à l'Hôtel-Dieu et le P. Guidée pour se rapprocher d'Amiens.

Vers dix heures de la nuit, le P. Guidée quitta furtivement sa retraite, et pénétra non moins furtivement dans une maison du faubourg d'Henriville. M. Dubos, chez qui il se présenta, lui fit un accueil très-amical et lui offrit l'hospitalité la plus dévouée; mais les mêmes alarmes qui l'avaient chassé du Saulchois et de Saint-Fuscien, le poursuivirent dans cette troisième retraite : « Je vis bien, dit-il, que je ne pourrais y rester longtemps, à cause des précautions qu'il fallait observer; je me décidai à quitter cette excellente maison et à me réfugier à la Sainte-Famille, où madame de Gerville m'offrait sa maison, qu'elle quittait pour se retirer en Belgique. »

Le 3 août, en effet, il se rendit à la Sainte-Famille, où il fut reçu par la communauté comme un ange tutélaire, et logé dans un petit corps de bâtiment séparé, que madame de Gerville s'était fait construire au milieu du jardin. Le P. Guidée y jouit enfin d'une sécurité réelle; mais le calme et le repos, il ne devait pas les retrouver de sitôt.

Le triomphe consommé de la révolution et l'établissement d'un nouvel ordre de choses entièrement hostile aux Jésuites, ne lui laissèrent bientôt plus l'espérance de pouvoir réunir à Saint-Acheul sa communauté proscrite. Son embarras devint extrême. Ne sachant à quoi se résoudre, il dépêcha un frère scolastique à Paris, avec mission d'exposer au P. Provincial la situation présente de Saint-Acheul et de lui demander des instructions précises pour l'avenir. Le P. Provincial n'était pas à Paris : il avait été surpris et retenu en province par la révolution. Le P. Varin, qui le remplaçait provisoirement, se contenta de répondre que chacun devait demeurer en paix au lieu où l'obéissance l'avait placé, et y attendre avec patience le retour du R. P. Druilhet, qui ne pouvait pas tarder longtemps.

Cette réponse prolongeait, sans les diminuer, toutes les

sollicitudes du P. Guidée. Songeant aux alarmes dont il avait été la cause involontaire, aux dangers réels ou imaginaires qu'il avait courus dans ses quatre jours de fuite, à cette fièvre de révolution qui des villes se communiquait peu à peu aux campagnes, il conçut de sérieuses inquiétudes sur le sort de ses frères dispersés, et il résolut de les aller visiter.

Après deux ou trois jours employés à concerter certaines mesures avec le P. de Ravignan, il partit, déguisé, disent les Annales, en artiste ruiné, et s'en alla de village en village pour consoler ses enfants, les éclairer, et au besoin les fortifier.

Heureusement ceux-ci avaient rencontré partout l'accueil le plus affectueux. A peine les fugitifs étaient-ils arrivés au lieu où l'obéissance les envoyait, qu'on se disputait le bonheur de les posséder. Des personnes même qui n'avaient eu jusque-là aucune obligation envers la Compagnie, montrèrent pour ses enfants une bienveillance à laquelle on n'avait pas droit de s'attendre. Les populations, une seule exceptée, furent également très-favorables.

Villers-Bretonneux surtout offrit aux proscrits de Saint-Acheul un asile toujours ouvert et l'hospitalité la plus généreuse. Le curé fut admirable de dévouement. Un Père, parti malade de Saint-Acheul, s'étant trompé de chemin, arriva, sans le savoir, à Villers-Bretonneux, après quatre heures d'une marche très-fatigante. A bout de forces, il pria un villageois de le conduire dans une auberge, où il pût se reposer et passer la nuit. Le villageois, sans rien dire, le conduisit directement chez le curé, qui reçut le fugitif à bras ouverts. Ce fut en vain que le Père, se voyant trompé par son guide, et craignant de manquer à l'obéissance, qui l'envoyait ailleurs, supplia le curé de le laisser partir : « Je sais, lui dit ce bon prêtre, je sais qui vous êtes et pourquoi vous voyagez. Vous resterez ici. La Providence elle-même vous a conduit; vous serez bien; j'obtiendrai d'ailleurs l'agrément de vos supérieurs; je prends tout sur moi pour le moment; je suis trop heureux de pouvoir vous loger, je ne laisserai pas ce bonheur aux curés, mes voisins; c'est à eux de demander, quant à moi, je possède. »

La famille Moirez ne se distingua pas moins par sa charité envers les enfants de la Compagnie. Elle se montra fière de ce qu'on lui avait confié le dépôt des vases sacrés et des ornements précieux, que l'on ne croyait plus en sûreté à Saint-Acheul; tous les fugitifs qui passaient par le pays, elle les contraignait à se fixer ou du moins à s'arrêter quelque temps chez elle, se déclarant prête à tout braver pour les défendre. C'est ce que madame Moirez dit un jour, en termes magnifiques, au P. Barthès, qui lui parlait des périls auxquels son dévouement exposait sa famille. Se tournant vers ses deux fils : « Mes enfants, dit-elle, nous courons sans doute de grands périls, mais s'il faut un jour choisir entre ces deux partis, ou chasser ces bons Pères, ou marcher à l'échafaud, me suivrez-vous quand je vous prendrai par la main? » Et, en fils dignes de leur mère, ils répondirent : « Oh! maman, nous serions trop heureux de mourir pour une si belle cause. » Leur vénérable père, qui allait mourir quelques jours plus tard avec toutes les marques d'un prédestiné, ne tenait pas un autre langage : « Mes bons Pères, disait-il aux jésuites, ses hôtes, je sens que je m'en vais; mais une chose me console, c'est que mes enfants restent et qu'ils vous seront toujours dévoués ; s'il faut mourir, ils mourront pour vous. »

Ce fut à Villers-Bretonneux que le P. Guidée fit sa première visite. Il ne s'y arrêta pas longtemps; mais le séjour qu'il fit dans l'excellente famille Moirez suffit pour le pénétrer d'une profonde admiration : « Quel spectacle d'édification, s'écriait-il, quel esprit de foi dans madame Moirez et dans les enfants! Quels sublimes sentiments dans le père, qui, sur son lit de mort, refuse tout soulagement, afin de souffrir davantage à l'exemple de Jésus-Christ sur la croix! »

De Villers, poussant plus loin ses courses, il alla successivement à Framerville, à Dampierre, à Morcourt, puis à Taisnil et à Naours, puis au Quesnel, à Rouvroy, à Warvillers, à Andechy, à Roye, à Guerbigny. Pendant plus de quinze jours, il parcourut ainsi l'Amiénois et le Santerre, consolant les exilés, pourvoyant à leurs besoins et revenant de temps à autre à son quartier général pour régler les affaires courantes et veiller sur Saint-Acheul.

Saint-Acheul était pour lui un sujet de peines et d'inquiétudes continuelles. Il y allait quelquefois passer secrètement une partie de la journée, et, à la vue de ces tristes ruines, il ne pouvait s'empêcher de s'écrier : « Quel crève-cœur que cette maison désolée! mais, Seigneur, que votre volonté se fasse ! »

Saint-Acheul cependant n'avait pas éprouvé de nouveaux désastres. Les menaces qui avaient provoqué la dispersion de sa communauté, étaient heureusement restées sans effet, ou plutôt n'avaient eu qu'une partie de leur effet. La maison ne fut pas attaquée une seconde fois, mais elle restait abandonnée, et c'est ce que voulaient d'abord les ennemis de la Compagnie. Ils voulaient de plus forcer les jésuites à vendre l'abbaye, afin de pouvoir l'acheter et puis la raser, ou du moins l'affecter à une destination telle que, d'une façon ou d'une autre, le nom odieux et les souvenirs abhorrés de Saint-Acheul fussent à jamais anéantis dans la mémoire des hommes. Tel avait été le but de la première attaque, et l'on avait entendu des spectateurs intéressés répondre à une personne qui déplorait l'œuvre de destruction : « Laissez-les faire, c'est pour nous qu'ils travaillent. » Ce fut aussi dans la même intention que, pendant plus d'un mois, on vit chaque jour des hommes suspects rôder autour de l'abbaye et proférer des menaces terribles contre les jésuites. Le P. Guidée avait deviné le but de ces coupables manœuvres. « Ce sont là, disait-il, de fausses alertes par lesquelles essayent de nous effrayer ceux qui prétendent nous forcer à vendre Saint-Acheul pour rien. » Ces honnêtes acheteurs en furent pour leurs frais d'intimidation : l'attitude ferme et prudente du P. Guidée les convainquit enfin que les jésuites ne songeaient en aucune façon à se défaire de leur propriété, et qu'ils la conservaient, dans la perspective plus ou moins lointaine d'un meilleur avenir.

Cependant on conçoit que, au milieu de telles alarmes, le P. Guidée appelât de tous ses vœux l'arrivée de son supérieur immédiat, le P. Provincial. Enfin, après trois semaines de continuelle anxiété, ses vœux furent exaucés. Le P. Druilhet arriva, et, réunissant en conseil les

PP. Guidée, de Ravignan et Boulanger, il s'occupa aussitôt avec eux de fixer le sort des proscrits. Ce n'était point chose facile. Il s'agissait de trouver à une soixantaine de religieux, non prêtres pour la plupart, un asile sûr et définitif, d'assigner à chacun un office conforme à ses aptitudes, et de donner à tous une direction en rapport avec les circonstances. La Providence heureusement se chargea d'aplanir les difficultés; des lettres venues d'Espagne et de Suisse offraient un refuge aux jésuites chassés de France. Il fut décidé que les théologiens de Saint-Acheul, ainsi que leurs professeurs, se divisant en deux colonies, iraient continuer leurs études, les uns à Madrid, les autres à Brigg, dans le Valais.

Ils furent donc successivement rappelés de leurs retraites provisoires et dirigés aussitôt vers un plus lointain exil. Les départs commencèrent le 21 août : alors aussi commença pour le P. Guidée une grande désolation, et, comme il le dit, un grand crève-cœur. Il en coûte toujours de se séparer de ceux que l'on aime, et plus que personne, le P. Guidée était sensible au déchirement des adieux; c'est lui qui, après le départ d'un de ses compagnons, écrivait dans son journal : « Le P. Boullé est parti, j'en ai le cœur tout triste. » Combien donc, à une époque de révolution, dans des circonstances aussi critiques, la séparation ne devait-elle pas être plus pénible encore et les adieux plus déchirants pour son cœur! Reverrait-il jamais ces fils qu'il aimait si tendrement? Eux-mêmes pourraient-ils seulement arriver au lieu de leur destination? Telles étaient ses pensées : telles sont les inquiétudes qui se trahissent à chaque page de son journal. Durant leur voyage, il les accompagne de ses ardentes prières; à leur arrivée, il partage leur joie, et, longtemps encore, il continuera de les encourager de loin par ses lettres pleines d'affection paternelle.

Ajoutons qu'il était bien payé de retour. De Brigg ou de Madrid, les exilés se plaisaient à lui témoigner leur reconnaissance et leur amour, à réjouir de leurs causeries familières sa triste solitude, à venir se réchauffer eux-mêmes au souvenir de sa tendresse dévouée. La difficulté des temps, loin de ralentir leur correspondance, ne faisait que la rendre plus agréable et plus piquante. Ils avaient imaginé de substituer au nom, sans doute trop monacal, de *révérend père* les noms plus séculiers et moins compromettants d'*oncle*, de *parrain* ou de *monsieur*.

« Mon cher oncle, écrivait l'un d'eux, le 26 septembre 1830, je commence par vous répéter que je vous aime de tout mon cœur, en Notre-Seigneur : toute vieille qu'est cette nouvelle, je la dis à qui veut l'entendre, *importune, opportune; ex abundantia cordis os loquitur*. Mon Dieu, que ceux-là sont fous qui ne vous aiment pas et qui n'ont pas confiance en vous! Y a-t-il mère au monde qui environne ses enfants d'autant de marques de tendresse? »

« Très-cher et très-révéré parrain, reprenait un autre, je ne vous ai jamais souhaité la bonne année ni de si loin ni avec de si tristes appréhensions... Où êtes-vous? que devenez-vous? qu'attendez-vous? qu'espérez-vous? autant d'incertitudes pour votre petite famille de Brigg, et pour moi plus que tout autre. Je suis comme honteux de couler des jours si tranquilles, dans le pays le plus paisible peut-être ou même le seul paisible, à l'heure qu'il est, de l'Europe entière, tandis que je vois de si gros orages se former sur une tête si chère. »

Et un mois plus tard, à la réception d'une lettre du P. Guidée : « Mon bon parrain, quel plaisir m'a causé votre aimable lettre! Plaisir doublé par l'attention à répondre le lendemain même de la réception de la mienne ; triplé par la générosité de deux belles grandes pages, où il n'y a pas une lacune ; quadruplé par les détails intéressants où vous avez bien voulu entrer ; quintuplé par une distance raisonnable de deux cents lieues, qui rend cher tout ce qui vient de la patrie, *à fortiori*, d'un si bon parrain ; sextuplé enfin par les témoignages d'affection que vous m'y renouvelez et qui, pour avoir été si souvent prodigués, soit de plume, soit de vive voix, n'en sont pas moins agréables à lire. Ne viendrez-vous pas quelque jour, cher parrain, voir vos enfants dans leur exil? Mais si vous voulez venir, venez vite, parce que certains pressentiments nous disent à presque tous que nous n'achèverons pas ici l'année. Où irons-nous? c'est le secret du ciel. Et il faut avouer qu'il y a quelque douceur à se trouver ainsi sous l'influence immédiate de la Providence, surtout quand elle vous sert si bien. Car jusqu'ici tout a tourné à bien, si ce n'est que nous avons quelque peine à oublier les consolations que votre tendresse nous faisait goûter les années passées. »

II. — Le départ des théologiens de Saint-Acheul modifiait la situation du P. Guidée. Malgré le titre de recteur qui lui était conservé de fait, il était devenu simple supérieur d'une résidence, si encore on pouvait donner le nom de résidence ou même de communauté aux quelques religieux restés sous ses ordres et disséminés çà et là sur différents points du diocèse d'Amiens.

Dans cet état de dispersion, qui pouvait devenir si fatal à l'esprit religieux, le supérieur comprit que le devoir de sa charge était de se multiplier pour rétablir au plus tôt sa maison sur l'ancien pied, et, en attendant qu'il y parvînt, de maintenir au moins par tous les moyens possibles l'union morale entre les membres épars de sa communauté. Ses visites fréquentes de l'un à l'autre formèrent comme un premier lien entre eux. Il ne négligeait aucune occasion de les voir, de les encourager, de les exhorter. D'abord il en rassembla quelques-uns secrètement, soit à Saint-Acheul, soit à sa résidence d'Amiens; bientôt il s'enhardit jusqu'à les convoquer plusieurs fois la semaine à Saint-Acheul pour leur faire des conférences spirituelles, distribuer les emplois et régler les occupations. Aussitôt que la chose fut praticable, et aux temps marqués par la règle, les prêtres durent se réunir autour de lui pour la discussion et la solution des cas de conscience. Peu à peu toutes les autres observances religieuses furent remises en vigueur. Homme de la règle, le P. Guidée la voulait aussi complète que possible; il la protégeait avec fermeté et prudence contre tous les prétextes plus ou moins spécieux que les embarras de la situation pouvaient fournir au relâchement.

Mais s'il s'occupait avant tout du soin spirituel de sa communauté, il n'en négligeait pas pour cela les intérêts temporels. Saint-Acheul désolé, saccagé, n'attestait pas seulement la violence criminelle d'une poignée de misérables ; il semblait aussi accuser la négligence des autorités chargées par la loi de maintenir l'ordre, et par conséquent reporter jusqu'à elles la responsabilité des dégâts commis. Des amis sages et des hommes de loi engagèrent le supérieur de Saint-Acheul à faire valoir ce qu'ils appelaient son droit incontestable. Le P. Guidée, plutôt pour l'acquit de sa conscience que dans l'espoir du succès, adressa à la préfecture une demande en indemnité pour les dommages causés à Saint-Acheul.

Le préfet de la Somme renvoya d'abord au P. Guidée sa demande, « pour qu'il y mît, disait-il, une date oubliée, » et il ajoutait : « Mon respect pour l'intégrité de toute question à soumettre aux tribunaux, m'empêche d'examiner, quant au fond, la question de savoir si vous pouvez, *en vérité et sans restriction mentale*, affirmer que l'administration municipale n'a pas fait tout ce qui dépendait d'elle. Au reste, l'affaire suivra son cours avec l'impartialité qu'un gouvernement sage et fort ne refuse à personne. »

Cette insinuation outrageante, dont la grossièreté essayait vainement de se voiler sous une allusion d'un goût fort équivoque, ne convenait guère à un homme qui se disait le représentant d'un « gouvernement sage et fort. »

Le P. Guidée la releva avec une noble indignation. Après avoir fait observer que la date réclamée par le préfet « se trouvait en toutes lettres dans le dernier alinéa de la requête, » il continuait ainsi : « Une chose m'afflige, M. le préfet, c'est la supposition de restriction mentale, de défaut de sincérité dans l'exposé des motifs énoncés en ma supplique. Je vous avoue que ce soupçon tout gratuit m'a péniblement affecté. Il renferme une insinuation qui me blesse dans ce que l'homme a de plus cher. S'il s'agissait ici de discuter l'affaire quant au fond, il ne me serait pas difficile de prouver que, au moyen de quelques mesures de sûreté, on eût pu prévenir ces désordres; ce que j'avance ici est de notoriété publique.

« Au reste, M. le préfet, je puis dès maintenant vous faire la protestation que, malgré toutes les pertes que j'ai essuyées, j'aimerais mieux mille fois renoncer à l'indemnité que je réclame, que de l'obtenir par un mensonge. Mes copropriétaires feraient la même déclaration, s'ils étaient ici, et ceux qui les connaissent ne balanceraient pas à ajouter foi à leur parole. »

La réclamation eut le sort qu'il était facile de prévoir. Présentée par un préfet qui n'était rien moins que bienveillant à un conseil municipal issu, en grande partie, de la révolution et par conséquent hostile aux jésuites, elle fut repoussée.

Le maire d'Amiens, qui en reconnaissait la justice, voulait qu'on la portât devant les tribunaux. Mais, sur l'avis du P. Provincial, le P. Guidée aima mieux, après avoir déjà subi la violence, subir encore ce qu'il regardait comme une injustice, plutôt que de fournir, par des poursuites même légitimes, de nouveaux prétextes aux bruyantes déclamations des ennemis de la Compagnie; l'affaire en resta là.

Une œuvre dont il s'occupait à la même époque, ne fut pas aussi malheureuse. On parle beaucoup aujourd'hui de bibliothèques populaires, destinées à répandre l'instruction parmi les populations ouvrières. Le P. Guidée avait été frappé depuis longtemps des avantages que pouvait avoir une telle institution, pourvu qu'elle fût chrétiennement organisée.

« Il est peu de personnes, disait-il, qui ne puissent, à certains jours, consacrer quelque temps à la lecture, et qui même ne le désirent ; mais, ou bien elles ne peuvent contenter leur désir, faute de livres ; ou bien, ce qui est déplorable, elles s'adressent pour cela à de honteux cabinets de lecture, qui leur fournissent des livres coupables et corrupteurs. On remédierait à ces inconvénients, en établissant une bibliothèque choisie et gratuite, à laquelle tout le monde pourrait venir demander, sans péril et sans frais, un honnête délassement ou une utile instruction. » Ces réflexions amenèrent le P. Guidée à tenter l'entreprise pour Amiens.

Il s'occupa d'abord de réunir les livres nécessaires. Trois cents volumes, provenant de l'ancienne bibliothèque du pensionnat, lui fournirent un premier fonds très-convenable ; trois cents autres, qu'il dut à la générosité de quelques bonnes familles d'Amiens, lui donnèrent une collection assez variée et passablement complète d'ouvrages de religion et de morale, d'histoire, de science et de littérature. La bibliothèque était formée, il ne s'agissait plus que d'organiser l'œuvre. Un local fut loué en ville ; la bibliothèque y fut installée, et d'anciens élèves de Saint-Acheul acceptèrent les fonctions de bibliothécaire. Le prospectus, imprimé le 27 juillet, était prêt à être lancé, et l'ouverture de la bibliothèque fixée au dimanche suivant 1er août, lorsque, dans l'intervalle, éclata la révolution qui chassa le P. Guidée de Saint-Acheul et le força de s'adonner tout entier à des intérêts plus graves. Le projet cependant ne fut pas abandonné : sitôt que l'agitation révolutionnaire se fut un peu calmée, et que le P. Guidée eut retrouvé quelque loisir, l'œuvre interrompue fut reprise. L'ouverture de la bibliothèque eut lieu le

10 octobre, et dès ce jour l'affluence des lecteurs répondit aux espérances que l'on avait conçues. Il est vrai que par la suite cette œuvre, comme toutes les œuvres humaines, subit d'inévitables vicissitudes; elle prospéra tant que le P. Guidée fut à portée de la soutenir; dès qu'il fut éloigné d'Amiens, elle languit, et pendant longtemps ne fit plus que végéter. Mais tout récemment, d'après l'inspiration de Mgr Boudinet, de pieuses dames l'ont relevée de ses ruines, et le P. Guidée, avant de mourir, a eu la consolation de la voir rétablie sur des bases plus larges, et déjà plus florissante qu'à ses débuts.

Cependant la situation des Jésuites en France continuait à être fort précaire : l'horizon politique, toujours chargé de sombres nuages, faisait redouter, dans un avenir prochain, de nouvelles commotions pour la société, de nouvelles épreuves pour l'Église, et en particulier pour les Jésuites une persécution plus violente. Il était donc prudent pour ceux-ci de se ménager, à tout événement, quelque refuge au-delà des frontières; c'est dans ce but que le P. Guidée fut envoyé par le P. Provincial jusqu'en Belgique.

La Belgique venait de reconquérir la liberté religieuse par le contre-coup des événements qui asservissaient la religion en France; on espérait pouvoir non-seulement y trouver un asile temporaire, mais encore y fonder un établissement qui fût pour le nord ce que les colléges de Fribourg et du Passage étaient déjà pour l'est et pour le midi de la France. Cet espoir ne devait, il est vrai, se réaliser complètement que cinq années plus tard par la fondation du collége de Brugelette; néanmoins cette première tentative du P. Guidée ne fut pas inutile; elle prépara les voies, le projet ayant été dès lors regardé et accepté comme très-important, quoiqu'il ne parût pas encore assez mûr pour l'exécution. En tout cas, les consolations et les fruits spirituels que le P. Guidée recueillit durant son voyage, le dédommagèrent en quelque sorte de ses récentes tribulations.

Arrivé à Lille, le 3 novembre 1830, il descendit chez M. Charvet, riche négociant dont les fils avaient été élevés à Saint-Acheul. « J'y fus reçu, nous dit-il, avec une cordialité sans exemple. » Il était dix heures du soir. M. Charvet, entouré de ses nombreux enfants, se délassait avec eux des fatigues de la journée, lorsqu'il voit tout-à-coup le voyageur se présenter devant lui. A cette heure avancée, sous un costume laïque, il ose à peine reconnaître un hôte si cher, mais si inattendu; et le P. Guidée est obligé de se nommer. Alors le père de famille saisit les mains de son vénérable ami, et les serre avec tendresse; les fils se précipitent dans les bras de leur ancien maître; les autres enfants, immobiles de surprise et de joie, élèvent les mains vers le ciel et le remercient d'une si grande faveur. Ce fut une scène vraiment touchante, et tout ce qui suivit conserva le même caractère. Lorsque le temps du repos fut arrivé, le P. Guidée vit, non sans émotion, toute la famille se prosterner humblement à ses pieds et implorer la bénédiction du soir; le lendemain, en sortant de sa chambre, il la trouva de nouveau prosternée pour recevoir la bénédiction du matin, et préparée à le suivre à l'église afin d'entendre sa messe. Une grande partie de cette journée et des jours suivants se passa en entretiens édifiants, en pieuses consultations sur des matières spirituelles, parfois très-relevées, concernant les diverses méthodes d'oraison, les pratiques de pénitence, les moyens les plus prompts et les plus efficaces de se sanctifier.

Un soir, en rentrant de ses courses en ville, le P. Guidée fut témoin d'un spectacle plus religieux encore et plus touchant. Dans la plus grande salle de la maison un autel avait été dressé et décoré avec élégance ; une statue de la Sainte Vierge le surmontait; M. Charvet et ses enfants, rangés à l'entour, se tenaient à genoux, attendant le moment de se consacrer à la Mère de Dieu. Le P. Guidée, invité à dire quelques mots, parla avec effusion de cœur; puis l'aînée des enfants, qui en était aussi comme la mère, prononça l'acte de consécration à Marie, avec un tel accent de piété que tous les assistants en étaient attendris jusqu'aux larmes. Le P. Guidée, plus ému que personne, félicita ensuite l'heureuse famille, appela de nouveau sur elle toutes les bénédictions de Dieu, et, rentré chez lui, écrivit dans son journal : « O famille vraiment digne de toutes les bénédictions du ciel! On ne peut rien voir de plus édifiant que cet intérieur, toutes les vertus y sont réunies : j'en suis tout embaumé. »

L'accueil qu'il reçut dans les autres maisons de Lille où il se présenta, ne fut pas moins touchant. « On ne se fait pas une idée, disait-il, de l'ivresse qu'éprouvent ces bons catholiques en voyant un de nous. On n'a qu'une seule peine, celle de s'arracher à leurs empressements et à leurs politesses. Pendant tout mon séjour à Lille, M. Fiévé ne m'a presque pas quitté un instant. »

Ce M. Fiévé était un chrétien qui, sous les dehors élégants d'un homme du monde, cachait des vertus dignes des premiers âges de l'Église : un esprit de pauvreté et de mortification comparable à celui des anciens anachorètes, une oraison habituelle, une charité tendre et inépuisable qui faisait ses délices de secourir les malheureux, d'assister les mourants, de catéchiser les prisonniers et les pauvres. A la vue du P. Guidée, d'un religieux dévoué à la gloire de Dieu et persécuté pour le nom de Jésus, sa joie fut vive et sa vénération profonde. Il s'attacha aux pas de celui qu'il appelait un confesseur de la foi, et il le suivait comme l'ombre suit le corps : servir sa messe était pour lui le comble du bonheur.

Un autre chef de famille, M. Cardon de Montreuil, exprimait de semblables sentiments, avec ce ton délicat et ce tour aimable de l'ancienne politesse française : « Adieu, disait-il au P. Guidée, qui était venu le visiter, adieu, mon bienfaiteur, je vais m'entretenir jusqu'à deux heures du matin du bonheur de vous avoir reçu chez moi. »

Cependant le P. Guidée ne négligeait pas les affaires qui l'avaient amené dans le Nord ; il en traitait avec ses amis, et il déposa en plus d'un esprit des idées qui devaient bientôt devenir fécondes; il alla jusqu'à Menin, pour conférer avec le provincial de Belgique; mais là, il reconnut qu'il n'y avait rien à faire pour le moment, l'état de la Belgique n'étant pas encore suffisamment consolidé.

Il revint donc à Lille, et il se disposait à repartir pour Amiens, quand il voit tout-à-coup un jeune homme se précipiter dans ses bras et lui prodiguer les marques de la plus tendre affection : c'était un ancien élève de

Saint-Acheul, Louis Dubois. Envoyé de Valenciennes par son père, il suppliait le P. Guidée de venir procurer à sa famille le même bonheur qu'à la famille Charvet.

Il n'était pas possible de se refuser à une aussi gracieuse invitation. Le P. Guidée partit pour Valenciennes, où l'attendaient de nouveaux sujets d'édification.

Celui qui l'appelait, M. Dubois-Fournier (1), était un homme universellement estimé dans tout le Nord pour sa probité, sa piété et ses autres vertus. Un zèle ardent, joint à une étonnante habileté dans les affaires, en faisait l'âme de toutes les bonnes œuvres et le chef de toutes les entreprises généreuses. Son dévouement à la Compagnie était sans bornes. Après les ordonnances de 1828, il avait pris une part active aux réclamations que provoquèrent ces déplorables mesures, et il avait eu le courage d'écrire à Charles X : « Pour moi, je suis père de vingt et un enfants, et, grâce à l'excellente éducation que la plupart ont reçue des Jésuites, jamais ils ne m'ont donné cinq minutes de chagrin. » Quand le petit séminaire de Saint-Acheul fut dissous, il y porta lui-même ses deux derniers enfants, et, les présentant aux Pères, il dit : » Bénissez-les, mes Pères ; puisqu'ils ne peuvent recevoir de vous l'éducation, qu'ils reçoivent du moins votre bénédiction. » Nous le verrons bientôt adopter vivement le projet dont le P. Guidée lui apportait alors la première idée, s'y dévouer tout entier et ne point se donner de repos qu'il n'existe, sur les frontières de Belgique, « un Saint-Acheul ressuscité. »

---

(1) Voir Notice sur M. H. J. Dubois-Fournier, par le P. Guidée.

Sa famille réalisait vraiment l'idéal de la famille chrétienne. Comme aux premiers âges du monde, le patriarche y régnait, moins en maître absolu qu'en père vénéré : son autorité, douce et forte, s'exerçait sur tous, enfants et petits-enfants, sans rencontrer jamais la moindre résistance ni le plus léger murmure. Tous n'avaient qu'un cœur et qu'une âme; en tous vivait une foi ardente, entretenue sans cesse par les œuvres de piété, et la pratique salutaire de la prière commune récitée chaque jour en famille.

Comme ils avaient envié à la famille Charvet la présence de l'ancien préfet de Saint-Acheul, ils lui envièrent aussi le bienfait d'une consécration solennelle. Un des fils de M. Dubois, celui qui était venu chercher le P. Guidée à Lille, nourrissait depuis longtemps le pieux désir de voir toute sa famille se vouer au Sacré-Cœur de Jésus et au Cœur Immaculé de Marie. La visite du P. Guidée lui fournit l'occasion qu'il attendait. Toute la famille, avec quelques amis de choix, fut convoquée autour d'un autel magnifiquement orné. Comme à Lille, le P. Guidée commença par adresser à ce pieux auditoire une petite instruction sur l'objet de la cérémonie; Louis Dubois prononça ensuite la consécration avec un accent de dévotion qui pénétra tous les assistants. Comme à Lille encore, la cérémonie se termina par la bénédiction du prêtre et laissa le P. Guidée tout pénétré des plus doux sentiments d'admiration. Il ne sait pas, écrit-il naïvement, à qui de Valenciennes ou de Lille, « de la famille Dubois ou de celle des Charvet, il oserait donner la préférence (1). »

(1) Voir la notice de Louis Dubois, à la suite de celle de M. Dubois-Fournier.

De retour à Amiens, le P. Guidée songea à s'y établir dans une demeure plus centrale et plus commode pour l'exercice du saint ministère. Mgr de Chabons, qui s'était toujours montré le zélé protecteur des Jésuites, lui ayant offert, dans son palais, une gracieuse hospitalité, il l'avait acceptée d'abord; mais la prudence, meilleure conseillère que l'affection, lui suggéra bientôt d'en décliner le périlleux honneur, et il alla s'établir dans une petite maison, rue de Metz-l'Évêque. Vers le même temps, monseigneur le nomma chanoine honoraire, et pour régulariser sa position aux yeux d'une administration hostile, il lui conféra, ainsi qu'aux deux Pères qui résidaient avec lui, les fonctions provisoires de vicaire à la cathédrale et à Saint-Leu. C'était là un titre plutôt qu'un emploi réel; il n'enchaînait pas le P. Guidée à poste fixe, et il ne l'empêchait pas de vaquer à tous les devoirs de sa charge, ni même aux autres ministères de la Compagnie.

Pendant que les membres dispersés de sa communauté travaillaient sur divers points du diocèse, et y recueillaient avec abondance les bénédictions attachées à la persécution pour le nom de Jésus, le P. Guidée ne restait pas inactif.

Par prudence, il s'était abstenu d'abord de toute œuvre extérieure qui aurait pu, en attirant les regards sur lui, provoquer un fâcheux éclat : il se bornait, dans les commencements, à confesser et à donner quelques instructions dans les communautés religieuses. Mais, dès que l'état de la société lui parut un peu raffermi, il tenta quelque chose de plus : il se hasarda à prêcher publiquement dans la chapelle des Ursulines, et, comme personne ne parut s'offenser de cette réapparition, il se décida à remonter dans les chaires paroissiales. Tout alla bien pendant quelque temps, et il se disposait à prêcher le carême de 1831 à la paroisse Saint-Remi, lorsque le contre-coup des événements de février se fit sentir à Amiens. La dévastation de l'archevêché de Paris réveilla, ce semble, l'émulation des pillards de Saint-Acheul; ils formèrent le projet d'exciter du trouble dans l'église Saint-Remi, le jour où le P. Guidée se montrerait publiquement en chaire, espérant par ce désordre agiter le peuple et provoquer un mouvement dans la ville. Le P. Guidée fut instruit du complot deux jours avant l'exécution : il en informa à son tour le curé de Saint-Remi, qui jugea prudent de le dispenser du sermon déjà annoncé, et monseigneur l'évêque, qui poussa la précaution jusqu'à interdire, pour ce jour-là, toute prédication dans les églises d'Amiens. Une tentative de désordre qui eut lieu quelques jours après à l'église Saint-Remi, sembla prouver que ces craintes n'avaient pas été chimériques ni ces précautions inutiles. Quoi qu'il en soit, le P. Guidée se renferma de nouveau dans les exercices les plus obscurs du saint ministère, et ce ne fut que sept ou huit mois plus tard qu'il reparut en chaire sans être molesté ni troublé.

On le vit dès lors prêcher fréquemment, soit à la cathédrale, soit dans les autres églises de la ville, donner la station de l'avent à Saint-Remi, et un grand nombre de retraites dans les communautés religieuses, les pensionnats et les séminaires.

De toutes ces œuvres, il ne nous reste d'autres souvenirs que les notes sommaires consignées dans son journal; elles rendent du moins un touchant témoignage de son esprit de foi et de son humilité.

En commençant une retraite chez les dames du Sacré-Cœur, il invoque ainsi le secours d'en haut : « Daignez, mon Dieu, daignez attacher votre bénédiction à cette œuvre : *Nisi Dominus œdificaverit domum, in vanum laboraverunt qui œdificant eam.* J'ai bien besoin que vous me souteniez. » En la terminant, il dit : « Je crois que Dieu a béni ces petits exercices. Confirmez, mon Dieu, ce que vous avez opéré dans le cœur de vos enfants. »

Au pensionnat de Boulogne, il remarque, après les premières instructions, que l'impression n'est pas vive, et il s'écrie : « O mon Dieu, qu'il est bien vrai de dire que la conversion du pécheur ne peut être que l'ouvrage de votre grâce ! Touchez les cœurs. Que peuvent, sans vous, les paroles de l'homme? et que peuvent les miennes? » Dieu sans doute exauça son humble prière, car, huit jours après, il ajoutait : « Il paraît que la retraite a fait un bien véritable : c'est le sentiment unanime de tous les maîtres. »

Moins heureux au grand séminaire de Beauvais, ou se défiant davantage de ses forces, il s'épouvante à la vue de son auditoire : « Plus de cent séminaristes et une soixantaine de prêtres, dit-il en commençant, c'est un auditoire bien nouveau pour moi. Seigneur, je ne l'ai pas cherché; je l'ai fui tant que j'ai pu : c'est votre œuvre; je sens tout ce qui me manque pour la bien faire; aidez-moi. » A la fin de la retraite, repassant par le souvenir la série de ses instructions, il en porte ce jugement sévère : « L'ouverture, excepté le commencement, a été bien médiocre. Parmi les sujets, il y en a quelques-uns qu'il me semble avoir assez bien traités, ou du moins d'une manière passable. D'autres l'ont été avec une médiocrité impardonnable. *Bonum mihi quia humiliasti me* (1). En général, je me suis senti écrasé par le travail et beaucoup au-dessous d'un tel ministère. » C'est ainsi que, à défaut d'un succès qu'il n'osait constater, il recueillait le fruit bien autrement précieux de l'abnégation et de l'humilité.

L'année 1832 ouvrit au zèle du P. Guidée une plus laborieuse carrière. Un fléau que Dieu, pour châtier les nations coupables, semblait conduire à travers le monde, des bords du Gange à ceux de la Tamise et du Tage, le choléra, envahit alors la France, répandant partout la terreur et la mort. La Picardie ne fut pas épargnée. Au mois d'avril, la maladie s'y déclara avec une grande violence; bientôt la mortalité devint effrayante, et une désolation immense s'empara du pays.

Toutefois ces jours de deuil ne furent pas sans consolation : ils devinrent salutaires pour un grand nombre de chrétiens, en qui se ranima l'esprit de foi, et glorieux pour les hommes apostoliques, à qui s'offrait, avec une riche moisson de fruits spirituels, l'occasion avidement saisie d'un héroïque dévouement.

Dès la première menace du fléau, les jésuites se présentèrent sur la brèche. Du Passage, un exilé de Saint-Acheul écrivait à son ancien recteur : « On me dit que le choléra-morbus s'avance vers vos contrées. Nous permettrait-on d'aller vous porter quelque secours, si cet hôte terrible venait s'établir chez vous sans votre permission ? Quelque chose me dit que je serais bien aise d'avoir et le courage de me dévouer à ce ministère et le bonheur

(1) Il m'est avantageux que vous m'ayez humilié. Ps. 118.

d'y laisser la vie. » A défaut des exilés qui ne furent point rappelés, malgré leur désir, tous ceux des proscrits de Saint-Acheul qui n'avaient pas quitté le sol de la patrie eurent, sinon le bonheur de sacrifier leur vie, du moins le courage de l'offrir pour le salut de leurs compatriotes. Les travaux du P. Barthès, à Moislains, eurent du retentissement jusque dans les journaux de l'époque (1).

Le P. Guidée en particulier, quand le fléau envahit Amiens, n'écouta que la voix de son zèle. Étouffant cette frayeur instinctive, dont il était peut-être moins exempt que personne, bravant même les premières atteintes de la maladie, dont il fut attaqué, il visita les hôpitaux, les maisons particulières, et prodigua aux malades les secours de la religion et de la plus tendre charité.

Il fit plus : rendant le bien pour le mal, il mit Saint-Acheul à la disposition de cette administration municipale qu'il accusait, à tort ou à raison, de s'être montrée à son égard tour à tour imprévoyante et peu équitable. L'Hôtel-Dieu étant devenu insuffisant pour recevoir toutes les victimes de l'épidémie, Saint-Acheul fut converti en hôpital supplémentaire. Les soldats de la garnison, cédant aux malades de la ville leur place à l'Hôtel-Dieu, furent transportés à Saint-Acheul, dans les salles naguère dévastées par l'émeute. Le choléra y fit peu de victimes, et un grand nombre de soldats y retrouvèrent, outre la santé du corps, la pureté de l'âme et la paix d'une conscience réconciliée avec Dieu.

(1) Voir la vie du P. Barthès, par le P. Seguin, p. 63.

Saint-Acheul se trouva bien aussi de sa destination temporaire. Lorsque, après six mois de ravages, le choléra eut disparu et que les soldats eurent évacué leur hôpital provisoire, le souvenir du bienfait ne s'effaça point aussitôt de la mémoire publique ; le nom de Saint-Acheul cessa de retentir comme un cri de haine ; le séjour en cette maison paraissant moins périlleux, les jésuites y rentrèrent assez ostensiblement ; le P. Guidée y fit de plus fréquentes apparitions et des visites plus longues. Toutefois ce ne fut qu'à la fin de 1833 que le siége de la résidence put y être de nouveau fixé, et tous les Pères s'y trouver réunis. En attendant, le supérieur continua de résider, avec deux ou trois prêtres, dans la petite habitation de la rue Metz-l'Évêque.

III. — Le P. Guidée s'y trouvait encore lorsqu'il perdit sa mère. Il avait pu la visiter souvent durant sa dernière maladie, et par ses soins, sa tendresse, ses pieuses exhortations, il l'avait consolée dans ses douleurs et merveilleusement disposée à une mort chrétienne. En apprenant qu'elle avait expiré, il éprouva une douleur profonde, comme il convenait à un fils, mais résignée, comme il convenait à un religieux. Nous lisons dans son journal, à la date du 17 février 1833 : « Après la messe, je suis allé voir ma mère. Elle venait de rendre le dernier soupir. Je n'ai pas eu la consolation de le recevoir ; j'avais cru que je lui serais plus utile en offrant le saint sacrifice à son intention. Elle a rendu l'âme au moment où je terminais la messe pour elle. Mon Dieu, ayez son âme en paix ; je vous la recommande de tout mon cœur. Son plus grand défaut est de nous avoir trop aimés. » Simple, mais touchante oraison funèbre d'une mère, dans la bouche d'un fils !

Le P. Guidée n'avait pas éteint en son cœur l'amour de ses parents; loin de là, il l'avait ennobli et rendu à la fois plus fort et plus pur. Combien de traits charmants de cette tendre affection se conservent encore, comme un pieux héritage, dans le souvenir de sa famille! mais il convient de les laisser avec respect dans cette demi-obscurité du sanctuaire domestique. Il s'associait volontiers aux joies de tous les siens; plus volontiers encore il prenait part à leurs peines et se faisait leur consolateur : « Courage, écrivait-il à une de ses sœurs, si Dieu nous afflige ici-bas, c'est qu'il veut embellir notre couronne dans le ciel. Rappelons-nous toujours que tout contribuera au bien de ceux qui aiment Dieu. Dieu a demandé de toi un grand sacrifice; courage donc encore une fois, courage et résignation! Si la croix est lourde, pensons que nous la portons à la suite de Notre-Seigneur. Oh! ma bonne sœur, combien un regard jeté sur le crucifix, avec foi et amour, fortifie et console ! »

Le crucifix! il avait voulu que ce fût la dévotion spéciale de tous les siens. Après la mort de sa mère, il fit faire des crucifix pour tous les membres de sa famille, et les leur envoya avec une lettre touchante; voici celle qu'il écrivait à cette occasion à une de ses sœurs : « Je t'envoie un crucifix, que je te prie d'accepter comme un gage de mon amitié fraternelle. Je désire qu'il reste dans ta famille; qu'après toi il passe à ton fils aîné ou, à son défaut, à l'aîné de tes enfants. Puisse-t-il te rappeler, à toi et à toute la famille, les pensées et les sentiments de cette sainte foi dans laquelle nous avons eu le bonheur de naître et d'être élevés ! La croix est l'abrégé de tout l'Évangile, et, après avoir été notre lumière et notre force pendant la vie, elle est encore notre consolation et notre soutien au moment de la mort, où tout nous fuit et nous abandonne. Pourquoi faut-il que je n'aie pas le bonheur de voir ces vérités si consolantes senties et goûtées par tous les membres de ma famille? Espérons et prions. Je me recommande à tes prières et à celles de ta famille, en ce jour du Vendredi-Saint, où fut accompli le grand mystère dont cette croix nous retrace le souvenir. »

Lui annonçait-on la naissance d'un neveu ou d'une nièce, il demandait aussitôt s'il avait reçu le baptême, et avec tant de vivacité que cette locution : l'enfant est-il ondoyé? était, à cause de lui, devenue comme proverbiale dans la famille; il s'occupait avec sollicitude de l'éducation des enfants, la suivait pas à pas et la dirigeait, de près ou de loin, suivant les maximes de la piété chrétienne.

Pour rappeler aux parents comme aux enfants leurs devoirs envers Dieu, il profitait de tout, d'un présent qu'il envoyait, d'un conseil qu'on lui demandait, d'une première communion qui approchait, d'une maladie, d'une épreuve que Dieu avait envoyée ou permise.

« Mon bien aimé, écrivait-il à un neveu à qui il offrait un livre de piété, je t'envoie, selon ma promesse, un petit souvenir de ta première communion. Conserve précieusement la mémoire d'un si grand jour. Lis de temps en temps un chapitre de cet excellent livre; cette lecture servira à entretenir et à renouveler les résolutions que tu as prises aux pieds de Notre-Seigneur. Ton oncle te bénit. »

« Tu me parles du choix d'un état de vie, répondait-il plus tard au même, et tu me dis à ce propos que tu as plus que jamais besoin de mes prières. Tu as raison. S'il est une circonstance dans la vie où nous ayons besoin des lumières d'en haut, c'est alors surtout qu'il s'agit pour nous de déterminer la carrière que nous devons embrasser ; de ce choix peut dépendre notre bonheur sur la terre et souvent notre destinée éternelle. Je ne t'oublierai donc pas devant Dieu; mais ne t'oublie pas toi-même. Les prières des autres ne nous sauvent pas, si nous ne nous sauvons pas nous-mêmes. »

Il écrivait à ce même neveu, devenu père de famille : « Voilà ton fils admis à faire sa première communion le jour de la Pentecôte. C'est une touchante et solennelle époque pour lui, pour ses bons parents et en particulier pour son grand oncle, sur qui repose en partie le soin si important de diriger son éducation. Te dirai-je, mon cher ami, une pensée qui me poursuit depuis quelque temps ? Et pourquoi ne te la dirais-je pas, puisque cette pensée ne m'est suggérée que par l'affection si vraie, si tendre, si effective que je vous porte à tous ? Quelle consolation ce serait pour moi, si, le jour de la première communion de ton enfant, je voyais approcher de la table sainte son père, sa mère, toutes les personnes qui s'intéressent à lui ; si je les voyais, moi leur vieil oncle, entourer cette table sacrée, selon l'expression du prophète : *Sicut novellæ olivarum in circuitu mensæ,* et recevoir de ma main le pain des anges ! Cette consolation me serait-elle refusée? Je ne puis le croire. Et puis, quel salutaire effet ne produirait pas sur l'enfant lui-même l'exemple de son père et de sa mère, lui faisant compagnie dans cet acte solennel de la vie chrétienne, unissant leurs prières aux siennes, et les rendant plus agréables à Dieu par la participation aux sacrements ! Hélas ! il manquera à cette touchante fête une personne qui assurément ne se fût pas dispensée d'y prendre une part active. — Tu me comprends. — Mais j'aime à penser que dans un monde meilleur, dans le séjour des bienheureux, où ses vertus lui ont fait trouver place, elle ressentira un accroissement d'allégresse à la vue de son frère, de sa sœur, de ses enfants et petits-enfants, unis dans une commune prière et assis à la table des enfants de Dieu. Je finis cette lettre, peut-être trop longue; j'ai laissé aller ma plume ou plutôt mon cœur; tu n'y verras que le désir le plus ardent de ton bonheur, et une nouvelle preuve de l'affection tendre et invariable de ton oncle dévoué. »

Il écrivait à un autre de ses neveux : « L'état de souffrance dans lequel je t'ai vu m'a fait une vive peine, et je voudrais pouvoir te soulager. Crois-moi, mon cher ami, à part ta mère, avec laquelle je ne prétends pas lutter en affection pour toi, tu n'as pas sur la terre de meilleur ami que moi ; et c'est parce que je t'aime plus que tu ne saurais le penser, que je désire te voir bien avec Dieu, persuadé que là seulement est pour toi la santé de l'âme, qui contribuera puissamment à la santé du corps. Rappelle-toi, mon bon ami, les jours de ton enfance, ta première communion : n'étais-tu pas heureux alors? Les plaisirs que tu as goûtés loin de Dieu ont-ils rien de comparable à ces joies innocentes? Qu'est-ce qui t'empêche de voir renaître ces beaux jours, du moins en partie? Recours à Dieu dans la prière; retrempe ton âme dans une bonne confession, et tu retrouveras, avec la paix du cœur, ce que tu as perdu en t'éloignant de Dieu. Du courage donc, mon cher ami, donne à ton oncle la satisfaction de te voir chrétien autrement que par le baptême. Ce sera pour moi un beau jour, et pour toi le commencement d'une vie nouvelle. Je demande à Dieu cette grâce, de toute mon âme : combien de prières lui ai-je adressées à cette intention! Mais ton concours est nécessaire : je t'en prie, je t'en conjure, au nom de Dieu et de tes plus chers intérêts. »

Le salut de ses parents, telle était donc la grande préoccupation du P. Guidée. Elle redoublait encore, dès qu'il savait quelqu'un des siens menacé d'une mort prochaine. Son journal atteste, à chaque occasion, ses inquiétudes et ses prières, ses démarches, ses efforts. « J'ai visité mon pauvre oncle; sa situation m'inquiète, son âme surtout. — Je me suis décidé à fondre un peu la cloche, et je l'ai pressé de mettre ordre à ses affaires. Cette démarche m'a bien coûté et j'ai dû prendre beaucoup sur moi. — Il paraît qu'il a trouvé que je l'avais bien poussé. Il ne m'en a pourtant rien témoigné. — Enfin mon pauvre oncle a commencé sérieusement aujourd'hui. » Il acheva heureusement, et le P. Guidée eut la consolation de le voir mourir dans les meilleures dispositions, comme tous ceux de ses parents qui le précédèrent dans la tombe.

Ainsi, durant toute sa vie, le P. Guidée fut l'ami le plus sincère et comme l'ange de sa famille. Sur son lit de mort, nous le verrons encore, après avoir dominé toutes les émotions, se laisser attendrir à la pensée de ses parents. En exprimant le désir de les voir tous sincèrement dévoués à Dieu, il se sentira vivement ému, et il ne pourra retenir ses larmes : tant l'amour des siens vivait en son cœur, même après cinquante années de renoncement religieux !

Il n'en était pas autrement de son affection envers ses amis. Ce doux sentiment de l'amitié, qu'il a si bien connu, avait été, par la profession religieuse, non pas étouffé, mais purifié comme tous les autres et transformé. Le P. Guidée aimait ses amis d'un amour vrai, aussi effectif que tendre et délicat. Comme il les aimait sincèrement, il croyait à leur amour ; et comme il se sentait toujours prêt à se dévouer pour eux, il n'hésitait pas, dans l'occasion, à faire appel à leur dévouement. Son journal, le plus intime confident de son cœur, est rempli de traits charmants. Le P. Godinot quittait Saint-Acheul pour n'y plus revenir : « Je l'ai conduit jusqu'à la voiture, dit le P. Guidée ; car je ne le reverrai peut-être jamais. » — Après les événements de 1830, « je rencontrai, dit-il, le bon M. Dauzée : *O qui complexus! ô gaudia quanta fuerunt!* »

Un jour, debout sur la tombe entr'ouverte où l'on venait de descendre un fidèle et saint compagnon de sa vie, on le vit cacher sa tête entre ses mains et répandre un torrent de larmes. Bien des larmes couleront aussi un jour autour de son cercueil : enfants, jeunes hommes, vieillards, attesteront, par une douleur unanime, que le vénérable religieux, objet de leurs regrets, avait toujours été pour eux un père dévoué et un ami plein de tendresse.

CHAPITRE SEPTIÈME

LE P. GUIDÉE SOCIUS DU PROVINCIAL

(1833-1836)

Depuis cinq années que le P. Guidée gouvernait la maison de Saint-Acheul, la sagesse, le zèle, l'activité qu'il avait fait paraître en des situations très-diverses et dans des circonstances très-difficiles, lui avaient mérité la confiance de ses premiers supérieurs. A plusieurs reprises déjà, le P. Druilhet l'avait appelé au conseil de la province, et lui avait confié la conduite de certaines affaires très-délicates. Ainsi, comme nous l'avons dit, il l'avait envoyé en Belgique explorer le terrain et préparer les voies à un établissement d'éducation ; ainsi encore, il l'avait chargé, en prévision des événements qui se préparaient au-delà des Pyrénées, de tracer aux jésuites français réfugiés en Espagne la marche qu'ils auraient à suivre, si la révolution, après les avoir bannis de Saint-Acheul, les expulsait encore de Madrid et du Passage.

Le P. Druilhet, envoyé à Prague, sur la demande de Grégoire XVI, pour concourir à l'éducation du petit-fils de Charles X, transmit au P. Renault le gouvernement de la province de France. Le P. Renault connaissait aussi de longue date le supérieur de Saint-Acheul et l'appréciait parfaitement. Il obtint du P. Général de l'avoir pour *socius*.

A la première nouvelle que le P. Guidée en reçut, il se contenta d'élever son âme vers le ciel, en disant : « Que votre volonté se fasse, ô mon Dieu ! » Un peu plus tard, au mois de novembre 1833, quand il dut quitter Amiens, sa patrie, et « ce pauvre Saint-Acheul » qu'il aimait tant, si l'émotion devint plus vive, la résignation ne demeura pas moins parfaite. « Il m'en a bien un peu coûté, dit-il, mais soyez béni, mon Dieu, d'adoucir ainsi les sacrifices que vous imposez. O sainte obéissance, quels charmes tu sais répandre sur la vie ! »

Il rejoignit à Paris le P. Renault, au moment où celui-ci s'occupait activement de réorganiser la province de France, que la révolution de juillet avait complétement bouleversée.

Les maisons de noviciat et d'étude avaient été dissoutes; certaines résidences qui attiraient davantage les regards, avaient été divisées, morcelées ; la plupart des religieux se trouvaient ou isolés dans des paroisses rurales et des familles particulières, ou réunis en groupes trop petits pour constituer une maison régulière. Cette situation, que des circonstances impérieuses avaient créée, ne pouvait se prolonger longtemps sans altérer l'esprit de communauté et sans faire à la discipline religieuse des brèches peut-être irréparables. Faire cesser un état de choses si dangereux; pour cela, supprimer les résidences trop petites ; renforcer les autres en y ramenant les prêtres dispersés çà et là ; reconstituer les noviciats et les maisons d'étude en rappelant de l'étranger les jeunes religieux qui s'y étaient réfugiés; rétablir enfin partout l'observance des règles dans son exactitude primitive, telle était la mission du P. Renault.

Le P. Renault s'en acquitta avec l'énergie de volonté qui le caractérisait, et il trouva dans le P. Guidée l'instrument dont il avait besoin, un homme d'ordre, prudent au conseil et propre à l'exécution ; il en usa largement.

Dès l'arrivée du P. Socius à Paris, le P. Provincial l'initia à ses projets, lui fit partager ses travaux, et, au bout de quelques jours, le renvoya à Saint-Acheul pour y remettre la résidence sur l'ancien pied. Nulle mission ne pouvait être plus agréable au P. Guidée et ne répondait mieux à ses désirs. Elle était délicate cependant; il y apporta la dextérité et la prudence nécessaires. Sans provoquer, soit au-dedans soit au-dehors, le moindre murmure ou le plus léger mécontentement, il rappela tous les Pères employés dans le diocèse d'Amiens, les rassembla à Saint-Acheul, promulgua les prescriptions édictées par le P. Provincial, et laissa enfin la résidence parfaitement reconstituée en communauté régulière selon l'Institut de la Compagnie. Cette affaire fut terminée en trois jours. De retour à Paris le 22 novembre, il en repartit le décembre, avec le P. Renault, pour Lyon, où se trouvait alors le siége de la province.

Le socius est le secrétaire en même temps que le compagnon du provincial, et sa vie se partage entre les voyages à travers la province et le travail du cabinet. Cette charge, qui n'est pas d'ordinaire une sinécure, devait être exceptionnellement laborieuse pour le P. Guidée, soit à cause de l'immense étendue de la province, qui comprenait la France tout entière et se prolongeait jusque dans les provinces limitrophes de Suisse, de Savoie, de Belgique et d'Espagne; soit à cause du manque à peu près complet d'archives; soit enfin à cause du caractère particulier du provincial dont il était le socius.

Le P. Renault représentait avec dignité et gouvernait avec sagesse. Il combinait des plans, méditait des projets, discutait les affaires et signait les pièces; il était l'âme de l'administration, mais il en laissait peser presque tout le fardeau matériel sur son secrétaire: c'était à celui-ci à tenir les livres, à régler les comptes, à dépouiller et à suivre la correspondance, à dresser le dossier des affaires, à préparer les pièces pour la signature, à les rédiger, à les expédier. Le travail était énorme. Il exigeait une application sans relâche, et pour surcroît de difficulté, le P. Guidée ne trouvait aucun secours dans les errements ou les travaux de ses devanciers. La chancellerie du provincial de France, ou l'*archivium* de la province, était encore à créer.

Jusque-là, les provinciaux n'avaient tenu aucun registre officiel, aucun livre régulier, chacun se servant de feuilles volantes ou de cahiers disposés comme il l'entendait. Aussi n'avait-on rien ou presque rien conservé de l'administration du premier supérieur, le P. de Clorivière, ni des deux premiers provinciaux, les PP. Simpson et Richardot. Le P. Druilhet avait bien senti la nécessité de certains registres permanents et régulièrement distribués; mais sur vingt-cinq ou trente qui eussent été nécessaires, il n'en avait exécuté que six, et encore n'étaient-ils pas exactement conformes aux exigences de l'Institut.

Le P. Guidée, en étudiant à fond les règles du socius et celles du provincial, en s'aidant de quelques indications reçues de Belgique et de Rome, parvint à concevoir l'ensemble de tous les livres mentionnés dans l'Institut, à en tracer les paradigmes, et, après quelques tentatives d'abord imparfaites, à les exécuter enfin assez heureusement pour mériter la haute approbation du P. Général. Ainsi fut organisé ou plutôt créé l'*archivium* de la province. La création de celui de chaque maison, ou de l'*archivium domûs*, en était la conséquence naturelle. Le P. Guidée l'entreprit avec courage et l'exécuta avec le même succès.

Ce fut là une œuvre peu éclatante sans doute, mais une œuvre nécessaire, puisqu'elle était prescrite par l'Institut, et une œuvre éminemment utile, comme tout ce qui établit l'ordre et le conserve. Aussi le P. Guidée, avec son bon sens pratique, n'hésita pas à en signaler l'importance, lorsque, devenu provincial de Paris, il communiqua le fruit de ses travaux à toutes les maisons de sa province. Dans une circulaire, datée du 15 janvier 1835, après avoir énuméré et décrit les livres dont se doit composer l'*archivium domûs*, il ajoutait : « Il ne me reste plus, mes RR. PP., qu'à vous recommander de tenir ces livres exactement au courant. Le temps passé à cette espèce de travail matériel paraîtra peut-être à quelques-uns un temps presque perdu. Mais d'abord, ce travail demande peu de temps ; puis, le temps qu'on y donne est utilement employé : le soin de tenir tout en ordre contribue, plus qu'on ne pense quelquefois, à conserver l'esprit de notre vocation; l'expérience est là pour le prouver; et ce n'est pas sans raison que nos règles et les ordinations de nos PP. Généraux y attachent une juste importance; enfin, c'est un devoir pour les supérieurs. »

En tout cas, ce fut une œuvre laborieuse, et le P. Guidée y employa, durant trois années, tous les instants que lui laissaient libres ses voyages et ses occupations ordinaires. « Il travaillait sans relâche, dit un Père, témoin et parfois compagnon de ses fatigues; il recevait et faisait peu de visites; jamais il ne perdait de temps, et il savait mettre à profit un simple quart d'heure. » Ce n'est pas néanmoins que, par cette ardeur au travail, il se laissât distraire de ses devoirs religieux, ou qu'il se renfermât exclusivement dans les obligations de sa charge. Un autre, le P. Cauneille, écrivait : « J'ai beaucoup connu le P. Guidée, pendant les trois ou quatre ans que nous avons vécu ensemble à Lyon. Il nous a constamment édifiés par son exactitude, sa régularité exemplaire, sa piété. Il aimait à rendre service; il était toujours prêt à remplacer un prédicateur, quand celui-ci faisait défaut. C'est un des Pères que j'ai vus le mieux unir, selon le précepte de Jésus-Christ, la prudence du serpent avec la simplicité de la colombe, et, sous une apparence austère, savoir se concilier l'estime et l'affection de tous. »

Tel le P. Guidée se montrait au siége de la province quand il y résidait, tel il s'offrit à toutes les maisons qu'il eut à visiter dans ses nombreux voyages. Les voyages occupent une trop grande part dans la vie du provincial et de son compagnon, pour que nous ne disions pas quelque chose de ceux du P. Guidée.

II. — Tour à tour supérieur d'une communauté dispersée, socius du provincial en une province démesurément étendue, enfin député à Rome par une congrégation provinciale, le P. Guidée eut à parcourir une grande partie de l'Italie, de la Suisse, de l'Espagne, de la Belgique, et la France tout entière en tous sens et à maintes reprises.

Il voyageait en religieux. Sa première action, une fois en voiture, était de faire le signe de la croix et de réciter l'itinéraire ou l'office divin; ensuite, s'il le pouvait décemment, il liait conversation avec ses compagnons de route; sinon, il s'entretenait doucement avec Dieu dans la prière. Ni curieux ni indifférent, il aimait pourtant à s'instruire, il cherchait à s'édifier. Les beautés de la nature, non plus que celle de l'art, ne le laissaient pas insensible; il s'arrêtait volontiers à les contempler, et volontiers encore il s'écriait en les contemplant : « Beau, admirable, merveilleux ! » Mais il ne s'en tenait pas à une admiration stérile. Comme il regardait toujours avec les yeux de la foi, toujours aussi son admiration était accompagnée d'un sentiment surnaturel, le plus souvent d'une pieuse reconnaissance envers le suprême auteur des merveilles qu'il avait sous les yeux. Ainsi à la vue de la fontaine de Vaucluse, « de ces eaux jaillissantes et limpides, » en présence « des horribles beautés » de la Grande-Chartreuse ou des Alpes, son émotion se traduit aussitôt par ce cri du psalmiste : « Mon Dieu, que vos œuvres sont admirables ! » Si en Italie, à Rome, il veut tout voir, tout visiter; s'il s'arrête avec complaisance devant toutes les merveilles du génie et des arts, c'est pour se réjouir de ce que « tous les génies et tous les arts sont venus rendre hommage à la religion. » Si à Lausanne il parcourt l'ancienne cathédrale, devenue un temple protestant, « ce qui m'a le plus frappé, dit-il, ce sont des stalles fort bien sculptées où sont représentés les douze apôtres : chacun d'eux tient en main une bandelette sur laquelle est écrit un des articles du symbole, et par conséquent : *Sanctam ecclesiam catholicam*. Pauvres aveugles ! »

Tout ce qui intéressait d'une façon ou d'une autre la religion et la piété, tout ce qui contribuait à rendre son voyage chrétiennement agréable ou utile, il le notait. Comme il appréciait beaucoup les agréments d'une compagnie honnête, il ne manquait pas d'indiquer la qualité de ses compagnons de route et le genre de leur conversation. Son journal est tout plein de notes comme celles-ci : « Compagnie bonne, du moins nullement mauvaise ; » ou bien : « Compagnie détestable, commis-voyageurs, conversation abominable; je crus devoir garder le silence, mais je m'en suis repenti, j'aurais dû élever la voix ; » ou bien encore, avec une petite pointe de malice : « J'ai fait le voyage assez agréablement; mon compagnon et moi nous ne nous sommes pas dit un mot. »

Il n'oubliait pas l'accueil qu'il avait reçu, — soit dans les maisons de son ordre : « Je fus accueilli, dit-il, comme on l'est partout dans la Compagnie : qu'on est heureux quand on rencontre ainsi quelque maison de la Compagnie; on y retrouve partout des frères ! » — soit dans les familles séculières : « Je ne sais pas trop de quel œil on me regarde ici; on paraît me faire bon accueil, mais il y a tant de politique et de duplicité dans ces gens du monde ! » ou bien : « J'ai été reçu avec une cordialité et une effusion qui m'ont touché : il n'y a que la foi qui puisse inspirer de pareils sentiments. »

» Il conservait surtout le souvenir des fruits spirituels qu'il avait recueillis chemin faisant. En 1834, il fit avec le P. Renault un voyage à Loyola, « en vrai pèlerin, marchand à pied, toujours occupé de Dieu et en silence. » Il ne nous a pas révélé tous les sentiments qu'il éprouva alors, ni tous les transports de son âme; mais son journal en a conservé cet écho affaibli: « J'ai eu la consolation de célébrer la sainte messe dans la chambre même où notre bienheureux père, touché de la grâce, renonça au monde pour se donner tout à Dieu. Que de saintes pensées, que de pieux sentiments se présentent en foule à l'esprit et au cœur, dans ce vénérable sanctuaire! Tout y porte au recueillement, tout y rappelle les plus touchants souvenirs! » Il revint de Loyola, ajoute-t-il, « bien fatigué de corps, mais le cœur bien consolé. » Peu de temps après, se trouvant à la Louvesc, au tombeau de saint François Régis, il s'écrie : « Sanctuaire vénérable! ô bienheureux Régis, obtenez-moi l'esprit qui vous animait! » En 1844, dans son voyage à Rome, il passa par Lorette, il visita la *Santa Casa* : « Impossible, dit-il, de rendre l'impression que me fit éprouver la vue de cet auguste sanctuaire : Hic *Verbum caro factum est!* On sent, en y entrant, une impression de foi, de recueillement, d'onction, qui dit au cœur que c'est là vraiment la maison de Dieu. »

Le suivre dans tous ses voyages serait long et monotone; mais il ne sera pas sans intérêt de dire un mot de ceux qui eurent pour but et pour résultat la fondation du collége de Brugelette.

Nous avons vu plus haut comment, dès 1830, le P. Guidée était allé sonder le terrain, et préparer les voies à un établissement d'éducation sur les frontières du nord; l'état encore précaire de la Belgique avait fait ajourner l'entreprise; mais elle avait plu à bon nombre de pères de famille, et sitôt que les circonstances parurent favorables, ils songèrent à la mettre à exécution. En 1834, ils adressèrent leur requête au général de la Compagnie, le P. Roothaan.

Digne de considération par elle-même, cette requête le devenait encore davantage par suite des événements d'Espagne, où la révolution venait de forcer les Jésuites à abandonner leur collège du Passage. Elle fut donc favorablement accueillie à Rome; et le provincial de France reçut l'ordre d'y faire droit.

L'affaire cependant était fort délicate: « Il s'agissait, remarque le P. Guidée, de former un établissement pour des français, dirigé par des français, et, contrairement aux usages de la Compagnie, dans une province étrangère à la France. Il fallait obtenir le concours du provincial de Belgique et de l'évêque diocésain; il fallait s'assurer que l'on n'éprouverait pas d'opposition de la part du gouvernement, allié de la France, et ménager les susceptibilités des établissements nationaux formés par le clergé (1). »

Pour étudier de plus près ces difficultés, et aviser aux moyens d'en triompher, le P. Renault et son socius firent, en moins d'une année, jusqu'à trois voyages en Belgique.

Dans le premier on s'occupa surtout de « prendre langue » comme dit le P. Guidée; on s'aboucha avec le

---

(1) Notice sur le R. P. Renault, par le P. Guidée, p. 64.

futur évêque de Tournay, Mgr Labis, et le provincial de Belgique, le P. Vanhill, qui se montrèrent favorables au projet; l'on convint, avec les promoteurs de l'entreprise, d'un mode de société financière pour les frais de premier établissement, et l'on fit appel aux actionnaires. L'entreprise était une œuvre de zèle, non une affaire d'argent ; elle offrait des avantages réels, mais de ceux qui n'ont pas ordinairement le privilége de tenter les capitalistes. M. Dubois-Fournier la recommandait en ces termes : « Si l'œuvre réussit, vous aurez vingt pour cent, cinq en ce monde, et quinze en l'autre. » Encore se trompait-il, l'intérêt ne devant être que de quatre en ce monde. La compensation promise en l'autre parut sans doute plus que suffisante, car les actionnaires ne manquèrent pas à l'appel. Bon nombre de familles chrétiennes, tant belges que françaises, s'imposèrent de généreux sacrifices, et les fonds nécessaires furent assurés. Restait à trouver un lieu convenable, non loin des frontières de France. Bitremont, Tournay, Binche, Chimay, Cambron, Enghien furent successivement proposés et visités ; mais, comme tous ces lieux présentaient des inconvénients de plus d'un genre, le P. Renault et le P. Guidée revinrent en France, sans avoir rien décidé sur ce point.

Un mois plus tard, M. Dubois-Fournier, ayant découvert dans le village de Brugelette, situé entre Mons et Tournay, un site et un local qui semblaient réunir toutes les convenances désirables, en informa le P. Renault, qui revint aussitôt avec son socius, visita Brugelette, l'agréa et consentit à un achat conditionnel.

Tout paraissait fini, lorsque le P. Roothaan, incomplétement renseigné, souleva des difficultés si graves qu'il fut question un moment de tout rompre. Heureusement M. Dubois ne se laissa point décourager; il s'adressa directement au P. Roothaan, et, pendant que le P. Renault agissait de son côté auprès de son supérieur, il plaida si bien la cause de Brugelette que l'obstacle fut levé, le contrat confirmé et Brugelette occupé au mois d'avril 1835.

Enfin, dans un troisième voyage que le P. Provincial et le P. Socius firent au mois de juillet, le collége fut constitué, l'acte de société conclu avec les actionnaires, une convention réglée avec les Pères belges, et toutes choses disposées pour l'ouverture des classes, qui eut lieu en effet le 29 octobre 1835.

Cet exposé des faits, et une volumineuse correspondance entre le P. Guidée et M. Dubois-Fournier du 15 septembre 1834 au 15 octobre 1835, ne laissent pas lieu de douter que le P. Socius n'ait joué un rôle très-actif dans les longues négociations de cette affaire, et qu'il n'ait eu à son heureuse conclusion une part très-considérable. Il est donc juste que le P. Guidée partage avec le P. Renault la gloire de la fondation de Brugelette. Il avait eu la mission d'en susciter l'idée, de préparer les voies; et bientôt, devenu provincial, il aura le mérite de consolider l'établissement naissant et le bonheur de le voir arriver à son plus haut point de prospérité.

CHAPITRE HUITIÈME

PROVINCIALAT

(1836-1842)

La province de France ayant été divisée en deux, le 15 août 1836, le P. Renault conserva la nouvelle province de Lyon, et le P. Guidée fut mis à la tête de celle de Paris.

Provincial, le P. Guidée se montra ce qu'il avait été recteur : c'est-à-dire, un supérieur dévoué, vigilant, exact. Il affermit les maisons déjà existantes; il releva la résidence de Notre-Dame-de-Liesse, qui, depuis plusieurs années devenue simple station, n'avait plus qu'une existence en quelque sorte intermittente.

Il consolida, il agrandit le collége de Brugelette, en secondant et arrêtant tour à tour les entreprises quelque peu grandioses de son premier recteur, et en déterminant pour les classes un programme d'enseignement, auquel M. Cousin ne dédaigna pas de faire des emprunts considérables, quoique discrètement dissimulés (1).

(1) Voir Histoire de la Compagnie de Jésus, par Crétineau-Joly, T. VI, p. 420.

Il fonda les résidences de Bourges, de Strasbourg, de Quimper et d'Angers; et la province de Paris sembla prendre un développement si rapide que le gouvernement de Louis-Philippe se montra surpris et même alarmé, si l'on en croit une réclamation adressée en 1841 par le ministre des cultes à l'archevêque de Paris.

La situation de la province n'était pas moins prospère à l'intérieur qu'à l'extérieur. Par des innovations ou des réformes opportunes le P. Guidée acheva de la constituer suivant les prescriptions de l'Institut, et par un gouvernement sage il y entretint la régularité, la ferveur et le zèle. Il créa un *juvénat*, c'est-à-dire une sorte d'école normale secondaire, dans laquelle les jeunes jésuites, au sortir du noviciat, repassent ou complètent leurs études littéraires et se forment à l'art d'enseigner.

Il introduisit une plus grande uniformité, soit dans l'administration générale par la promulgation de l'*archivium domús*, soit dans les pratiques de la vie commune par la rédaction d'un coutumier, qu'il avait préparé étant socius, qu'il acheva étant provincial, et qui fut enfin rendu obligatoire par son successeur.

Il stimula la ferveur religieuse, en composant un ménologe, qui rappelle aux enfants de la Compagnie les admirables vertus, les glorieuses actions de leurs ancêtres, et qui, sans atteindre la perfection du genre, ne laisse pas que d'offrir tous les jours à la communauté réunie une lecture édifiante et une précieuse exhortation.

Son mode de gouvernement demeura tel que nous l'avons vu à Saint-Acheul. La perfection religieuse des sujets de sa province en était le but; l'observation des règles, le moyen général; et la ponctualité, le trait caractéristique. Cette régularité exacte qu'il exigeait de tous, comme il la pratiquait lui-même, ne fut pas toujours bien comprise ni dignement appréciée. Quelques-uns, au lieu d'y voir une condition essentielle de la perfection religieuse, parurent craindre un instant qu'elle ne déguisât un respect de la lettre exagéré aux dépens de l'esprit, et, comme ils disaient, un étroit *littéralisme*. Ils exprimèrent leur crainte; mais le P. Guidée n'eut pas de peine à la dissiper; et le P. Général, à qui il exposa sa conduite et ses principes, les trouva pleinement conformes à l'esprit comme à la lettre de l'Institut.

Envers son supérieur, le général de la Compagnie, il pratiquait une obéissance absolue. « L'obéissance avant tout, lui écrivait-il; là seulement est pour nous la bénédiction de Dieu. Que Votre Paternité daigne donc me tracer la règle à suivre, elle sera ponctuellement obéie. »

Envers ses collègues, les supérieurs des provinces limitrophes, il se montrait prévenant, charitable, conciliant, jamais cependant jusqu'au point de sacrifier ce qu'il regardait comme le droit ou les intérêts de sa province. Sur ce point, sa fermeté, quoique toujours humble, était inébranlable. Sa correspondance avec le P. Renault nous en fournit un trait. Après la division qui eut lieu en 1836, il ne fut pas possible d'opérer immédiatement le partage complet des sujets appartenant à chacune des provinces de Lyon et de Paris. Plusieurs se trouvèrent, pour diverses causes, retenus pendant quelque temps dans une province qui n'était plus la leur. De là, entre les deux provinciaux, de fréquentes négociations, chacun tirant à soi et réclamant son bien; de là aussi quelques dissentiments parfois pénibles. Un jour, le P. Renault adressa des observations un peu vives à celui qui était naguère son socius. Le P. Guidée lui répondit avec calme : « Je vous remercie des avis que vous voulez bien me donner sur le *meum, tuum*, et j'en ferai usage, le cas échéant. Quant au passé, si j'avais agi sans conseil, par caprice, par boutade, par humeur, je pourrais éprouver des regrets; mais comme, grâce à Dieu, il n'en est point ainsi, il faut prendre son parti, laisser dire, et se consoler par le témoignage que rend la conscience, de n'avoir rien fait que pour le plus grand bien et avec l'approbation de qui de droit. » Le P. Renault, comprenant qu'il avait été trop sévère, adoucit ses expressions, et le P. Guidée aussitôt, sans garder sur le cœur la plus légère amertume, lui écrivit : « Je vous remercie bien cordialement de votre lettre du 6 novembre; celle du 27 m'avait fait un peu de mal; j'avais besoin que quelque chose vînt cicatriser la plaie. Dans celle du 6, je vous retrouve tout entier; cette pensée me soulage. Oui, que nos lettres soient toujours, pour l'un et pour l'autre, une consolation, un secours! Nous avons, hélas! assez de tracas et de sollicitudes attachées à nos fonctions, sans nous en créer d'autres par notre correspondance. Il ne tiendra pas à moi que tout ne soit oublié. »

Envers ses inférieurs, les religieux de la Compagnie, son vœu était de les gouverner comme saint Joseph gouverna la sainte famille : « Mon Dieu, s'écriait-il pendant sa retraite de 1837, au début de son provincialat, mon Dieu, donnez-moi, dans les nouvelles fonctions que vous m'avez imposées, l'esprit qui animait saint Joseph, lorsqu'il exerçait l'office de chef de la sainte famille; que j'approche du moins, le plus près possible, de ce beau modèle ! »

C'est pourquoi il s'efforçait de se montrer en tout bon, aimable, condescendant, vraiment père ; et, comme il avait la conscience de n'y point mal réussir, il ne craignait pas de rappeler aux autres supérieurs ce titre de père qui leur est donné et les vertus qu'il suppose. Il écrivait à un supérieur qui se plaignait amèrement de l'un de ses ministres : « J'accorde qu'il n'a pas l'esprit de détail : tâchez de le former avec patience. Surtout ne lui cassez point bras et jambes en lui déclarant qu'il y a chez lui incapacité radicale. Vous avez été trop loin. Rappelez-vous votre tendance à ne voir que les défauts. Tâchez aussi de montrer plus d'ouverture, quelque chose de plus liant, plus d'épanchement, de démonstration, d'affection paternelle envers tous, de sorte que chacun se croie le meilleur ami du supérieur. Demandez cela à Dieu, faites-en le sujet de votre examen particulier. »

Sévère parfois, le plus souvent miséricordieux, il ne laissa du moins jamais révoquer en doute sa justice impartiale ni la droiture de ses intentions. Constamment accessible à tous ses inférieurs, il les accueillait avec une grande simplicité ; il répondait à toutes leurs lettres, sinon très-longuement, du moins très-exactement. Que si parfois l'inopportunité d'une requête, ou l'importunité d'un visiteur lui arrachait quelque mouvement involontaire d'impatience, il le rétractait aussitôt, soit par un acte d'humilité, soit par des témoignages réitérés d'une bonté plus expansive.

Esprit solide, il considérait les affaires en homme sérieux ; consultant la raison et la foi, il se riait de ceux qui admettaient, en affaires, certaines considérations étranges, comme pressentiments, pronostics et autres épouvantails des époques troublées. Il disait, en parlant de deux Pères, hommes d'ailleurs fort graves : « Ils sont par trop sous l'empire des prophéties et de la grande crise. Pour moi qui, depuis 1814, entends chaque année annoncer cette crise, mes frayeurs ont bien diminué; et il me paraît d'ailleurs que se conduire en affaires d'après l'influence des prophéties, c'est prendre le change. »

Esprit positif, il ramenait tout au point de vue pratique ; ce qui l'a fait quelquefois accuser de petitesse dans les idées : il n'était que circonspect et un peu timide. En toutes choses, il voulait voir parfaitement clair, et il ne se décidait qu'après avoir bien reconnu le but où il devait tendre et la voie qui pouvait y conduire. En tous les projets qui lui étaient soumis, il voulait trouver une utilité vraie, de quelque nature qu'elle fût d'ailleurs, générale ou particulière, matérielle ou morale ; mais, une fois qu'il l'avait aperçue, il n'opposait plus de résistance. Ainsi, loin d'entraver le P. Arthur Martin dans ses travaux archéologiques, il patrona le projet de son bel ouvrage, la *Monographie des vitraux de la cathédrale de Bourges ;* il écrivait au P. Général, le 3 juillet 1839 : « Le P. Arthur Martin, en qui tout le monde s'accorde à reconnaître un rare talent d'artiste et des connaissances remarquables en archéologie, m'a adressé le compte-rendu d'un projet d'ouvrage qu'il a conçu et préparé pendant son séjour à Bourges. Je crois que ce travail ne serait pas sans utilité en France, dans le moment présent, et qu'il ferait honneur à la Compagnie, *ad majorem Dei gloriam.* »

Esprit conservateur, comme il aimait à se qualifier, le P. Guidée cherchait à tirer le meilleur parti possible du présent; non qu'il fermât les yeux sur l'avenir, et qu'il fût ennemi du véritable progrès; mais, toujours en garde contre les illusions d'une ardeur précipitée, il avançait avec circonspection, et il croyait les progrès réalisés assez beaux s'ils étaient sages, et assez rapides s'ils étaient durables.

C'est ainsi que nous l'avons vu, tout en consolidant l'état de sa province, s'occuper à lui procurer sans cesse de nouveaux développements. C'est ainsi encore que, dans l'impossibilité où il était de briser le joug oppressif que les ordonnances de 1828 faisaient peser sur l'Église et la Compagnie, il s'efforça du moins de le rendre plus léger.

L'éducation a été l'œuvre par excellence du P. Guidée : il y avait consacré sa jeunesse, il y consacrera sa vieillesse; dans l'intervalle, il travailla de tout son pouvoir à lui ouvrir de nouveaux refuges : ce fut l'un des principaux soins de son provincialat.

Il ne tint pas à lui que l'île de Jersey ne vît s'élever un collége de la Compagnie, qui fût pour l'ouest ce que Brugelette était pour le nord. Pendant une année, il négocia activement cette affaire, et il était sur le point de la conclure, lorsque des difficultés semblables à celles qui avaient retardé si longtemps la fondation du collége de Brugelette, firent ajourner aussi, puis échouer complétement, celle du collége de Jersey.

Plus heureux en France, malgré bien des difficultés d'une autre sorte, il parvint à établir un *Institut des hautes études.*

II. — Sous le régime du monopole, le droit d'enseigner la jeunesse était d'une conquête fort ardue. L'Université l'avait fait dépendre de certains diplômes qu'elle seule avait le privilége d'accorder, et auxquels l'on ne pouvait parvenir qu'à travers une longue série d'épreuves difficiles ou gênantes. Le clergé lui-même, à moins qu'il ne renonçât à sa mission d'élever la jeunesse chrétienne, se voyait obligé de subir la loi de ses adversaires, et d'affronter des examens dont le programme était dressé par eux, le jury composé par eux, le résultat proclamé par eux et sans appel; il s'ensuivait, par une conséquence presque nécessaire, qu'il lui fallait aussi étudier sous eux, et cela à Paris, où se trouvaient réunies à peu près exclusivement les ressources suffisantes.

Mais d'une part, que de dangers n'offrait pas à la jeunesse cléricale le séjour de cette grande ville! Et de l'autre, quels fruits solides peut-on recueillir de l'enseignement public, si la leçon entendue au cours n'est suivie à la maison de répétitions précises et de fréquents exercices particuliers? De là, l'évidente opportunité d'un établissement spécial, qui offrît aux jeunes ecclésiastiques, avec les secours dont ils avaient besoin pour se préparer à subir honorablement les épreuves universitaires, un asile sûr où leur vocation fût à l'abri des dangers du monde. Plusieurs évêques le réclamaient depuis longtemps. Au mois de mars 1837, un grand vicaire de Paris, M. Jammes, entreprit de le créer, et sollicita à cet effet le concours des jésuites. Il assumait sur lui toute la responsabilité de l'entreprise, et leur proposait de tenir l'établissement en son nom. Le P. Guidée accueillit avec empressement une proposition si bien d'accord avec ses propres idées et celles de sa Compagnie ; mais au moment où l'on allait mettre la main à l'œuvre, Mgr de Quélen, tout en approuvant la pensée de son grand vicaire, témoigna qu'il ne le verrait pas avec plaisir se mettre à la tête d'un pareil établissement. M. Jammes se retira, et le P. Guidée se trouva seul en présence du projet. L'abandonnerait-il aussi, ou l'adopterait-il au nom de la Compagnie ? Écoutons le P. Guidée, racontant lui-même toute la suite de cette affaire, dans une lettre qu'il écrivait au P. Général, le 9 août 1837.

« M. Jammes s'étant retiré, nous eûmes alors à examiner s'il était à propos d'aller en avant. Comme, d'une part, il était arrêté que le cours de mathématiques supérieures aurait lieu pour les Nôtres à Paris, et que nous avions, en professeurs, le personnel suffisant, il ne s'agissait, pour réaliser l'établissement projeté, que d'admettre à nos cours des ecclésiastiques étrangers à la Compagnie ; mais comme, d'une autre part, nous avions lieu de craindre l'opposition de l'autorité civile, nous crûmes prudents de consulter le ministre de l'instruction publique, M. Villemain. Le P. Boulanger, supérieur de la maison de Paris, sollicita, en mon absence, une audience, qu'il obtint le 19 juillet. Votre Paternité me permettra de lui raconter, avec quelques détails, comment les choses se sont passées.

« Après avoir exposé brièvement le projet, le P. Boulanger demanda au ministre si le gouvernement verrait de bon œil un établissement de ce genre. Le ministre répondit que cela entrait tout-à-fait dans ses vues ; qu'il ne désirait rien tant que de voir le clergé se mettre au niveau, pour les sciences, des établissements actuels d'instruction publique ; qu'il verrait par conséquent avec plaisir tout ce qui pourrait conduire à ce résultat. « Je travaillerai, dans la session prochaine des chambres, continua-t-il, à faire admettre la liberté d'enseignement. Je sais bien qu'un des effets de cette liberté sera de susciter une vive concurrence ; mais je sais bien aussi qu'elle tournera au profit des sciences et donnera au clergé le moyen de ressaisir la salutaire influence qu'il exerçait autrefois. Avez-vous parlé de votre projet à Mgr l'archevêque de Paris ? » — « J'en ai traité avec l'un de ses grands vicaires, dit le P. Boulanger ; mais je suis prêt à en conférer avec monseigneur lui-même, et je me tiens assuré de son approbation. » — « Voyez-le donc, reprit le ministre, je le verrai aussi ; seulement je désirerais que votre projet me fût remis sous une forme arrêtée et capable de fixer l'attention. » Le P. Boulanger promit de satisfaire à ce désir, puis, au moment de prendre congé du ministre, il lui demanda s'il y avait entre eux quelque malentendu et s'il s'était fait bien comprendre. — « Parfaitement, répondit le ministre, j'ai compris la pensée que vous m'avez exprimée, de même celle que vous n'avez pas exprimée. » — Il n'est donc pas nécessaire, M. le ministre, de vous dire qui je suis ? » — « Non, » reprit-il en souriant.

« Le lendemain de cette audience, le P. Boulanger vit Mgr l'archevêque, qui l'assura de son agrément.

« Le 5 août, il se présenta de nouveau à l'hôtel du

ministre, et il fut introduit sur le champ, contre l'étiquette, qui ne veut pas que le ministre accorde d'audience à moins qu'elle n'ait été sollicitée par écrit. Le Père présenta au ministre un programme ainsi conçu :

« *Institut des hautes études, rue du Regard, 15.*

« 1° Cet établissement est uniquement destiné à offrir un asile convenable aux jeunes membres du clergé qui, en conservant l'esprit de leur vocation, voudraient étudier les sciences physiques et mathématiques, et se préparer à recevoir les degrés de bachelier et de licencié ès sciences.

« 2° Ces ecclésiastiques suivront, autant que possible, les cours de la faculté des sciences et du Collége de France ; mais dans l'établissement ils auront en outre des répétitions ou conférences, auxquelles présideront des prêtres déjà admis aux grades, ou des hommes instruits de la capitale qui, non contents d'honorer l'établissement de leur patronage, veulent bien se montrer disposés à l'aider de leurs lumières et même de leur active coopération (1).

« 3° L'enseignement sera, mais dans un degré nécessairement inférieur, celui de l'École normale (section des sciences), dont on empruntera les programmes ; et il comprendra tout ce qui est exigé des aspirants au grade de licencié ès sciences. Les étudiants suivront, à la Faculté ou au Collége de France, les cours de calcul différentiel et intégral, de mécanique, de physique, de chimie, de géologie. Les conférences rouleront sur les mêmes matières.

« 4° Je recevrai les ecclésiastiques présentés par leurs

(1) Parmi ces hommes instruits on comptait MM. Poisson, Thénard, Biot, Coriolis, Savart, Sturm, Liouville, Le Roy, Gaultier de Claubry.

évêques ; mais aucun laïque ne sera admis comme élève, je m'y engage formellement.

« 5° Ce n'est donc point une maison d'enseignement public que je désire établir ; ce n'est point non plus un séminaire : il n'y aura de cours ni de théologie, ni de philosophie ; ce n'est point enfin un pensionnat ; mais une simple *maison,* où des ecclésiastiques auront leur domicile, et où, réunis à des heures déterminées, ils disserteront ensemble sur les matières des cours de la Faculté ou du Collége de France.

« 6° Ces ecclésiastiques, quoique entrés de leur plein gré et libres de se retirer, seront néanmoins soumis, comme il convient, à des règlements communs, en harmonie avec les devoirs de leur état et les importantes fonctions qui pourront un jour leur être confiées.

« Ce que je demande, M. le ministre, ce n'est point une autorisation formelle et légale pour mon établissement : il me suffira que vous ne le désapprouviez pas. Le désir vrai que j'ai, ainsi que les ecclésiastiques mes coopérateurs, de ne rien entreprendre qui puisse déplaire au gouvernement de Sa Majesté, ne me permettra pas d'agir avant d'avoir acquis l'heureuse certitude de son approbation au moins tacite. »

« Le ministre lut le programme et en parut fort content. Il dit au P. Boulanger qu'il s'était entretenu de l'établissement avec monseigneur, lequel lui en avait parlé favorablement. Il revint aussi sur l'idée de nous charger de la faculté de théologie (1). Mais le Père répondit que

---

(1) On s'occupait alors, sans succès, de reconstituer la faculté de théologie à la Sorbonne, et le ministre, dans une audience précédente, avait laissé entendre qu'il ne serait pas fâché que les jésuites promissent leur concours à cette restauration.

nous ne le pouvions pas maintenant : que par la suite cela pourrait peut-être se faire, si les deux autorités se réunissaient pour nous l'offrir (1). La chose en resta là. Avant de sortir, le P. Boulanger assura de nouveau le ministre que nous ne recevrions que des ecclésiastiques dans notre établissement. — « Vous en prenez l'engagement, dit le ministre. »— « Oui, certainement. »— « Au reste, ajouta-t-il aussitôt, vous êtes des hommes de conscience. » — « Oui, Monsieur le ministre. Depuis 1828 jusqu'à ce jour, nous avons observé à la lettre les ordonnances qui nous interdisent l'enseignement secondaire. » Le ministre promit de mettre le programme sous les yeux du Conseil de l'instruction publique, désirant, disait-il, qu'il n'y eût rien dans la lettre de la loi qui l'empêchât d'être approuvé. »

Le Conseil fut moins favorable que le ministre : il fit attendre pendant plusieurs mois sa réponse ; encore

---

(1) Cette condition fut sur le point de se réaliser ; car on lit dans une autre lettre du P. Guidée au P. Général, en date du 24 mars 1838 : « L'archevêque de Paris demande le P. de Ravignan comme professeur à la future Sorbonne. J'ai répondu que cette question n'était pas de mon ressort, mais de celui du T. R. Père Général ; que d'ailleurs beaucoup de points très-délicats se rattachaient à cette question : l'enseignement des *quatre articles*, sur lesquels nous ne fléchirions pas, l'organisation laïque de l'Université, des professeurs de théologie nommés par un séculier. Monseigneur me répondit, mais assez faiblement, que les *quatre articles* ne seraient pas enseignés ; quant à l'organisation laïque, « c'est bien, dit-il, le ministre qui nomme sur notre présentation, mais c'est nous qui donnons l'institution canonique, et je me propose bien, si la chose réussit, de demander le diplôme apostolique. » Monseigneur insista pour que je demandasse l'agrément de Votre Paternité. » — Le P. Général accéda-t-il à cette demande, je l'ignore ; toujours est-il que la Sorbonne fut reconstituée, et que le P. de Ravignan n'y occupa aucune chaire.

n'avait-elle rien de décisif. Après avoir rappelé que, « pour ouvrir un établissement d'instruction primaire, il fallait être muni d'un brevet de capacité, que, pour ouvrir un établissement d'instruction secondaire, il fallait les deux diplômes de bachelier ès lettres et de bachelier ès sciences, » le Conseil ajoutait : « Dans le cas où cet établissement serait plutôt un asile pour des adultes et un mode d'association scientifique et religieuse, cette affaire rentrerait dans les attributions de M. le ministre de l'intérieur, qui, aux termes de la loi sur les associations, a le droit de donner l'autorisation dont M. l'abbé Boulanger aurait besoin pour ouvrir son établissement. » (Janvier 1838.)

L'Université refusait une autorisation : le ministère de l'intérieur se montra plus accommodant, quoique toujours fort circonspect.

Le chef du cabinet assura au P. Boulanger, à plusieurs reprises, « que l'autorisation n'était pas nécessaire, qu'on pouvait aller en avant, et qu'il suffirait d'écrire au ministre de l'intérieur, lors de l'exécution du projet, pour lui en donner avis et éviter ainsi d'avoir rien à démêler avec les commissaires de police. »

La précaution n'était pas inutile, et, comme on le verra, elle fut à peine suffisante.

Enfin, le 4 mars 1838, un prospectus lancé dans le public et une lettre adressée par le P. Guidée aux évêques de France, faisaient connaître la nature, le but et les conditions de l'*Institut des hautes études*. Les évêques applaudirent à l'entreprise, et la comblèrent des plus grandes louanges; mais, quand il s'agit d'envoyer des élèves, ils se déclarèrent pour la plupart paralysés dans leurs bons désirs, soit par le manque de sujets disponibles, soit par l'exiguité de leurs ressources financières, si bien que le nombre des étudiants ecclésiastiques qui se présentèrent n'atteignit pas toujours et ne dépassa jamais une quinzaine.

Ce nombre était modeste : il parut encore excessif à l'Université, et la maison qui abritait ces quinze élèves devint bientôt suspecte au gouvernement. Dès 1839 elle fut dénoncée au ministre de l'instruction publique. M. de Salvandy, qui avait succédé à M. Villemain, ignorant sans doute ce qui s'était passé sous son prédécesseur, chargea le préfet de police de prendre des informations. Comme il arrive quelquefois, il n'en reçut que des renseignements fort inexacts, aboutissant à cette conclusion peu bienveillante :

« 1° Ou la maison, rue du Regard, s'est formée sans aucune autorisation, et alors son existence est tout-à-fait illégale;

« 2° Ou elle a été autorisée dans la personne de son chef, M. Boulanger; mais celui-ci n'est qu'un prête-nom qui n'a d'autre fonction, dans l'établissement, que de cacher les jésuites. Le gouvernement ne doit pas être dupe de cette supercherie.

« 3° Ou enfin, ce que l'agent ne saurait croire, l'Université aurait donné, avec connaissance de cause, une autorisation à un établissement de ce genre. Mais, s'il en est ainsi, on se serait donc bien aveuglé sur les conséquences d'une pareille tolérance, et on aurait à répondre aux attaques de la chambre ou du moins à celles des journaux. »

La police, cette fois, en fut pour ses frais : l'enquête n'eut pas de suite. Mais le ministère changea de nouveau, et, le 12 mai 1841, l'archevêque de Paris reçut du garde des sceaux, M. Martin du Nord, une lettre et une note qu'il se hâta de communiquer au P. Guidée.

La lettre portait : « Monseigneur, j'ai l'honneur de vous transmettre une copie d'une note qui vient de m'être adressée sur l'établissement des jésuites, situé rue du Regard, 15. Toutes les fois que des renseignements semblables me parviendront, je m'empresserai toujours de vous les communiquer, convaincu que votre autorité épiscopale saura toujours maintenir dans de sages limites les établissements religieux contenus dans votre diocèse. La maison de la rue du Regard existe depuis quelques années et n'a pas sans doute échappé à votre surveillance. Je vous serai très-obligé de me transmettre les renseignements que vous possédez sur la nature et le but de cet établissement, sur le nombre et les sentiments des personnes qui le composent, sur leurs exercices et leurs études. Je vous prie également de me faire savoir s'il est vrai que plus d'activité y règne depuis quelque temps, et que les ecclésiastiques qui s'y trouvent songent à reformer leurs anciens établissements de cette nature qui existaient en France, qui ont été régulièrement fermés, et dont la réouverture ne pourrait être aujourd'hui tolérée. »

La note était ainsi conçue : « Les bruyantes protestations de l'épiscopat contre le projet de loi présenté par M. Villemain ont réveillé toutes les espérances des jésuites. Cette société, dont le personnel en France s'était fort appauvri au profit de la Belgique et de la Suisse, commence à se recruter de nouveau dans le clergé séculier et les diverses confréries religieuses. Ses membres, il y a quelques mois dispersés dans tous les diocèses sous le titre de prédicateurs de stations et de retraites, ont dû recevoir l'ordre de rentrer dans les maisons que la Société possède à Paris, à Saint-Acheul, à Avignon, etc. Le rappel a pour but l'organisation en expectative de maisons enseignantes, et la préparation des membres à cet enseignement. »

« La maison de Paris, rue du Regard, 15, a aujourd'hui un personnel ainsi composé.... « — Suivait une liste bizarre de noms plus ou moins estropiés, dans laquelle figuraient pêle-mêle les absents et les présents, les vivants et les morts. — « Ajoutez, continuait la note, plusieurs prêtres novices, plusieurs novices en épreuve. Presque tous ces prêtres suivent avec plus de zèle que jamais tous les cours de la Sorbonne et du Collége de France, et y assistent en habit laïque; dans l'intérieur de la maison, ils s'exercent assidûment au professorat, se cédant tour à tour la chaire et remplissant de même le rôle d'écoliers les uns à l'égard des autres. Les maisons de province se livrent aux mêmes exercices préparatoires. »

La prévention est souvent bien aveugle : le P. Guidée en avait la preuve entre les mains. Il n'eut pas de peine à réfuter ces étranges allégations dans un mémoire qu'il remit à l'archevêque. Il niait qu'il se fît, à la maison, rue du Regard, aucun des exercices décrits dans la note accusatrice, ou que les prêtres y fussent revenus avec l'intention et pour le but qu'on leur prêtait; il relevait, comme une preuve palpable d'ignorance chez le dénonciateur, l'étrange liste que celui-ci donnait pour l'état personnel de la maison; il distinguait, par rapport à l'assistance aux cours publics, le vrai du faux. « Un ou deux prêtres, disait-il, paraissent de temps en temps à ces cours, et avec eux quelques jeunes ecclésiastiques envoyés par leurs évêques pour se préparer à enseigner les sciences dans les grands séminaires et les petits : voilà la vérité. » Arrivant enfin à ce qui était le point capital de la dénonciation, il demandait « pourquoi l'on semblait faire un crime aux Jésuites d'espérer la liberté d'enseignement ; car enfin ces espérances, si elles existaient, prouveraient seulement que les Jésuites comptent sur la bienveillance du gouvernement, seul en état de les réaliser. Ils pourraient, au moyen d'un mensonge, éluder l'exclusion dont ils sont frappés ; mais, depuis 1828, ils ont reculé et ils reculeront toujours devant cet obstacle, qui n'en serait pas un pour tout le monde. Il est faux qu'ils songent à reformer leurs anciens établissements, et ils défient qu'on puisse leur prouver qu'ils ont fait aucune tentative pour rentrer dans l'enseignement. »

L'archevêque de Paris reçut avec bienveillance le mémoire du P. Guidée et promit de s'en servir. Il le fit sans doute ; car le ministre, satisfait ou déconcerté, laissa tomber l'affaire, et l'*Institut des hautes études* continua à vivre, sinon à prospérer, jusqu'à la dissolution des maisons des Jésuites en 1845.

Saint-Acheul, qui, vers ce temps-là, donna aussi de l'ombrage au gouvernement, n'en fut pas quitte à si bon compte et causa au P. Guidée des embarras plus sérieux.

III. — Redevenu, comme nous l'avons dit, une résidence régulière, Saint-Acheul s'était peu à peu repeuplé. En 1837, outre les Pères de la résidence, il abritait les

Pères du troisième an, un noviciat et un théologat. C'était plus qu'il ne fallait pour offusquer des regards malveillants. L'époque des grandes luttes pour la liberté l'enseignement approchait, et le monopole tremblait déjà pour son avenir. Pouvait-il ne pas s'inquiéter à la vue de Saint-Acheul renaissant? pouvait-il ne pas lui susciter de nouvelles tracasseries? Vainement, pour les prévenir, l'autorité diocésaine avait pris la maison menacée sous sa protection spéciale, et l'avait déclarée une *école de hautes études ecclésiastiques;* l'autorité civile s'obstinait à n'y voir qu'un collége déguisé. Sous ce prétexte faux, elle la soumit à un espionnage très-actif, la harcela de visites imprévues ou de perquisitions arbitraires, et le préfet de la Somme, se croyant enfin suffisamment renseigné, la dénonça au ministre de l'intérieur, comme renfermant une société de plus de vingt personnes et un cours non autorisé d'études ecclésiastiques. M. de Gasparin peut-être n'eût pas demandé mieux que de sévir contre Saint-Acheul; mais, comme son droit ne lui paraissait pas assez clair, ni les lois assez positives, et que d'ailleurs l'affaire ressortissait également du ministre des cultes, il la transmit à son collègue, M. Persil.

Cependant le P. Guidée, qui suivait l'affaire avec une prudente sagacité, découvrit l'embarras et pénétra le dessein du ministère. Il apprit de source certaine que M. Persil s'était chargé d'amener l'évêque d'Amiens à dissoudre la maison ecclésiastique de Saint-Acheul. Mais il n'ignorait pas que, dans ces temps de libre discussion et de prétentions à la tolérance universelle, ce que les ministres redoutaient par-dessus tout, c'était un éclat capable d'émouvoir l'opinion publique et d'attacher à leur nom la note flétrissante de persécuteur. Il résolut donc d'opposer à la violence la fermeté, aux menaces la constance; il dépêcha son socius, le P. Mallet, à Amiens, pour tracer au supérieur de la maison menacée la ligne de conduite qu'il aurait à suivre en cas d'agression administrative, et pour instruire monseigneur l'évêque de ce qui se préparait au ministère des cultes.

Une lettre de M. Persil arriva le 8 mars à l'évêché d'Amiens. Le ministre s'étonnait que « monseigneur eût pris sous sa protection une maison d'études illégalement constituée, et il le sommait en conséquence de la dissoudre au plus tôt, s'il ne voulait qu'on agît contre elle selon toute la rigueur des lois. » Le vénérable Mgr de Chabons, prévenu par le P. Guidée, avait eu le temps de méditer sa réponse : elle fut digne et vigoureuse; elle repoussait avec une égale énergie les allégations et les injonctions du ministre : « Depuis 1828, disait-elle, il n'y a pas eu l'ombre d'un petit séminaire à Saint-Acheul, pas l'ombre d'un établissement d'instruction secondaire, pas un seul élève admis pour s'y occuper de ce genre d'études; il n'y a eu rien, absolument rien, qui violât les ordonnances ou les lois concernant l'Université. Et encore aujourd'hui tel est exactement l'état des choses à Saint-Acheul : nulle étude ne s'y fait qui ne soit purement théologique et ecclésiastique. Aussi les prêtres de Saint-Acheul, depuis 1828, depuis 1830, depuis 1834, ont-ils été laissés dans le même état, libres et parfaitement tranquilles, parce qu'ils ne sortaient pas du *statu quo* des ordonnances de juin. Quel motif donc aurait-on de commencer aujourd'hui à les inquiéter? Mais ce qui tranche la difficulté, ce qui répond à tout, et ce qui emporte la légalité la plus complète, c'est que Saint-Acheul est devenu, dans mon diocèse, séminaire pour les hautes études ecclésiastiques. J'ai ainsi constitué cette maison le 1ᵉʳ octobre dernier, ce que je puis faire, sans aucun doute. Voilà, M. le ministre, la position de Saint-Acheul, position en vertu de laquelle je ne dois ni ne puis souscrire à toute mesure qui irait à compromettre son existence, ni par conséquent concourir à ce qu'on exige de moi. Veuillez considérer, en outre, qu'aucun fait, même apparent, ne saurait être opposé aux prêtres de Saint-Acheul; que tout au contraire, dans mon diocèse comme dans les diocèses voisins, par leur sagesse, leur zèle, leur désintéressement, leur amour du bien public, ils ne recueillent que les bénédictions des peuples; qu'on ne pourrait par conséquent les atteindre sans blesser au vif les intérêts les plus chers, les affections les plus senties du clergé et des portions saines de la population; qu'ainsi, en prêtant les mains à une mesure de ce genre, j'imprimerais une tache flétrissante à mon épiscopat; et l'odieux, à coup sûr, en retomberait sur le gouvernement et sur les autorités locales. »

Pendant que l'évêque d'Amiens répondait de la sorte au ministre des cultes, le P. Guidée sollicitait une audience du président du conseil, M. Molé. L'audience fut accordée, les explications les plus précises furent données et parurent fort bien reçues. Mais que peuvent la vérité et la justice contre un parti pris obstiné? M. Persil, étonné de rencontrer tant de vigueur là où il s'était attendu à trouver la faiblesse ordinaire aux vieillards, crut sans doute qu'il y allait de son honneur de briser la résistance de l'évêque d'Amiens. Dans une seconde lettre, plus sèche, plus impérieuse, il réitéra l'injonction de fermer Saint-Acheul, avec menace, s'il n'y était pas fait droit, de donner immédiatement les ordres les plus rigoureux au procureur général et au préfet de la Somme.

12

A cette nouvelle, Saint-Acheul consterné se mit en prières, et invoqua avec foi Notre-Dame des Sept-Douleurs ; le P. Guidée, qui était depuis trois jours à Brugelette, revint en toute hâte à Paris, afin de se trouver au centre de son conseil et plus à portée d'agir efficacement ; le courageux évêque d'Amiens, sans se laisser le moins du monde intimider, prépara une seconde réponse plus vigoureuse que la première. Mais, pendant que tous s'agitaient ainsi et se préparaient à la lutte, une crise ministérielle éclata, le redoutable M. Persil fut renversé, et son successeur, M. Barthe, connaissant assez, disait-il, la modération des prêtres de Saint-Acheul, déclara que, pour sa part, il les laisserait en paix. Toute l'affaire fut renvoyée au ministre de l'instruction publique. M. de Salvandy, pour l'acquit de sa conscience, fit prendre quelques informations par le recteur de l'académie d'Amiens. Elles furent équitables, et la tourmente qui avait failli emporter Saint-Acheul s'apaisa pour quelque temps.

Elle devait recommencer l'année suivante avec plus de violence et soulever jusque dans les deux chambres des orages parlementaires, heureusement moins désastreux que bruyants.

La pensée que les Jésuites pouvaient ressaisir un jour le droit d'enseigner la jeunesse française ne cessait de tourmenter les gens du monopole ; on eût dit que la prospérité de Brugelette et de Fribourg les empêchait de dormir ; ils tremblaient, ou ils affectaient de trembler, que d'un jour à l'autre Saint-Acheul ne se relevât de ses ruines, si même, disaient-ils, ces murs abhorrés ne recélaient pas déjà une école véritable et un collége clandestin. Presque chaque jour le cri d'alarme était poussé par une méchante feuille d'Amiens, *la Sentinelle picarde :* « Saint-Acheul est ressuscité, s'écriait-elle; ses vastes bâtiments, après dix années de solitude, abritent aujourd'hui une jeune et ardente milice, laquelle, initiée aux saintes doctrines par les révérends Pères, grandit en présence du Seigneur, sous l'aile épiscopale de Mgr Mioland (1). »

Dans cette disposition où étaient les esprits malveillants, l'éclat trop vif d'une séance théologique qui eut lieu à Saint-Acheul, fit sur eux l'effet d'une provocation et alluma toutes leurs colères. Nous voulons parler du grand acte de théologie qui fut soutenu publiquement par deux théologiens de Saint-Acheul, au mois de septembre 1838.

Pareille solennité ne s'était peut-être jamais vue à Amiens; du moins elle ne s'était point renouvelée en France depuis la destruction de l'ancienne Sorbonne. Innovation ou restauration, il n'était pas sans péril de la tenter dans les circonstances où l'on se trouvait; le P. Guidée ne l'ignorait pas; mais il avait cru ce péril plus que compensé par les avantages qu'elle semblait promettre : une puissante impulsion imprimée aux études théologiques, un salutaire exemple donné à tout le clergé de France; et il l'avait autorisée.

L'élite des théologiens d'Amiens et des diocèses limitrophes fut convoquée et invitée à prendre part au tournoi théologique. La séance eut lieu le 17 septembre, sous la présidence de Mgr Mioland, qui était assisté de l'un

---

(1) Successeur, depuis quelques mois, de Mgr de Chabons, sur le siége d'Amiens.

de ses grands vicaires et du provincial de Paris, le P. Guidée : la dispute dura une grande partie de la journée ; et la thèse attaquée avec vigueur, soutenue avec talent, excita les applaudissements d'une assistance aussi distinguée que nombreuse.

Rien de mieux jusque-là ; mais le bruit d'une séance si extraordinaire se propagea trop loin : il arriva aux oreilles du ministre de l'instruction publique, qui voulut avoir un exemplaire de la thèse soutenue à Saint-Acheul. On ne pouvait le lui refuser ; mais on prévit dès lors un orage prochain ; car on savait bien que la thèse ne serait point du goût des docteurs universitaires. Ces hommes qui, depuis plus de trente ans, faisaient d'inutiles efforts pour reconstituer la faculté de théologie à la Sorbonne, durent se croire offensés rien qu'à la vue d'un document intitulé. *Facultatis theologiæ theses ;* ils le furent bien davantage à la lecture de la thèse elle-même, lorsqu'ils s'aperçurent, ces aveugles partisans d'un gallicanisme suranné, qu'elle ne faisait mention des quatre articles que pour les combattre ; et beaucoup plus encore, lorsque Mgr l'évêque d'Amiens, mandé auprès d'eux et oubliant leur jalouse indignation, leur fit à eux-mêmes le récit naïvement enthousiaste de cette solennité théologique, laquelle, disait-il, semblait annoncer que l'Église de France reverrait bientôt les beaux jours de l'antique Sorbonne.

De nouvelles tracasseries furent donc ordonnées contre cet odieux et toujours renaissant Saint-Acheul. Visites, enquêtes, inquisitions, perquisitions recommencèrent de plus belle, mais, comme toujours, sans l'effet désiré : le préfet de la Somme étant contraint lui-même d'avouer, —

nous citons ses expressions, — « qu'il trouvait les jésuites à cheval sur la légalité. »

Le retentissement de cette affaire en fut le résultat le plus fâcheux ; car il sembla donner l'éveil à tous les ennemis de la Compagnie. De toutes parts, non plus seulement d'Amiens, mais de Quimper, de Bourges, d'Angers, de Strasbourg, et des autres villes dans lesquelles la Compagnie possédait ou préparait une résidence, arrivèrent au gouvernement les plus violentes dénonciations contre les Jésuites ; et des interpellations à leur sujet furent annoncées pour la prochaine rentrée des chambres.

Le P. Guidée en fut instruit par un ami dévoué de la Compagnie, Mgr Gallard, coadjuteur de Reims, qui lui conseilla en même temps, pour prévenir l'attaque, ou du moins pour préparer des armes à la défense, de faire composer un mémoire justificatif ; il se chargerait de le présenter en haut lieu. Le P. Guidée suivit le conseil. Un mémoire exposant la situation des Jésuites en France, fut composé et simplement intitulé : *Note particulière, Paris, 9 novembre* 1838. Il était conçu en ces termes :

« A l'époque du concordat, lorsque le culte catholique fut rendu à la France, quelques prêtres se réunirent pour travailler de concert et avec plus de succès au rétablissement de la foi et des mœurs ; mais ils ne prirent aucun titre, n'adoptèrent aucun costume, aucune singularité qui pût les faire distinguer des autres membres du clergé. Ces prêtres, ainsi que les autres ecclésiastiques qui ont désiré s'adjoindre successivement à eux, n'ont jamais été et ne sont encore que des auxiliaires entièrement à la disposition de NN. SS. les évêques ; c'est d'eux qu'ils reçoivent leurs pouvoirs dans l'exercice du saint ministère, même celui de célébrer la sainte messe.

« Après 1814, ils s'étaient consacrés d'une manière plus spéciale à l'enseignement, et plusieurs évêques leur avaient confié le soin de leurs petits séminaires. Exclus de ces établissements par les ordonnances de juin 1828, ils n'ont jamais, quoi qu'en aient dit leurs détracteurs, essayé d'en relever aucun ; et ils ne comprennent pas comment on a pu leur prêter aujourd'hui la pensée de faire à Bourges, à Angers, ou partout ailleurs, aucune tentative de ce genre. Quant à Saint-Acheul, dont on rappelle souvent le nom, depuis dix ans, nous l'avons dit, il a cessé d'être petit séminaire. Dès lors, il est devenu annexe et complément du séminaire diocésain, reconnu comme tel par Mgr l'évêque d'Amiens. Parmi ceux qui l'habitent, les uns se disposent par des études théologiques, soit aux missions étrangères, soit au ministère de la prédication dans l'intérieur de la France ; les autres évangélisent, à la demande des premiers pasteurs, les villes et les campagnes du diocèse d'Amiens et des diocèses voisins.

« Or, des ecclésiastiques vivant ensemble et s'occupant, sous la direction et la surveillance de leur évêque, d'études purement théologiques ou des fonctions du saint ministère, sont incontestablement dans l'ordre légal. Si l'on prétendait leur opposer quelque loi, ce ne pourrait être que la loi sur les associations ou les règlements universitaires. Quant à la loi sur les associations, du 10 avril 1834, qui se réfère à l'article 291 du code pénal, le texte ne désigne que des associations de personnes étrangères les unes aux autres, n'habitant point ensemble et se réunissant dans un lieu et à des jours déterminés pour s'occuper d'objets religieux, politiques, littéraires ou autres : « *Ne sont point comprises les personnes domiciliées dans la maison où l'association se réunit,* » dit la loi. Les ecclésiastiques dont il est ici question, vivent et demeurent ensemble. Quant aux règlements universitaires, on y chercherait vainement un article qui interdise à un évêque la faculté de placer dans une maison, même séparée de son grand séminaire, un supplément d'études ecclésiastiques : tel est Saint-Acheul. Par ordonnance du 1er octobre 1836, monseigneur de Chabons, évêque d'Amiens, l'a authentiquement reconnu comme maison d'études théologiques, complément du séminaire diocésain. Les autorités ont vérifié le fait : elles peuvent l'attester au besoin. Plusieurs évêques zélés pour le progrès des études ecclésiastiques usent de ce droit, que personne n'a pensé à leur contester.

« Dans les autres diocèses de France où ces prêtres auxiliaires ont des résidences, ils s'occupent des fonctions propres de leur état, travaillent dans les hôpitaux, dans les prisons, dans les asiles ouverts à l'enfance, et ils pourraient citer plusieurs établissements de ce genre dans la capitale et dans les provinces, où ils ont donné des preuves d'un zèle circonspect et désintéressé. Récemment encore un magistrat protestant, le préfet de la Moselle, a cru devoir, dans l'intérêt de la morale publique, réclamer leurs services pour une maison de détention qui manquait des secours de la religion. A l'exemple de beaucoup d'autres ecclésiastiques, ils prêchent des stations, donnent des retraites, dans un grand nombre de diocèses, au clergé réuni sous les yeux des supérieurs ecclésiastiques, aux élèves des grands séminaires et des petits, à des communautés religieuses, à des pensionnats; ils en donnent même dans plusieurs établissements universitaires, notamment aux colléges royaux d'Henri IV et de Louis-le-Grand.

Ils ne se fixent ou même ne paraissent dans aucun diocèse, s'ils n'y sont appelés par les supérieurs ecclésiastiques; et c'est toujours sous l'autorité du premier pasteur qu'ils s'y livrent aux œuvres de zèle qui leur sont confiées. C'est aussi à la demande de plusieurs évêques qu'ils ont consenti, après s'être assurés de l'agrément du pouvoir, à recevoir au milieu d'eux quelques jeunes ecclésiastiques envoyés à Paris pour y suivre les cours de la Faculté et du Collége de France. Ces jeunes élèves du sanctuaire qui vont puiser leur instruction dans le sein de l'Université, trouvent dans l'asile qui leur est ouvert, avec les secours dont ils ont besoin pour se conserver dans l'esprit de leur vocation, une sauvegarde contre les dangers que présente le séjour de la capitale.

« Des prêtres, en parlant de leurs œuvres, n'ont que le droit de dire qu'ils s'en acquittent avec conscience et dévouement: ce serait à NN. SS. les évêques, à MM. les curés et aux chefs d'établissements de dire s'ils le font avec fruit, et avec cette mesure de discrétion qui seule peut assurer le succès de leur ministère. Ils ont annoncé la parole divine dans les chaires de la capitale et des principales villes de France; ils ont enseigné les vérités de la religion à toutes les classes de la société : leur est-il jamais échappé une seule parole adressée aux passions politiques? Etrangers par inclination autant que par devoir à tous les partis hostiles à la tranquillité publique, ils ont pour principe de se conformer aux institutions qui régissent les pays où ils vivent, et de se soumettre avec sincérité et respect au roi qui nous gouverne, parce que, à leurs yeux comme aux yeux de la religion, il est le représentant de la majesté divine. Plus d'une fois depuis 1830, la modération de leur langage et la justice qu'ils rendaient hautement aux intentions bienveillantes et aux actes émanés du pouvoir en faveur de la religion, ont étonné des esprits exaltés ou prévenus, et les ont ramenés à des sentiments de paix et d'union. L'abbé de Ravignan prêche depuis deux ans à la métropole et traite des questions souvent bien délicates ; jamais les feuilles les plus malveillantes n'ont pu lui adresser un seul reproche sur des tendances politiques. Ses confrères n'ont ni une autre pensée, ni un autre langage que le sien. Travailler avec zèle et avec constance au bien de la religion et, par elle, au maintien de l'ordre social, c'est toute leur politique ; pouvoir le faire toujours à l'abri des lois protectrices d'une vraie et sage liberté, c'est leur désir et leur espérance. Ils ne réclament que l'application du droit commun, et ils sont fondés à l'invoquer avec confiance. »

Cette note, remise par le P. Guidée à Mgr Gallard, fut présentée par celui-ci aux plus hauts personnages de l'État. Le roi la reçut, mais on doute qu'il en ait pris connaissance ; la reine l'accueillit avec faveur ; l'internonce du Pape en fut si content qu'il en demanda une copie pour le Souverain-Pontife. Les ministres eux-mêmes, entre autres M. Molé, président du conseil, et M. Barthe, garde des sceaux, s'en montrèrent personnellement satisfaits ; mais ils ne dissimulèrent pas que les raisons alléguées par les Jésuites, si elles pouvaient suffire aux yeux d'un ministère qui n'avait aucune intention hostile, ne leur paraissaient pas devoir être péremptoires aux yeux d'une assemblée tumultueuse, sur laquelle les mots avaient souvent plus d'empire que les choses. En conséquence, pour éviter l'éclat d'une dénonciation à la tribune, ou du moins pour fournir à la défense des armes plus solides, ils conseillaient la dissolution immédiate de Saint-Acheul.

Le conseil, pour être intéressé, n'en fut pas jugé moins bon. L'évêque d'Amiens et le provincial des Jésuites se décidèrent à céder à l'orage ; la maison d'études ecclésiastiques fut dissoute, Saint-Acheul fut de nouveau, du moins en partie, évacué, et les théologiens qu'il abritait s'en allèrent demander un asile au collége de Brugelette.

L'événement prouva que cette concession n'avait été ni imprudente, ni prématurée. Peu de jours après, en décembre 1838, les chambres s'ouvrirent. Dès la discussion de l'adresse, le ministère se vit attaqué avec une fureur extrême, le nom des Jésuites retentit comme un mot d'ordre et un cri de guerre; Saint-Acheul surtout, avec ses attentats théologiques, eut le privilége de susciter d'hypocrites indignations et de passionner les débats au détriment de la justice.

L'attaque commença à la chambre des pairs. M. Cousin, quoique malade, se fit porter à la séance, comme s'il se fût agi des suprêmes intérêts de la patrie, et avec l'accent d'une tragique épouvante : « En quel siècle vivons-nous ? s'écria-t-il. Le bruit se répand que Saint-Acheul se relève de ses cendres, et qu'il se forme depuis quelque temps à Paris même, au centre de l'autorité, un *Institut* ou noviciat des Jésuites. Les maisons étaient-elles connues du ministre de l'intérieur et tolérées par lui conformément aux lois ? ou bien l'enseignement qu'on y professait aurait-il été soumis à l'examen du grand-maître de l'Université et du Conseil royal de l'instruction publique? A cette seule condition, la domination ecclésiastique aurait un frein, la loi une garantie, et les justes craintes des amis éclairés de la religion seraient dissipées (1). » L'effroi de M. Cousin n'était ni sérieux ni fondé en raison ; le premier point lui fut démontré par le *Journal des Débats,* le second, par le garde des sceaux.

« Est-ce bien sérieusement, demandait le *Journal des Débats* du 4 janvier 1839, que l'on redoute aujourd'hui les empiétements religieux et le retour de la domination cléricale? Quoi ! nous sommes les disciples du siècle qui a donné Voltaire au monde, et nous craignons les Jésuites !

« Nous vivons dans un pays où la liberté de la presse met le pouvoir ecclésiastique à la merci du premier Luther venu qui sait tenir une plume, et nous craignons les Jésuites !

« Nous vivons dans un siècle où l'incrédulité et le scepticisme coulent à pleins bords, et nous craignons les Jésuites !

« Nous sommes catholiques à peine, catholiques de nom, catholiques sans foi, sans pratique, et l'on nous crie que nous allons tomber sous le joug des congrégations ultramontaines !

« En vérité, regardons-nous mieux nous-mêmes, et sachons mieux qui nous sommes; croyons à la force, à la vertu de ces libertés dont nous sommes si fiers. Grands philosophes que nous sommes, croyons au moins à notre

(1) Moniteur.

philosophie. Non, le danger n'est pas où le signalent nos imaginations préoccupées. Vous calomniez le siècle par vos alarmes et vos clameurs pusillanimes. »

M. Barthe, sans recourir, comme le *Journal des Débats*, à un argument *ad hominem* plus mortifiant que péremptoire, opposa aux terreurs universitaires un calmant plus efficace : il déclara « que la congrégation de Saint-Acheul, qui avait éveillé tant de défiance, était dissoute, et la maison fermée. » La chambre des pairs, malgré quelques réclamations de M. Villemain, jugea pour cette fois l'honneur satisfait, et déclara la question des Jésuites épuisée.

Elle ne l'était pas encore : de la tribune du Luxembourg elle descendit dans la presse. A Paris, le *Courrier français*, interpellant les ministres au sujet de l'*Institut des hautes études*, prononçait cette catilinaire : « Jusques à quand souffriront-ils le troupeau fanatique de Loyola ? » En province, la *Sentinelle picarde*, poussant de nouveau le cri d'alarme, niait la dissolution du cours d'étude à Saint-Acheul, et provoquait une nouvelle enquête universitaire. Le *Journal des Débats* lui-même, par une de ces volte-face dont il a le secret, passait subitement de cette dédaigneuse assurance qu'il affectait naguère, à une poursuite acharnée des Jésuites. Puis de la presse la question remontant de nouveau à la tribune, agita la chambre des députés durant trois jours, 17, 18, 19 janvier 1839 ; mais là encore, les déclarations précises de M. Barthe ayant enlevé tout prétexte raisonnable à la discussion, elle s'arrêta. Les événements graves qui arrivèrent bientôt après, la dissolution de la chambre et la chute du ministère Molé, reléguèrent la question des

Jésuites à l'arrière-plan de la scène politique : on les oublia, ou du moins on cessa de s'en occuper aussi bruyamment. Ainsi fut terminée l'affaire de Saint-Acheul, et, avec elle, la lutte que le P. Guidée eut à soutenir contre les ennemis de l'enseignement libre et de la Compagnie de Jésus.

La guerre recommencera plus tard, mais la reprise des hostilités ne retrouvera plus le P. Guidée à la tête de la province. Dans l'intervalle le P. Roothaan, prenant en considération le triste état de sa santé consentit à le décharger du fardeau du provincialat ; il lui faisait part de cette mesure par une lettre du 18 janvier 1842, ainsi conçue :

« Après bien des considérations et des délibérations, j'ai enfin pris la résolution de vous délivrer du fardeau que vous portez depuis si longtemps. Il me reste à vous témoigner toute ma reconnaissance, mon révérend Père, pour tout ce que vous avez fait pour cette province ; vous la remettrez à votre successeur dans un état prospère et riche d'avenir. Dieu sera votre digne récompense. Votre santé a souffert de vos travaux assidus ; je désire que vous en preniez beaucoup de soin pour rendre le plus longtemps possible vos utiles services à la Compagnie. »

Nous ne relèverons pas ce qu'il y a d'honorable dans ces paroles pour celui à qui elles étaient adressées ; n'est-il pas évident qu'elles sont de l'administration du P. Guidée l'éloge le plus authentique et le plus complet ?

Le P. Général disait en finissant : « Je laisse à votre prudence, mon révérend Père, de fixer le jour pour l'exécution des présentes. » Le P. Guidée reçut cette lettre le 27 janvier ; dès le 4 février suivant il avait résigné sa charge, et son successeur, le P. Boulanger, était entré en fonction.

IV. — Il était plus facile de résigner le titre de provincial que d'échapper aux affaires de la province : le P. Guidée dut s'en occuper encore assez longtemps. Après deux mois passés, soit à Paris pour terminer les affaires pendantes, soit à Poitiers pour mener à bonne fin la fondation d'une nouvelle résidence, il se rendit à Saint-Acheul. Il y était envoyé pour exercer les fonctions de ministre et plus encore pour rétablir sa santé chancelante.

Devenu simple religieux, après avoir été provincial, ministre dans une maison où il avait été longtemps supérieur, le P. Guidée se montra aussi obéissant, aussi maniable, aussi fidèle à observer toutes les règles, à demander les moindres permissions, que le novice le plus humble et le plus docile. Après avoir été si longtemps occupé des affaires les plus importantes, il se livra, avec une application pareille et un soin égal, aux détails les plus vulgaires de ses modestes fonctions ; et ceux qui vécurent alors avec lui n'ont pas oublié avec quelle attention il veillait même à l'ordre purement extérieur et à la propreté de la maison, avec quelle douce gravité il signalait et punissait les manquements.

Il profita aussi des loisirs que lui faisait l'obéissance pour achever un petit ouvrage commencé durant son provincialat. Il savait depuis longtemps, — pour l'avoir reconnu étant préfet, et l'avoir comme touché du doigt étant provincial, — combien il importe à l'œuvre de l'éducation que les maîtres soient religieusement formés et constamment entourés de secours abondants. Comme il se préoccupait des moyens de leur être utile, la pensée lui vint de leur faciliter l'accès des meilleurs ouvrages sur l'éducation. Le *Ratio discendi et docendi* du P. Jouvency se trouvant à la portée de tous, il n'eut pas à s'en occuper; mais il emprunta au P. Sacchini sa *Parænesis* et son *Protrepticon*, deux excellents petits ouvrages, dont l'un rappelle au professeur la dignité de ses fonctions, et l'autre lui enseigne les moyens pratiques de s'en bien acquitter; au P. Le Gaudier son opuscule sur la *Manière de gouverner les pensionnaires;* au P. Judde sa précieuse *Instruction pour les jeunes professeurs* : puis réunissant tous ces traités en un petit volume, il le publia sous le titre de *Manuel des jeunes professeurs*. Ainsi se trouva inaugurée la série de ses *manuels*, humbles petits livres qui rapportent peu de gloire à leur auteur, mais, ce qui vaut mieux, beaucoup de profit à leurs lecteurs.

CHAPITRE NEUVIÈME

RECTORAT A PARIS

(1843-1846)

Le séjour du P. Guidée à Saint-Acheul ne pouvait être de longue durée. Aussitôt que ses forces parurent un peu rétablies, il fut rappelé à Paris; sa présence y était réclamée par les graves embarras survenus dans les relations des jésuites avec l'archevêque, et par l'appréhension plus grave encore des périls qui menaçaient l'existence civile de toute la Compagnie en France.

Monseigneur Affre, dont la glorieuse mort couronna dignement une sainte vie, eut toujours sans doute les intentions les plus droites, et en tout ce qu'il fit il ne connut « d'autre ambition que d'étendre le règne de la foi et de la vertu (1). » Cependant, il faut bien en convenir, la droiture de son cœur ne préserva pas toujours son esprit de certains préjugés peu favorables aux ordres religieux et aux Jésuites en particulier.

Il n'allait pas jusqu'à désapprouver ou blâmer les ordres religieux; loin de là, il « croyait qu'un évêque

---

(1) Vie de Denis Aug. Affre, par l'abbé Cruice, p. 302.

catholique ne peut se permettre ce blâme, ni même en avoir la pensée (1). » Il ne les approuvait pas non plus sans restriction. « Ces sociétés, disait-il, sont de puissantes troupes auxiliaires, mais qui combattent toujours à part, et qui, se plaçant comme avant-garde devant la milice de l'évêque, ne suivent ni ses ordres, ni son plan de bataille, et souvent, malgré lui, entraînent après elles le corps tout entier de l'armée (2). » En d'autres termes, il les trouvait parfois embarrassantes, et il n'eût pas été fâché de les enrôler dans la milice épiscopale, en les assimilant le plus possible au clergé séculier.

Quant aux Jésuites, malgré des apparences contraires, il les estimait et les aimait sincèrement : « On me croit opposé aux Jésuites, disait-il un jour ; ce sont de trop bons prêtres pour que je ne les aime pas ; mais, ajoutait-il, l'état des esprits en France est tel que ma protection leur serait plus funeste qu'utile (3). » C'était là une de ses opinions fortement arrêtées à l'endroit des Jésuites. Ce n'était pas la seule. Il s'était persuadé aussi que les Jésuites manquaient de confiance en lui ; et même, à l'époque de sa nomination au siége de Paris, il les avait soupçonnés de s'y être opposés : « Il ne s'en cacha pas, rapporte le P. Guidée dans une relation manuscrite que nous avons sous les yeux. Il nous fit connaître ses inquiétudes à ce sujet ; des explications eurent lieu et Sa Grandeur en parut satisfaite. Dès lors, nous ne pouvions évidemment nous attendre à une grande bienveillance ; mais nous étions loin de prévoir tout ce qui est arrivé. »

(1) Lettre de Mgr Affre au P. de Ravignan. Vie du P. de Ravignan, I, p. 343.

(2) Vie de Mgr Affre, p. 389.

(3) Vie de Mgr Affre, p. 392.

Aux anciens griefs, dont le souvenir ne s'était pas effacé, d'autres étaient venus se joindre. Par suite de malentendus inévitables en des conjonctures très-délicates, certaines difficultés surgirent entre l'archevêque et les jésuites de Paris. Ce fut la faute des temps, remarque le P. de Ponlevoy, ce ne fut point le résultat d'un refroidissement de la charité.

Au mois d'août 1842, monseigneur retira au supérieur de la maison un pouvoir accordé par son prédécesseur : celui d'approuver, pour la confession, les Pères de la Compagnie qui avaient à Paris leur résidence habituelle ou qui devaient y séjourner quelque temps. Monseigneur se réserva à lui-même et à ses vicaires généraux d'abord, puis, quelque temps après, à lui tout seul, le droit de donner cette approbation. La mesure n'était que sévère ; elle fut exécutée ponctuellement. Mais au commencement de septembre 1843, il en prit une autre plus grave ; ayant mandé chez lui le P. Provincial, il lui remit en main l'ordonnance suivante :

« Denis-Aug. AFFRE, etc...

« Considérant que, dans tous les temps, les évêques ont jugé sage et utile de ne point permettre que les fidèles abandonnassent leurs paroisses pour aller chercher dans une chapelle particulière les secours de la religion ;

« Considérant que, si les règlements faits à ce sujet concernaient principalement la messe paroissiale, la confession et la communion pascale, les baptêmes, mariages et enterrements, leur esprit était néanmoins que, pour les autres sacrements, l'église paroissiale, ou à son défaut une église publique, leur fût préférée ;

« Considérant que, si dans le passé la dérogation à l'esprit de ces règlements a été motivée presque toujours par des avantages réels, il peut arriver qu'à d'autres époques ces avantages soient moindres que les inconvénients;

« Considérant que ces inconvénients sont plus graves, lorsque les prêtres investis du privilége de confesser dans leur chapelle sont uniquement destinés à l'exercice du ministère;

« Considérant que l'évêque est d'ailleurs le seul juge de ce qui, en pareille matière, peut être le plus utile à son diocèse;

« Le saint nom de Dieu invoqué, nous avons ordonné et ordonnons ce qui suit :

« Article 1.

« Les Pères jésuites habitant la maison située rue des Postes, n° 18, à Paris, devront désormais entendre les confessions dans les différentes églises paroissiales et dans les établissements qui leur seront désignés, conformément aux règles suivantes :

« 1° Les confessions des femmes seront toujours entendues dans l'église paroissiale désignée au confesseur.

« 2° Les confessions des hommes pourront être entendues, soit dans la sacristie, soit dans le presbytère de la paroisse désignée, soit dans l'intérieur des chapelles appartenant à un établissement public, tel que les hôpitaux et les hospices, les colléges et les institutions de jeunes gens.

« 3° Les confessions des prêtres, des religieux d'une congrégation quelconque et celles des laïques qui suivent les exercices d'une retraite, pourront être entendues dans la chapelle ou dans l'intérieur de la maison des Pères.

« Article 2.

« Nous devons être prévenu un mois à l'avance 1° du changement de résidence des Pères qui ont reçu des pouvoirs de nous; 2° du projet de faire venir à Paris de nouveaux Pères pour y exercer le ministère de la confession et de la prédication.

« Article 3.

« Nous nous réservons exclusivement la concession des pouvoirs que les Pères demandent à exercer.

« Article 4.

« La présente ordonnance sera mise à exécution pour les Pères qui n'ont pas encore reçu de pouvoirs : elle ne sera obligatoire pour ceux qui les ont déjà qu'à dater du 1er janvier 1844.

« Donné à Paris, etc... le 9 septembre 1843.

« † Denis, archevêque de Paris. »

Le P. Provincial, après avoir lu cette ordonnance, hasarda quelques observations sur une mesure qui lui semblait porter atteinte aux droits d'un ordre religieux approuvé par l'Église. Ces observations n'ayant pas été agréées, il se retira, sans avoir rien refusé, rien promis. De retour à la maison, il réunit son conseil. Tous les consulteurs furent d'avis que, si l'archevêque exigeait la stricte exécution de tous les points de son ordonnance, de ceux en particulier qui concernaient la confession des hommes et l'obligation de le prévenir, un mois à l'avance, de l'arrivée des nouveaux Pères et du départ des anciens, il valait mieux abandonner le diocèse de Paris que de subir une condition incompatible avec les constitutions de l'Ordre. Ce fut aussi le sentiment du P. Provincial.

Les intentions du prélat n'avaient sans doute rien d'hostile aux Jésuites; on doit même croire qu'elles étaient bienveillantes : car, selon Mgr Cruice, son biographe, « s'il voulait fermer leur chapelle, c'était uniquement, comme il l'assurait, à cause des alarmes qu'un concours assez nombreux de personnes notables, se rendant à la rue des Postes, jetait dans le public, et à cause des nouveaux dangers auxquels les esprits pervers exposeraient le corps entier du clergé en exploitant ces vaines terreurs (1). » Mais l'impression dans le public ne fut pas celle que Mgr Affre avait espérée. Bientôt le bruit se répandit que les jésuites de Paris étaient ou allaient être frappés d'interdit, ou que du moins ils ne pourraient plus confesser chez eux : car chacun répétait à sa manière ce qu'il avait appris de l'ordonnance archiépiscopale ; et, pendant que cette nouvelle inexacte faisait gémir les catholiques, les adversaires de l'Église s'en prévalaient comme d'un triomphe. Monseigneur fut douloureusement affecté de cet éclat et de l'odieuse interprétation qui le transformait en auxiliaire des ennemis de l'Église. Il s'en plaignit aux Pères de la résidence de Paris, comme si, par des confidences indiscrètes, ils avaient été la première occasion du scandale. Heureusement il n'en était rien. La sagesse du P. Provincial avait prévu le cas et l'avait prévenu. Il n'avait d'abord communiqué l'ordonnance qu'à ses consulteurs et sous le secret; ensuite, aux premières rumeurs qui vinrent du dehors, quand il devint impossible de laisser la communauté dans l'ignorance de ce qui se passait, il avait réuni tous ses religieux et leur avait exposé les principaux articles de l'ordonnance ; enfin, en vertu de la sainte obéissance, il leur avait défendu d'en parler les premiers à qui que ce fût du dehors,

---

(1) Vie de Mgr Affre, p. 391.

et enjoint, si on leur en parlait, de ne s'exprimer qu'avec le respect dû à l'autorité diocésaine.

Tout cela, exposé, démontré au prélat, dissipa ses soupçons contre les jésuites, mais ne changea pas encore ses dispositions.

C'est en ce moment que le P. Guidée fut appelé à la résidence de Paris, pour y remplir les fonctions de ministre. Il fut le pacificateur providentiel. Il avait eu autrefois avec M. Affre, vicaire général d'Amiens, des relations fréquentes et intimes ; il s'en était fait estimer et aimer. En sa qualité d'ancienne connaissance du prélat et de nouvel habitant de la maison de Paris, il crut devoir lui faire une visite à Saint-Germain. Il en fut bien reçu. « La conversation, raconte-t-il, dura trois heures, et elle roula tout entière sur les griefs que monseigneur avait contre nous, et sur son ordonnance. Elle peut se résumer en trois mots : « J'ai bien des sujets de plaintes contre vous ; — et il les énuméra longuement ; — néanmoins je vous proteste, devant Dieu, que ces motifs ne sont entrés pour rien dans la mesure que j'ai cru devoir prendre ; je n'ai eu en vue que votre intérêt et le bien de mon diocèse. Je vous ai défendus auprès des ministres et du roi lui-même. Je ne veux pas être forcé de donner les mains à la clôture de votre église : ce qui ne manquera pas d'arriver, un peu plus tôt ou un peu plus tard, si votre maison continue d'être aussi fréquentée. Je veux vous soutenir auprès du pouvoir ; mais il faut que l'on m'aide et qu'on ne me refuse pas les moyens de le faire avec succès. »

Le P. Guidée, invoquant tour à tour le droit des réguliers et les intérêts de l'Église, s'adressant plus encore à la bonté qu'à la justice de l'archevêque, le conjurait de retirer son ordonnance, ou du moins d'en adoucir les rigueurs. « La conclusion, continue-t-il, fut que nous aviserions aux moyens de diminuer le nombre des personnes qui fréquentaient notre maison ; que monseigneur, sans révoquer son ordonnance, en modifierait les dispositions qui étaient de nature à nous blesser ; qu'il en ajournait l'exécution jusqu'au mois de mai ; et que, en attendant, il accordait aux Pères nouvellement venus à Paris les pouvoirs précédemment accordés et dans les mêmes termes (1). »

Le P. Guidée avait obtenu beaucoup : en gagnant du temps, il avait presque tout gagné ; car, lorsque le mois de mai arriva, la situation avait changé ; le pape Grégoire XVI, informé par le nonce de Paris, avait arrêté l'exécution de l'ordonnance archiépiscopale par un bref assez vif, dont voici la substance.

Après avoir exprimé l'étonnement et le chagrin que lui avait causés la lecture de l'ordonnance, le Souverain-Pontife rappelait à l'archevêque de Paris que ni le décret du concile de Trente *(Sess. 22, c. 15 de Reform.)* exigeant, pour les prêtres réguliers qui voudraient confesser les laïques, l'approbation de l'ordinaire, ni les constitutions plus récentes des pontifes romains sur le même sujet, ne confèrent en aucune façon à l'ordinaire le pouvoir d'ajouter arbitrairement à son approbation des limites inutiles ou injurieuses, comme serait celle qui interdirait aux confesseurs réguliers la faculté de confesser dans leur église. Il

---

(1) Relation inédite.

signalait ensuite la défense faite aux jésuites d'entendre les confessions en dehors des églises paroissiales et des autres lieux désignés dans l'ordonnance, comme étant contraire à la liberté légitime, que l'on doit laisser aux pénitents, de choisir soit leur confesseur soit le temps et le lieu où il leur convient de s'adresser à lui, et par suite comme préjudiciable au bien des âmes, que ces entraves retiendraient éloignées de la salutaire pratique des sacrements. Il demandait en outre de quelle autorité et pour quelle cause l'auteur de l'ordonnance voulait être prévenu, un mois à l'avance, du projet, soit d'envoyer ailleurs les Pères résidant à Paris, soit d'y faire venir de nouveaux prêtres de la Compagnie pour y exercer le ministère ; et il regrettait que, par ces mesures intempestives contre un Ordre bien méritant de la religion, une occasion eût été donnée aux ennemis de l'Église de se prévaloir du nom de l'archevêque pour accréditer leurs calomnies. Enfin il terminait en rendant justice aux intentions du prélat, et en exprimant l'espoir que, à la réception du bref pontifical, il n'hésiterait pas à révoquer son ordonnance (1). »

L'espoir du Souverain-Pontife ne fut pas trompé : « Le prélat, dit Mgr Cruice, obéissant à des conseils d'un ordre supérieur, révoqua les décisions qu'il avait portées (2) ; » du moins, s'il ne les révoqua point officiellement, pratiquement il les regarda comme non avenues, « et nous avons su, dit le P. Guidée, que, vers le mois de juin, il

(1) Voir le bref à la fin du volume.
(2) Vie de Mgr Affre, p. 391.

avait dit à un évêque qu'il était fort content des jésuites, que tout allait bien dans ses rapports avec nous (1). »

Cette bonne intelligence ne fut pas cependant de longue durée. De nouvelles difficultés s'élevèrent bientôt, en partie à cause du P. de Ravignan (2), en partie à l'occasion de la persécution que les Jésuites eurent à essuyer en 1845, et des mesures qu'ils crurent devoir prendre pour se défendre ou se garantir. En ces temps difficiles, Mgr Affre parut quelquefois oublier que, la résidence des jésuites de Paris faisant partie d'une corporation religieuse canoniquement constituée et répandue dans vingt-cinq diocèses de France, les supérieurs de Paris devaient recevoir leur direction des chefs de l'Ordre, concerter avec les autres supérieurs de France une marche uniforme, et tâcher de l'accommoder aux vues présumées ou manifestées du plus grand nombre des évêques dans le diocèse desquels se trouvaient des maisons de la Compagnie. A la conduite de l'archevêque, sinon à ses paroles, on aurait pu croire qu'il ne voyait dans la maison de Paris qu'une congrégation isolée de prêtres auxiliaires, obligés comme tels de consulter l'ordinaire sur toutes leurs démarches et de suivre sa direction. De là des malentendus, des froissements inévitables; de là les reproches qu'il adressait au P. de Ravignan (3); de là encore cette lettre au P. de Villefort, dans laquelle, résumant tous ses griefs et toutes ses prétentions, le prélat accuse et se justifie tour à tour, et, comme toujours, mêle aux reproches les plus pénibles des témoignages non équivoques d'une sincère bienveillance.

(1) Relation inédite.
(2) Voir la vie du P. de Ravignan, 1, p. 336.
(3) Vie du P. de Ravignan, 1, p. 345.

« Paris, 15 août 1845.

« Je vous remercie, mon révérend Père, des détails que vous me donnez sur votre importante affaire.

« A ce sujet, je n'ai que deux mots à vous dire : j'ignore quelles difficultés pourront encore s'élever entre votre Compagnie et le gouvernement français ; mais, quelque graves qu'elles soient, vos Pères de Paris se trouveront fort bien de s'ouvrir à moi avec confiance. Je regrette qu'ils ne l'aient pas toujours fait ; ils viennent encore de se disperser sur différents points de Paris avant de m'en avoir prévenu. J'en ai fait des reproches au P. Guidée ; je lui ai fait aussi d'autres observations qui se réduisent à ces deux points : 1° Autant que la chose dépendra de moi, je ne refuserai rien de ce qui peut servir à rétablir la régularité des maisons, la force et le succès de l'Institut ; sur ce point je trouve très-bien qu'ils obéissent aveuglément à leurs règles et à leur supérieur, 2° Dans tout ce qui tient à l'exercice du saint ministère, à la responsabilité que peut entraîner pour moi telle ou telle mesure, j'entends être consulté.

« S'il y a des actes qui tiennent aux deux intérêts dont je viens de parler, l'évêque et le supérieur doivent être consultés.

« Voilà ma demande ; et toute la gêne, tout le malaise, qui ont eu lieu jusqu'ici n'ont pas eu d'autre cause.

« Vos Pères feront toujours bien de se méfier des caractères ardents qui les pousseront de très-bonne foi à des mesures extrêmes, et d'avoir un peu plus de confiance dans des évêques qui leur sont sincèrement dévoués, tout en évitant une lutte inutile lorsque l'honneur de l'Église et la conscience ne le demandent pas impérieusement.

« J'ai vu, il y a quelques jours, le P. Guidée, le P. Provincial et le P. de Ravignan : ils m'ont paru disposés à s'entendre désormais avec moi ; j'ai invité les deux premiers à dîner, et nous avons causé de très-bonne amitié ; il ne dépendra pas de moi que cette bonne harmonie ne continue.

« Le R. Père Général ne doit pas oublier non plus que Paris est la position la plus difficile pour vos Pères ; en sorte que, alors même que les autres évêques ne seraient pas consultés sur les questions déférées à votre sujet au Saint-Siége, je ne devrais pas être oublié. Si on a cru plus sage d'agir autrement, c'est pour moi une sagesse bien mystérieuse, et qui est fondée sur une connaissance fort erronée de mes dispositions.

« Voilà franchement, mon révérend Père, ma pensée ; vous pouvez la faire connaître à votre supérieur général, que je vous prie de remercier d'une lettre fort aimable, qu'il a pris la peine de m'écrire au sujet de ma petite *Introduction*.

« † Denis, archevêque de Paris.

« *P.-S.* — Je ne vous ai rien dit de tout ce qui vous a fait de la peine dans la presse de Paris et ailleurs. Soyez convaincu que j'ai été affecté comme vous. »

Enfin, comme l'atteste Mgr Cruice, « le prélat, livré à des inquiétudes vaines et illégitimes sans doute, quoique entretenues par des rapports graves et nombreux, croyait voir son autorité combattue à Rome et à Paris par les membres mêmes de la Société. De là des préoccupations pénibles qui durèrent jusqu'à sa mort. Mais, à l'heure de son martyre, sous l'action immédiate de l'Esprit saint, en présence de Dieu qui allait le couronner, son âme calme et sublime s'éleva au-dessus de tous les soucis terrestres, et, dans les effusions de sa charité qui s'épanchait alors avec son sang, il voulut que l'on portât aux jésuites ses derniers adieux et l'assurance de son estime et de son affection (1). »

Celui des jésuites vers lequel se portèrent alors plus particulièrement les pensées du martyr expirant, et auquel s'adressait nommément l'expression de ses regrets, ce fut le P. Guidée, avec qui il avait eu les rapports les plus ordinaires. Mais n'anticipons pas davantage sur les événements; revenons à l'époque où le P. Guidée rentrait, avec le titre de ministre, à la résidence de Paris, qui de la rue du Regard avait été transférée à la rue des Postes. C'était vers la fin de septembre 1843.

II. — En ce moment, la guerre était de nouveau publiquement déclarée aux Jésuites en France. Un livre fameux, publié au commencement de 1843, le *Monopole universitaire* avait produit, par son apparition subite et ses affreuses révélations, l'effet d'une bombe éclatant au milieu du camp des ennemis. Après un premier moment de stupeur, l'épouvante y avait fait place à la colère. Spontanément ou par ordre, mais d'un accord unanime, la presse et la tribune, les chaires de la Sorbonne et celles du Collége de France faisaient feu de toutes leurs pièces contre ces malencontreux Jésuites, assez indiscrets pour regarder, assez clairvoyants pour découvrir, assez audacieux surtout pour dévoiler au monde les turpitudes du monopole universitaire. Partout on les accablait à l'envi d'outrages et de calomnies, de dénonciations et de menaces.

(1) Vie de Mgr Affre, p. 394.

Dans cette situation critique, le P. Général se préoccupa du choix d'un supérieur pour la maison de Paris, laquelle, étant la plus en vue, représentait plus particulièrement toute la Compagnie en France, et se trouvait plus exposée aux coups de l'ennemi. Le P. Loriquet la gouvernait alors ; mais son nom, noirci par la calomnie et chargé des souvenirs irritants de Saint-Acheul, lui conseillait de se retirer un peu à l'écart et de s'effacer au moment de la lutte. Le P. de Ravignan semblait l'homme des circonstances. La position qu'il avait autrefois occupée dans le monde, les liaisons qu'il y avait conservées avec de hauts personnages, la gloire que les conférences de Notre-Dame attachaient à son nom, tout lui rendait plus faciles les rapports avec la double autorité ecclésiastique et civile : aussi le P. Général avait-il d'abord pensé à lui. Mais de graves observations présentées par l'humble religieux le firent changer de résolution. Laissant au P. de Ravignan le rôle de défenseur et le titre de représentant de la Compagnie auprès du pouvoir civil, il chercha, pour en faire le supérieur de la maison de Paris, un homme sage, prudent, qui connût bien les affaires et qui eût déjà subi la persécution ; tout naturellement sa pensée devait se porter sur le P. Guidée, naguère provincial de Paris et par conséquent au courant des affaires, jadis recteur de Saint-Acheul et par conséquent familiarisé avec la persécution. Ce fut donc sur lui que son choix s'arrêta : Le P. Guidée fut nommé recteur.

Il soutint le fardeau de cette charge avec dignité, sinon avec un grand éclat extérieur. Le P. de Ravignan, l'homme d'action, toujours sur la brèche, se fit remarquer davantage ; le P. Guidée, l'homme de conseil, se renfermant dans l'administration, parut peu, mais porta la responsabilité de tout. Au reste, constamment d'accord comme la tête et la main, ils trouvèrent tous les deux dans cette inaltérable union le courage, la lumière et les secours qui leur étaient nécessaires pour soutenir toutes les attaques, insidieuses ou violentes, d'une formidable persécution.

La guerre, avons-nous dit, était déclarée contre les Jésuites, et le nouveau supérieur de la rue des Postes ne tarda pas à se voir en butte aux traits des ennemis. Ceux-ci préludèrent à l'attaque générale qui devait se livrer du haut de la tribune législative, par d'ignobles outrages, dont le P. Guidée eut à essuyer l'écume impure.

Le matin du jour où allait commencer la discussion dans les chambres, on trouva, collées à la grande porte de la maison, deux affiches chargées de menaces et d'imprécations. L'une portait : « Mort aux Jésuites ! Mort à ceux qui veulent semer le trouble et la désunion dans la France ! Mort à ceux qui veulent s'élever contre l'Université ! Mort à ceux qui veulent rétablir le paganisme, qui séduisent les âmes faibles, les vieilles bigotes, pour parvenir à dominer partout ! Mort enfin à ceux qui traitent Molière d'excommunié ! »

L'autre était ainsi conçue : « Si les Jésuites continuent à faire la mauvaise tête, on les fera danser, eux et leur boutique. Avant huit jours ils rôtiront; on leur fera gagner le ciel par le martyre. Il faut un exemple qui épouvante cette canaille, et les étudiants se chargent de venger l'Université, puisque le gouvernement ne veut pas s'en charger. Gare à eux ! »

En même temps, le P. Guidée recevait par la poste,

avec un dessin représentant des jésuites livrés à toutes sortes de supplices, le billet suivant : « A tous les êtres composant la Compagnie soi-disant de Jésus. — Vermine immonde ! tu as reparu au milieu de cette nation régénérée par 1792 ! Rentre au plus tôt dans les repaires inconnus, dans les fanges croupissantes d'où tu as osé ressortir ! sinon, la vraie France saura bien se résigner, si indigne que soit pour elle cette sale besogne, à t'écraser sous son pied. »

Enfin, comme pour appuyer l'effet de ces menaces, le bruit courut que l'on allait égorger tous les jésuites de Paris, ou du moins saccager leur maison. Le péril était-il réel, les menaces sérieuses? Le P. Guidée ne put le savoir ; il soupçonna que ce n'était-là qu'une ruse de guerre pour épouvanter les jésuites et fournir à leurs ennemis des deux chambres un prétexte plausible de les dénoncer comme une cause permanente de troubles populaires. En tout cas, cette ignoble manifestation d'insulteurs anonymes n'eut pas de suite.

Mais, le même jour, la haute presse imagina une attaque bien plus dangereuse, parce qu'elle était plus perfide ; elle essaya d'impliquer les Jésuites dans une affaire qui passionnait alors l'opinion ; elle imagina de les associer au parti légitimiste, afin de leur faire partager la flétrissure solennelle que la chambre prétendait infliger aux cinq députés visiteurs du duc de Bordeaux.

Ce prince, durant son séjour en Angleterre, s'étant présenté au collège catholique de Sainte-Marie d'Oscott, y avait reçu un accueil convenable à son rang. Sur ce fait assez insignifiant, certain chroniqueur peu scrupuleux arrangea une fable odieuse et la fit paraître simultanément dans le *Moniteur parisien* et dans le *Journal des Débats*.

« Plusieurs journaux, disait le faussaire, ont annoncé que M. le duc de Bordeaux avait visité un collége français, près de Birmingham, et que sa présence y avait excité le plus vif enthousiasme. Nous trouvons, à ce sujet, dans une correspondance anglaise, des détails très-curieux que nous avons tout lieu de croire authentiques. Et d'abord l'établissement en question est le collége d'*Ascott* (sic), tenu par des jésuites et renfermant, avec beaucoup d'enfants de nobles familles d'Irlande, quelques fils de famille du continent. M. le duc de Bordeaux ne s'est pas borné à visiter le collége; il y a accepté l'hospitalité et couché une nuit. Il a assisté, avec beaucoup d'intérêt, à tous les exercices religieux et littéraires de l'établissement. Un de ces derniers exercices a offert un spectacle qui n'avait pas été préparé sans intention. Deux élèves choisis ont récité la 2ᵉ scène du 1ᵉʳ acte d'Athalie. Au moment où un de ces élèves, le jeune Arthur de Glamorgan, disait avec beaucoup de feu, dans son accent irlandais :

> Il faut que sur le trône un roi soit élevé,
> Qui se souvienne un jour qu'au rang de ses ancêtres
> Dieu l'a fait remonter par la main de ses prêtres.....

les révérends pères jésuites, qui étaient fort nombreux, ont agité vivement leurs chapeaux; le dernier vers a été répété avec enthousiasme, et tous les écoliers de la classe de français ont poussé des *hurra*. On a joué ensuite le *God save the King* et l'air de *Vive Henri IV;* puis M. le duc de Bordeaux est venu s'asseoir à la table du R. P. Wiseman, supérieur du collége et provincial de l'Ordre. La salle était décorée d'immortelles, et deux élèves, placés à la porte principale, portaient chacun un pavillon blanc à fleurs de lys. Parmi les Pères qui faisaient partie de la réunion se trouvaient cinq jésuites français. Ce n'est que le lendemain, dans la journée, que le prince a quitté le collége et continué son voyage, emportant avec lui les bénédictions des révérends Pères (1). »

Tout ce récit n'était qu'un tissu de mensonges impudents; mais l'imposteur qui l'avait ourdi connaissait l'adage du maître : « Mentez, mentez, il en reste toujours quelque chose. » Il savait aussi que la calomnie, une fois lancée, fait d'ordinaire son chemin, souvent même son œuvre, avant que la vérité ait pu l'atteindre et la confondre; il se disait sans doute que, dans la situation où étaient alors les esprits, une bonne calomnie, n'eût-elle qu'un instant de crédit, suffirait pour tuer les Jésuites. C'est ce qui fût peut-être arrivé, si le P. Guidée n'y eût pourvu. Dès le lendemain, il fit publier dans plusieurs journaux le démenti le plus formel; et, le 4 janvier, il l'envoya à Mgr Wiseman, avec la lettre suivante :

« Monseigneur,
« Supérieur de la maison des Jésuites à Paris, je crois devoir porter à la connaissance de votre Grandeur un article perfide, qui vient de paraître à la même heure dans le *Moniteur parisien* et le *Journal des Débats*. Votre Grandeur s'y trouve compromise aussi bien que nous, et jugera sans doute à propos de démentir publiquement les circonstances mensongères qui ont pour objet d'envenimer l'opinion publique, et d'enflammer, au milieu de nous, la haine contre les prêtres. La tactique des défenseurs de l'Université, dans la grande controverse qui s'agite en ce

(1) *Moniteur parisien*, voir l'*Univers*, 2 janvier 1844.

moment au sujet de l'enseignement, n'est pas moins habile que méchante. Depuis que Nos Seigneurs les évêques, regardant à bon droit le monopole de l'instruction publique entre les mains d'hommes sans foi comme la perte certaine de la religion en France, se sont tous vivement émus de cette situation ; depuis qu'ils se sont mis à agir en public, à travailler davantage encore en secret, l'opinion des catholiques s'éclaire, leur courage s'affermit, et l'alarme est passée au camp des impies. La ressource actuelle de ceux-ci est de créer des fantômes, comme ils firent sous la Restauration, pour surexciter, d'une part, les passions mauvaises de la foule ignorante, et, de l'autre, arracher à la faiblesse de ceux qui gouvernent des concessions fatales. En un mot, c'est chez eux un parti pris de supposer que la guerre toute religieuse faite au monopole universitaire, n'est qu'un calcul tout humain du parti légitimiste ; par là ils espèrent ranger du côté de l'Université, au moment où les débats politiques vont s'ouvrir, un bon nombre d'hommes d'État qui sans cela auraient été sérieusement portés à favoriser les intérêts des catholiques.

« Un mot de votre main, Monseigneur, adressé aux deux journaux mentionnés plus haut et donnant le démenti à leurs mensonges, déconcerterait le plan des ennemis de l'Église, et ferait d'autant plus d'effet qu'il se trouverait signé par un nom que toute l'Europe connaît et vénère. Mais, comme il est fort possible que ni le *Moniteur parisien* ni le *Journal des Débats* ne consentent à insérer la réclamation de Votre Grandeur, j'ose vous prier d'y joindre, pour moi, l'autorisation de la faire insérer dans les autres feuilles. »

La réponse de Mgr Wiseman ne se fit pas attendre. Elle

infligeait en ces termes aux deux journaux calomniateurs le plus sensible affront qu'un journal puisse recevoir :

Collége d'Oscott, 8 janvier 1844.

« Monsieur le rédacteur,

« J'ai lu, avec beaucoup de surprise, les détails que vous avez donnés dans votre journal du 1er janvier sur la visite de Mgr le duc de Bordeaux au collége d'Oscott près de Birmingham, que j'ai l'honneur de présider, détails que vous signalez justement comme très-curieux.

« Que ce prince ait bien voulu nous honorer d'une visite, cela ne devrait surprendre personne; au contraire, d'être borné à inspecter les fabriques de fusils ou de boutons, sans s'intéresser aux établissements d'éducation, et particulièrement d'éducation religieuse, c'eût été donner un démenti aux principes de sa vie, de sa famille, et, j'aime à le dire, de sa nation. Et, de l'autre côté, qu'il ait reçu un accueil digne de son nom et de ses vertus, cela n'a rien non plus d'étonnant; le contraire nous eût déshonorés. Voilà donc toute la vérité.

« Mgr le duc de Bordeaux nous a accordé une visite, et nous avons fait tout notre possible pour la lui rendre agréable. L'adresse qui lui fut présentée par les élèves en expliquait les motifs. Mais, au-delà de ces deux simples faits, tout, dans votre récit, est un rêve, une pure fiction, dont je réclame la pleine rectification.

« 1° Le collége est dirigé non par des Pères jésuites, mais par des prêtres séculiers.

« 2° Je ne suis pas moi-même membre de cette illustre société, et par conséquent je n'en suis pas le provincial.

« 3° Si par « fils de famille du continent » on veut désigner des français, je puis vous assurer qu'il n'y en a pas un seul parmi nos élèves.

« 4° On n'a pas récité un seul vers d'Athalie ni d'aucun autre poète français; on s'est borné à lire des compositions en anglais, en allemand, en latin. L'adresse dont j'ai parlé était le seul morceau en latin.

« 5° Il n'existe dans notre établissement personne qui s'appelle Arthur de Glamorgan; je n'ai jamais connu ce nom en Irlande, ni en Angleterre.

« 6° Par conséquent ni lui, ni personne n'a récité les vers que vous citez d'Athalie.

« 7° Et par suite, ils n'ont pas été accueillis avec enthousiasme par les Pères jésuites, « avec agitation de chapeau ou des *hurra*. » — Tout, dans cette scène, est imaginaire : l'élève, les vers, les Pères jésuites et leurs chapeaux.

« 8° La salle n'était pas décorée d'immortelles, et il n'y avait pas deux élèves à la porte avec des drapeaux blancs aux fleurs de lys.

« 9° Vous ajoutez que, « parmi les Pères qui faisaient partie de cette réunion, se trouvaient cinq Pères français. » Comme aucun jésuite ne s'y trouvait, il n'y en avait aucun de français. Un seul ecclésiastique français, professeur de l'établissement, était présent.

« Si je me crois en droit de réclamer l'insertion de ce démenti d'un récit si entièrement dépourvu de toute vérité, ce n'est point pour des motifs personnels, mais parce que l'article tend à créer des préjugés contre la congrégation très-respectable dont vous me faites le provincial.

« Je suis, etc.

« N. Wiseman, évêque de Mélipotame. »

Ni le *Moniteur parisien*, ni le *Journal des Débats* ne consentirent à admettre cette rectification dans leurs colonnes. Ce déni de justice n'avait rien d'imprévu. Le P. Guidée, qui s'y attendait, avait pris ses mesures en conséquence; il adressa la lettre du prélat aux principaux journaux catholiques, entre autres à l'*Univers*, qui la publia le 16 janvier 1844. Un démenti si complet et si catégoriquement formulé produisit deux excellents résultats : il étouffa ou du moins paralysa si bien la calomnie qu'elle n'osa plus se produire ; et il démasqua une fois de plus, aux yeux du public honnête, l'insigne improbité des ennemis de la Compagnie.

Quelques jours plus tard, le 22 janvier 1844, le livre du P. de Ravignan, *De l'Existence et de l'Institut des Jésuites*, faisait plus encore : il révélait en quelque sorte la Compagnie elle-même à ses amis et à ses ennemis. « Cette publication inattendue, remarque le P. de Ponlevoy, fut un événement. Par ce fait, les Jésuites rentraient dans le droit commun. Les chambres prétendaient qu'ils ne devaient pas exister; les ministres répondaient qu'ils n'existaient pas; et le P. de Ravignan, seul contre tous, donnait un démenti aux ministres par le titre même de son livre, et aux chambres par tout l'ouvrage. Au nom de l'éternelle justice et de la charte nouvelle, il prenait possession de cette liberté d'exister, qu'on lui refusait au nom de lois surannées ; il réduisait la question légale à une question judiciaire, et tandis qu'on citait les Jésuites à la chambre, il citait les légistes devant l'opinion publique, et ne craignait pas de comparaître au besoin devant les tribunaux (1). »

(1) Vie du P. de Ravignan, I, 288.

Le P. Guidée assurément n'a rien à revendiquer dans la composition ou le mérite de cet ouvrage important; mais il ne fut ni étranger à son apparition, ni indifférent à son succès. Il prit une part active aux longues délibérations qui en précédèrent la publication ; et, quand l'ouvrage eut paru, il s'en fit le patron le plus dévoué, l'adoptant, le propageant, le justifiant, comme s'il était sien. Dès le 22 janvier 1844, il écrivait à Mgr Giraud, archevêque de Cambrai :

« J'ai l'honneur de vous adresser, par M. l'abbé Wicart, un ouvrage que nous venons de publier, et que sans doute vous avez vu annoncé dans les journaux. Peut-être trouverez-vous cette démarche un peu hardie, téméraire même dans les circonstances présentes. Nous ne nous y sommes décidés toutefois qu'après les plus mûres délibérations et le conseil des personnages les plus éminents, même dans l'ordre politique. Au point où en sont les choses, il nous a paru que nous n'avions rien à perdre, et que nous avions peut-être à gagner auprès des esprits droits qui ne sont que prévenus. Un exposé clair et simple de ce que nous sommes, donné par l'un d'entre nous dont le nom est connu, nous a semblé ce qu'il y avait de plus propre à éclairer ceux qui ne veulent pas fermer volontairement les yeux à la lumière, et à donner du cœur à nos amis, qui ont plus d'une fois accusé notre silence. Nous ne nous sommes pas dissimulé toute la gravité d'une pareille démarche; mais nous avons pour nous la vérité, la justice, le bon droit; la loi fondamentale est pour nous comme pour nos ennemis. Non, il ne sera pas dit que la publicité en France ne profite qu'au mensonge et à la calomnie; qu'il sera permis de tout dire, de tout inventer, pour écraser la vérité et l'innocence, et qu'il leur sera défendu d'élever la voix pour dévoiler l'imposture. »

La discussion engagée aux chambres sur la loi d'instruction publique, changea peu à peu les conditions de la lutte, en lui donnant un champ plus vaste, un intérêt plus général et des champions plus augustes. Ce ne fut plus seulement un ordre religieux qui lutta contre l'arbitraire pour son existence et sa liberté ; ce fut l'épiscopat français tout entier qui descendit dans l'arène pour défendre les droits sacrés et les intérêts les plus chers de l'Église catholique : les Jésuites, encore une fois, se trouvèrent relégués au second plan ; inquiétés seulement de temps à autre par de brusques mais inoffensives alertes, ils jouirent d'une paix relative, pendant que tout l'effort du combat se portait sur l'Église et le clergé.

Le P. Guidée en suivait les phases diverses avec une grande attention, encourageant de la voix et du geste les soldats de la bonne cause, ceux-là surtout qu'il voyait se jeter plus avant dans la mêlée. Il écrivait à l'intrépide évêque de Langres, le héros de ces guerres glorieuses :

« Permettez-moi de vous dire simplement avec quel bonheur je viens de lire votre *Troisième examen sur la liberté d'enseignement*. Ce sentiment est partagé par tous nos Pères, dont je suis ici l'interprète ; et il le sera par tous les hommes de bonne foi qui vous liront. Comment en effet résister à cette force de logique, à cette puissance de raison, à cette fermeté de langage unie à une modération vraiment épiscopale? Tôt ou tard le monopole tombera : une aussi absurde iniquité ne saurait durer; mais vous aurez la gloire de lui avoir porté les plus rudes coups. Soyez béni, Monseigneur, de vous être voué à une cause si sainte, et de la défendre si énergiquement. Mon suffrage est bien peu de chose, et c'est peut-être une indiscrétion de vous dire si naïvement ma pensée; mais on est trop heureux pour se taire quand on voit la cause de Dieu si noblement et si courageusement défendue. »

Pareillement il applaudissait à la condamnation prononcée par le cardinal de Bonald, son ancien condisciple de l'Oratoire, contre le *Manuel* janséniste et gallican de M. Dupin :

« Permettez-moi de vous dire avec quel inexprimable bonheur nous avons lu le beau mandement que Votre Éminence vient de publier pour condamner le *Manuel-Dupin*. Ce mandement demeurera comme un des monuments les plus remarquables de logique et de vigueur épiscopale. On pourra le censurer; mais on n'y répondra pas. Assurément notre suffrage est bien peu de chose. Mais de vrais enfants de l'Église ne sauraient retenir l'expression de leur joie, lorsqu'ils voient leur mère si dignement, si courageusement défendue contre les attaques du sophisme, du schisme et de l'hérésie. Dieu, j'en ai la confiance, réserve encore de beaux jours à l'Église de France, puisqu'il suscite dans son sein des pasteurs remplis de son esprit et dont les nobles paroles rappellent l'énergie des pontifes des âges de foi. Je fais des vœux ardents pour que, sans se laisser intimider par les foudres impuissantes du Conseil d'État, le plus grand nombre possible de nos évêques adhère à cette énergique protestation. »

Lui-même, au besoin et dans la mesure de son pouvoir, il prenait volontiers part à l'action. Ainsi le voyons-nous, dans un voyage qu'il fit à Rome, en 1844, solliciter activement la censure des erreurs philosophiques de M. Cousin. Nous lisons dans ses notes :

« J'ai insisté, soit auprès du P. Général, soit auprès des cardinaux, sur la nécessité de condamner nettement les principes de la philosophie panthéiste de M. Cousin, et sur les inconvénients graves qui résulteraient de l'opinion, si elle prévalait, qu'aux yeux du Saint-Siége les évêques de France ont assez fait et qu'ils peuvent maintenant garder le silence. Qu'on y pense, ajoute-t-il, il y va de la conservation de la foi en France. »

III. — Pendant que l'épiscopat soutenait ainsi vaillamment la lutte, et que les Jésuites se voyaient moins assaillis par les ennemis du dehors, un ennemi domestique leur suscita une affaire déplorable et des plus compromettantes aux yeux du public prévenu.

Les détails du procès Affnaër sont connus; nous ne les rappellerons pas. On sait comment cet homme fourbe s'empara, pour en abuser, de la confiance de ces jésuites réputés si fins; comment il déroba, en titres de rentes, des sommes appartenant à plusieurs provinces de l'Institut et destinées principalement à l'entretien des missions d'au-delà des mers; comment il fut arrêté dans sa fuite, puis déféré aux assises de la Seine; comment alors, de fripon se faisant victime, d'accusé accusateur, il inventa contre les jésuites un système d'impostures que la presse accueillait comme autant d'oracles et s'efforçait de propager par tous ses organes. Mais ce qu'on ne sait pas, et ce qu'il est plus facile d'imaginer que de raconter, ce sont les ennuis que ce procès causa au supérieur de la rue des

Postes. Se voir sur les bras une affaire si fâcheuse et, aux yeux de l'opinion, si suspecte; avoir à comparaître devant un jury prévenu et des juges peu favorables, exposer sa gravité religieuse aux insultes d'un public égaré, et sa véracité scrupuleuse aux perfides interprétations de la partie adverse; entendre son nom retentir en des débats si déplorables; craindre jusqu'au dernier moment, et non sans motifs, que l'injuste acquittement du coupable ne fût moins encore un désastre financier pour la maison que le signal d'un énorme scandale dans toute la France; tout cela fit de ce procès, pour le P. Guidée, un *affreux cauchemar*, comme il l'appelle dans son journal, et de tout le temps que dura la procédure, un temps d'angoisse dont il ne se rappelait le souvenir qu'avec un frisson d'horreur.

Cependant la Providence, sur laquelle il avait compté, ne lui manqua point. Un défenseur inespéré surgit à la dernière heure. M. de Thorigny, appelé subitement à suppléer l'avocat général qui devait poursuivre la cause, accepta cette mission avec un noble dévouement, malgré le peu de temps qui restait avant l'audience; et il s'en acquitta avec conscience, intrépidité et justice. A l'aide des informations qui lui furent données en grande partie par le P. Guidée, il pénétra d'un regard sûr jusqu'au fond de cette ténébreuse affaire, et, le jour de l'audience étant venu, il parla avec une lucidité, une noblesse, une chaleur qui s'élevèrent souvent jusqu'à la plus haute éloquence. Le fripon fut démasqué et flétri, le droit même des jésuites proclamé et leur honneur vengé. (8 avril 1845.)

IV. — L'issue du procès Affnaër avait trompé l'espoir

des ennemis de la Compagnie; mais elle n'arrêta point leurs projets. Le triste éclat de cette affaire avait coïncidé avec la reprise générale des hostilités contre les Jésuites. Leur nom retentissait de nouveau dans les chaires officielles comme dans la presse révolutionnaire; leur histoire, interprétée par une haine jalouse, défigurée, souillée par la calomnie, défrayait le journal et le roman. Un romancier en vogue l'offrait en feuilletons aux abonnés du *Constitutionnel*, avides de pareille pâture; et le P. Guidée se trouvait, dit-on, personnellement en butte aux traits immondes de l'ignoble pamphlétaire, qui avait prétendu le représenter dans un de ses plus affreux personnages. Toujours est-il que le portrait du vénérable religieux, « ou plutôt sa charge brutalement ressemblante, figura sur les affiches des boulevards, digne réclame à un journal qui exploitait en grand la diffamation et le mensonge (1). »

Ce dévergondage de la haine, tout ce bruit excité autour du nom des Jésuites n'était qu'un prélude à une agression plus violente. Pour en assurer le succès, on avait, sous divers prétextes, reculé le jugement d'Affnaër jusqu'aux approches de la rentrée des chambres; on voulait que la presse eût le loisir d'exploiter le scandale de cette affaire, de monter l'opinion publique, et de la préparer au grand coup que le gouvernement se disposait à frapper.

En effet, cinq jours après la condamnation d'Affnaër, M. Cousin donnait à la chambre des pairs le signal de l'attaque : « La France le sait, dit-il, l'Europe le sait ; au mépris de quatre lois qui ne sont pas abrogées, au mépris

---

(1) P. Ch. Daniel, Lettre à M. Guizot, p. 8.

de la dernière, à laquelle j'ai pris le plus de part que j'ai pu, on souffre les Jésuites en France! Je ne suis pas l'ennemi de leurs personnes; je le suis de leur corporation, et je signale leur existence comme prohibée. » Puis, avec un courage digne d'une meilleure cause, il s'écriait: « *Il m'en arrivera ce qui pourra.* » Ce qui arriva, ce fut un immense éclat de rire qui le couvrit de confusion (1).

Plus heureux à la chambre des députés, M. Thiers adressait au ministère les fameuses interpellations du 2 mai, et obtenait sans peine d'une assemblée gagnée d'avance cet ordre du jour motivé qui fit tant de bruit, mais qui produisit en définitive si peu de résultat, ou du moins un résultat si différent de celui qu'il semblait annoncer.

Que prétendait la chambre? Déclarer que les lois portées autrefois contre les Jésuites étaient toujours en vigueur? mais en cela elle sortait de ses propres attributions; elle usurpait ainsi le droit et le privilége des tribunaux. Pousser le gouvernement à sévir contre les Jésuites? mais le gouvernement ne s'en souciait guère : il y voyait de nombreuses difficultés.

En effet, les poursuivre devant les tribunaux était bien hasardeux; car il n'était point aussi évident que le dit M. Guizot dans ses *Mémoires* (2) que, « si la question avait été portée devant eux, les tribunaux n'auraient pas hésité à appliquer les lois invoquées contre les

(1) Voir l'*Univers*, 15 avril 1845.

(2) Mémoires pour servir à l'histoire de mon temps t. vii, p. 391.

Jésuites. » Une consultation célèbre, rédigée par M. de Vatimesnil et signée des membres les plus distingués du barreau français, prétendait le contraire, et déclarait l'existence des Jésuites en France parfaitement légitime et suffisamment légale.

Procéder administrativement était plus périlleux encore; car, ainsi que l'avouait plus tard M. Guizot à la chambre des pairs, « le gouvernement du roi ne pouvait s'empêcher de reconnaître que, par la nature de nos institutions et par la situation du pouvoir au milieu de ces institutions, la lutte, si une fois elle s'engageait, serait très-prolongée, très-compliquée, très-aggravée; qu'elle pourrait avoir telle ou telle conséquence imprévue qu'il était sage de prévenir. Indépendamment de cette raison politique, ajoutait-il, le gouvernement a pensé que, s'il se servait de ses armes temporelles, l'Église pourrait se croire attaquée : c'était une imputation grave qu'il devait écarter de lui (1). »

Ne voulant donc agir contre les Jésuites, ni par voie judiciaire de peur de subir un échec humiliant, ni par voie administrative de peur de paraître anti-libéral et persécuteur, le gouvernement essaya de les frapper par l'Église elle-même. Ce fut pour arracher au Saint-Siége un arrêt de proscription que M. Rossi fut envoyé à Rome, et l'ordre du jour motivé n'avait, dans la pensée du gouvernement, d'autre but que d'appuyer la négociation de l'ambassadeur français ; de fait, ce fut beaucoup moins son éclat en France que son contre-coup à Rome qui devint fatal aux Jésuites.

(1) Séance de la chambre des pairs, du 15 juillet 1845.

CHAPITRE DIXIÈME

NÉGOCIATION ROMAINE
(1845)

I. — Conduit, sans le savoir, par la Providence pour être un jour le ministre de Pie IX et le martyr du pouvoir temporel, mais alors envoyé par le gouvernement français pour « inquiéter » et intimider Grégoire XVI, M. Rossi arriva à Rome dans les premiers mois de 1845 (1). Son

(1) Ce point d'histoire contemporaine a repris un nouvel intérêt depuis la publication des *Mémoires* de M. Guizot. Tout le chapitre 43e du tome VIIe est consacré à la négociation romaine. L'exactitude historique n'en est pas irréprochable. Le P. Ch. Daniel, dans une *Lettre à M. Guizot*, éditée chez J. Albanel 1866, et le R. P. Rubillon, dans une *Note* publiée à la suite de cette *Lettre*, y ont relevé plusieurs graves erreurs. Le P. Daniel repousse avec force le reproche fait par M. Guizot aux Jésuites d'avoir été « toujours impopulaires » et comme inféodés « au pouvoir absolu dans l'ordre spirituel et un peu dans l'ordre temporel. » La réfutation nous paraît complète ; nous n'y reviendrons pas. Le P. Rubillon ramène simplement à l'exacte vérité l'histoire de la négociation de 1845 En profitant de ce travail, nous essayerons de le compléter par une exposition plus détaillée et la publication de certains documents ou entièrement inédits ou incomplètement connus. L'œuvre de rectification une fois commencée, ne demande-t-elle pas à être poussée aussi loin que possible ?

A Dieu ne plaise, dirons-nous avec le P. Ch. Daniel, que nous voulions élever des doutes sur la parfaite sincérité de l'ancien ministre de Louis-

action fut d'abord latente et ses voies assez tortueuses. Au commencement de mai, il n'avait encore tenté aucune démarche publique. Il s'était borné, disait-il, par « un travail inofficiel » et des menées secrètes à préparer le terrain. Les interpellations de M. Thiers et le vote de la chambre l'enhardirent enfin ; il trouvait, dans cette prétendue manifestation de l'opinion publique en France, un point d'appui et un argument spécieux dont il se hâta de profiter. Vers la fin de mai, il présenta au cardinal Lambruschini, secrétaire d'État, un *memorandum* dans lequel il demandait « que la congrégation des jésuites en France fût dissoute sans retard, et leur dispersion opérée par l'autorité du Saint-Siége (1). » En même temps, pour appuyer cette première démarche officielle et assurer le succès de son *memorandum*, il fit jouer tous les ressorts qu'il avait disposés de longue main ; il mit en campagne tous les agents qu'il avait gagnés durant la période de son « travail inofficiel ; » et en cela, il faut lui rendre cette justice, il déploya une habileté extrême. Aussi fut-il bientôt manifeste que cette négociation devenait pour les jésuites de France un péril sérieux et pressant.

Ceux-ci ne l'ignoraient pas sans doute ; le P. Guidée en fut informé d'une manière très-positive par un

---

Philippe. Mais si sa politique nous paraît n'avoir pas toujours eu la rectitude la plus parfaite, ni son langage la précision, ni ses actes la modération qui eussent été désirables, nous sera-t-il défendu de le constater ? Que les personnes aient toujours droit à nos égards nous le reconnaissons volontiers ; en revanche on nous accordera que leurs actions politiques une fois tombées dans le domaine de l'histoire, ne réclament plus de nous qu'une justice impartiale. Ni les unes ni les autres, nous l'espérons, n'auront à se plaindre du récit que nous allons entreprendre.

(1) M. Guizot, Mémoires, t. VII, p. 419.

évêque de ses amis, qui lui écrivait le 23 juin : « Je n'ai pas voulu partir sans voir M. Martin du Nord. Il a paru un peu embarrassé de ma visite; car il savait à quoi s'en tenir, après la lettre franche et énergique que je lui ai écrite, aussitôt que j'ai appris que M. Thiers devait faire des interpellations à votre sujet. Il a répondu à toutes mes observations, à toutes mes objections, comme à la chambre des pairs et des députés. Ce qui m'a le plus alarmé dans cette conversation, c'est l'assertion plusieurs fois répétée : « qu'il comptait beaucoup sur le Pape; qu'il parierait trois contre un que le Pape tranchera la difficulté; qu'il avait des données sûres à ce sujet. » Je vais écrire à Rome et engager plusieurs évêques à en faire autant. Adieu, mon bien cher et vénéré Père, considérez ma lettre comme confidentielle pour vous, pour le R. P. Provincial et le P. de Ravignan. »

Cette lettre, en signalant le péril, indiquait un moyen de le conjurer; c'était d'engager l'épiscopat français à contrebalancer, par son intervention auprès du Saint-Siége, l'influence dangereuse du subtil diplomate. Le P. Guidée y eut recours. Il s'adressa à quelques évêques, notamment à Mgr Parisis, qui était à cette époque le champion le plus populaire de la cause de l'Église, et qui tout récemment venait de se prononcer avec éclat pour celle des Jésuites, dans son excellent ouvrage : *Un mot sur les interpellations de M. Thiers.*

Mgr de Langres répondit au P. Guidée: « Plusieurs personnes, prêtres et laïques, m'ont déjà écrit pour me prier d'intervenir auprès du Souverain-Pontife et des cardinaux. Vous comprenez que je ne demande pas mieux, mais je ne sais comment le faire utilement. Si c'est en mon seul nom, que puis-je dire de plus clair que mon *Mot* ? Si c'est d'accord avec d'autres évêques, quel caractère puis-je avoir pour les inviter à s'unir à moi ? D'autant plus que, si nous ne sommes qu'un petit nombre, cette manifestation sera de nulle valeur. Il faudrait que cela vînt de quelques métropolitains éminents, comme ceux de Lyon et de Reims. Ainsi, je suis à votre service, qui est celui de l'Église, mais veuillez m'indiquer le *quomodo*. » (25 juin 1845.)

Le P. Guidée l'indiqua sans doute, car Mgr Parisis lui répondait de nouveau, le 2 juillet : « J'ai écrit au cardinal secrétaire d'État, que je connais, et lui ai fortement représenté que la religion catholique ne pouvait être protégée efficacement en France que par un principe; que ce principe est la liberté de conscience devant la loi humaine; et qu'il est en ce moment personnifié dans les Jésuites. C'est un de mes raisonnements, qui tous aboutissent à la conclusion que vous comprenez : impossibilité morale et matérielle, injustice, folie, etc. »

L'intervention de l'évêque de Langres devait arriver trop tard. Au moment où il écrivait, le Saint-Siége avait déjà prononcé.

Le cardinal Lambruschini, après avoir reçu le *memorandum* de M. Rossi, en avait référé au Pape; celui-ci avait convoqué, pour en délibérer, la Congrégation dites des Affaires ecclésiastiques extraordinaires; elle s'était réunie le 12 juin; neuf cardinaux la composaient; Grégoire XVI la présidait, et la décision, prise à l'unanimité, avait été que le Saint-Siége ne pouvait et ne devait rien accorder (1).

(1) Vie du P. de Ravignan, par le P. de Ponlevoy, I, p. 318.

Ainsi s'était close la négociation directe entre le Saint-Siége et le gouvernement français ; elle avait abouti à un refus positif, à un échec aussi complet que possible.

L'envoyé extraordinaire ressentit vivement le coup; il en témoigna son mécontentement par une attitude hautaine, un ton sec et des menaces non dissimulées (1). Il en fut pour sa peine, car il n'obtint pas que la négociation directe fût renouée. Seulement on lui fit entendre que, s'il n'y avait rien à espérer du Vatican, du *Gesù* pouvaient partir les concessions désirées. C'était une planche de salut. M. Rossi la saisit avec joie, il ne s'en cache pas dans sa correspondance avec M. Guizot : « Tout en ayant l'air, dit-il, de me résigner au mode proposé, je l'acceptais, je vous l'avoue, avec un parfait contentement. Comme c'est au fait que nous tenons et non à l'éclat, j'ai laissé entrevoir au cardinal, pour hâter l'issue de la négociation, que, pourvu que le fait s'accomplît, je n'élèverais pas de chicane sur le choix du moyen. Que nous importerait, en effet, que la congrégation des Jésuites disparût par un ordre, ou par un conseil, ou par une insinuation, voire même par une retraite en apparence volontaire ? L'essentiel pour nous, c'est qu'elle disparaisse (2). »

La négociation entra donc dans une phase nouvelle. Ouverte entre le supérieur général des jésuites et le gouvernement français par l'intermédiaire du secrétaire d'État pontifical, elle n'eut rien d'officiel de la part du Saint-Siége, ni de direct de la part de l'ambassadeur de France. M. Rossi ne traita jamais personnellement avec

---

(1) Mémoires de M. Guizot, VII, p. 428 et 429.

(2) Mémoires de M. Guizot, p. 430-432.

le P. Roothaan, qu'il déclare n'avoir pas vu même une seule fois, et le Saint-Siége se contenta du rôle de médiateur officieux. Le général des Jésuites se trouva donc constitué l'arbitre de toute l'affaire et la source unique d'où pouvaient émaner les concessions sollicitées par le gouvernement français. Tel fut le vrai caractère de cette seconde phase de la négociation. Comment fut-elle conduite? quel en fut le résultat? Voilà ce qu'il importe d'examiner.

Parlant de cette seconde négociation, M. Rossi écrit à M. Guizot : « Ce n'a pas été une petite affaire, croyez-le, que d'y amener d'un côté le Pape et de l'autre le conseil suprême des Jésuites. Le Pape, qui a avec les chefs des Jésuites des rapports très-intimes, était monté au point qu'il fit un jour une vraie scène à Lambruschini lui-même, scène que celui-ci ne m'a pas racontée, mais dont j'ai eu néanmoins connaissance (1). »

Qu'y a-t-il de vrai dans l'anecdote concernant le Souverain-Pontife? Nous l'ignorons. Ce qu'il y a de sûr, c'est que l'assertion concernant le « conseil suprême des Jésuites » est purement imaginaire; le P. Roothaan n'ayant pas eu le loisir de consulter son « conseil suprême, » ni même de le réunir. Le 13 juin, le lendemain de l'échec de M. Rossi, deux cardinaux furent envoyés par le Souverain-Pontife au général des Jésuites, avec mission de lui représenter les embarras de la situation, l'attitude alarmante du gouvernement français, qui menaçait de proscrire tous les ordres religieux si on ne lui sacrifiait pas les Jésuites; les conséquences possibles d'une raideur intempestive et les avantages évidents de quelques con-

(1) Mémoires de M. Guizot, VII, p. 432.

cessions faites spontanément et de bonne grâce. L'entrevue avait lieu le soir après neuf heures, et le P. Roothaan dut se décider séance tenante (1). Il le fit, non sans regret, mais sans équivoque; il déclara nettement aux deux cardinaux ce qu'il croyait pouvoir accorder; le lendemain, 14 juin, il notifia aux deux provinciaux de France le désir du Souverain-Pontife, et leur proposa en conséquence de diminuer ou de disperser les maisons de Paris, de Lyon et d'Avignon; sept jours plus tard, le 21 juin, sur de nouvelles insinuations venues de la même source quoique par un autre canal, il faisait comprendre dans la même mesure la maison de Saint-Acheul et quelques noviciats plus nombreux.

Telles furent les concessions spontanément accordées par le P. Roothaan au gouvernement français; il n'y en eut jamais d'autres. M. Rossi, il est vrai, insista pour obtenir davantage; mais ce fut en vain. « Le R. P. Roothaan coupa court à toutes ces instances en exposant par écrit au Souverain-Pontife que, d'après l'Institut, le général n'a pas le droit de dissoudre un seul collége, beaucoup moins deux provinces entières, qu'en conséquence, si l'on exigeait de lui plus qu'il n'avait déjà accordé, il suppliait Sa Sainteté de vouloir bien le lui commander par un ordre formel. Il pourrait toujours obéir au vicaire de Jésus-Christ, mais, de son autorité personnelle, il ne pouvait accorder davantage (2). » Le Saint-Père ne donna aucun ordre, le P. Roothaan ne fit aucune concession nouvelle; ainsi fut close la seconde phase de la négociation romaine. Cinq ou six maisons de jésuites à diminuer ou à dissoudre:

(1) Note du P. Rubillon, p. 38.
(2) Note du P. Rubillon, p. 39.

telles en étaient les stipulations authentiques; tel aussi en aurait dû être l'unique résultat. Il pouvait suffire à tout, mais il ne contenta personne : les jésuites de France estimèrent qu'on leur imposait trop; le gouvernement français, qu'on ne lui accordait pas assez. De là une nouvelle phase de la négociation romaine, celle des réclamations, des malentendus et des surprises.

II. — Lorsque les ordres ou plutôt les conseils du P. Général étaient arrivés en France, ils avaient jeté dans une perplexité extrême les deux provinciaux, qui jugeaient la situation tout autrement qu'on ne le faisait à Rome. Après s'être concertés, ils convinrent que l'un des deux partirait aussitôt pour Rome, afin d'éclairer le P. Général et de s'entendre de vive voix avec lui; le P. Rubillon, provincial de Paris, accepta cette mission. Il partit, le 3 juillet, confiant par intérim au P. Guidée, avec le titre de vice-provincial, le gouvernement de la province.

Il se croisa en route avec le courrier dépêché de Rome par M. Rossi; et il était seulement arrivé à Marseille lorsque parut, au *Moniteur* du 6 juillet, cette note fameuse, publiée déjà la veille par le *Messager de la Presse :* « Le gouvernement du roi a reçu des nouvelles de Rome. La négociation dont il avait chargé M. Rossi a atteint son but. La congrégation des Jésuites cessera d'exister en France et va se disperser d'elle-même. Ses maisons seront fermées et ses noviciats dissous. »

Pas plus que les jésuites de France, le gouvernement français n'avait trouvé le résultat réel de la négociation assez satisfaisant; seulement au lieu d'aller comme eux réclamer auprès de qui de droit, il avait trouvé plus commode de s'adjuger de lui-même ce qui était à sa convenance. Le public, ignorant ce qui s'était passé, fut d'abord la dupe de ce procédé peu scrupuleux et se laissa entraîner à toute la véhémence de ses sentiments.

A la communication inattendue du *Moniteur*, un long cri de triomphe retentit dans le camp des ennemis de l'Église; une morne stupeur, suivie bientôt d'une douleur profonde, s'empara des fidèles catholiques qui se sentaient frappés en même temps que les Jésuites.

Organe du parti hostile à l'Église, le *Courrier français* du 7 juillet insultait le Saint-Siége de la sorte : « Nous avons fait trop d'honneur à la cour de Rome, en supposant qu'elle laisserait au gouvernement français la responsabilité d'une mesure décisive contre les Jésuites. Rome a cédé; c'est un nouveau signe de la décadence du pouvoir spirituel qui réside au-delà des monts. Sacrifier ses défenseurs est la marque la plus manifeste de sa faiblesse, et ce n'est pas la première fois que l'Ordre de Loyola éprouve l'ingratitude du Saint-Siége. En prêtant les mains une fois de plus à un acte de rigueur contre ses janissaires, la Papauté continue le désarmement et accomplit son suicide depuis longtemps commencé. » Tout l'article continuait sur le même ton; il se terminait par ces mots sanglants : « Un pouvoir est jugé quand il est tombé là. »

Les catholiques avaient peine à se défendre d'un amer découragement, et ils éprouvaient tous plus ou moins les sentiments de Mgr de Beauvais, écrivant au P. Guidée, le 7 juillet : « J'ai le cœur tellement oppressé, mon cher et révérend Père, que je ne puis résister au désir de vous écrire. J'ai lu hier dans l'*Univers* l'extrait du *Messager de la Presse*. Le sacrifice est donc consommé. Après avoir été volés par un misérable, calomniés et outragés de toutes les manières, vous voilà immolés par la main d'un père. Les desseins de Dieu sont impénétrables, nous devons les adorer et nous y soumettre ; mais j'avoue que je suis d'autant plus accablé que, malgré les affirmations de certains personnages, je ne pouvais croire que le Souverain-Pontife interviendrait. Pouvez-vous me faire savoir ce que vous allez devenir ? Quittez-vous tous la France, si ingrate envers des prêtres vénérables qui n'ont fait de mal à personne et ont fait à tous tout le bien possible ? Faut-il renoncer à tous les services que vous rendiez à tant de diocèses avec un si admirable désintéressement ? Êtes-vous entièrement perdus pour nous, pour la jeunesse de Paris, à laquelle vous faisiez tant de bien? Si vos occupations vous le permettent, écrivez-moi quelques mots. Quel bonheur quand nous serons au ciel ! Ce sera là enfin le règne de la justice, qui semble bannie de cette triste terre. »

Quelques-uns même, sans être moins désolés de la mesure attribuée au Saint-Siége, la jugeaient plus sévèrement. Mgr Parisis, dans une longue lettre envoyée à Rome, résumait ainsi sa pensée : « La décision prise par le Saint-Siége, relativement aux Jésuites, est 1° *Malheureuse en elle-même*, puisqu'elle punit des innocents et des amis, en faisant triompher des ennemis et des coupables ; 2° *Offensante pour l'épiscopat*, en ce qu'elle a été prise sans son concours, sans son avis, et contre le sentiment commun du plus grand nombre des évêques, notamment de ceux qui étaient le plus intéressés à la chose ; — sur vingt-quatre évêques qui ont des jésuites dans leur diocèse, vingt-trois avaient déclaré qu'ils les soutiendraient contre toute prétention du pouvoir à leur sujet; 3° *Favorable aux idées schismatiques et impies* qui tendent à subordonner l'Église à l'État, puisque, quoique essentiellement ecclésiastique, elle a été traitée exclusivement par la voie de la diplomatie; 4° *Très-inexplicable dans sa cause,* puisque évidemment les plus grands torts, sinon même les seuls torts réels, ont été du côté de ceux qui sont sortis triomphants du tribunal du Saint-Siége; 5° *Très-dangereuse pour les suites,* puisqu'elle jette parmi les catholiques, prêtres et simples fidèles, le mécontentement, le découragement et surtout la défiance à l'égard de Rome. »

Mais ce fut pour les Jésuites, on le conçoit, que la nouvelle dut être plus accablante et le coup plus cruel. Ceux de Paris restèrent toute une journée en proie à d'inexprimables angoisses, se persuadant que les deux provinces de France se trouvaient ou seraient bientôt, de par l'autorité du Saint-Siége, séparées du corps de la Compagnie, et qu'eux-mêmes, déliés de leurs vœux de religion, allaient se voir immédiatement sécularisés. Ils se décidèrent néanmoins à faire bonne contenance jusqu'au bout. Le P. Guidée envoya, le jour même de l'apparition de la note, la circulaire suivante à toutes les maisons de la province :

« Mon révérend Père,

« Vous aurez sans doute déjà connu la nouvelle donnée par le gouvernement sur l'issue des négociations à Rome. Nous avons lieu de croire qu'en effet le gouvernement aurait obtenu du Saint-Siége quelques concessions, dont nous ignorons encore la teneur et l'étendue.

« Dans cette position, voici la conduite que nous devons tenir : 1° Attendre la notification des dispositions prises ou à prendre par les supérieurs ; 2° Nous abstenir de toute démonstration qui serait en opposition avec l'esprit de soumission et de résignation religieuse ; 3° Cesser dès maintenant les démarches pour obtenir de nouvelles adhésions à la consultation ; 4° Si, ce que nous ne croyons pas probable, l'autorité civile voulait agir pour dissoudre votre maison, avant que nous ayons connu et que vous ayez reçu les ordres de Rome à ce sujet, vous demanderez à l'autorité un délai raisonnable, jusqu'à ce que vous ayez connu les ordres en question. »

Cependant, et les alarmes des Jésuites, et les plaintes douloureuses des catholiques, et les clameurs triomphantes des impies, toute cette immense et profonde émotion enfin se trouvait être, sinon sans motif apparent, du moins sans fondement réel. Le Saint-Siége n'avait point trahi la cause de l'Église, de l'innocence et du malheur ; et la fameuse note du *Moniteur* n'était qu'une de ces manœuvres politiques que nous nous abstiendrons de qualifier, mais que la suite des faits exposés loyalement qualifiera assez d'elle-même.

Les jésuites de Paris en eurent la première assurance par une lettre de Rome, datée du 28 juin, et arrivée à Paris le 8 juillet. Elle était du P. Rozaven, assistant du P. Général :

« Vous savez déjà sans doute, disait-elle, que M. Rossi a complétement échoué dans sa mission. Le secrétaire de la légation est parti, il y a quelques jours, pour porter à Paris l'*ultimatum*. On fera peut-être courir le bruit de quelques concessions qu'aurait faites le Saint-Siége; mais n'y ajoutez pas foi. Le fin diplomate n'a rien obtenu ni par ruse ni par intimidation. Il faut pourtant lui rendre la justice qu'il a employé tous les moyens en son pouvoir pour persuader que son gouvernement, en toute cette affaire, est animé des sentiments les plus bienveillants pour la religion, et pour dépeindre toutes les fâcheuses conséquences auxquelles l'Église et le Saint-Père seraient exposés, si le gouvernement pontifical n'entrait pas dans les vues du gouvernement français. Mais tout a été inutile, il n'a rien obtenu, absolument rien. La légation française et ses adhérents font circuler dans tout Rome que le R. Père Général a donné ordre de fermer nos noviciats en France et d'évacuer nos autres maisons. Vous savez qu'il n'en est rien. C'est tout simplement un jeu de M. Rossi pour cacher son désappointement. Vous entendrez sans doute d'autres fables (1). »

Cette lettre dissipa les alarmes qu'elle eût prévenues en arrivant un jour plus tôt. Le P. Guidée se hâta de rassurer ses frères; il envoya une seconde circulaire prescrivant une attitude plus ferme que la première et donnant un modèle de la protestation à insérer dans le procès-verbal, en cas de violation de domicile, et à publier dans les journaux (2).

Mais comme les alarmes des Jésuites avaient d'abord été excessives, leur sécurité était prématurée. Le gouver-

(1) Vie du P. de Ravignan, I, p. 324.

(2) Cette protestation, qui avait été rédigée par le P. de Ravignan, se trouve en grande partie dans sa Vie, T. I, p. 315.

nement français soutint l'exactitude de la note du *Moniteur*, sinon quant à la source d'où émanaient les concessions indiquées, — il voulait bien avouer qu'elles ne venaient qu'indirectement du Saint-Siége par les Jésuites, du moins quant à leur étendue : il persistait à les affirmer telles que le *Moniteur* les avait publiées et il se montrait décidé à les faire exécuter à la lettre et dans toute leur rigueur. C'est ce que M. Guizot déclarait en propres termes, le 10 juillet, à M. Beugnot, intermédiaire officieux des Jésuites (1); c'est ce qu'il proclamait, le 15 juillet, à la chambre des pairs. « En fait, disait-il, la congrégation des Jésuites en France sera dispersée, ses maisons seront fermées, ses noviciats dissous. »

Ces déclarations, si nettes et si menaçantes, étaient bien propres à replonger les Jésuites dans l'inquiétude et les angoisses. Ils demandèrent à Rome de nouvelles explications ; ils cherchèrent autour d'eux de nouveaux appuis. Pendant que le P. de Ravignan essayait de négocier avec les ministres, le P. Guidée suscitait à la Compagnie de puissants défenseurs dans les rangs du haut clergé. Dans une requête à l'évêque de Langres, il allait jusqu'à le prier, — tant il croyait pouvoir compter sur son dévouement! — de se rendre lui-même à Rome pour plaider auprès du Souverain-Pontife et du P. Général la cause des jésuites de France. Le prélat lui répondit : « Il m'est impossible d'aller à Rome en ce moment, et d'ailleurs je suis bien sûr que ma présence y ferait moins d'effet que mes écrits, quelque faibles qu'ils soient. Quand cette lettre vous parviendra, vous en aurez lu un bien court et bien simple, mais que j'ai cru nécessaire

(1) Vie du P. de Ravignan. I. p. 327.

pour remonter un peu les catholiques. Croyez bien que, si je ne puis plus vous défendre officiellement, je ne vous suis pas moins tendrement attaché en Notre Seigneur. » (19 juillet.)

L'écrit parut; il était digne de son auteur et il éclaira l'opinion publique égarée par la feuille ministérielle. Attribuant, ce qui était vrai, les concessions romaines au seul amour des Jésuites pour la tranquillité de l'Église, il faisait ressortir avec force la beauté de cette conduite.

« Les Jésuites, disait-il, étaient en butte aux préventions et aux menaces publiques : on invitait les évêques à les sacrifier, ou du moins à les désavouer; on espérait opérer leur dissolution par le concours de l'épiscopat, et, pour y parvenir, on représentait que le clergé tout entier avait à souffrir des haines auxquelles ils étaient en proie. Les évêques ont répondu : « Les Jésuites, en tant que religieux, sont l'œuvre de l'Église ; en tant que citoyens, ils ont à la liberté de conscience des droits qui nous sont communs avec eux. Ils nous sont chers à ce double titre : nous les défendrons, nous les soutiendrons, nous souffrirons avec eux, parce que les coups que l'on voudrait leur porter frapperaient sur la religion et la liberté de tous. Ainsi, nous ne les sacrifierons pas, nous ne les désavouerons même pas. »

« Les Jésuites, nous le savons, ont été profondément réjouis et reconnaissants de ces dispositions et de ce langage; mais on leur a fait croire, au loin, que cette générosité de l'épiscopat était téméraire, que, en acceptant l'appui des évêques, ils compromettaient certainement et gravement leurs protecteurs et avec eux la religion tout entière.

« On peut sans doute accuser ces représentations de mensonge, on peut plaindre les chefs de la Compagnie d'y avoir ajouté foi ; mais, dès que les Jésuites ont accepté cette conviction, peut-on ne pas admirer ce qu'ils viennent de faire ?

« Si l'on réfléchit froidement sur cette disposition prise à l'égard des Jésuites par leur général, après et malgré les déclarations des évêques en faveur de la Compagnie, n'est-il pas évident que tout s'y résume en des procédés mutuels de délicatesse et de générosité entre les évêques et les Jésuites ? Les évêques ont dit aux Jésuites : « Vous combattez pour la même cause que nous ; vous êtes dans vos droits : nous vous soutiendrons à nos risques et périls. »

« Les Jésuites ont répondu : « Nous sommes dans nos droits ; mais les haines dont on nous poursuit retombent sur vous : nous aimons mieux nous retirer que de vous compromettre. » Ce sacrifice soudain et spontané d'eux-mêmes ne révèle-t-il pas tout à la fois et la pureté de leurs intentions, et leur amour pour la paix, et l'élévation de leurs sentiments, et leur disposition constante à s'immoler instantanément pour le bien public ? Ceux qui, depuis quelques années, les accusent, les injurient et les menacent, pourraient-ils présenter de pareils exemples ? Toutes les apologies en paroles, tous les éloges imprimés valent-ils la justification éclatante qui résulte d'un pareil fait ? »

Mgr Parisis avait dignement vengé l'honneur de la Compagnie : le P. Guidée voulait de plus assurer son existence en France. Il adressa au nonce du Souverain-Pontife à Paris, Mgr Fornari, qui l'honorait de sa bienveillance et même de son amitié, la note suivante :

« Monseigneur,

« Votre Éminence est au milieu de nous le représentant du vicaire de Jésus-Christ. Permettez-moi de déposer en votre sein, comme en celui du père commun, les inquiétudes qui oppressent mon âme à l'occasion des dernières mesures dont nous sommes l'objet.

« Il semble d'abord qu'on peut admettre comme certain que, quoi que l'on dise, quoi que l'on fasse, on ne parviendra jamais à persuader au public que le Saint-Siége est étranger aux concessions qui ont été faites. L'opinion est formée sur ce point. C'est avec le Saint-Siége que le gouvernement a négocié ; c'est à la suite de ces négociations que les concessions ont eu lieu ; le chef du gouvernement a dit qu'elles sont l'ouvrage du Pape ; les ministres ont répété que le Pape les avait aidés à sortir d'embarras, que le Pape leur avait accordé plus qu'ils ne demandaient, qu'ils sont assurés d'obtenir de Rome tout ce qu'ils demanderont contre les Jésuites. Le langage tenu à la tribune par M. Guizot, le 15 de ce mois, ne peut que confirmer ces bruits. Or, ces concessions sont énormes, elles brisent notre existence religieuse : *Individus dispersés, maisons fermées, noviciats dissous*, ce sont les propres expressions de M. Guizot, dans la séance du 15. C'est-à-dire que, si ces dispositions sont exécutées à la lettre, on nous fait une position bien pire que celle que nous eût faite l'exécution la plus stricte des lois que l'on prétendait invoquer contre nous. D'après tous les renseignements qui nous étaient transmis par des hommes sûrs et en rapport fréquent avec les ministres, le mot d'ordre était : On ne fera rien pendant la session et on ne fera que peu de chose après.

« Une loi même, supposé qu'elle eût été proposée aux chambres, ne nous eût pas fait une position aussi dure. On n'aurait jamais osé y écrire que des propriétaires ne peuvent pas habiter leur maison. Or, M. Guizot est allé jusque-là. Il a déclaré que la maison, rue des Postes, ne devait pas renfermer plus de trois habitants en qualité de gardiens,— elle a huit propriétaires, — et, sur l'observation qui lui fut faite que c'était la violation de la propriété et du domicile, il en est convenu, et il a ajouté qu'il ne s'agissait pas des droits de citoyen, mais de l'exécution de ce qui lui avait été promis à Rome. D'un autre côté cependant, il déclare qu'il ne fera rien, qu'il ne veut pas user de violence, mais que, si nous ne nous exécutons de nous-mêmes *dans le sens de la note insérée au Moniteur*, il portera ses plaintes à Rome, et qu'il est assuré d'en obtenir tout ce qu'il demandera. C'est ainsi qu'il s'est exprimé devant M. le comte Beugnot, qui a bien voulu nous servir d'intermédiaire auprès de lui.

« Au moins si, lorsque nous aurons brisé notre position actuelle, et quand, sur d'autres points, nous serons parvenus à nous refaire cette position non avouée que nous avons perdue par la publication du P. de Ravignan, il nous était permis de nous retrancher derrière nos droits de simples citoyens, nous serions inattaquables sur la question du domicile et de la propriété, dans laquelle le gouvernement hésitera toujours à s'engager. Là-dessus M. Portalis s'est expliqué nettement, le 12 juin dernier, à la chambre des pairs : « Vivez dans l'intérieur de vos maisons, comme il vous plaira, disait-il, obéissez, en habitant sous le même toit, à la discipline, à la règle que vous aurez choisie : cela vous est loisible et permis. L'État ne s'enquerra pas de ce qu'il n'a pas intérêt de savoir ;

l'autorité publique surveillera, mais ne troublera pas les innocents mystères d'une vie privée et retirée ; les choses qui ne regardent que la conscience lui sont sacrées : les actes publics, les manifestations publiques provoquent seuls, justifient seuls son intervention. » Voilà pour le domicile.

« Il n'est pas moins explicite sur la propriété. « S'ils se refusent à obéir, on ne chassera pas pour cela de la maison qu'ils habitent ceux qui justifieront qu'ils en sont les légitimes propriétaires ; ce n'est ni par l'expropriation forcée, ni par la confiscation, que l'autorité publique procédera. La dissolution de la Congrégation ne saurait altérer des droits qui naissent de la possession ou de l'acquisition des biens. » Ainsi parlait M. Portalis.

« Mais si le gouvernement est assuré, ainsi qu'il s'en vante, d'obtenir tout ce qu'il demandera contre nous, quelle ressource nous reste-t-il? Et ne nous trouvons-nous pas, en vertu des concessions faites, dans une position tout autrement rigoureuse que ne le serait la stricte légalité, interprétée dans son sens le plus étroit, dans le sens de nos adversaires? car M. Portalis parlait contre nous.

« Ne peut-on pas même ajouter qu'il y a une véritable expropriation dans l'interprétation donnée par M. Guizot aux concessions, puisque, en vertu de conventions consenties, dit-il, par l'autorité spirituelle, il cesserait de nous être loisible d'habiter une maison qui nous appartient en notre qualité de citoyens ? De telle sorte que nous sommes livrés pieds et poings liés, et nous sommes privés de tout moyen de défense contre les exigences du pouvoir qui nous poursuit et qui se targue d'être appuyé dans ses rigueurs par le pouvoir protecteur-né de toutes les institutions religieuses.

« Permettez-moi, Monseigneur, d'ajouter ici quelques réflexions dont il est impossible que Votre Excellence ne soit pas frappée, comme je l'ai été moi-même.

« 1° Dans la position qui nous est faite, demeurant religieux, nous pouvons, sans blesser en rien la conscience et même pour obéir à notre conscience, faire avec prudence ce qui dépendra de nous pour éluder les mesures qui nous atteignent de la part du pouvoir civil, et vivre plus conformément à notre sainte vocation.

« 2° Mais, cet état de choses ayant été consenti par la puissance spirituelle, au dire du pouvoir civil, n'est-il pas à craindre, quelque prudence, quelque réserve que nous mettions dans notre conduite, qu'on ne nous accuse de résister à l'autorité de nos chefs, si nous ne nous soumettons pas dans le sens que le gouvernement attache à la note du *Moniteur,* laquelle M. Guizot assure avoir été lue d'avance par le cardinal secrétaire d'État? Dans les pays de mission, en temps de persécution, on se cache; nos Pères ont été longtemps cachés en Angleterre; ils le sont encore en Espagne; mais ils avaient, ils ont l'approbation, l'aveu du Saint-Siége. Cette consolation nous serait-elle donc refusée? C'est ce qu'il nous est impossible de croire.

« 3° Il paraîtrait donc nécessaire que les évêques qui nous ont reçus dans leurs diocèses, qui ont pris notre défense, qui tiennent à nous conserver ou à nous admettre, d'une manière ou d'une autre, fussent parfaitement renseignés sur l'état des choses, et mis à même de répondre au reproche qui leur serait adressé de se mettre en opposition avec Rome.

« 4° Des ministres ont dit : « Les Jésuites tenteront de se reformer par groupes : nous saurons bien les en empêcher. » Les ministres ne peuvent tenir ce langage qu'en se flattant de trouver appui à Rome, puisqu'ils sont décidés à ne prendre par eux-mêmes aucune mesure contre nous.

« 5° On s'est flatté de calmer une irritation factice par les sacrifices qui nous sont imposés : Dieu veuille qu'il en soit ainsi ! De notre côté, nous ne négligerons aucune des précautions que la prudence et les circonstances exigent pour ne pas soulever les mauvaises passions. Mais réussirons-nous à nous faire oublier et à désarmer la haine? Non, si l'on peut espérer que de nouvelles clameurs obtiendront de nouvelles concessions.

« 6° On nous reproche d'avoir pris une position avouée, mais qu'on se rappelle les circonstances. On nous écrasait sous le poids de la calomnie ; on nous accusait de travailler dans l'ombre et sous terre. Nous avons dit, par l'organe de l'un d'entre nous : « Voilà ce que nous sommes; voyez et jugez. » Ne peut-on pas, dans un pays catholique, dire publiquement qu'on veut pratiquer en particulier les conseils évangéliques? Toute la question est là. Ainsi donc, quand par prudence nous évitions de nous avouer, on disait que nous dissimulions, que nous travaillions sous terre ; quand nous nous sommes avoués, on a crié : « A la bravade, au scandale, à l'illégalité ! »

« 7° Ce qu'il y a de plus affligeant, c'est l'effet moral produit par les mesures annoncées. Elles sont pour les impies un sujet de triomphe, un sujet de scandale pour les faibles ; et, pour les évêques et les bons catholiques, elles les ont jetés dans une espèce de consternation. Et ce n'est pas seulement à Paris que ces sentiments ont éclaté; les nouvelles qui nous arrivent de province annoncent qu'ils sont universellement partagés. Ce que vous voyez, ce que vous entendez autour de vous, Monseigneur, vous met à même de juger de l'effet produit par la publication des dépêches du gouvernement : on en est d'autant plus profondément affecté que l'on s'y attendait moins.

« 8° Vous dirai-je encore, Monseigneur, combien il est poignant pour nous, enfants dévoués de Rome, d'entendre des propos tels que celui-ci, lequel m'a été tenu par un prêtre attaché à l'archevêché ? « Moi, qui suis un peu gallican, j'aurais, ce me semble, plus d'une observation à faire sur la décision qui vous concerne et qu'on attribue à la cour de Rome.... » Ma plume se refuse à reproduire d'autres sarcasmes bien autrement injurieux au Saint-Siége et que nous sentons d'autant plus vivement que nous sommes plus dévoués à l'honneur et à la cause de la sainte Église romaine, notre mère.

« J'ajouterai, en terminant, que le gouvernement n'ayant plus à craindre les redoutables embarras qu'il s'était attirés en s'engageant à exécuter contre nous des lois inexécutables, usera de beaucoup de modération, s'il est sûr de n'obtenir de Rome aucune nouvelle concession. On fermera ou on diminuera quelques maisons plus en évidence ; nous ne pourrons plus prendre le titre de membres de la Compagnie; par conséquent plus de noviciats avoués. C'est la conviction des meilleurs esprits, jusque dans les rangs de l'opposition, qu'une prochaine réaction de l'opinion en notre faveur est inévitable. Cette réaction existe même déjà ; la violence et le dévergondage des calomnies dirigées chaque jour contre nous depuis deux ans en ont détruit l'effet et n'inspirent plus que le dégoût. Plus que jamais nous recevons de toutes sortes de personnes des témoignages de sympathie ; nulle part ne se manifeste dans les masses le moindre indice d'hostilité contre nous. Cette disposition indique qu'il y a dans les esprits une invincible répulsion pour les mesures de violence. Aussi nos ennemis eux-mêmes ont été stupéfaits et embarrassés de leur victoire. On voulait d'une part, renverser le ministère, de l'autre, intimider les évêques et humilier les catholiques ; voilà tout.

« Votre indulgente bonté voudra bien me pardonner le décousu et le désordre de ces réflexions ; je les confie au cœur d'un père. Elles ont pour but de mettre sous les yeux de Votre Excellence la position que nous font les concessions consenties, et les conséquences qu'elles pourraient entraîner si on laissait le gouvernement maître de leur donner la portée et l'étendue qu'il jugerait à propos. »

Le nonce du Pape reçut la note du P. Guidée avec bienveillance, et il la transmit immédiatement au cardinal Lambruschini, secrétaire d'État.

Mais, au moment où cette pièce arrivait à Rome, le P. Rubillon revenait enfin de cette ville, apportant au P. Guidée et à ses confrères de Paris des éclaircissements capables de dissiper toutes les ténèbres qui existaient encore sur la négociation romaine, sinon toutes les inquiétudes que faisait concevoir la conduite peu loyale du gouvernement français. Ces éclaircissements, dignes alors de toute confiance à cause du caractère parfaitement honorable de celui qui les apportait, sont acquis à l'histoire depuis qu'ils ont été confirmés soit par les déclarations authentiques du cardinal Lambruschini dans ses dépêches, soit par les aveux indirects de M. Guizot dans ses *Mémoires*.

III. — Lorsque, après la déclaration du P. Roothaan au Pape, M. Rossi eut perdu l'espoir de rien obtenir au-delà des concessions faites le 14 et le 21 juin, il avait résolu de clore la négociation. Le 23, il s'était présenté au cardinal Lambruschini, lui avait donné lecture d'un projet de dépêche, sur lequel, à ce qu'il prétend, le cardinal et lui, après quelques observations, s'étaient mis parfaitement d'accord (1); et, le jour même, il avait envoyé à M. Guizot, par son secrétaire d'ambassade, la dépêche suivante :

« Après un mûr examen de la part du Saint-Siége et de son conseil, le but de la négociation est atteint. Son Éminence, le cardinal Lambruschini, dans un dernier entretien, vient de m'en donner ce matin l'assurance.

« La congrégation des Jésuites va se disperser d'elle-même, les noviciats seront dissous, et il ne restera dans les maisons que les ecclésiastiques nécessaires pour les garder, vivant d'ailleurs comme des prêtres ordinaires.

« Le Saint-Siége, mû par des sentiments qu'il est aussi facile de comprendre que naturel de respecter, désire évidemment laisser aux Jésuites le mérite de cette prudente résolution d'un acquiescement volontaire. Nous n'avons pas d'intérêt à le leur ôter; mais il n'est pas moins juste

(1) Mémoires de M. Guizot, t. VII, p. 484.

que le gouvernement du roi sache que le Saint-Siége et son cabinet ont acquis, dans cette occasion importante, de nouveaux droits à la reconnaissance de la France.

« L'esprit d'équité qui anime les conseils du roi et en particulier Votre Excellence, m'assure qu'on n'exigera pas des Jésuites, dans l'accomplissement d'une résolution qui n'est pas sans difficultés matérielles, une hâte qui serait douloureuse au Saint-Siége. Il est, ce me semble, de l'intérêt de tous que la mesure s'exécute avec loyauté, mais avec dignité. (1) »

De cette dépêche fut extraite la fameuse note du *Moniteur*, cela est visible. Outre plusieurs expressions identiques, elles contiennent toutes deux la même équivoque, en ce qu'elles laissent entendre que le Saint-Siége serait intervenu officiellement dans la négociation.

Mais l'une va beaucoup plus loin que l'autre. La dépêche portait seulement : « La congrégation des Jésuites va se disperser d'elle-même. » La note dit : « La congrégation des Jésuites cessera d'exister en France et va se disperser d'elle-même; ses maisons seront fermées. » Ce qui est bien différent; ce qui est une addition purement arbitraire et une erreur grave qu'il serait difficile de croire involontaire; tant l'inadvertance, en pareil cas, semble peu admissible !

Il y a plus. La dépêche elle-même, sans l'addition erronée du *Moniteur*, n'exprimait pas non plus exactement les concessions faites à Rome; elle en exagérait considérablement

---

(1) Mémoires de M. Guizot, t. VII, p. 434.

l'étendue et la portée ; la preuve en est que le général des Jésuites, de qui seul pouvaient émaner les concessions, n'avait pas même connu, dans toute leur étendue, les prétentions de M. Rossi, et s'en était tenu à un *minimum* bien inférieur à ce que l'ambassadeur français mandait à son gouvernement.

M. Rossi écrivait, le 18 août, à M. Guizot : « Je vois maintenant le fond du sac; on n'a pas fait connaître ici au général des Jésuites le texte des résolutions convenues entre le cardinal Lambruschini et moi ; on s'est contenté d'un à peu près, de termes un peu vagues. Tout naturellement le général s'en est tenu au *minimum*, tout en disant à la fin de sa lettre aux jésuites de France que c'était à ceux qui se trouvaient sur les lieux à apprécier la nécessité, et que l'essentiel était de s'effacer... Le général des Jésuites, informé de la vérité par une personne à moi connue, a été furieux et voulait tout suspendre (1). »

Le cardinal Lambruschini n'est pas moins explicite. Dans une dépêche du 4 août, que nous citerons plus loin intégralement, il disait : « Quant à l'étendue des mesures à prendre, *jamais il n'a été question pour les Jésuites* de perdre ou d'aliéner leurs propriétés, de *fermer leurs maisons,* et de ne *plus exister en France ;* et, comme après la lecture de la note ministérielle, je réclamai auprès de M. Rossi, celui-ci déclara nettement qu'il ne l'avait pas écrite. »

Il y avait donc, entre les négociateurs, au moment même où se concluait la convention, un malentendu

---

(1) Mémoires de M. Guizot, t. VII, p. 443.

très-grave. M. Rossi, ministre du gouvernement français, entendait que les concessions consignées dans sa dépêche étaient connues, comprises et accordées, dans toute leur étendue, par le général des Jésuites : en quoi il se trompait grandement. De son côté, le cardinal Lambruschini, intermédiaire des Jésuites, entendait sans doute que les concessions faites par le général des Jésuites étaient connues, comprises et acceptées, avec toutes leurs restrictions, par le plénipotentiaire français : en quoi il se trompait également.

Évidemment ce malentendu entachait de nullité la convention elle-même, ou tout au moins ce qui, dans la dépêche de M. Rossi et dans la note du *Moniteur*, outrepassait le *minimum* concédé par le général des Jésuites.

Exagération et malentendu, équivoque et erreur, voilà donc ce que renfermait la note du 6 juillet : nous croyons l'avoir démontré par le récit des faits. Pour plus de certitude, nous allons confirmer le récit lui-même par deux pièces officielles du cardinal Lambruschini, l'une, adressée à l'ambassadeur français en réponse à la communication d'une dépêche de M. Guizot, l'autre, adressée au nonce de Paris, en réponse à la note citée plus haut du P. Guidée.

La première, pour être bien comprise, demande que nous la fassions précéder de la dépêche française. M. Guizot écrivait le 7 août à M. Rossi :

« Monsieur,

« Le Saint-Siége a apprécié, avec la haute sagesse qu'il a déployée depuis tant de siècles, la demande que vous étiez chargé de lui faire au nom du gouvernement du roi et les puissantes considérations sur lesquelles elles s'appuyaient. Son Ém. Mgr le cardinal Lambruschini vous a déclaré que la congrégation des Jésuites en France allait se disperser d'elle-même, que ses noviciats seraient dissous, qu'il ne resteraient dans ses maisons que les personnes strictement nécessaires pour les garder, et que ces personnes y vivraient à l'état de prêtres ordinaires (1).

« Le gouvernement du roi a appris, avec une vive satisfaction, une résolution si conforme à ses vœux, à la juste attente de l'opinion publique en France et aux intérêts bien entendus de l'Église. Je suis heureux, Monsieur, de vous féliciter de cet important succès de vos efforts. Le gouvernement du roi éprouve une sincère et profonde reconnaissance pour le Saint-Père et pour les sages conseillers dont la prudence a exercé sur la solution de cette grave affaire une si salutaire influence.

« Vous m'annoncez que le Saint-Siége, par un sentiment que nous respectons, désire laisser aux Jésuites le mérite d'un acquiescement volontaire à la résolution qui les concerne. Nous ne faisons point difficulté d'y consentir. La cour de Rome peut aussi compter sur notre entière disposition à concilier l'exécution de la mesure dont il s'agit avec les tempéraments et les égards convenables. De son côté, le gouvernement du roi a la confiance que les engagements contractés devant l'autorité du Saint-Siége et sous la garantie du Saint-Siége, seront loyalement accomplis.

(1) On remarquera que M. Guizot reproduit les expressions de la dépêche de M. Rossi, sans les additions de la note du *Moniteur*. Pourquoi parlait-il différemment à Rome et à Paris?

« Vous voudrez bien donner communication de cette dépêche à M. le cardinal secrétaire d'Etat, et je vous engage à lui en transmettre copie (1). »

L'intention de M. Guizot est évidente. Il voulait obtenir de la cour de Rome une pièce authentique qui fût la reconnaissance officielle du fait mandé par M. Rossi le 23 juin, c'est-à-dire qui attestât : premièrement, que les mesures annoncées par M. Rossi avaient été convenues dans un *arrangement direct avec le Saint-Siége ;* secondement, que le *Saint-Siége garantissait l'exécution* « des engagements contractés devant son autorité ; » troisièmement, que les Jésuites n'avaient eu, dans toute cette affaire, d'autre « *mérite* » que celui d'un *acquiescement volontaire à la résolution qui les concerne.* Au reste, M. Guizot, ne s'en cache pas. Dans une lettre particulière jointe à sa dépêche, il disait à M. Rossi : « Il s'agit *d'avoir en main reconnu et attesté par la cour de Rome le fait que vous m'avez mandé le 23 juin.* Après avoir donné lecture au cardinal Lambruschini de ma dépêche officielle en réponse à la vôtre du 23 juin, vous lui en transmettrez officiellement réception. *Ce simple accusé de réception du cardinal, sans observation, sans objection, contiendra la reconnaissance du fait et de la négociation du fait.* C'est ce qu'il nous faut (2). »

Le piége était habilement dressé ; mais le cardinal, qui était diplomate aussi, s'en tira avec finesse ; au lieu d'une reconnaissance qu'on attendait de lui, il envoya un démenti, très-poli dans la forme, très-catégorique pour le fond. Voici cette pièce ; elle est adressée à M. Rossi :

(1) Mémoires de M. Guizot, t. VII, p. 437, 438.
(2) Mémoires de M. Guizot, *ibid*, p. 436.

« C'est avec le plus vif intérêt que j'ai pris connaissance de la dépêche de son Excellence M. le ministre Guizot à vous adressée le 6, et que Votre Excellence m'a communiquée le 14 du courant. La courtoisie des expressions dont le noble ministre a fait usage à notre égard est une preuve des dispositions amicales de S. M. le roi des Français et de son gouvernement envers nous. Ces dispositions ne peuvent manquer d'exciter notre reconnaissance, et nous aimons aussi à remarquer que le gouvernement de Sa Majesté se dit satisfait de la manière dont les Jésuites ont résolu de se conduire dans les circonstances présentes. En prenant spontanément et d'eux-mêmes les mesures discrètes de prudence dont j'ai parlé à Votre Excellence, ils ont voulu se prêter à aplanir les difficultés survenues au gouvernement du roi, tandis que le Saint-Père n'aurait pu intervenir que conformément aux règles canoniques et aux devoirs de son ministère apostolique.

« J'espère que cette conduite pacifique et modérée des Jésuites, garantie par la prudence et la sagesse de leur supérieur général, permettra au gouvernement du roi d'user plus libéralement envers eux des égards dont nous trouvons la promesse dans la dépêche de M. le ministre adressée à Votre Excellence, conformément aux déclarations précédentes de Votre Excellence elle-même (1). »

Pour qui veut l'entendre, cette réponse contient la réfutation péremptoire des principales allégations de la dépêche française. Elle constate que *les Jésuites ont pris spontanément et d'eux-mêmes les mesures*

(1) Mémoires de M. Guizot, p. 440.

dont le gouvernement français se déclare satisfait; et par là se trouve écartée l'allégation ministérielle qui laissait à peine aux Jésuites « le mérite d'un acquiescement volontaire. » — Elle atteste que *le Saint-Père n'avait pu intervenir, mais que la prudence et la sagesse du supérieur général des Jésuites garantissent seules leur conduite pacifique et modérée;* et par là le Saint-Siége se trouve dégagé à la fois de toute participation à la négociation et de toute responsabilité dans l'exécution des arrangements concertés avec les Jésuites.

M. Guizot reconnaît en ce texte « une réserve un peu embarrassée; » il aurait dû dire, une dextérité fort embarrassante; puisque le cardinal, en ramenant, comme il le fait, les allégations de la dépêche française à l'exactitude réelle leur inflige aussi diplomatiquement que possible un démenti officiel (1).

(1) Il sera curieux de rapprocher de ce texte le commentaire qu'en a fait M. Rossi: « M. le cardinal Lambruschini s'attache, dit-il, dans cet accusé de réception, à laisser aux Jésuites l'honneur d'un acquiescement volontaire. » — Non pas, le cardinal va beaucoup plus loin, il s'attache à donner aux Jésuites l'honneur d'une *détermination* toute *spontanée.*

« M. le secrétaire d'État n'élève ni discussion, ni objection, soit sur le sens, soit sur les termes de la dépêche. » — A quoi bon, puisque sa réponse n'en est qu'une fine et transparente réfutation?

« Il accepte les remerciements du gouvernement français. » — Point du tout, il les renvoie manifestement aux Jésuites, puisqu'il attribue à leur condescendance toute *spontanée* les mesures dont le gouvernement se déclare satisfait.

« Il constate la réalité de la communication qu'il m'a faite. » — C'est vrai; mais rien ne constate que ce soit celle que l'ambassadeur français a communiquée à M. Guizot, et celui-ci au *Moniteur.*

« Il détruit toute supposition d'un refus d'intervention antérieur, en marquant les limites dans lesquelles cette intervention aurait dû s'exercer. » — Au moins il ne détruit pas le fait positif de ce

Une seconde pièce, émanée du cardinal Lambruschini, est bien plus explicite encore, ayant moins de ménagements à garder. Elle est adressée au nonce de Paris, Mgr Fornari, en date du 4 août. La voici intégralement (1) :

« La lettre du R. P. Guidée que Votre Excellence m'a refus ; et puis, n'est-ce pas constater indirectement *un refus d'intervention* que de déclarer au solliciteur que le Saint-Siége « n'aurait pu intervenir, » si ce n'est en de certaines conditions qu'il n'a pas voulu poser ?

« Il se porte garant de l'exécution, au nom de l'esprit de prudence et de sagesse du Père Général des Jésuites ; il stipule pour eux, et les recommande aux ménagements du gouvernement du roi, en quelque sorte sous la condition de leur fidélité à accomplir les engagements pris. » — Exactement le contrepied de la vérité. Non, le cardinal ne garantit rien, ne stipule rien, ne pose de condition d'aucune sorte ; il se contente d'*espérer* que la conduite pacifique des Jésuites, *garantie* par *leur général, permettra* au gouvernement français d'user envers eux *des égards qu'il a promis*. Ce qui est tout différent.

« Enfin, conclut M. Rossi, en tout et pour tout, il reconnaît et consacre la négociation directe entre le ministre du roi et le Saint-Siége, la seule qui se soit jamais établie, la seule qui ait jamais pu s'établir avec dignité. » (*Mémoires* de M. Guizot, t. VII, p. 439.) — La vérité est, au contraire, que le cardinal atteste partout que, si une négociation directe, dont il ne fait pas mention, s'est établie entre le ministre du roi et le Saint-Siége, ce n'est pas à elle qu'il faut attribuer la conclusion de l'affaire, mais uniquement à une négociation indirecte où les Jésuites sont *pour tout* et le Saint-Siége officiellement *pour rien*.

Voilà ce commentaire de M. Rossi dont M. Guizot a dit : « qu'il n'exagérait pas la portée du texte » (p. 438). Non, si ce n'est pas exagérer la portée d'un texte que de le dénaturer complétement et de lui faire dire précisément le contraire de ce qui s'y trouve.

Telle fut pourtant l'interprétation qui permit à la diplomatie française de voir, dans la réponse du cardinal, ce qu'elle désirait y trouver, la *reconnaissance officielle du fait accompli*. Le procédé était-il de bonne guerre ? La sincérité ou du moins la franchise n'en reçut-elle aucune atteinte ? Le lecteur jugera.

(1) On en trouvera le texte aux pièces justificatives, n° 2.

communiquée par sa dépêche du 22 juillet, n° 537, se réduit en substance à dire :

« 1° Qu'il est impossible de détruire dans le public l'opinion que le Saint-Siége a pris part aux concessions faites par les Jésuites au gouvernement.

« 2° Que les expressions employées par le ministère dans ses discours publics ou privés, signifient que les concessions du Saint-Siége se sont déjà étendues ou vont s'étendre au point que l'autorité ecclésiastique interdirait aux jésuites de France, ce que M. Portalis avouait ne pouvoir en aucune façon leur être interdit par l'autorité civile.

« 3° Qu'en conséquence, si tout cela est faux, il serait nécessaire que les évêques fussent exactement instruits du véritable état des choses.

« Or, par mes dépêches du 28 juin et du 11 juillet, Votre Excellence a bien dû voir qu'ici on a constamment répondu à M. le ministre de France, qu'on savait sans doute que le général des Jésuites prendrait certaines discrètes mesures de prudence pour aplanir les difficultés survenues au gouvernement du roi; mais qu'il est impossible au Saint-Siége d'intervenir autrement que d'une manière conforme aux règles canoniques et aux devoirs du ministère apostolique. Et il a été conclu que, s'il y avait sur ce sujet une demande du gouvernement du roi au Saint-Siége, il devrait nécessairement y avoir une réponse du Saint-Siége, très-convenable assurément pour la forme, mais négative pour le fond.

« D'abord, ces choses ont été dites seulement de vive voix. Tout récemment, avec de justes précautions pour ne pas offenser ; elles ont été clairement indiquées aussi par écrit, dans une réponse faite à une communication de M. le ministre sur la manière dont le cabinet du roi a accueilli la nouvelle des mesures que les Jésuites allaient prendre.

« *De tout cela il résulte qu'il n'existe aucun document, ni public ni secret, qui autorise, d'une manière quelconque, l'opinion attribuant à l'autorité du Saint-Siége les mesures spontanément adoptées par les Jésuites* (1).

« *Quant à l'étendue de ces mesures, je n'ai jamais annoncé à M. le ministre, et il ne m'a jamais dit avoir compris par mes discours, que les Jésuites dussent perdre ou aliéner la propriété de leurs maisons et cesser d'exister en France. Au contraire, il s'est borné finalement à demander qu'ils se missent en état de permettre au gouvernement de ne pas les voir, et de rester inaperçus, comme ils l'ont été jusqu'à ces dernières années. Et moi, j'ai répondu que les maisons peu nombreuses pourraient très-facilement être inaperçues ; que les grandes et celles qui sont placées dans les localités où les passions irréligieuses sont plus violentes, seraient réduites à un petit nombre d'individus, sans en préciser le nombre, mais que les Jésuites conserveraient la propriété de toutes* (2).

« Telle était, en effet, la mesure à laquelle, comme je vous disais dans ma dépêche du 28 juin, on peut réduire les sacrifices qui semblaient indispensables pour éviter

---

(1) Voilà bien un démenti authentique donné au commentaire de M. Rossi, approuvé par M. Guizot.

(2) Ces stipulations sont fort différentes de celles que portent les dépêches et les notes françaises.

aux Jésuites de plus grands maux, et auxquels ils avaient annoncé consentir. Tant s'éloigne de la vérité la supposition contenue dans la lettre du P. Guidée, qu'une autorité spirituelle quelconque vienne jamais à leur interdire de rester en France comme ils sont restés en Angleterre et ailleurs en des temps plus difficiles !

« Enfin, Votre Excellence sait déjà, par ma dépêche du 18 juillet, qu'on n'a pas manqué de faire connaître la vérité aux évêques par les réponses que le Saint-Père ou moi nous leur avons adressées. Mais, avant même qu'elle eût reçu cette dernière dépêche, les précédentes l'avaient renseignée sur la manière dont les choses s'étaient passées ; et elle avait été autorisée à faire un prudent usage de ces informations, quand il le faudrait, pour combattre des suppositions injurieuses à la vérité et à l'honneur du Saint-Siége. C'est pourquoi je ne doute pas que Votre Excellence n'ait déjà donné verbalement au P. Guidée des réponses convenables, comme je vois, par ses dépêches n° 540 et n° 541, qui m'arrivent à l'instant, qu'elle a très-bien répondu à M. le ministre Guizot.

« A ce propos, je dois lui dire d'abord qu'il est vrai que M. Rossi m'a lu un projet de sa dépêche envoyée ensuite à Paris, le 23 juin. Mais, quoique je n'aie pas de motifs pour le supposer, je ne puis savoir si, en la mettant en forme, on y a ajouté quelque chose qui ne m'ait pas été lu.

« En second lieu, dans la feuille qu'on m'a lue, *il n'y avait aucune phrase qui signifiât que la congrégation des Jésuites dût cesser d'exister en France.* Il y avait cette phrase : *La congrégation des Jésuites va se disperser* d'elle-même; mais on me fit remarquer que *se disperser* ne signifiait pas *se dissoudre*. Il n'y avait pas non plus la phrase : *les maisons seront fermées;* et, comme *après* l'avoir lue dans le discours de M. Guizot à la chambre, je réclamais auprès de M. Rossi contre cette expression, il m'assura positivement qu'il ne l'avait pas écrite (1). Et des personnes, qui se croient bien informées, disent que M. Rossi a fait savoir indirectement au P. Général des Jésuites, *qu'il n'avait pas écrit ces paroles et que, dans la bouche du ministre, elles ne devaient pas s'entendre au pied de la lettre* (2).

Cela posé, Votre Excellence *pourra dire aux Jésuites, sous forme de conseil, de s'en tenir à ce que le Père Général leur écrira de faire; car ils ne sont pas obligés d'outrepasser les instructions de leur chef.* »

Cette pièce, par sa teneur, confirme de point en point notre récit, et, par sa clarté, nous dispense de tout commentaire.

(1) Est-il possible de donner un démenti plus explicite à la note du *Moniteur?*

(2) Comment accorder cette déclaration avec celle de M. Guizot disant au comte Beugnot que la *note du Moniteur* serait exécutée *à la lettre?* (Voir page 235.)

CHAPITRE ONZIÈME

PERSÉCUTION ET RÉVOLUTION

(1845-1850)

I. — La fausseté de la note du *Moniteur*, l'exagération de la dépêche de M. Rossi, le malentendu complet entre les deux négociateurs, tout cela une fois reconnu, avoué, constaté, que devait faire le gouvernement français ? Évidemment abandonner ses prétentions excessives et s'en tenir aux mesures concédées par qui de droit, c'est-à-dire, par le général des Jésuites. Voilà ce que dictait la bonne foi la plus vulgaire. Mais la politique, paraît-il, a d'autres maximes.

La note du 7 juillet avait, selon M. Guizot, créé un « fait accompli » (1). Le gouvernement français, s'appliqua à le maintenir, sans s'apercevoir qu'il s'engageait ainsi dans la voie de l'arbitraire et de la violence. Car maintenir une convention nulle de droit, et vouloir contraindre par l'ascendant du pouvoir souverain de simples parti-

---

(1) M. Guizot parlant de cette note (*Mémoires*, VII, p. 424) dit : « L'effet dans le public fut grand, car le succès était inattendu. On avait beaucoup dit que la cour de Rome et bien plus encore les Jésuites ne se prêteraient jamais à cette dissolution tranquille de la congrégation. Pourtant le fait était accompli. » Mais comment ?

culiers à exécuter, comme contractés par eux, des arrangements auxquels ils étaient manifestement opposés, n'était-ce point de l'arbitraire, de la violence, tranchons le mot, de la persécution ?

M. Guizot s'en défend mal, quand il dit : « Nous donnâmes aux Jésuites, pour l'exécution de leur engagement, tous les délais, toutes les facilités compatibles avec l'engagement même (1). » Car des facilités accordées pour l'exécution ne justifient en aucune sorte l'imposition arbitraire de cette exécution elle-même. Dès lors M. Guizot a-t-il bonne grâce d'ajouter ? « J'aurais eu, si j'avais voulu les saisir, bien des occasions et bien des raisons de me plaindre à Rome de leurs dénégations équivoques, de leurs procrastinations indéfinies, de leurs subtils efforts pour donner à croire que Rome n'avait pas promis en leur nom tout ce qu'on exigeait d'eux (2). » Appartenait-il à celui qui maintint, malgré l'évidence, la grave erreur insérée au *Moniteur* du 6 juillet, et qui mit en œuvre toutes les subtilités diplomatiques pour en obtenir une reconnaissance officielle, d'accuser les Jésuites « d'efforts subtils, » de « dénégations équivoques ? » Et d'ailleurs, quoi de plus net que leur langage, de plus naturel que leurs efforts ? Ils affirmaient, ce qui était vrai, que Rome avait uniquement promis en leur nom les mesures prescrites par leur général lui-même ; — qu'ils n'étaient nullement obligés, d'après la déclaration du cardinal Lambruschini, d'outrepasser les instructions de leur supérieur ; — que leur supérieur ne les obligeait point au suicide, ni aux sacrifices exorbitants exigés par le gouvernement français ; — que par conséquent ils avaient bien le droit

---

(1) Mémoires, p. 441.
(2) Mémoires, ibid.

d'opposer à la violence administrative les expédients ordinaires d'une légitime défense, des tentatives d'ajournement, voire même la résistance légale. Quoi de plus régulier qu'une telle conduite, puisqu'elle répondait aux engagements pris à Rome par leur général, et qu'elle en était l'exécution complète et loyale (1)?

Cette exécution fut d'ailleurs aussi rapide que le comportait une résolution « qui n'était pas, remarque

---

(1) « Je sais parfaitement, — dit le R. P. Rubillon qui était alors, en qualité de provincial, chargé de l'exécution de ces mesures, — que, des régions administratives l'opinion contraire descendit dans un certain public; que des amis sincères de la Compagnie s'en émurent, persuadés à bon droit que le plus grand mal qu'elle pût subir, en ces tristes jours, était la tache de déloyauté dans l'accomplissement des concessions consenties. Un ecclésiastique fort distingué en fit l'observation au provincial de Paris. Tout en recevant ce bienveillant avis avec la reconnaissance qui lui était due, le provincial fit observer que les concessions consenties, il les connaissait par Rome seulement et non par le gouvernement, et, puisque les prétentions de celui-ci dépassaient énormément les ordres reçus de son supérieur, lequel seul, de l'aveu du pouvoir, avait mission pour lui parler dans cette affaire, personne ne pouvait le taxer de déloyauté lorsqu'il aurait accompli franchement et intégralement les prescriptions de son général.

« Ces accusations ne s'arrêtèrent pas en France, elles allèrent jusqu'à Rome. Dans le courant de septembre, le R. P. Roothaan écrivit aux deux provinciaux, leur recommandant l'exécution prompte et conforme aux conditions stipulées.

« Les provinciaux répondirent en exposant ce qu'ils avaient fait, en donnant le chiffre des Pères laissés dans les différents domiciles de Lyon, de Paris, de ceux qui avaient évacué Saint-Acheul, Avignon, Laval : ces chiffres furent soumis à qui de droit, et, lorsque l'autorité compétente se dit satisfaite, alors seulement les provinciaux cessèrent d'agir. Avant la Toussaint tout était terminé. »

Note du P. Rubillon, à la suite de la *Lettre à M. Guizot*.

M. Rossi, sans difficultés matérielles. » Au premier novembre tout se trouvait terminé.

Si nous avons osé refaire le récit de ces événements tant de fois racontés, c'est que l'histoire du P. Guidée s'y trouve, comme on l'a vu, intimement liée. Que si parfois au récit nous avons mêlé la polémique, c'est que la publication récente des *Mémoires* de M. Guizot, en renouvelant, par un exposé peu fidèle des faits, les anciennes accusations dirigées contre la Compagnie, semblait nous inviter à les réfuter en replaçant ces mêmes faits au milieu de leurs circonstances réelles et dans leur jour véritable. Par là nous croyons avoir prouvé que les Jésuites ne méritèrent alors aucun des reproches que M. Guizot leur adressait autrefois dans ses discours à la tribune, et qu'il répète aujourd'hui dans les *mémoires de mon temps*. Alors, comme toujours, les Jésuites subirent le sort, où si l'on veut, le glorieux privilège de leur destinée. En butte aux calomnies mille fois réfutées d'une presse sans honneur ni pudeur, abandonnés ou poursuivis par une politique qui se croyait habile, quand elle n'était que pusillanime et aveugle, ils furent les victimes innocentes d'une erreur diplomatique infiniment trop prolongée pour être totalement excusable, et d'une poursuite administrative trop peu fondée en droit pour ne pas ressembler beaucoup à une véritable persécution.

Qu'arriva-t-il moins de trois ans après? Pour enlever à quelques français inoffensifs le droit d'enseigner la jeunesse, le gouvernement avait accepté l'alliance de la révolution, et l'avait excitée à crier : « A bas les Jésuites ! » Bientôt la révolution, profitant de cette licence imprudemment accordée, s'émancipa brusquement et se mit à hurler : « A bas les ministres ! A bas le trône ! » Les ministres tombèrent et le trône lui-même s'écroula. Mais n'anticipons pas sur les événements.

La maison de Paris, étant la plus exposée aux regards comme aussi à l'animadversion du gouvernement, fut la première victime de la persécution. Dès les premiers jours d'août elle avait été divisée, et ses habitants, disséminés en divers quartiers de la ville, formèrent d'abord un assez grand nombre de petits groupes, sans cesser pour cela de faire une seule communauté sous la direction de l'ancien supérieur.

Cette situation n'était pas nouvelle pour le P. Guidée : il l'avait connue en 1830. Comme alors, il visitait fréquemment ses inférieurs, et les réunissait le plus souvent possible, tantôt dans une maison, tantôt dans une autre, soit pour la solution des cas de conscience, soit pour des exhortations spirituelles, soit même pour de modestes agapes, suivies de gais et pieux entretiens, où se retrempait le courage, où s'animait la charité et s'enflammait le zèle.

Comme en 1830 aussi, il songea à ménager à ses frères un asile plus sûr, en prévision de nouveaux malheurs. Car, après une secousse si violente, que ne pouvait-on pas craindre ? que ne fallait-il pas prévoir ? On jouissait à la vérité d'un certain calme ; mais tout le monde comprenait, avec M. Dupin, « que ce n'était là qu'une trêve, que l'État ne devait pas désarmer, que les hostilités pouvaient renaître. » Dans cette prévision, le P. Guidée fit un nouveau voyage chez ses bons amis du Nord et jusqu'en cette généreuse Belgique, qui abritait déjà un collége, et qui n'aurait pas refusé de donner l'hospitalité à toute une province de la Compagnie. Heureusement il ne fut pas nécessaire d'en venir à cette extrémité : la trêve se prolongea assez longtemps pour que l'on pût atteindre, sans trop de peine, la fin du régime et des temps plus favorables à la liberté.

Bientôt même il devint possible aux jésuites dispersés dans Paris de se rapprocher peu à peu, malgré la surveillance d'une police tracassière, et de se réunir en groupes de plus en plus considérables. La maison de la rue des Postes se repeupla presque comme auparavant ; en outre, ce qui était un résultat inespéré de la persécution, deux autres maisons se trouvèrent fondées à Paris, l'une, dans le quartier du Roule, où elle subsista jusqu'en 1850, et l'autre, rue de Sèvres, où elle est encore florissante aujourd'hui. Le 8 décembre 1847, ces trois maisons furent constituées en communautés distinctes, et le P. Guidée établi supérieur à la rue de Sèvres. C'est là que le trouvèrent les événements de février 1848.

II. — Le P. Guidée fut, comme tout le monde, surpris par ce coup de foudre si brusque : il en fut peut-être moins étonné ; car il avait vu de loin se former l'orage. Dès 1845, il écrivait à une de ses sœurs : « Nous sommes entre les mains de Dieu : quant à présent, tout est tranquille en France ; mais les choses se gâtent furieusement en Suisse. On voit bien maintenant, et le *Journal des Débats* lui-même en convient, que les Jésuites ne sont qu'un mot et un prétexte. C'est la guerre de ceux qui n'ont rien contre ceux qui ont quelque chose, la guerre de l'anarchie contre toute espèce d'ordre et de subordination. Que sortira-t-il de ce chaos? L'avenir n'est pas brillant. Espérons toujours et mettons notre confiance en Dieu. »

Durant les troubles qui amenèrent et consommèrent la révolution, le P. Guidée ne fut pas sans éprouver de vives alarmes ; le 24 février, il notait dans son journal : « Nous nous sommes séparés aujourd'hui. Paris est en feu ; l'émeute triomphe et gagne notre quartier. » La crainte était bien naturelle, et les précautions fort légitimes. Heureusement elles se trouvèrent avoir été superflues. Le sens de la révolution de février était, dans l'origine, moins hostile que favorable à la religion. Quant aux Jésuites, ils étaient oubliés : « Pour les deux partis, remarquait le P. Guidée, nous sommes en dehors du débat ; on ne parle pas plus de nous que si nous n'existions pas. » Dès le 28 il rassurait ainsi sa famille : « Je n'ai pas couru l'ombre d'un danger : vous savez que je suis un homme pacifique. » Et un peu plus tard, applaudissant, sans toutefois s'y fier, aux promesses de la nouvelle république, il écrivait : « On nous a planté force arbres de la liberté ; s'ils pouvaient nous donner la liberté pour tous ! Peut-être cela viendra-t-il. Espérons que la devise : *Liberté, Égalité, Fraternité*, si belle, si évangélique, ne sera pas seulement sur les drapeaux et sur le frontispice des édifices publics, mais bien dans les actes ; ce qui est tout autrement important. » A la vérité il paraissait plus le désirer que s'y attendre ; car il ajoutait avec un accent marqué de tristesse : « Cette devise, je ne la sais nulle part mieux observée que dans les maisons religieuses, et c'est contre celles-ci qu'on se soulève. Voilà ce qui afflige et fait douter de la sincérité de ceux qui la prônent si haut. »

Cette sinistre appréhension ne fut que trop tôt justifiée par de lugubres événements. Les émeutes succédèrent aux émeutes ; et les néfastes journées de juin vinrent ensanglanter Paris, épouvanter la France et faire trembler le monde. Au bruit de la fusillade et du canon qui gronde tout près de lui, le P. Guidée est vivement ému : qui ne le fut alors ? mais ce qui l'émeut, c'est beaucoup moins son propre péril que le sort éternel des innombrables victimes de cette guerre fratricide : « Que de sang répandu ! s'écrie-t-il, et que d'âmes descendent dans l'éternité, sans y avoir pensé ! »

Une de ces âmes au moins, la plus grande de toutes, y descendait volontairement, héroïquement. Martyr du dévouement pastoral, l'archevêque de Paris avait offert sa vie pour le salut de son troupeau, et le sacrifice, agréé de Dieu, venait de s'accomplir le 25 juin. Le sang du pontife rougissait la barricade du faubourg Saint-Antoine, et la victime, étendue encore sur son autel sanglant, demandait pour toute grâce que son sang répandu fût le dernier versé !

A cette nouvelle la consternation fut générale ; la douleur du P. Guidée fut profonde, comme celle de tous les gens de bien, inquiète, comme il convenait dans un ami de vieille date. Le jour même, après une tentative infructueuse pour approcher de l'auguste blessé, il écrivait à M. l'abbé Jacquemet (1) : « Nous étions en route ce matin, le P. de Ravignan et moi, pour aller nous présenter à monseigneur que nous croyions à l'île Saint-Louis, lorsque nous avons rencontré un ecclésiastique qui nous a

---

(1) Aujourd'hui évêque de Nantes.

donné les plus tristes nouvelles de l'état de Sa Grandeur, et qui nous a dit que vous-même aviez couru les plus grands dangers. Serait-il vrai que monseigneur est mortellement blessé ? Quels déplorables événements ! Et quel avenir nous réserve la Providence ! Que le Seigneur daigne nous prendre en pitié ! Je n'ai pas besoin de vous dire que nous sommes tous à vos ordres pour le service des ambulances, partout où besoin sera. Sur un mot de votre part, nous nous rendrons aux lieux que vous indiquerez. »

Dès qu'il apprit que des Quinze-Vingts Mgr Affre avait été transporté à l'île Saint-Louis, le P. Guidée n'eût rien de plus pressé que de s'y rendre avec le P. de Ravignan. Ils ne purent cette fois encore pénétrer jusqu'au prélat; mais ils eurent du moins la consolation d'apprendre qu'il avait pensé à eux au milieu de ses douleurs. En effet, le martyr se rappelant les mesures rigoureuses qu'il avait édictées jadis contre plusieurs communautés de son diocèse, leur fit porter de sa part une assurance toute particulière de son estime, de son affection et de ses regrets. Il nomma les Pères jésuites (1), et tout spécialement le P. Guidée, comme le suppose le billet suivant de M. l'abbé Delage : « J'aurais beaucoup désiré voir mon bon P. Guidée, et m'acquitter entre ses mains de la commission que Mgr l'archevêque m'a confiée sur son lit de mort; j'aurai l'honneur de le voir une autre fois. »

La commission fut remplie ; car le P. Guidée inscrit dans son journal : « M. Delage m'a dit de bonnes paroles pour nous de la part de monseigneur (2). »

(1) Vie de Mgr Affre, par Mgr Cruice, p. 478.
(2) Ces « bonnes paroles, » le P. Guidée les conserva pieusement dans sa

Le 27, le P. Guidée se présenta de nouveau à l'archevêché, où il fut enfin reçu. Mais il était trop tard ; il ne put que assister à l'agonie du prélat et presque à son dernier soupir. « J'ai trouvé monseigneur agonisant, dit-il. Il est mort un quart d'heure après mon départ, avec la résignation d'un saint et l'héroïsme d'un martyr. »

Fidèle à la reconnaissance, comme à l'amitié, le P. Guidée se fit un pieux devoir de concourir à tous les hommages, à tous les honneurs qui furent décernés et rendus au magnanime archevêque. Il note, avec la satisfaction d'un cœur qui vient de s'acquitter d'une chère obligation, qu'il est « allé dire la sainte messe à la chapelle ardente où est exposé le corps de monseigneur, » et que, le 7 juillet, « il faisait partie de ces mille prêtres ou ecclésiastiques qui accompagnèrent jusqu'à sa dernière demeure la dépouille mortelle du saint pontife. »

Dans toutes ces démarches, le P. Guidée s'était

mémoire ; mais il aurait voulu les voir consignées dans un écrit authentique, qui fût comme un monument impérissable de l'humilité du saint archevêque. Il tenta même quelques démarches en ce sens. On lit dans son journal (26 octobre 1848) : « Le soir j'ai écrit à M. Delage pour le prier de me donner par écrit le témoignage de la commission dont il a été chargé pour moi par Mgr l'archevêque défunt. » — A-t-il obtenu ce qu'il demandait ? je l'ignore, je n'en trouve aucune trace. Je vois seulement, par sa correspondance, qu'il engagea le R. P. de Ponlevoy à consigner le fait dans la vie du P. de Ravignan : « Je l'engage, dit-il, à relater les regrets exprimés par Mgr Affre, à ses derniers moments, sur les difficultés qu'il nous avait suscitées. » (22 novembre 1859.) Ici du moins il fut exaucé. On lit dans la *Vie du P. de Ravignan*, T. I, p. 345 : « M. l'abbé Delage et M. l'abbé de la Bouillerie, aujourd'hui évêque de Carcassonne, vinrent l'un après l'autre à la maison des jésuites exprimer les regrets du pontife expirant. » Nous croyons encore répondre au vœu du P. Guidée en rapportant tous ces détails dans cette notice qui lui est consacrée.

fait accompagner par le P. de Ravignan. Nous l'avons dit, durant cette longue période d'épreuves et d'alertes, de luttes et de périls, ces deux parfaits religieux demeurèrent constamment unis et agirent toujours de concert : le P. de Ravignan au dehors, le P. Guidée au dedans. Également admirables tous les deux par leur courage et leur humilité, autant le P. de Ravignan se montrait à l'intérieur soumis au P. Guidée, autant à l'extérieur le P. Guidée s'effaçait devant le P. de Ravignan, lui laissant volontiers la représentation et l'éclat pour ne se réserver que la responsabilité et le travail obscur.

Ce fut toujours au reste un trait caractéristique du P. Guidée ; il travaillait sans relâche, mais sans bruit, content de rester ignoré pourvu qu'il se rendît utile. Ainsi durant les jours troublés qui suivirent la révolution, lorsque se livrèrent les combats décisifs pour la liberté de l'Église et de l'enseignement, son action n'eut rien de brillant, ni même d'ostensible. Elle fut réelle cependant : sans paraître dans la lutte, il contribua au triomphe par ses conseils prudents, par ses démarches actives, par ses prières ferventes. Que pouvait-il de plus? Il n'était pas fait pour combattre sur la brèche ; mais, lorsque la victoire aura couronné les efforts des combattants, son vrai rôle commencera : il sera de prendre possession de la conquête au nom de la liberté religieuse, d'en consolider ainsi les titres et d'en assurer la durée.

III. — Au mois d'octobre 1849, le P. Guidée s'éloigna de Paris pour une destination et dans des dispositions que son journal nous révèle en ces termes : « Le R. P. Provincial m'a annoncé qu'il m'envoyait à Lille pour être supérieur de la résidence : *Fiat voluntas !* Je remercie le Seigneur de ce qu'il me met dans une disposition telle que je serais bien embarrassé si j'avais à me placer moi-même. Le mieux est donc de se laisser faire avec paix, quelles que soient les petites criailleries de la nature. »

Des raisons analogues à celles qui l'avaient fait venir à Paris six ans auparavant, l'appelaient en ce moment à Lille. La résidence de cette ville, fondée depuis quelques années, sous les auspices du cardinal Giraud, n'avait fait, pour ainsi dire, que végéter. Elle manquait d'air et de liberté d'expansion ; ses ouvriers, entravés dans l'exercice des ministères de la Compagnie par d'anciennes mesures administratives, gémissaient de voir leur zèle condamné, faute de travail suffisant, à une pénible inaction, ou frappé d'une sorte de discrédit plus douloureux encore. L'homme capable de faire cesser un état de choses si nuisible aux vrais intérêts de l'Église, parut être le P. Guidée.

Autrefois, à la maîtrise de la cathédrale d'Amiens, il avait été le collègue de Mgr Giraud, et il en était toujours resté l'ami. La lettre suivante donnera une idée de la liaison intime qui ne cessa d'unir ces deux cœurs. Elle est de 1823 ; M. Giraud était alors curé de Clermont, en Auvergne.

Après avoir recommandé au P. Guidée un jeune homme qu'il envoyait à Saint-Acheul, et lui avoir annoncé que le collége de Billom allait être sous peu confié à la direction des Jésuites, le curé de Clermont épanchait ainsi son âme dans le cœur de son ami, avec autant d'abandon qu'aux anciens jours : « Que je remercierais la Providence, si l'obéissance vous appelait dans ce collége! Quoique accablé d'ouvrage, je me ménagerais chaque année quelques jours pour aller me réchauffer au feu de votre charité. Le bon Dieu me devrait bien ce dédommagement de toutes les croix qu'il a mises sur mes épaules. Vous savez que j'éprouve toujours une grande douceur à épancher mon cœur avec vous. Je ne vaux plus rien, mon cher Achille; Dieu m'a puni de mes péchés, en me chargeant du salut de dix mille âmes. Hors ce sentiment de ma misère, je n'ai pas le plus petit germe de la plus petite vertu. A une époque déjà bien éloignée, quand j'avais une peine, je me consolais d'avance par la pensée de mon oraison du lendemain. Hélas! depuis longtemps je ne prie plus; je suis dissipé, avec les apparences du recueillement; troublé, avec les indices de la paix; et très-pauvre et très-misérable, avec une certaine réputation de zèle et de piété. Souvenez-vous un peu des anciens jours, de notre union intime; Dieu exauce les prières de l'amitié, surtout d'une amitié aussi pure que celle qui nous liait. Je vous écrirais des volumes de complaintes douloureuses, si je ne craignais de vous lasser et de vous prendre un temps que vous employez si bien. Il me vient quelquefois une pensée. Je suis rassasié de tout : après quinze jours, on est accoutumé à être curé, chanoine, grand vicaire, comme à n'être rien. Je voudrais donc une retraite; mais ce serait pour y être oublié, pour ne plus rien essayer des choses de ce monde où la vanité se mêle, pour y pleurer mes péchés, y vivre au-dedans, sans trop d'austérités, — ma faiblesse ne les supporterait pas, — mais dans une grande profondeur d'humilité. C'est rêver l'impossible: on ne m'admettrait nulle part à ces conditions; on me ferait prêcher, confesser; et l'action est un écueil pour moi; je deviendrais, étant religieux, ce que je suis devenu prêtre, avec un péché de plus. Voilà, mon cher ange, le fond de mon cœur; je vous demande vos prières, vos conseils et vos consolations.

« Je ne comptais vous écrire que deux lignes, et j'ai rempli trois pages de mon abondance; vous ne serez pas assez aimable pour m'écrire de la sorte, au courant de la plume; répondez-moi du moins devant Dieu; je sens que je suis meilleur, depuis que je vous ai confié mes tristes secrets. Agréez, sans compliment, ma tendre et fidèle amitié.

« GIRAUD. »

Une amitié si sainte et, malgré le temps, restée si vive, faisait espérer que le P. Guidée, placé à la tête de la résidence de Lille, saurait lui concilier la bienveillance du cardinal et en obtenir une plus grande liberté de ministère. Cet espoir ne fut point déçu. Dès que le cardinal fut instruit que le P. Guidée venait à Lille en qualité de supérieur, il lui adressa aussitôt ces paroles aimables :

« Mon révérend Père et très-cher ami,

« Il n'y a que profit pour moi dans la mesure qui vous appelle à Lille. Je vous gagne, et je ne perds pas le bon P. Possoz. C'est une courtoisie des supérieurs, à laquelle je suis très-sensible. M. Léraillé m'annonçait votre visite. Je désire causer de lui avec vous. Venez donc, très-cher Père; tâchez de vous arranger pour me donner un peu de temps. Nous aurons à parler de bien des choses. Il est bien convenu que vous prendrez toujours votre logement chez moi. Je ne voulais pas disputer le P. Possoz à ses nombreux amis ; je me contentais d'une petite part ; mais pour vous, je vous veux sans partage. Vous me ferez goûter les douceurs d'une bonne et vieille amitié. Votre tout dévoué et très-heureux serviteur et ami.

« † Pierre, card. Giraud.

« Cambrai, 15 octobre 49. »

On conçoit que, entre des cœurs aussi étroitement unis et si bien faits pour s'entendre, les explications devinrent faciles ; les malentendus se dissipèrent, les difficultés s'aplanirent. Le cardinal, relâchant un peu de la rigueur de ses droits, accorda aux Pères de Lille, pour l'exercice du saint ministère, des pouvoirs moins restreints, un champ plus dégagé et plus vaste. Les Pères, affranchis de leurs entraves, déployèrent une plus grande activité ; les œuvres de zèle se multiplièrent, les fruits de salut furent plus abondants.

Le P. Guidée lui-même signala son passage à Lille par deux importantes fondations : l'œuvre des militaires et celle des mères de famille.

A Paris, il avait fait connaissance avec M. Germain Ville, un pieux laïque qui s'occupait activement des intérêts spirituels de nos soldats. Le P. Guidée, après avoir reconnu la grande et salutaire portée de ce genre d'apostolat, s'y était associé de grand cœur, et sa part, sa mise, en quelque sorte, dans cette société de zèle, avait été la composition d'un petit livre, intéressant recueil de prières, d'instructions et d'exemples qu'il publia sous le titre de *Manuel du soldat,* et qui, au moyen de faciles transformations, devint successivement le *Manuel de l'ou-*

vrier, du *laboureur*, du *marin*, de toutes les classes laborieuses de la société.

A Lille, une de ses premières pensées fut d'établir l'œuvre des militaires. Il sonda le terrain, et, l'ayant trouvé bien disposé, il appela de Paris son zélé coopérateur, de qui nous tenons ces détails : « Avec quelle bonté, raconte M. Germain Ville, le P. Guidée m'accueillit dans sa maison ! Il me semble encore le voir me dire, comme le plus humble des séminaristes : « De grâce, ne nous quittez pas sans nous avoir tracé à chacun notre besogne; sans cela, les choses n'iraient pas. »

L'œuvre fut établie non-seulement à Lille, mais encore à Douai, et, dès cette année-là, elle produisit les fruits que l'on pouvait en espérer.

Ce n'était pas assez pour le zèle du P. Guidée. « Lorsque l'œuvre des soldats fut organisée, continue M. Germain Ville, le vénéré P. Guidée vint me trouver et me dit : « Il y a ici une dame très-zélée : allons lui faire une visite; vous lui parlerez de la bonne œuvre des mères de famille, que vous avez établie à Bordeaux. Cette dame pourrait s'en occuper à Lille, et nos Pères se chargeraient des instructions. » C'était la charitable madame Josson. Le projet lui fut exposé, expliqué : elle le prit à cœur aussitôt; mais, quand elle essaya de le mettre à exécution, elle trouva chez plusieurs personnes un accueil peu favorable : ces dames paraissaient craindre de déroger, en s'associant, même pour une si bonne œuvre, à de pauvres mères de famille. Lorsque je dis cela au bon P. Guidée, il en parut indigné, et il me répondit avec un ton de vive foi : n'importe, la bonne œuvre se fera ! »

Elle se fit en effet. Ce ne fut d'abord qu'un essai, une ébauche imparfaite. Plus tard seulement, et grâce à d'autres dévouements, elle se perfectionna et s'agrandit; le P. Guidée eut au moins le mérite de l'avoir commencée et dirigée tout le temps qu'il demeura à Lille.

Son séjour n'y fut pas long. Un événement mémorable le rappela sur le premier théâtre de ses travaux pour l'investir de fonctions tout à la fois anciennes et nouvelles.

La loi du 15 mars 1850 proclama enfin la liberté d'enseignement. Si elle n'accordait pas tout ce que l'on avait droit d'espérer; elle donnait peut-être tout ce qu'il était alors possible d'obtenir; et, ce qu'elle donnait, sans être la liberté complète, était déjà une liberté fort acceptable. Aussi les dissentiments qui s'étaient produits pendant la discussion de la loi, cessèrent après le vote, et firent place au désir général d'assurer la conquête par une prise de possession immédiate.

Naturellement les Jésuites ne restèrent pas étrangers aux suites d'une victoire pour laquelle ils avaient tant combattu et tant souffert. Enfin, après soixante années de proscription ou d'interdiction, ils étaient tolérés, sinon reconnus en France! Ils pouvaient s'y livrer de nouveau au ministère le plus cher de leur institut, à l'éducation de la jeunesse! Ils pouvaient reprendre et continuer, dans l'enseignement, cette illustre chaîne de traditions si funestement rompue deux fois en moins d'un siècle par la conspiration anti religieuse et anti sociale!

De toutes parts affluèrent vers eux des propositions honorables, des offres de colléges; elles vinrent principalement de ces contrées où, vingt-deux ans auparavant, les

Jésuites avaient possédé des maisons d'éducation. Comme on le pense bien, la Picardie ne fut pas en retard, ni le P. Guidée oublié. L'ancien préfet du petit séminaire de Saint-Acheul se vit appelé à gouverner le collége que la Compagnie de Jésus se proposait de fonder dans la ville d'Amiens.

C'est là, dans sa ville natale, près de sa famille et au milieu de ses nombreux amis, que le P. Guidée verra s'écouler les quinze dernières années de sa longue et laborieuse carrière, honoré de la vénération de ses concitoyens, entouré, comme d'une couronne, de la nouvelle génération de ses enfants, dévoué jusqu'à la fin « aux travaux de l'éducation qui furent sa grande passion et qui demeureront sa gloire (1). »

(1) Le R. P. Guidée, p. 35.

CHAPITRE DOUZIÈME

RECTORAT A LA PROVIDENCE (AMIENS.)
(1850-1866)

I. — En 1829, un exilé de Saint-Acheul écrivait de Fribourg au P. Guidée : « Il faut que je vous dise une bonne fois ce que mon cœur espère de notre Saint-Acheul. Notre Seigneur n'a point perdu de vue cet asile où il mit à l'abri, pendant quatorze années, tant de pauvres jeunes âmes, où sa grâce fit pratiquer à un grand nombre d'élèves, à un nombre plus considérable que vous ne pensez peut-être, plusieurs vertus des plus solides. Pourrions-nous donc croire que cet asile salutaire, où d'ailleurs le Cœur de Jésus fut toujours honoré d'un culte particulier, a péri pour jamais ? »

Il devait revivre un jour, et ce jour était venu.

Avant même que la liberté d'enseignement eût été proclamée ; dès qu'elle avait seulement paru probable, les souvenirs de Saint-Acheul se réveillèrent vivement au cœur d'un certain nombre de catholiques d'Amiens, anciens élèves du petit séminaire, devenus pères de famille et restés les amis de leurs maîtres. Procurer à leurs enfants le bienfait d'une éducation chrétienne, comme celle qu'ils avaient reçue, avait toujours été leur vœu le plus cher. Profiter pour cela de la liberté promise, et relever de ses ruines l'asile aimé de leur jeunesse, devint bientôt le rêve de leur cœur, une pensée fixe, un projet arrêté. « Mgr de Salinis, qui avait pu apprécier par lui-même le bien opéré dans le diocèse d'Amiens par cet important établissement, où s'était formé une partie de la noblesse et du clergé, accueillit avec joie un projet qui répondait aux préoccupations de sa vie tout entière, et il ne négligea rien pour le faire réussir (1). » Après avoir organisé une espèce de comité, qui devait bientôt se transformer en une société d'actionnaires, il s'en fit l'interprète auprès du P. Rubillon, provincial de Paris, et lui exprima le désir de voir le petit séminaire de Saint-Acheul rendu par la Compagnie à sa première destination.

Le P. Rubillon reçut avec reconnaissance les vœux du prélat ; il accéda volontiers au projet de fonder, dans le diocèse d'Amiens, un collége de la Compagnie ; mais, comme emplacement, il n'approuvait pas le choix de Saint-Acheul, il désignait la ville même d'Amiens. Ces pourparlers, qui avaient lieu au mois de février 1850, se prolongèrent assez longtemps, l'évêque plaidant toujours pour Saint-Acheul, le provincial tenant toujours pour Amiens.

Lorsque la loi du 15 mars fut enfin promulguée, les démarches devinrent plus actives ; au mois de juin, la société des actionnaires fut constituée et l'acte rédigé. Restait à déterminer si le collége projeté serait un établissement diocésain, et s'il serait placé à Saint-Acheul. Pour

---

(1) Vie de Mgr de Salinis, par M. de Ladoue, p. 275.

résoudre ces deux points, « le P. Guidée, que la Providence avait comme tenu en réserve pour le placer à la tête du nouveau collége (1), » fut mandé de Lille à Amiens. Le P. Provincial s'y rendit de Paris avec le P. de Ravignan. Les actionnaires furent convoqués, le 14 juin, au palais de l'évêché, et là, sous la présidence de Mgr de Salinis, les questions furent posées, discutées et résolues. Partant de ce principe qu'il s'agissait, non de revenir au régime étroit et timide des anciens petits séminaires, mais de renouer hardiment les grandes traditions de l'enseignement catholique, et de rétablir les colléges en France comme ils étaient avant l'ère fatale de la Révolution et du monopole universitaire, on décida que le futur établissement serait, non pas un établissement diocésain, mais un collége de la Compagnie de Jésus; qu'il recevrait, non des pensionnaires, suivant l'usage actuel, mais des externes, suivant la coutume ancienne ; et que, en conséquence, il devrait être placé au centre même de la ville d'Amiens.

L'on espérait ainsi ramener la pratique de l'éducation aux antiques usages; on voulait du moins, contrairement à ce qui se pratique aujourd'hui, faire des externats la règle et des pensionnats l'exception. Pensée louable assurément, et qui aurait été salutaire si elle avait pu se réaliser. Mais, dès qu'on essaya d'en venir à l'exécution, de graves difficultés surgirent de tous les côtés à la fois, et une longue série de tribulations commença pour le P. Guidée, recteur désigné du futur collége.

D'une part, l'insuffisance reconnue du local primitive-

---

(1) Vie de Mgr de Salinis, ibid.

ment proposé, et la nécessité d'acquérir plusieurs maisons adjacentes qui avaient fait partie d'un ancien couvent des Sœurs de la Providence, élevèrent le chiffre des dépenses bien au-delà de ce que l'on avait prévu. D'autre part, le nombre des externes sur lequel on avait d'abord paru compter fut reconnu singulièrement exagéré, pour ne pas dire tout-à-fait chimérique. De là un premier mécompte, et, suivant le journal du P. Guidée, « un grand découragement. » De là aussi, une première modification au plan primitif. A l'externat projeté, il fut question de joindre un demi-pensionnat. Le P. Guidée, dans une longue lettre au P. Général, démontra la nécessité de cette mesure par de graves raisons, tirées soit de l'état général de la société actuelle, soit des mœurs particulières de la cité d'Amiens, soit des exigences matérielles du futur établissement. Ces raisons parurent convaincantes : elles obtinrent ce qu'on désirait. Mais on s'aperçut bientôt qu'elles portaient plus loin encore ; que, dans la situation actuelle de la société et pour le but qu'on se proposait, un demi-pensionnat ne serait qu'une demi-mesure, et qu'il fallait se résigner au pensionnat complet. Dès le mois d'août c'était la conviction du P. Guidée ; elle fut bientôt la conviction de tous, et le pensionnat fut résolu ; cependant il ne fut établi que plusieurs mois après l'ouverture du collége.

L'inauguration avait eu lieu le 10 octobre 1850. Un journal d'Amiens, l'*Ami de l'Ordre,* en rendit compte en ces termes :

« Aujourd'hui a eu lieu l'ouverture de la nouvelle école libre d'enseignement secondaire, fondée récemment à Amiens, sous le nom de *Collége de la Providence.*

« A en juger par la joie et la confiance déjà si expansive des élèves, à considérer la satisfaction et le bonheur des parents, dont plusieurs retrouvaient, parmi les nouveaux instituteurs de leurs enfants, les anciens maîtres qui avaient dirigé leur propre éducation ; à voir surtout les respectueuses sympathies de tous les assistants pour le vénérable chef de l'établissement, on se sentait dans une de ces maisons que fonde et vivifie l'esprit du christianisme, cet esprit d'abnégation, d'amour et de sacrifice qui seul peut sauver la société d'une ruine inévitable en formant au bien les générations nouvelles.

« La messe du Saint-Esprit a été célébrée par Mgr l'évêque d'Amiens, assisté de M. l'abbé Maillard, vicaire général, et entouré d'un nombreux clergé. Après la messe, Mgr de Salinis, quittant les degrés de l'autel, est venu prendre place, comme un père, au milieu de ses jeunes enfants, l'espoir de l'avenir, l'objet des plus vives sollicitudes du présent.

« C'est alors que, dans une allocution non moins remarquable par la lucidité du langage que par la hauteur des aperçus, il expliqua à son pieux auditoire le plan merveilleux de la Providence dans la disposition et l'accomplissement de ses œuvres. Partant du but et de la fondation du collége, rappelant à cette occasion la récente inauguration en France d'un régime de liberté si longtemps réclamé, si vivement attendu, si heureux pour la religion, si utile pour l'État, il nous apprit à connaître et à bénir les desseins de cette sagesse adorable, qui, pour arriver à ses fins, conduit et gouverne toutes choses avec poids et mesure, avec force et suavité ; qui se sert de l'homme en respectant son libre arbitre, tire le bien du mal, l'ordre du désordre, et fait sortir des révolutions les plus violentes la liberté, le repos et la gloire de l'Église.

« De tels enseignements, des leçons si élevées étaient la meilleure inauguration qu'il fût possible de faire au collége de la Providence. »

En effet, ils contribuèrent à y fonder solidement l'esprit chrétien et religieux. Par une bénédiction spéciale, il s'établit aussitôt entre les élèves et leurs maîtres des rapports très-faciles, une intimité véritable. Les parents en étaient singulièrement frappés ; les enfants en étaient séduits.

Sortant du collége, où il venait d'assister à une séance littéraire, un père de famille écrivait : « On se trouvait comme en famille, et il en était ainsi. Fondé par une réunion de catholiques, désireux de donner à leurs enfants l'éducation qu'eux-mêmes ont eu le bonheur de recevoir, le collége de la Providence se trouve, à cet égard, l'expression la plus vraie, la plus fidèle image des plus doux sentiments comme des droits les plus sacrés et les plus respectables de la famille (1). »

Un jeune homme, visitant un de ses cousins élève à la Providence, et remarquant l'abandon filial des élèves, la bonté toute paternelle des maîtres, leur confiance réciproque, en fut si touché, qu'il sollicita aussitôt de ses parents la permission de quitter un collége de Paris dont il suivait les classes, pour venir partager le bonheur des enfants de la Providence.

Grâce à cet esprit de famille, les élèves se prirent à ai-

(1) *Ami de l'Ordre.*

mer l'étude et la classe autant qu'ils semblaient les détester autrefois ; la règle fut observée avec ponctualité, parce qu'elle l'était avec amour, et l'on eut à peine besoin de recourir aux plus simples moyens de punition.

La retraite spirituelle, donnée par le P. de Ponlevoy, produisit une impression d'autant plus profonde qu'elle était chose à peu près nouvelle pour tous. Une congrégation de la Sainte Vierge fut instituée, une académie littéraire établie, tous les autres moyens d'émulation et de piété mis en vigueur, et l'école de la Providence reproduisit bientôt l'image du petit séminaire de Saint-Acheul en ses plus beaux jours.

Les anciens élèves de Saint-Acheul, fondateurs de la Providence, ne s'y trompèrent pas ; à la fin de la première année, ils exprimaient leur satisfaction en ces termes : « Nous ne pouvons nous dispenser de remercier, au nom de tous les pères de famille, les vénérables chefs de l'établissement, de tous les soins qu'ils ont prodigué à nos enfants, soins assidus, éclairés, couronnés de succès, soins qui nous rappellent ceux que nous avons reçus nous-mêmes et que nous n'oublierons jamais. Heureuse la France, si tous ceux qui se dévouent à la sublime mission de l'enseignement puisaient à des sources aussi pures et aussi fécondes ! Oh ! alors, la société ne serait pas sans cesse en péril ; alors la religion reprendrait sur les esprits et sur les cœurs son doux et pacifique empire, et bientôt, comme autrefois Attila devant saint Léon, la barbarie reculerait devant le génie du christianisme (1). »

Pendant que l'école de la Providence répondait aux

(1) *Ami de l'Ordre.*

vœux de ses fondateurs, les religieux qui en dirigeaient les classes s'efforçaient de répondre à la sainteté de leur vocation.

Dès le début, le P. Guidée s'était ainsi tracé le programme de sa vie spirituelle : « Me voilà dans une position sinon nouvelle pour moi, du moins bien différente de celles des années précédentes! Placé à la tête d'un collége, au milieu des difficultés inhérentes à une fondation, dans une situation matérielle gênée par suite d'arrangements onéreux qu'il était bien difficile d'éviter, j'ai besoin d'une grande confiance en Dieu, d'un grand fonds d'abandon à la Providence, et d'un grand esprit de prière pour attirer sur moi les lumières de l'Esprit saint, et sur l'entreprise elle-même les bénédictions d'en haut. Au milieu des difficultés et des embarras du dehors, n'oublions pas le soin de notre intérieur. »

Il ne l'oublia pas, en effet, et ne le laissa point oublier à ceux dont il fut toujours le modèle, aussi bien que le supérieur. Il les forma au travail, à la fatigue, aux épreuves. Les épreuves ne manquèrent pas. Les premiers temps du collége furent laborieux et pénibles, quoiqu'ils n'aient pas été sans profit ni sans charme.

Trois maisons, séparées d'un côté par deux rues et de l'autre par une longue cour, rendaient les communications très-difficiles. Les appartements trop peu nombreux ne suffisaient pas pour loger tout le monde; faute de local spécial pour se réunir pendant les récréations, la communauté se réfugiait chez le P. Recteur ou chez le P. Préfet; faute de salles de classe, les professeurs de philosophie et de sciences, de rhétorique et de seconde, devaient recevoir leurs élèves dans leurs chambres; plus mal partagés encore, les autres professeurs avaient pour classe quelque réduit obscur, jadis cuisine, ou un passage étroit, jadis corridor, et pour chambre une mansarde ou un galetas. Point de jardin pour aller prendre l'air après les heures de travail; presque point de livres pour aider les maîtres à préparer leurs leçons. La bibliothèque communale était la bibliothèque de l'école, comme les boulevards en étaient le jardin. Combien de fois n'a-t-on pas vu le P. Guidée s'en aller, faute d'espace chez lui, réciter son bréviaire dans les avenues les moins fréquentées du boulevard voisin! Et cependant, au milieu de ces privations inhérentes à toute fondation, malgré la multiplicité des emplois accumulés sur la tête de chaque religieux, malgré l'incommodité du local et le manque de beaucoup de choses même les plus usuelles ou les plus nécessaires, il régnait dans toute la communauté une régularité parfaite, une ardeur incroyable au travail, une gaieté expansive et un entrain charmant.

C'était là, sans doute, la bénédiction de la pauvreté religieuse courageusement acceptée; mais c'était aussi le fruit de la salutaire influence du P. Guidée. Qui eût osé se plaindre, quand on voyait le P. Recteur prendre le premier sa part de toutes les privations, de tous les travaux, de toutes les corvées; quand on le voyait, le balai à la main, aider les professeurs à approprier leurs classes, ou bien, un fardeau sur les bras, concourir aux déménagements qui furent si fréquents dans les premières années du collége, ou bien enfin, dans les moments plus difficiles, réclamer, avant tous, son poste et son heure de surveillance; quand on savait que, pour prendre son repos de la nuit, il se refusait même un lit convenable, et que celui dont il se servait était beaucoup trop court et si étroit qu'il lui arriva de tomber pendant son sommeil et de se blesser (1)? »

Qui ne se fût senti content, heureux, quand on l'entendait, pendant les récréations, provoquer, ranimer la verve, entretenir, exciter la gaieté aussi bien que l'esprit religieux? Quel charme dans ses récits! Il avait tant vu, il racontait si bien, avec tant de variété, d'intérêt, avec une simplicité mêlée à tant de finesse et de grâce, et il riait de si bon cœur! Quelle charité prévenante envers tous les siens! Toujours il avait une bonne parole, un ravissant sourire, un salutaire conseil pour réconforter, encourager, récompenser. Il était vraiment le centre et l'âme de sa communauté : il voyait tous les cœurs venir à lui, comme par une pente irrésistible, et se réunir autour de lui dans une inaltérable concorde. Il avait tout pouvoir sur tous, parce qu'il avait gagné l'amour de tous.

Aussi ces premières années, si riches en privations pour la nature, furent-elles peut-être pour le cœur les plus douces et les plus heureuses. Les années suivantes eurent leur charme sans doute, leurs fruits incontestablement. Mais les premières ont laissé, dans la mémoire de tous

---

(1) « Un de ses amis remarqua un jour que le P. Guidée ne pouvait faire usage de sa main droite, dont un doigt avait été foulé. Il demanda la raison de cet accident, sans soupçonner que le saint religieux aurait mieux aimé ne pas la faire connaître. Celui-ci avoua donc que, pour ne pas faire de dépenses inutiles, il couchait dans un lit semblable à ceux des élèves, beaucoup trop court, et tellement étroit qu'il lui était arrivé de tomber pendant son sommeil; c'était dans cette chute qu'il s'était foulé le doigt. » (Le R. P. Guidée, p. 34).

ceux qui vécurent, qui travaillèrent, qui peinèrent alors à l'école de la Providence, un souvenir plus exquis, je ne sais quel parfum plus suave. Jamais peut-être, la douleur d'avoir à quitter cette maison ne fut plus sensible. Tous ceux à qui l'obéissance imposa alors ce sacrifice, furent unanimes dans leurs regrets et dans la cause de leurs regrets. Ce qu'ils regrettaient, c'étaient sans doute des enfants dociles, des frères unis, une communauté fervente ; c'était surtout un père tendrement aimé, le bon P. Guidée, dont le caractère si loyal et si franc, le cœur si miséricordieux et si juste, avait captivé leur cœur et gardé toute leur affection.

II. — Cependant, parce que les privations étaient religieusement subies, et les difficultés vaillamment affrontées, était-ce une raison pour les laisser se perpétuer ou s'accroître? Le P. Guidée ne le pensait pas. Il s'occupa résolûment de les diminuer et de les faire disparaître.

Elles tenaient, en grande partie, à l'exiguité et à l'incommode disposition du local. Un amas de bâtiments étroits, disparates, irréguliers, sans communication entre eux, sans rapport avec les exigences d'une maison d'éducation, n'offrant ni salles de classe pour les élèves, ni logements pour les maîtres, voilà ce qu'était, à son origine, le collége de la Providence. Destiné à devenir un grand établissement, il lui fallait de l'espace et du logement.

L'espace, on ne pouvait l'obtenir qu'en acquérant l'hospice des *Incurables*. Le P. Guidée l'avait bien compris dès le premier jour, et dès le premier jour il en avait, en quelque sorte, commencé le siége. Mais comme il l'avait aussi pressenti, les négociations furent difficiles et longues, souvent rompues et souvent reprises ; en sorte que, malgré les démarches les plus actives de sa part, le traité ne put être conclu qu'en 1858, et la prise de possession n'eut lieu qu'en 1860, après dix années de négociations, d'embarras et de souffrance.

Ce qui était d'une nécessité urgente, c'était un bâtiment qui fût, non pas un monument d'architecture, mais un édifice convenable, offrant, avec toutes les conditions de l'hygiène, toute la facilité possible pour les exercices scolaires et les évolutions ordinaires d'une population d'écoliers. Il fallait, pour cela, modifier profondément ce qui existait, et peut-être faire table rase pour bâtir, sur nouveaux frais, d'après un plan hardiment conçu. Cette nécessité, le P. Guidée la comprenait fort bien; mais ce qu'il comprenait encore mieux, c'étaient les difficultés graves d'une exécution trop radicale et trop précipitée. D'une part, le défaut de ressources et la difficulté de s'en procurer; d'autre part, la crainte, soit d'effaroucher l'opinion publique, toujours prête à supposer les Jésuites en possession d'un trésor inépuisable, soit de blesser la juste susceptibilité des donateurs, en ayant l'air de prodiguer leur argent ; peut-être aussi les souvenirs, embellis par l'âge, des temps héroïques de Saint-Acheul, et un reste d'influence des goûts mesquins d'alors qui, en visant au strict nécessaire, n'atteignaient pas toujours le simple suffisant : tout cela explique, sans peut-être la justifier entièrement, l'hésitation qui se manifesta sous ce rapport dans l'administration du collége de la Providence, les délais intempestifs, les essais timides, et, par suite malheureux. Au lieu d'envisager hardiment l'avenir et de songer à l'assurer, on ne parut s'occuper d'abord que de subvenir aux nécessités les plus pressantes, et à vivre au jour le jour. De là, bien des demi-mesures d'une utilité purement temporaire; de là, ce long provisoire qui déplaçait les embarras sans les détruire; de là, des bâtiments sans unité, sans grandeur, et, selon toute probabilité, sans durée, parce qu'ils furent construits sans un plan général bien déterminé, et d'après des proportions plus convenables à une maison particulière qu'à un établissement public; de là peut-être aussi, plus d'argent dépensé et moins de résultats obtenus. Pourquoi ne le dirions-nous pas? Ce fut une erreur : le P. Guidée la reconnut plus tard, et il n'hésita pas à la déplorer. Il a fait mieux : il s'est efforcé de corriger sa faute, ou du moins de l'atténuer, en adoptant un plan plus hardi et plus vaste, qui promet, pour un avenir prochain, un ensemble d'édifices plus sortable et plus régulier.

Il serait donc inutile et injuste d'insister davantage sur les critiques dont les constructions élevées par le premier recteur de la Providence furent l'objet. Hâtons-nous d'aborder les côtés plus importants et désormais irréprochables de sa longue administration.

CHAPITRE TREIZIÈME

ŒUVRE DE L'ENSEIGNEMENT

(1850-1866)

I. — Ce que la Compagnie de Jésus se propose dans ses colléges, c'est d'élever chrétiennement la jeunesse avec le secours des lettres et des sciences humaines. L'éducation chrétienne, voilà le but qu'elle poursuit; l'instruction classique, voilà le moyen qu'elle emploie. Elle connaît toute la grandeur du but, et elle y tient appliqués constamment et les yeux et les efforts de ses maîtres; mais elle ne méconnaît pas l'importance ou l'efficacité du moyen. Persuadée que le bien savoir, comme parle Bossuet, est la règle du bien vivre, elle regarde le développement de l'esprit comme lié étroitement à la formation du caractère et du cœur, et par suite une instruction solide comme la condition naturelle d'une éducation honnête et chrétienne.

Profondément imbu de cet esprit de son Institut, le P. Guidée voulait de fortes études, et il ne négligea rien pour les obtenir. Vétéran de Saint-Acheul, il établit à l'école de la Providence les traditions scolaires de cet établissement célèbre. Obéissant à une impulsion reçue de ses premiers supérieurs, il porta les yeux sur un idéal plus lointain encore et plus parfait ; il tenta de remettre en vigueur, aussi complètement que possible, l'ancienne et féconde méthode de la Compagnie.

La Compagnie de Jésus possède, comme on sait, sous le nom de *Ratio studiorum*, une méthode, un code complet d'enseignement classique ; c'est un incontestable chef-d'œuvre, parce qu'il fut le fruit, non d'une invention systématique et aventureuse, mais d'une sagesse mûrie par la réflexion et contrôlée par l'expérience.

Réunis de tous les points de l'Europe savante, les premiers jésuites connaissaient, pour les avoir expérimentées, les méthodes d'enseignement de toutes les universités européennes. Quand il s'agit pour eux d'établir des colléges et de déterminer leur méthode d'enseignement, ils puisèrent à pleines mains dans tous les programmes connus, et ils firent de tous ces emprunts un système, dont chaque point fut pesé mûrement, et l'ensemble combiné avec un art profond ; ils le soumirent ensuite à l'épreuve de la pratique, et, l'épreuve ayant réussi, ils le promulguèrent comme le code obligatoire de l'enseignement dans la Compagnie.

Dans ce code admirable, tout est prévu, réglé, combiné avec poids et mesure, sans raideur et sans confusion, sans que rien y soit livré au hasard, abandonné au caprice ou condamné à la routine. — Les objets d'étude, simplifiés autant que possible, s'y succèdent dans un ordre et dans une progression naturelle : chacun d'eux vient à son rang et à son heure ; le latin avant le grec, la prose avant la poésie ; et, dans l'une et l'autre langue, les éléments d'abord seuls, puis la syntaxe, puis les idiotismes, puis la prosodie, enfin la composition littéraire. — L'enseignement est oral : il est donné de vive voix, il n'est pas seulement indiqué dans les livres ; le maître enseigne, le disciple écoute ; le livre fournit ou le texte ou le sujet de la leçon, il n'est pas toute la leçon. — La parole enseignante s'exprime autant que possible dans l'idiôme même qu'elle veut faire apprendre, en vertu de cette maxime de bon sens, que le meilleur moyen d'apprendre une langue, c'est de la parler. — Le maître doit enseigner parfaitement chaque chose, avant de passer à une autre ; aller sans cesse du connu à l'inconnu, du simple au plus compliqué. L'écolier dès lors se développe naturellement, parce qu'il marche toujours appuyé sur des connaissances précédemment acquises, avec l'aide de facultés graduellement fortifiées ; il s'avance rapidement et sûrement, parce qu'il suit une route facile et nettement tracée, et il arrive au terme de la carrière, l'esprit orné de connaissances solides et durables, parce qu'elles sont exactes et bien distribuées.

Œuvre du génie et de l'expérience, cette méthode a mérité l'approbation de tous les grands esprits qui se donnèrent la peine d'en étudier le plan et d'en considérer les résultats. Leibniz la tenait en grande estime. Bacon la proclamait la meilleure de son temps : *nihil melius* (1). Elle-même se montra assez efficace pour former d'innombrables lettrés qui devinrent l'ornement de leur patrie ; elle fut assez heureuse pour contribuer, autant ou plus que tout autre, à l'instruction des deux siècles les plus

---

(1) « Consule scholas Jesuitarum : nihil enim quod in usum venit his melius (De dignitate et Aug. scient. VII).

brillants de notre histoire littéraire ; enfin, ce qui n'atteste pas moins son excellence et ses succès, elle ne laissa derrière elle, quand elle eut disparu, que d'universels regrets, des ruines irréparables et un vide immense (1).

Telle était la méthode que le P. Guidée tenta de remettre en vigueur. De lui-même peut-être il n'eût pas pris l'initiative d'une telle réforme. Homme d'habitude et de tradition, il se défiait d'abord et se gardait de tout changement, innovation ou restauration. Mais, la mesure une fois résolue, il était l'homme le plus propre à l'exécuter, grâce à son esprit pratique et persévérant, grâce aussi aux dignes coopérateurs que le ciel lui ménagea pour cette œuvre. Car il eut le rare bonheur de posséder toujours à côté de lui, pour le soutenir et le seconder, des hommes parfaitement versés dans toutes les matières de l'éducation, appréciateurs intelligents et promoteurs actifs des anciennes méthodes de la Compagnie.

S'ils rencontrèrent, dans les préjugés et les exigences du temps actuel, des obstacles qui entravèrent les progrès de leur généreuse entreprise, ce ne fut pas leur faute : eux, du moins, ils s'y dévouèrent avec

---

(1) « L'Europe savante, dit Châteaubriand, a fait une perte irréparable dans les Jésuites. L'éducation ne s'est jamais bien relevée de leur chute. » (Génie du christianisme.) — « On a expulsé les Jésuites, dit M. Émery, on a rejeté leur méthode. Que leur a-t-on substitué ? Qu'est-il résulté de tant de nouveaux systèmes d'éducation? Les jeunes gens ont-ils été mieux instruits ? Leurs mœurs sont-elles devenues plus pures ? Hélas ! leur ignorance présomptueuse, la corruption de leurs mœurs portée à son comble, forcent la plupart des hommes honnêtes à regretter bien vivement et la personne et la méthode des anciens maîtres. » (Pensées de Leibniz.)

une patiente énergie, et, pour sa part, le P. Guidée s'efforça toujours d'entrer dans l'esprit des règles que le *Ratio studiorum* trace au recteur de collége, et, autant que possible, il les exécuta à la lettre.

Le premier objet de sa sollicitude était les maîtres, ses auxiliaires ; car il n'avait pas oublié l'adage consacré par l'expérience : tel maître, tel disciple. Il leur mettait entre les mains son *Manuel des jeunes professeurs*, il les engageait à se le rendre familier par une étude assidue ; et, tous les ans, il en faisait lire publiquement la partie la plus pratique, l'excellente *Instruction* du P. Judde, où sont conservées, jusque dans les plus petits détails, tant de traditions scolaires de l'ancienne Compagnie.

Il veillait à ce que, tous les mois, eussent lieu entre les maîtres, professeurs, ou surveillants, les conférences prescrites par le *Ratio :* lui-même ne manquait jamais d'y assister, d'y apporter ses remarques, ses avertissements, ses conseils ; et, dans les exercices de classe par lesquels les jeunes maîtres se forment à l'enseignement public, le grave recteur ne dédaignait pas de faire l'écolier, afin de mieux éprouver le débutant. Il eût bien voulu aussi qu'il ne manquât jamais aux professeurs, surtout en fait de livres, rien de ce qui pouvait être nécessaire ou utile à leur emploi ; mais ce désir trouva souvent d'insurmontables obstacles dans l'insuffisance des ressources pécuniaires. Du moins, il engageait tous les ans chaque professeur à lui faire connaître un ouvrage parmi ceux qu'il désirait le plus ; et il eût fallu que la demande fût bien exorbitante ou bien déraisonnable pour n'être pas exaucée.

Souvent il visitait les salles d'étude et les classes, soit

accompagné du P. Préfet, soit seul et à l'improviste. Ainsi il se rendait compte par lui-même de la conduite des professeurs ou des surveillants, et il ne manquait jamais de les éclairer ensuite par ses remarques et de les encourager par l'intérêt qu'il leur témoignait. Il se prêtait avec une condescendance admirable, à tout ce qu'ils désiraient de lui. Les trésors de sa vieille expérience leur étaient toujours ouverts, ses anciens cahiers de professeur, ses notes de préfet, ses observations de provincial, tout cela était à leur service, et il le leur abandonnait avec une bonté incomparable : « Vous savez, leur disait-il souvent, que je suis toujours à votre disposition. Usez, abusez. » On le prenait au mot : on usait, on abusait de sa complaisance. Pas un exercice de classe un peu en dehors de l'ordre commun, pas une concertation, pas une séance, où la présence du P. Recteur ne fût sollicitée et obtenue, quel que fût d'ailleurs le degré de la classe, l'avancement littéraire des jouteurs et le mérite intrinsèque de leurs compositions. Pour lui, une heure passée dans une classe de sixième n'avait pas moins de prix, et semblait avoir autant de charme que le même temps passé dans une académie de ses littérateurs les plus avancés, aux succès desquels il était pourtant si heureux d'applaudir.

« Avec quelle sollicitude, écrit un ancien élève de la Providence, il suivait le cours de nos études ! Que ne faisait-il pas pour les rendre fortes et brillantes ! Ne l'avons-nous pas vu payer continuellement de sa personne pour s'assurer de nos progrès ? Il ne lui suffisait pas de s'intéresser à nos examens et à nos exercices publics ; il venait fréquemment, même dans les dernières classes, encourager par sa présence l'ardeur et l'émulation de ses enfants (1). »

Cette sollicitude pour les progrès des élèves s'étendait à tout; il se faisait rendre compte de tout, et il ne craignait pas d'entrer dans les moindres détails. Ici encore, il s'appliquait la maxime qu'il répétait souvent aux autres : « Nous ne sommes pas trop bons pour cela. » Pas plus à la Providence que jadis à Saint-Acheul, les fautes de prononciation ou d'accent, d'orthographe ou d'écriture, les négligences de style ou les vices de composition, n'échappaient à son œil exercé, il surveillait les copies de ses petits grammairiens avec non moins d'attention que les pièces académiques de ses rhétoriciens ou de ses philosophes; et, pour les uns comme pour les autres, il se montrait exact, sévère, parfois rigoureux.

Cette application aux détails ne lui faisait pas perdre de vue les intérêts plus importants et plus généraux des bonnes lettres. Il veillait à ce que les études fussent solides, vraiment classiques, complètement inoffensives pour la foi comme pour les mœurs. Comme autrefois à Saint-Acheul il jugeait essentiel, pour atteindre et maintenir le niveau normal des classes, que l'on observât exactement la règle de ne promouvoir à une classe supérieure que les élèves reconnus, après un examen sérieux, dignes d'y figurer honorablement. Sur ce point, il ne tergiversait pas; il ne cédait à aucune sollicitation, à aucune menace. Il répondait à une mère : « Vous jugerez que je ne puis consentir à faire monter votre fils en troisième. Il n'a rien fait pour le mériter; et, hier encore, il est rentré en classe

(1) Le R. P. Guidée, p. 35.

sans rapporter le devoir donné pour les vacances. Céder en pareille circonstance, surtout après des menaces de ne point travailler s'il reste en quatrième, serait de ma part un acte de faiblesse et d'abdication d'autorité, auquel je ne saurais me résigner. Je regrette que cette détermination vous contrarie, et je voudrais pouvoir vous satisfaire en ce point; mais je ne le puis sans compromettre l'ordre et la subordination. »

Plus d'une fois, il refusa d'accepter ou de reprendre des élèves que leurs parents, par une tendresse malavisée, prétendaient soustraire à l'obligation ou aux conséquences de cet examen annuel. « J'ai été vivement peiné en lisant votre lettre, écrivait-il à un père qui avait prétexté un voyage pour retirer son fils avant l'examen. Je ne puis m'empêcher de croire que ce voyage, ces vacances anticipées, quand on les a si peu méritées, ne doivent être nuisibles à votre fils. Il a trouvé le moyen de se soustraire à l'examen de la fin de l'année qu'il redoutait, et, — permettez-moi de vous le dire avec la franchise qui, en qualité de picards, nous caractérise l'un et l'autre, uniquement dans votre intérêt et dans celui de votre enfant, — vous avez commis un acte de faiblesse, en cédant à des instances déraisonnables. Il ne faut pas néanmoins que l'enfant puisse se vanter d'avoir échappé à l'examen; il devra le subir pendant les vacances. Et je ne dois pas vous dissimuler que je ne pourrais consentir à l'admettre à la prochaine rentrée, s'il n'avait pas satisfait à cet examen. »

Il soutenait, avec non moins d'énergie, la prérogative que les lettres, et les lettres anciennes, se sont légitimement acquise dans l'œuvre de l'éducation; il la défendit, dans son école, contre les envahissements prématurés des sciences, et il la maintint sagement, malgré toutes les innovations systématiques qui furent essayées autour de lui. Il se défiait des théories nouvelles en fait d'enseignement et d'éducation, persuadé qu'en cette matière, après les expériences de tant de siècles, il ne restait pas de grandes découvertes à faire aux modernes. Et, s'il ne se refusait jamais à des améliorations vraies et constatées, il se prononçait avec force contre toute révolution radicale. La levée de boucliers contre les classiques païens provoquée par M. Gaume, au nom de la religion, ne le trouva pas moins hostile que le système de la bifurcation, introduit par l'Université, au nom des sciences, ou que la tendance du siècle présent à mépriser les études classiques, au nom de l'utilité positive. Que de luttes il eut à soutenir, soit contre de hautes influences ecclésiastiques, inclinant vers les nouveautés spécieuses de M. Gaume ; soit contre les suggestions de certains esprits timides, qui croyaient tout perdu, si l'on ne suivait pas l'Université dans ses aventureuses expériences ; soit enfin contre les calculs intéressés de certains parents aveugles, qui trouvaient mauvais que, au lieu d'apprendre uniquement à leurs enfants à calculer en hommes d'affaires, on essayât encore de les former à penser, à sentir et à parler en hommes de cœur !

Sur ce dernier point, nous citerons un spécimen de sa manière de combattre. Il écrivait à un père de famille : « Permettez-moi quelques observations sur certaines phrases de votre dernière lettre. Je ne trouve nullement mauvais que vous préfériez la chimie et les mathématiques au grec et au latin, et je ne veux pas entamer une polémique avec vous sur ce sujet. Mais je ne saurais vous le dissimuler : je vois avec une vive peine que vous teniez ce langage à votre fils, tandis qu'il est entre nos mains, et que vous l'engagiez à nous le dire sans crainte. C'est, en d'autres termes, l'autoriser à n'attacher aucune importance aux recommandations de ses maîtres, et aux seules études auxquelles nous l'appliquons en ce moment; c'est par conséquent favoriser son peu d'application au travail. S'il devait tirer la conséquence pratique d'un tel langage, et nous revenir avec les dispositions que ce langage tend à faire naître en lui, — il m'en coûte de vous le dire, mais je ne saurais le taire, — j'aimerais mieux qu'il ne revînt pas et que vous fissiez pour lui choix d'un autre établissement, ainsi qu'il le désire. »

Quand le P. Guidée défendait le privilège des belles-lettres, il entendait qu'elles fussent vraiment dignes de leur nom. Il les voulait d'abord pures et inoffensives. Avec quel soin il s'assurait, suivant les prescriptions de son bienheureux père, saint Ignace, et l'usage immémorial de sa Compagnie, que les livres classiques étaient sévèrement expurgés, et qu'il ne s'y trouvait rien qui pût flétrir, dans le cœur des enfants, l'innocence des mœurs ou la pureté de la foi !

Il les voulait de plus foncièrement chrétiennes, et par là vraiment françaises. Les sujets d'exercices qu'il conseillait de préférence à ses jeunes littérateurs, il les tirait des annales de la religion, de la patrie ou de la cité : c'étaient toutes nos gloires religieuses ou nationales, tant les contemporaines que les anciennes, Alger, Rome ou Sébastopol, aussi bien que Charlemagne, Pierre l'Ermite ou saint Louis. Parce qu'il aimait l'Église et la France, il cultivait ce double amour dans les cœurs qui lui étaient confiés. Mais il se tint constamment au-dessus de toutes les rivalités de parti, et il prohibait avec sévérité tout ce qui, de près ou de loin, aurait pu passer pour une démonstration politique. Ainsi, tout en appréciant l'incontestable mérite de la fameuse histoire de France du P. Loriquet, il n'hésita point à interdire dans son école cet ouvrage de son ancien maître, avant même que le gouvernement ne l'eût fait mettre à l'index universitaire.

Mais il ne supportait pas que l'on eût deux poids et deux mesures. Il voyait avec une peine extrême que des ouvrages mis à l'index de Rome fussent imposés par l'autorité universitaire, comme matière indispensable d'étude et d'examen public, et il ne put s'empêcher de réclamer contre une disposition si blessante pour les cœurs catholiques.

Il recourut d'abord à son refuge ordinaire, Mgr Parisis, devenu évêque d'Arras : « Permettez-moi, lui écrivait-il le 23 mars 1854, de soumettre à Votre Grandeur, une observation qui me paraît avoir une certaine gravité. Parmi les ouvrages sur lesquels sont interrogés les candidats au baccalauréat ès lettres, il en est trois qui sont défendus par la Congrégation de l'index : c'est le *Discours sur la méthode* de Descartes, la *Vie de Charles XII* et le *Siècle de Louis XIV,* par Voltaire. Mettre ces ouvrages entre les mains de nos jeunes gens, c'est les encourager dans la violation des lois de l'Eglise ; ne pas les leur donner, c'est les placer dans un état d'infériorité vis à vis de ceux qui, moins scrupuleux, passent par dessus la défense de l'index : c'est là une véritable difficulté et qui nous cause des embarras. Nous avons recours à vous, Monseigneur, ainsi qu'à ceux de vos vénérables collègues dans l'épiscopat qui sont membres du conseil supérieur, et nous osons vous prier d'agir pour obtenir de réformer cet article du programme qui inquiète les consciences catholiques. »

L'évêque d'Arras répondit, le 25 mars :

« Mon révérend Père,

« Vos observations, au sujet de certains livres prescrits pour l'examen du baccalauréat, sont parfaitement justes et vos inquiétudes légitimes. Je vous assure que ces livres ont été admis contrairement à mon opposition formelle, et j'avais bien envie de protester au-dehors ; mais si vous saviez tout !...

« Quoi qu'il en soit, le moment est favorable pour obtenir la réparation de cette énorme faute. Seulement il faudrait que j'eusse, au lieu de la lettre d'un révérend père jésuite, quelque réclamation d'évêque.

« Si MM^{grs} d'Amiens et de Beauvais voulaient bien m'envoyer deux mots sur cette grave affaire, il me semble qu'elle pourrait avoir la solution désirable. Il en serait de même, si quelques-uns de NN. SS. les évêques écrivaient directement au ministre et que j'en fusse prévenu. Encore une fois, le moment est bon ; mais le temps peut changer : hâtons-nous donc.

« Agréez, mon bon père Guidée, l'assurance de mon dévouement affectueux en Notre Seigneur.

« † P. L. év. d'Arras. »

Le P. Guidée écrivit aux évêques désignés par Mgr Parisis. Mgr de Salinis, évêque d'Amiens, promit à la réclamation l'appui de tout son crédit ; mais des raisons particulières lui faisaient craindre que son intervention directe ne fût plus nuisible que salutaire. Mgr Gignoux et Mgr de Garsignies, se rendant volontiers au désir du P. Guidée, écrivirent au ministre et à l'évêque d'Arras. Quel fut le résultat de cette démarche? Le moment favorable était-il passé, ou bien les motifs qu'avait eus l'Université de mettre entre les mains de la jeunesse trois ouvrages dont l'Église interdit la lecture à ses fidèles, parurent-ils assez graves et assez sérieux pour qu'on se crût dispensé de faire droit aux réclamations de l'épiscopat? Nous l'ignorons. Le fait est que ces trois ouvrages continuèrent et continuent encore à figurer au programme universitaire.

II. — Dans la pensée du P. Guidée comme dans celle de son Institut, l'instruction n'était qu'un moyen pour arriver à un but plus élevé et plus important : l'éducation. Il voulait sans doute des esprits cultivés et ornés, comme en forme l'instruction littéraire ; mais il voulait encore plus des cœurs bons et droits, généreux et forts, consciencieux et dévoués au devoir, comme doit en former l'éducation chrétienne.

Car c'est ainsi qu'il entendait l'éducation : à ses yeux elle n'était pas seulement une œuvre grande mais purement humaine, elle était une œuvre surnaturelle et presque divine, ayant le christianisme pour base, et pour résultat l'exacte observation de tous les devoirs du christianisme. « Les enfants qui nous sont confiés, pensait-il, sont chrétiens. Les élever, c'est donc avant tout faire croître et mûrir les divines semences que le christianisme a déposées en leurs cœurs; parce que, avec les solides vertus qui font le chrétien, se développent et se fortifient les brillantes qualités qui distinguent l'homme. »

Sa principale occupation était donc de cultiver la religion dans le cœur des enfants ; il la regardait, à juste titre, comme le principe de toute bonne éducation. Ce n'est pas qu'il méconnût le rôle ou la puissance de la raison et des sentiments naturels. Il recommandait d'agir sur les enfants par tout ce qui peut les intéresser ou les émouvoir légitimement, par l'attrait des récompenses ou la crainte des châtiments, par le sentiment de l'honneur et de la reconnaissance, mais plus encore par les sentiments d'une foi vive et d'un filial amour envers Dieu ; ce sont là, disait-il, les motifs qui donnent à la soumission un caractère de noblesse incomparable, et aux actes les plus vulgaires un mérite surnaturel, un prix infini.

De là son active vigilance pour tout ce qui concerne l'instruction religieuse des élèves ; l'attention qu'il apportait à ce que les exhortations du dimanche fussent solides et pratiques, à ce que dans toutes les classes le catéchisme fût parfaitement enseigné, appris, retenu, à ce que les devoirs religieux fussent exactement et convenablement remplis.

De là son zèle ardent et ingénieux pour implanter ou développer les habitudes vertueuses dans le cœur des enfants. Toutes les saintes industries qu'il avait vu pratiquer à Saint-Acheul, et dont il avait constaté la salutaire efficacité, il les introduisit à l'école de la Providence : les congrégations de la Sainte Vierge, avec leurs réunions particulières, leurs fêtes touchantes, leur apostolat domestique, leurs œuvres de charité au dehors et les secours portés au pauvre jusque dans sa demeure; le mois de Marie célébré avec une dévotion toute filiale; les retraites annuelles si pénétrantes et si fécondes en fruits de salut ; enfin tous les stimulants les plus actifs de la foi et de la piété.

Il excitait, il dirigeait le zèle de ses coopérateurs, leur prodiguant avec libéralité les ressources amassées durant sa longue carrière, suivant leurs efforts avec un vif intérêt, applaudissant à leurs succès avec une joie plus vive encore, et prenant lui-même sa part des fatigues et de l'action.

Pendant plusieurs années, il se chargea presque seul des exhortations du dimanche, et ses instructions, plus solides en général que brillantes, roulaient fréquemment sur trois points, qui résumaient à ses yeux les principaux devoirs de la jeunesse studieuse : l'obéissance, le travail, la prière. « Dans l'obéissance, raconte un ancien élève, il nous montrait l'ordre sans lequel ni états, ni familles, ne peuvent s'établir ou durer, la régularité, sans laquelle le progrès de nos études et la perfection de nos actions sont gravement compromis, la soumission à la volonté de Dieu, sans laquelle l'homme vit dans un trouble continuel, mécontent de son sort, envieux de celui des autres. Dans le travail il nous montrait la fuite d'une oisiveté fatale et d'un ennui périlleux, le succès final ou du moins la satisfaction de n'avoir rien à se reprocher. Dans la prière enfin, il nous montrait Dieu bénissant nos études, nous en assurant les fruits, après en avoir aplani les difficultés et allégé les fatigues. »

Il arrivait un jour où le P. Guidée devait se séparer des enfants qu'il avait élevés. Quels adieux alors! quels conseils, quelle tendre sollicitude pour l'avenir de leurs âmes! « C'est avec une vive émotion, dit l'un d'eux, que je me rappelle les derniers adieux de ce tendre père : « Vous allez vous éloigner, nous disait-il, je m'y résigne avec douleur; mais, si le bien que j'ai voulu vous faire, durant votre séjour dans cette maison, me donne quelques droits à votre reconnaissance, je vous demande une grâce, une seule grâce, c'est de me laisser la consolation de croire que, au milieu du monde où vous allez entrer, vous resterez toujours hommes vertueux et chrétiens pratiquants. »

La sollicitude que le P. Guidée avait pour ses élèves les suivait jusqu'au milieu des périls du monde. Il avait établi à l'école de la Providence, pour ceux d'Amiens et des environs, une congrégation spéciale qui fût comme un asile salutaire, un doux refuge, où ils viendraient se fortifier dans la foi, la piété, la pratique des devoirs du chrétien, et neutraliser ainsi les funestes effets d'une transition trop brusque de la vie du collège à celle du monde. A tous ceux qui le quittaient après leurs études finies, il donnait quelque bon livre, le plus souvent les *Pensées d'Humbert*, résumé solide de ce que tout chrétien doit savoir et pratiquer. C'était à la fois un dernier gage de sa tendresse et un mémorial précieux. En l'offrant, il recommandait expressément d'y faire tous les jours une petite lecture en mémoire de lui. Heureux les anciens élèves qui sont restés fidèles à ce dernier vœu de leur vénérable recteur! Il en est à qui cette fidélité mérita pour eux-mêmes une jeunesse honorable, pour leurs parents un retour décidé aux pratiques de la foi, et pour leur pays, un renouvellement de piété et plusieurs institutions de zèle.

Afin de protéger plus efficacement encore les anciens élèves contre les séductions du monde, le P. Guidée méditait depuis longtemps de les réunir autour de lui pour une fête plus douce même que la Saint-Achille, et pour un banquet plus auguste et plus salutaire. Il songeait à les convoquer tous les ans à une retraite qui serait spécialement instituée pour eux, et qui leur ménagerait une occasion précieuse de dissiper par la réflexion les fatales illusions du siècle, de se retremper par l'usage des sacrements dans la fidélité à tous leurs devoirs de chrétien.

La mort ne lui laissa pas le temps de réaliser son projet; mais il le légua à son successeur, fidèle dépositaire de ses pensées et digne héritier de son zèle : ce ne fut pas en vain. Six mois plus tard, grâce sans doute à l'intervention surnaturelle de celui qui en avait conçu la pensée, la retraite des anciens élèves fut inaugurée par une cinquantaine de courageux jeunes hommes; et elle restera, nous l'espérons, une institution durable, monument glorieux d'un zèle qui survit à la mort.

Avec la piété envers Dieu, le P. Guidée s'attachait à inculquer aux enfants la piété envers leurs parents. La reconnaissance filiale, le respect de l'autorité paternelle, étaient au nombre des sujets d'instruction sur lesquels il insistait avec le plus de force et le plus souvent.

Mais, en fait d'autorité, il se plaignait qu'il fût presque aussi nécessaire de faire l'éducation des parents que celle des enfants, et tout aussi difficile d'apprendre aux uns à exercer leur pouvoir qu'aux autres à s'y soumettre. Il déplorait amèrement la faiblesse de ces mères, de ces pères insensés, qui obéissent, quand ils devraient commander, et qui abdiquent honteusement leur volonté d'homme devant un caprice d'enfant. Plus d'une fois il se vit appelé à rétablir par le prestige de la sienne l'autorité impuissante de ces parents déchus. C'est ce qui le faisait trembler et gémir : « Où allons-nous ? s'écriait-il, que deviendra l'éducation, que deviendront la famille, la société, si l'autorité paternelle, qui en doit être le principe et la base, vient à disparaître ? »

Du moins il demandait à ces parents faibles ou aveugles un concours raisonnable et une confiance entière. « Nous ne pouvons réussir dans l'œuvre si difficile de l'éducation des enfants, écrivait-il à une mère, à moins qu'ils ne soient bien persuadés qu'il y a entente parfaite entre les parents et nous. Et nous-mêmes, nous avons besoin de pouvoir compter sur une confiance entière, que nous avons la conscience de mériter. Sans elle, il nous est impossible de faire le bien. »

S'apercevait-il que cette confiance et ce concours parfait n'existaient pas, il réclamait avec énergie. Il écrivait à un père de famille : « Je vois par votre lettre qu'il n'y a pas entre vous et nous conformité de principes sur la conduite à tenir envers vos enfants, et que nous ne sommes pas assez heureux pour mériter votre confiance. Je le regrette vivement, persuadé que le parfait accord entre l'autorité paternelle et celle du collége est essentiel pour assurer le succès de l'œuvre difficile dont nous sommes chargés. Si donc vous pensez que, placés en d'autres mains plus habiles et plus dignes de votre confiance, vos enfants répondront mieux à ce que vous avez droit d'en attendre, nous serons les premiers à vous engager à ne pas négliger de faire cette expérience ; nous verrions alors sans peine vos enfants s'éloigner de nous, et nous prierions le Seigneur de bénir les efforts de leurs nouveaux maîtres. »

Il déployait une plus grande énergie encore lorsqu'il arrivait que, par la connivence des parents, l'autorité des maîtres se trouvât compromise. La lettre suivante le peindra au vif avec son amour de l'ordre, du respect et de l'autorité.

« Hier, immédiatement après votre entretien avec le sous-préfet, en présence de votre fils, le Père m'a raconté la scène que vous lui aviez faite au parloir. Je ne puis vous dissimuler que j'en ai été profondément blessé. S'attaquer à un dépositaire de mon autorité, c'est s'attaquer à moi-même. Assurément, vous aviez le droit de demander des explications sur les faits imputés à votre fils. Mais n'était-il pas souverainement inconvenant de mettre sur la sellette, passez-moi l'expression, un supérieur, en présence de celui qu'il inculpait si justement, et, ce qui est pis encore, de donner gain de cause à l'inférieur contre son supérieur. Dans ma longue carrière, je n'ai vu jusqu'à ce jour rien de semblable. Quel respect et quelle confiance, je vous le demande, voulez-vous qu'un enfant conserve envers ceux qu'il a vu décrier par son propre père, et quel bien pouvons-nous espérer de lui faire encore ? Aussi n'ai-je pas hésité à déclarer que désormais il ne devait plus être compté parmi nos élèves parce que désormais nos soins cessaient de lui être utiles. »

Comme il soutenait l'autorité du maître contre les imprudences de certains parents, il maintenait l'intégrité de la règle contre leurs importunités. Que de fois n'eut-il pas à défendre les mesures les plus sages contre des prétentions exagérées ou des demandes intempestives ! Que de luttes désagréables il eut à engager, que de batailles pénibles à livrer ! « Il m'en coûte beaucoup, écrivait-il à une mère, d'être obligé de contrister votre cœur ; mais je ne puis absolument accéder à la demande que vous me faites : il ne s'agit pas de la perte d'un jour ou deux de classe ; il s'agit d'un point capital de la règle, dont je dois maintenir l'observation. Ce que vous me demandez, m'a déjà été demandé par d'autres parents, à qui j'ai été obligé de refuser, comme je suis obligé de vous refuser. Il n'est aucune mère, qui ne puisse alléguer les raisons sur lesquelles vous vous appuyez ; et, la porte une fois ouverte pour l'un, on ne peut plus la fermer pour un autre sans exciter des plaintes, des murmures, et sans se faire taxer de partialité. Or, ce n'est pas sans les motifs les plus graves que nous avons établi cette règle. Je ne puis donc que m'en tenir à ma première décision. »

La rentrée au jour fixé est de rigueur : deux élèves rentrèrent quelques jours après les autres. Le P. Guidée déclara aux parents que, s'il ne recevait pas d'eux une explication satisfaisante d'un retard si étrange, il appliquerait aux délinquants la peine réglementaire : privation de la sortie au nouvel an et de deux jours de vacances à Pâques; « car, disait-il, je dois cette sanction à l'une des règles qui importent le plus au bon ordre de la maison. » Les parents confus d'avoir attiré sur leurs enfants une punition si grave, réclamèrent, et, comme il arrive dans un premier moment de vivacité, ils le firent d'une façon assez peu convenable ; ce qui leur attira cette réponse du P. Guidée :

« Monsieur le comte,

J'ai reçu votre lettre du 20, à laquelle, je l'avoue, j'étais loin de m'attendre après les bons rapports qui avaient toujours existé entre vous et moi. Déjà plusieurs fois, j'avais eu à me plaindre d'irrégularités du genre de celle dont il est question aujourd'hui, et j'avais fermé les yeux. Mais en voyant, cette fois, vos enfants arriver huit jours après la rentrée, sans avis préliminaire, sans un mot qui justifiât un pareil retard, pouvais-je garder le silence ? et en même temps pouvais-je montrer plus de condescendance que de me borner à demander une attestation constatant les motifs d'un retard si prolongé ? En réponse à ma lettre, j'en reçois une de vous que je ne puis vraiment m'expliquer, et après laquelle je me vois, à mon grand regret, forcé de m'en tenir à celle que j'ai adressée à madame la comtesse, le 18 de ce mois. »

Le P. Guidée ne se préoccupait guère de donner à son langage les formes adoucies de la langue diplomatique : son langage était, comme son caractère, simple et honnête, franc et sincère ; et ces qualités mêmes, jointes à son grand âge, et à sa haute réputation de vertu, lui avaient acquis un ascendant presque irrésistible.

Il en faisait d'ailleurs le plus noble et le plus légitime usage. Comme il s'en prévalait pour faire respecter les parents, il s'en servait également pour faire respecter les élèves. Un seul trait le prouvera.

Il arriva que les élèves de l'école de la Providence

furent insultés assez grossièrement, et à plusieurs reprises, par les élèves d'une institution de la ville. Le P. Guidée en fut informé. Il écrivit sur le champ au maître de la pension.

« Permettez-moi, Monsieur, de réclamer votre intervention afin d'obtenir la cessation d'un désordre qui se renouvelle trop souvent pour que je puisse garder plus longtemps le silence. Chaque fois que les élèves des deux établissements se rencontrent, les nôtres ont à subir quelque insulte de la part des vôtres, et, ce qui étonne, c'est que le sous-maître n'ait pas l'air d'y faire attention. Je suis très-convaincu, Monsieur, que vous ignorez ces désordres, et qu'il suffira de vous les avoir signalés pour qu'ils ne se renouvellent plus. » Cela suffit en effet : le maître de pension vint le jour même faire des excuses au P. Guidée, et lui donner l'assurance qu'il désirait.

Mais le P. Guidée usait surtout de son ascendant pour plier les enfants à la sévère discipline du travail et de l'ordre. Nous ne reviendrons pas sur ses principes en fait d'autorité non plus que sur ses maximes en fait de gouvernement de la jeunesse. Nous les avons suffisamment exposés plus haut. Le recteur de l'école de la Providence était resté, sous ce rapport, l'ancien préfet de Saint-Acheul, si ce n'est qu'en vieillissant il était devenu plus vénérable encore, plus tendre et plus aimant.

Il aimait les enfants d'un amour profond. Quand il leur parlait de la tendresse de leurs parents, il le faisait avec un accent si pénétré qu'il était facile de voir qu'en cela il révélait les sentiments intimes de son propre cœur. Son amour ne reculait devant aucun sacrifice : ses pensées, ses soucis, ses travaux n'avaient pas d'autre objet que les élèves, pas d'autre but que leur bonheur ; même envers les coupables il savait se montrer aimable, et bien des enfants, à la suite des réprimandes le plus énergiquement infligées, se sentirent attirés vers lui par la plus filiale confiance.

Mais ce qui dominait toujours en sa personne, c'était une gravité imposante. Il apparaissait à tous comme le type de l'homme intègre, le défenseur incorruptible du devoir. Sa présence inspirait d'elle-même le respect, la vénération, l'obéissance, la régularité. Cet ascendant faisait du P. Guidée la suprême ressource des maîtres. Avaient-ils dans leur classe ou dans leur division un élève paresseux ou dissipé, fantasque et incorrigible, ils l'envoyaient chez le P. Recteur. Il y était reçu avec un visage sévère, un coup d'œil foudroyant, un reproche sec ou une plainte amère, puis consigné dans le vestibule, tout près de la porte, pour y subir, chaque fois que le P. Recteur sortait de sa chambre ou y rentrait, le même regard, le même reproche, la même plainte. Rarement le coupable le plus endurci pouvait supporter, pendant plusieurs jours de suite, cette rigueur paternelle, sans en avoir le cœur brisé de honte et de repentir : bientôt il se jetait à genoux en pleurant, demandait son pardon et promettait sérieusement de se corriger. C'était le moment attendu par le P. Guidée, et l'un de ses plus doux bonheurs. Après s'être assuré de la sincérité des regrets ainsi que de la promesse, lui-même, d'un air joyeux et presque triomphant, il ramenait la brebis égarée au bercail du professeur ou du surveillant, implorant pour elle l'oubli du passé et se portant garant de l'avenir.

Que s'il soupçonnait ou trop de précipitation ou trop

de rigueur dans un châtiment infligé par un maître, il évoquait la cause à son tribunal, et il l'instruisait avec une rare impartialité. Après avoir entendu le maître en particulier, il faisait venir l'inculpé, et, par un air de bonté, il essayait de l'amener à lui faire le récit sincère et complet de ce qui s'était passé. « Je le vois encore, écrit un frère coadjuteur témoin plus d'une fois de ces scènes intimes, je le vois encore assis gravement dans son fauteuil, attirant près de lui l'élève intimidé et tremblant, penchant sa tête vénérable vers celle de l'enfant avec la tendresse d'une mère, l'invitant à parler sans crainte et l'écoutant avec une attention encourageante. » L'enfant ne résistait jamais : il ouvrait son cœur, avouait toute sa faute ou démontrait son innocence, et toujours, condamné ou absous, puni ou pardonné, il s'en retournait meilleur.

Jamais cependant la bonté du P. Guidée ne dégénérait en faiblesse : s'il aimait à pardonner, il se résignait à punir, et parfois à punir de l'extrême châtiment, de l'expulsion. Dès qu'un enfant était reconnu incorrigible, ou dangereux pour ses condisciples, rien ne pouvait arrêter le coup fatal qui le menaçait, aucune considération, aucune influence, aucune prière, aucune souffrance. Combien de fois le P. Guidée n'eut-il pas le cœur horriblement déchiré, en se voyant obligé de porter la désolation au sein des familles les plus honorables et les plus chéries ! « Plaignez-moi, écrivait-il à un père en lui renvoyant un fils, plaignez-moi de me trouver ainsi placé entre ma conscience et mon cœur. » Mais, dans ces luttes douloureuses, c'était la conscience qui triomphait toujours. Il écrivait à un autre père : « S'il est dans notre pays une famille qui mérite des égards sous tous les rapports, assurément c'est la vôtre,

Monsieur, et il a fallu une bien impérieuse nécessité pour me décider au parti que j'ai cru devoir prendre. Dieu sait quelles ont été mes angoisses, mes hésitations, mes perplexités ; elles n'ont été vaincues que par la vue d'un devoir à remplir et en refoulant toutes les affections de mon cœur. » — A un autre encore : « Votre lettre si touchante, disait-il, a provoqué en moi une lutte, un combat véritable entre l'esprit et le cœur. Dieu m'est témoin que je voudrais pour tout au monde pouvoir laisser le cœur prononcer. Mais, après avoir mûrement réfléchi, prié, consulté, je ne puis, malgré tous les déchirements de mon cœur, que m'en tenir irrévocablement à ma première détermination, et je vous prie d'ajouter à toutes vos bontés celle de m'épargner des instances qui me désoleraient en pure perte; car en conscience je ne puis y accéder. »

Du reste il n'épargnait aucune précaution, aucune démarche pour adoucir la rigueur de l'exécution ou en dissimuler les motifs aux yeux du public. Il respectait l'honneur des familles ; il ménageait la réputation de l'enfant, et, en le renvoyant de sa maison, il ne le chassait pas pour cela de son cœur. Sa pensée, ses bons offices accompagnaient l'exilé et le suivaient toujours. « Combien de fois depuis huit jours, écrivait-il à un de ces tristes bannis, combien de fois j'ai pensé à vous et à votre digne mère ! Combien de fois j'ai de nouveau examiné devant Dieu ce que je pouvais, ce que je devais faire ! et la réponse de ma conscience a toujours été la même. Que cette leçon ne soit pas perdue pour vous, mon cher enfant. Qu'elle vous apprenne où peut conduire la légèreté, l'inconsidération. Qu'elle vous apprenne à réfléchir un peu avant que d'agir. Dédommagez enfin votre bonne mère des longs chagrins dont elle a été abreuvée jusqu'ici, et dont, hélas ! vous m'avez forcé d'augmenter l'amertume. Commencez une vie nouvelle : vous le devez aux vertus de votre père, vous le devez au dévouement et à la tendresse de votre mère, vous vous le devez à vous-même, vous le devez surtout à Dieu, votre Créateur et Sauveur. Croyez à l'invariable attachement de celui qui, pour paraître sévère à votre égard, n'en reste pas moins votre père tendrement affectionné en Notre Seigneur, et qui ne vous oubliera jamais dans ses prières. »

Que de traits pareils nous pourrions citer de cette tendresse du père, survivant aux obligations du recteur ! que d'histoires touchantes nous pourrions aussi raconter de ces pauvres bannis qui, parvenus à une heureuse réhabilitation, grâce aux conseils du P. Guidée, lui conservent la plus sincère affection, survivant aux plus amers souvenirs ! mais la discrétion a ses lois et l'histoire elle-même ses limites.

III. — Nous avons dit avec quels soins intelligents le P. Guidée se dévouait à instruire, à élever la jeunesse : qu'il nous soit permis d'ajouter que son dévouement ne fut pas stérile, et que l'école libre fondée par lui ne trompa point ses légitimes espérances. En constater ici les heureux résultats, n'est-ce pas payer un tribut mérité à la mémoire du vénérable fondateur, qui eut tant de fois le chagrin de voir les fruits de ses travaux méconnus, amoindris ou niés par la malveillance ?

Les adversaires de la Compagnie de Jésus lui accordent volontiers une certaine dextérité en fait d'éducation, afin de se ménager le droit de la déclarer complètement inhabile à donner l'instruction.« Les Jésuites, disent-ils, élèvent assez bien ; mais ils instruisent mal : » telle est la sentence peu désintéressée et fort injuste qu'ils vont publiant partout et qu'ils appliquent indistinctement à tous les établissements de la Compagnie. Pour ce qui concerne l'école de la Providence, le P. Guidée eut souvent à combattre cet inique préjugé et à démentir cette restriction calomnieuse. Il le fit toujours d'une manière péremptoire, en s'appuyant sur des faits palpables.

Voici comment, en septembre 1856, il exposait, devant la commission des actionnaires, la situation des études à l'école de la Providence. « Si quelqu'un, disait-il, veut considérer de près nos classes inférieures, il trouvera que les enfants qui nous viennent d'ailleurs, bien qu'ils aient déjà travaillé sur des auteurs plus difficiles, sont ordinairement forcés de recommencer une classe, sans être pour cela supérieurs à leurs condisciples. Nous pourrions citer un élève de cinquième qui, après avoir obtenu cette année à Pâques le second accessit d'excellence au lycée de ***, a lutté en vain jusqu'au mois d'août dans notre cinquième pour s'élever au-dessus d'une place moyenne de 19e à 23e ; et cela, quand ses condisciples n'étaient pas plus nombreux; quand son émulation était plus vivement piquée. » — Pour les classes supérieures, le P. Guidée invoquait, en témoignage de leur excellente tenue, les succès obtenus à l'examen du baccalauréat : « Les succès obtenus par nos élèves au baccalauréat ès lettres, l'année dernière et cette année, ont permis tout récemment à Mgr l'évêque d'Amiens de dire, dans une allocution publique, que nous avons été à la hauteur des établissements de l'État, pour ne rien dire de plus. Quant à l'enseignement des sciences, il est vrai que nous ne suivons pas l'Université dans la voie nouvelle où elle vient d'entrer. Notre cours de sciences, à proprement parler, ne commence qu'en philosophie. Il prépare nos élèves à subir l'épreuve du baccalauréat ès lettres après une année, et après la seconde année, celle du baccalauréat ès sciences. Les élèves que nous avons présentés l'année dernière et cette année ont mérité les félicitations de leurs examinateurs : et ils doivent ce succès moins à leurs talents qu'à la méthode elle-même et à l'ordre suivi dans les études. »

Faire des bacheliers n'est pas sans doute, pour une institution, la preuve irréfragable de la solidité de ses classes. Les bacheliers peuvent être comme ces fruits trop précoces, que le jardinier obtient en dépit de la nature qu'il violente et au détriment du sol environnant qu'il épuise, ou bien comme une moisson venue et recueillie en son temps. Dans ce dernier cas seulement ils attestent la force générale des classes suivies par eux; et c'est ce qui avait lieu à l'école de la Providence. Sans avoir pour but principal de faire des bacheliers, on conduisait les élèves, par le cours ordinaire des classes, jusqu'au degré d'instruction requis pour le baccalauréat : les bacheliers, ainsi formés témoignaient donc en faveur des études de l'école, et le P. Guidée pouvait légitimement s'appuyer sur leurs succès. D'ailleurs le nombre des bacheliers, n'eût-il pas été la pierre de touche infaillible pour juger de la force absolue des classes, il était au moins une preuve incontestable de leur force relative. Car sous ce rapport l'école de la Providence ne craignait la comparaison avec aucun autre établissement d'instruction secondaire. Proportion gardée, aucun autre ne fit parvenir au diplôme universitaire autant ou plus de ses élèves, ni d'une manière plus brillante. Les chiffres sont là, et les personnages les plus compétents en fait d'instruction l'ont attesté publiquement.

Mgr Boudinet félicitait presque tous les ans les élèves de la Providence de leurs succès en ce genre. En 1856, il s'exprimait ainsi : « Permettez-moi de vous dire que ce sont là de beaux et d'éclatants succès. Dans les établissements de l'État les plus renommés, on se trouve heureux d'obtenir cinquante pour cent, et vous avez dépassé ce chiffre. En homme de métier, je vous en félicite. » En 1860, il disait encore : « Je sens le besoin de vous féliciter, mes chers enfants, et de vous dire que les succès vraiment extraordinaires qui viennent de couronner votre année me comblent de joie. J'avoue que, dans ma longue carrière, dans un établissement qui me sera toujours cher et où ces joies ne m'ont pas manqué, je n'ai rien vu de pareil. » — Et avec autant de vérité que de délicatesse il ajoutait : — « Mais ce n'est pas tant de vos succès, si brillants qu'ils soient, que je vous félicite, que de la manière dont vous les avez obtenus. Ce n'est pas, je le sais, en abandonnant vos études ; vous n'êtes pas de ceux qui, comme le disait un des hommes éminents de l'Université, donnent plus d'attention à ce professeur muet, sans esprit et sans âme, qu'ils cachent au fond de leur pupitre et qui s'appelle *manuel*, qu'à l'homme de talent, de savoir et de cœur, qui s'épuise dans sa chaire à leur faire aimer la beauté des lettres et par elles les choses honnêtes... Vous n'avez pas fait votre *baccalauréat*, mais vos *études* et les palmes du baccalauréat sont venues couronner vos études. Même dans les sciences, vous avez eu des succès. Je dis : *même dans les sciences*, parce que l'école libre de la Providence semble, et avec raison, ne pas ambitionner cette gloire, ou du moins elle ne l'accepte pas sans condition. Vos maîtres ont des écoles spéciales pour ceux qui se destinent aux carrières qui exigent les sciences. Ils ont donc cet inappréciable avantage de ne pas compromettre le succès de ces études littéraires, les vraies grandes études, ces études qui ont fait la gloire de la France et que les maîtres les plus éminents des écoles de l'État voudraient relever à tout prix. Heureux donc les maîtres qui, libres de ces exigences des programmes imposés pour satisfaire à des besoins réels sans doute, mais aussi quelquefois aux caprices, conservent à l'enseignement littéraire sa prééminence incontestée ! Ces bonnes études littéraires n'expliquent-elles pas d'ailleurs vos succès dans les sciences? Pour vous, il n'y a pas de classes scindées : ce n'est qu'après la philosophie que vous abordez l'étude des sciences, c'est-à-dire, quand déjà développé, fortifié, formé par l'étude des lettres, votre esprit est bien plus capable d'en saisir les abstractions. »

Plusieurs fois les membres du jury d'examen ont fait publiquement l'éloge de l'instruction aussi bien que de l'éducation des élèves de la Providence. « L'école de la Providence, disait un examinateur, nous envoie de bons élèves ; ceux-là du moins savent écrire en latin. Il est aisé de reconnaître leurs copies au milieu des déplorables compositions des autres candidats. » Un autre disait : « Nous avons été souvent frappés de leurs réponses, mais surtout de leur politesse. »

Un homme que sa position mettait à même de juger en parfaite connaissance de cause, M. le comte du Hamel, préfet de la Somme, écrivait au P. Guidée : « Par conviction, comme par sympathie, j'ai toujours été porté à croire que l'éducation donnée par les révérends pères était la plus pure et la plus solide. »

A ces témoignages peu suspects de partialité joignons celui des élèves eux-mêmes, de ceux-là surtout qui, venus à la Providence après avoir passé par d'autres établissements, se trouvaient en mesure de faire une comparaison entre les divers régimes. Après trois mois de séjour à la Providence, un jeune rhétoricien écrivait à ses parents : « Je suis déjà très-bien habitué aux Jésuites. Il est incontestable que tout chez eux est bien supérieur à ce que j'ai vu ailleurs. L'instruction y est très-forte. Nous avons beaucoup à travailler. Cinq heures de classe, les jours ordinaires ; trois, les jours de congé. Nous avons chaque jour des devoirs corrigés scrupuleusement. L'éducation surtout y est très-soignée. Ce qu'il y a de remarquable, c'est le bon esprit et la moralité. Depuis trois mois que je suis ici, je n'ai pas encore entendu le moindre murmure ni la moindre parole équivoque. »

Un autre, qui était arrivé avec les préjugés les plus défavorables, écrivait aussi après quelques mois d'expérience : « Je suis pour ainsi dire stupéfait que, dans une pension aussi nombreuse, puisqu'elle est composée de quatre cents élèves, l'esprit soit en général si bon. Tous exécutent la règle avec facilité, je dirais même, avec plaisir. Et, pour se faire ici des amis bons et convenables, il n'y a que l'embarras du choix. »

Un troisième ajoutait : « Il règne ici entre les élèves un excellent esprit de concorde, qui m'a d'abord fait le plus grand plaisir. Chacun se montre empressé à mettre les nouveaux au courant des usages de la maison. Les études sont aussi très-bonnes. La méthode d'enseignement d'ici diffère un peu de celle des collèges. Nous ne suivons pas la grammaire de Lhomond ; nous apprenons celle d'un jésuite, Emmanuel Alvarez. C'est une grammaire en latin : elle est un peu difficile aux commençants ; cependant elle paraît préférable à celle de Lhomond, parce que, étant écrite en latin, il faut nécessairement la comprendre pour l'apprendre. Le professeur l'explique en classe au fur et à mesure qu'on l'étudie. Ensuite elle force à retenir un certain nombre d'expressions et de tournures latines, qui nous sont fort utiles pour parler latin en classe, comme nous le faisons. »

Tous enfin attestaient leur excellent esprit par leurs sentiments et leur conduite envers leur digne supérieur. Ils avaient pour lui une vive reconnaissance et un sincère amour ; ils le lui prouvaient, en toutes les occasions, par leur empressement à satisfaire ses moindres désirs, et en particulier, par la joie expansive, vraiment filiale, avec laquelle ils célébraient tous les ans la fête de leur bon père.

Nous ne décrirons pas ces fêtes de famille. Leur charme est de ceux qu'il est moins facile d'exprimer que de sentir. Mais quiconque l'avait une fois goûté ne l'oubliait plus. Commencée au collège par une séance littéraire, la Saint-Achille se continuait sous les ombrages de la maison de campagne. Un banquet général, réunissait à la même table, autour du P. Guidée, plusieurs générations de ses élèves de la Providence et de Saint-Acheul, et l'on y voyait réalisée à la lettre cette bénédiction promise à ceux qui craignent le Seigneur : « Vous mangerez du fruit de vos travaux : vos enfants, comme de jeunes oliviers, entoureront votre table, et vous verrez les enfants de vos enfants.

CHAPITRE QUATORZIÈME

ŒUVRES DIVERSES

I. — L'apostolat du recteur de la Providence n'était pas confiné dans les soins de l'éducation ; il s'étendait à tout ce qui n'était pas incompatible avec cet office principal. Outre les fonctions ordinaires du saint ministère qu'il continua d'exercer, le P. Guidée écrivit des biographies, fonda ou développa des œuvres de zèle.

Celles-ci avaient pour objet les militaires, les saltimbanques et les écoles catholiques de Suède.

La première en date est l'œuvre des militaires. Dès son arrivée à Amiens, le P. Guidée avait songé à doter sa ville natale d'une si belle œuvre, et, à peine installé au nouveau collége de la Providence, il avait mandé son actif auxiliaire de Paris. Par leurs démarches combinées et leurs communs efforts, l'œuvre fut d'abord établie chez les Frères des Écoles Chrétiennes, et confiée aux soins d'un ecclésiastique zélé qui la dirigea avec succès pendant plusieurs années. En 1858, le P. Guidée la reçut dans les bâtiments agrandis de son collége, et plusieurs de ses collaborateurs, professeurs ou surveillants, consentirent volontiers à joindre à leurs occupations ordinaires celle de faire tous les soirs l'école à nos braves soldats.

Mais on s'aperçut bientôt que les forces corporelles des maîtres ne répondaient pas à leur zèle, et que leur zèle lui-même ne pourrait suffire au nombre toujours croissant de leurs nouveaux élèves. Ils réclamaient des auxiliaires : une coïncidence toute providentielle les leur procura. La congrégation des anciens élèves venait d'être résolue en principe. Ce qui en retardait l'érection, c'est que l'on n'avait pu encore déterminer à quelles œuvres particulières serait appliquée la charité de ses membres. La détresse de l'école des militaires fit naître tout à coup la pensée d'y employer les futurs congréganistes, et de leur assigner, comme exercice de zèle, l'instruction des soldats. C'était lier, en quelque sorte, l'école des soldats à une conférence de saint Vincent de Paul, et affermir les deux œuvres l'une par l'autre. Le P. Guidée adopta ce projet, qui promettait d'heureux résultats; l'on se mit aussitôt en devoir de le réaliser, et il fut proposé en ces termes aux membres désignés de la congrégation :

« Depuis plusieurs années un prêtre zélé réunissait des militaires, et, à l'aide de quelques jeunes gens, leur enseignait à lire, à écrire, à calculer. Voulant agrandir son œuvre, il l'a transportée au collége de la Providence; elle y prospérera, si elle trouve des auxiliaires nombreux : pour cela, elle invoque le secours des anciens élèves de la Providence; pourraient-ils ne pas répondre à cet appel? Cette œuvre a un but essentiellement religieux : faire revivre dans l'armée les sentiments chrétiens, faire de bons soldats qui soient plus tard de bons citoyens. Leur intérêt personnel, celui de leur famille, celui de la société en dépend.

Ainsi proposé, le projet sourit à ces cœurs généreux : il fut accepté avec enthousiasme. La congrégation des anciens élèves, liée étroitement avec l'œuvre des militaires, fut érigée sous le titre de la *Vierge immaculée et de saint Maurice*.

Elle comprenait quatorze jeunes gens d'Amiens et un vétéran des armées de l'Empire, M. Schmidt, capitaine d'artillerie et chevalier de la Légion d'honneur. Cet ancien brave, en sollicitant son admission, disait au P. Directeur : « Tout ce que je désire, c'est que vous vouliez bien de moi; tout ce que vous direz, je le ferai ; plus vous mettrez de poudre dans cette misérable pièce d'artillerie qui s'offre à vous, plus le boulet ira loin ; si vos domestiques ont un trop grand surcroît de besogne, je balaierai les salles ; voyez-vous, mon Père, je veux être petit comme cela. » — En disant *cela*, il abaissait la main presque jusqu'à terre.

Les actions répondirent à de si beaux sentiments. Dans la distribution des occupations scolaires, l'humble capitaine demanda et obtint la dernière de toutes : il enseignait l'alphabet.

Les autres associés avaient également leurs fonctions déterminées. Laissons le Père qui dirigeait l'œuvre nous en exposer l'organisation : « Notre premier soin, dit-il, fut de faire un classement par catégories, réparties ainsi qu'il suit, chacune dans une salle spéciale. Outre les sous-officiers qui ont un cours à part, nous avons un premier cours, dans lequel, de 5 à 6 heures, on fait une dictée ou bien une narration ; de 6 heures à 6 heures et demie, on donne le devoir pour la caserne ; de 6 heures et demie à 7 heures, arithmétique, arpentage et problèmes. — Second cours, dans le même ordre, exercice d'écriture, puis dictée, arithmétique et devoir pour la caserne.—Troisième cours, dans le même ordre, exercice de lecture, puis arithmétique ou écriture des lettres de l'alphabet. A 7 heures, dans chaque cours, prière faite par l'un des professeurs. Ensuite, tous se rendent à la chapelle, le jeudi pour assister au salut, les autres jours pour chanter des cantiques, et une ou deux fois la semaine pour entendre une petite exhortation assaisonnée d'histoires. Les jours de fête, nos chasseurs et nos fantassins font une entrée solennelle à l'église, ayant en tête leurs professeurs, jeunes ou vieux ; ce qui produit bonne impression tant sur nos élèves que sur les personnes du dehors ; bon nombre de personnes restent même après le salut pour entendre chanter les cantiques, dont la principale harmonie tient à la force de poumons de nos virtuoses. »

L'école ainsi dirigée ne tarda pas à obtenir d'excellents résultats. Une centaine de soldats venaient tous les jours recevoir des infatigables congréganistes l'instruction classique, et des Pères du collége l'instruction religieuse. Peu à peu la confiance s'établit, bien des préventions furent dissipées, bien des faiblesses réconfortées, bien des consciences purifiées. Bientôt même, parmi ces braves gens, il s'en montra de plus décidés qui désirèrent propager autour d'eux le bien qui leur était fait. Ils formèrent le premier noyau d'une association particulière qui prit le titre de *Compagnie de Saint-Maurice*. A l'acte ordinaire de consécration, ils ajoutaient ces mots qui expriment le but de l'association : « Je m'engage à travailler, selon mon pouvoir, à la conversion de mes compagnons d'armes, afin que, dignes soldats chrétiens, ils marchent dans les sentiers du devoir, de l'honneur et de la vertu. »

On songea aussi à joindre à l'école une bibliothèque gratuite. Elle en était le complément naturel. C'était le moyen de faire pénétrer l'instruction religieuse jusque dans la caserne, et d'agir efficacement sur chaque soldat en particulier. Grâce à la générosité des congréganistes et de leurs parents, en peu de jours, la bibliothèque posséda plus de cinq cents volumes. Ces livres, lus avidement dans les casernes, y exercèrent bientôt une salutaire influence. On en eut la preuve au moment où, la guerre d'Italie venant à éclater, le régiment dut quitter Amiens. Avant de partir, un grand nombre de soldats voulurent se mettre en règle avec Dieu. Ils firent irruption chez les Pères du collége, se confessèrent, communièrent, et dès le lendemain ils s'en allèrent bravement exposer leur vie, pour l'honneur de la France, dans les plaines de Magenta et de Solférino.

Après la guerre l'œuvre fut reprise avec une nouvelle ardeur ; publiquement autorisée par le général de la subdivision militaire et par le maréchal duc de Magenta, elle jouit bientôt d'une telle faveur auprès des soldats que le tiers de la garnison fréquentait régulièrement les classes de l'école. « Ces réunions, raconte le P. Guidée, promettaient les meilleurs résultats, lorsqu'une défiance, à laquelle on s'était toujours efforcé de ne donner aucune prise, en ordonna la suppression. En vain le général qui commandait la subdivision militaire, rendit-il le témoignage le plus flatteur à cette œuvre qu'il avait lui-même approuvée et autorisée; en vain, fit-il valoir qu'elle avait pour but de soustraire le soldat à de pernicieux entraînements, l'ordre de cesser les réunions fut maintenu. On se ferait difficilement une idée de la douleur que manifestèrent nos chers soldats. Les Pères, non moins peinés d'une mesure qui empêchait tant de bien, durent remplir auprès d'eux l'office de consolateur et les exhorter à la résignation (1). »

L'école, depuis cette époque, ne s'est pas rouverte : « Quel crève-cœur, disait en gémissant le P. Guidée, de voir ainsi le bien empêché, les plus louables intentions méconnues, et les entreprises les plus salutaires, victimes des préjugés les plus absurdes ! »

II. — Une autre œuvre commencée après celle des militaires, lui survécut heureusement et subsiste toujours : nous voulons parler de l'œuvre des Saltimbanques dont le P. Guidée fut le fondateur à Amiens, et l'actif promoteur tant qu'il vécut.

En 1857, une lettre du noviciat d'Angers racontait à toutes les maisons de la province, l'origine de cette œuvre : « Tout le monde sait, disait-elle, qu'à l'occasion des grandes foires, on voit apparaître tout à coup, sur les places de nos cités, certaines troupes d'artistes nomades qui viennent prélever, sur la curiosité publique, le précaire soutien d'une misérable existence. Alors se dressent des baraques, demeures ambulantes où toute une population d'hommes, de femmes et d'enfants, vivent presque en

---

(1) Notice sur le P. Ch. Dubois, par le P. Guidée, p. 28.

dehors du reste de la société et complètement privés de secours religieux. » Sous la direction du Père Maître, nous avons tenté de les évangéliser, et, pendant trois années, notre apostolat a porté les fruits les plus consolants. » — Venait ensuite le récit détaillé de ces heureux résultats.

Cette lettre fit partout une grande sensation : nulle part une plus grande qu'à l'école de la Providence. Elle y arriva vers la fin de juin, quelques jours seulement avant la grande foire de la Saint-Jean-Baptiste. N'était-ce pas encore une coïncidence providentielle? Les jésuites d'Amiens en furent frappés, et, animés d'une sainte émulation, ils voulurent essayer, à leur tour, un apostolat si fécond. Le P. Guidée approuva leur zèle, adopta leur projet, et nomma parmi les Pères ceux qui devaient s'en occuper spécialement.

Les débuts furent peu encourageants. Le jour de la Saint-Pierre, deux Pères se rendirent sur le champ de foire. « Timides, presque tremblants, raconte l'un d'eux, nous abordons la place plutôt pour examiner que pour prêcher. Les voitures, les différents théâtres, tout est passé en revue. Mais un je ne sais quoi nous retient ; le moment nous paraît inopportun : la plupart des saltimbanques sont occupés, les uns à dresser leurs tentes, les autres à tendre des toiles, d'autres à répéter leurs pièces pour le soir; bref, nous avions peur. Le soir nous retournons, bien résolus à jeter nos filets ; nous abordions une baraque, quand tout à coup deux singes, s'échappant de la ménagerie sur la place, au milieu d'une foule compacte qui se presse, qui crie, qui court après les évadés, causèrent partout une confusion incroyable. Pas moyen d'adresser à qui que ce soit la plus petite question : nous revenons encore au collége. Les obstacles semblaient surgir de tous côtés, de nos occupations, de notre timidité, de l'enfer lui-même : c'était bon signe.

« Nous reprenons courage, et le lendemain, ayant excité notre confiance en Marie, pour la troisième fois nous pénétrons dans le champ de foire. Nous abordons deux hommes qui étaient en train de déjeuner : — « Bonjour, mes amis, n'auriez-vous pas, dans votre troupe, des enfants qui n'ont pas fait leur première communion? » — « Non, Monsieur le curé, dit l'un d'eux ; moi, je n'ai qu'un enfant, et je me sacrifie pour lui faire donner une bonne éducation ; il est en pension à Lyon. » — « Au moins, reprend le Père, si, parmi vos amis, il y a de ces enfants, veuillez leur indiquer le collége ; nous nous ferons un plaisir de les instruire. »

A quelques pas de là, se trouvait une pauvre femme occupée à son ménage, et qui nous avait entendus ; elle s'écria : « J'en ai bien un, moi, pour la première communion, mais qui paiera pour moi? » — « Allons donc, lui dit notre homme, ces messieurs font tout cela *gratis pro Deo.* » Cette femme alors dit qu'elle serait heureuse de pouvoir nous envoyer son enfant. Notre maison, l'heure, tout lui fut indiqué. Un peu plus loin, sur la place, nous accostons un petit garçon. Son allure, ses habits sales et négligés dénotent un petit saltimbanque : — « Bonjour, mon petit ami? » — « Bonjour, Monsieur le curé. » — « Tu me parais bien adroit. Comment t'appelles-tu? » — « Henri. » — As-tu fait ta première communion? » — « Ma première communion ! ah ! si je pouvais la faire. » — « Conduis-nous vers tes parents. » Il se dirige vers une voiture voisine. En nous voyant, la mère éprouva d'abord un grand embarras : elle était hollandaise et protestante. Le petit servit de trucheman ; on parla du prêtre catholique, de la première communion ; on finit par se comprendre. Alors le visage de cette pauvre femme s'épanouit, ses yeux se remplirent de larmes, et l'enfant nous fut accordé avec la plus vive reconnaissance. A l'heure que nous avions indiquée, nos deux enfants arrivèrent, accompagnés de deux autres, à qui ils avaient fait part de leur joie. C'étaient nos prémices. Pour ne pas les fatiguer on ne leur dit, cette première fois, que quelques mots du catéchisme, on leur apprit l'oraison dominicale, puis, on les renvoya dans leurs familles, heureux et promettant bien de revenir tous les jours. »

Le jour suivant, nouvelle tournée : « Nous devions une visite au père du petit Henri, M. Thomas Hart, le plus habile athlète du cirque ; nous entrâmes dans sa voiture. L'enfant nous avait dit que sa mère était protestante ; son père ne l'était-il point ? Voulait-il que son fils fût catholique ? Sa femme ne désirait-elle pas se faire catholique ? Toutes questions importantes et difficiles à éclaircir. Mais M. Hart, gagné par les soins que nous prenions de son fils, répondit sur tout ce qui le concernait, avec une franchise sans égale ; il nous apprit qu'il était d'une excellente famille catholique, mais que, sa femme étant protestante, il n'était pas marié ; que même, il n'avait pas fait sa première communion. « C'est mal, s'écria-t-il, très-mal, aussi je ne suis pas heureux ; mais je veux désormais être bien avec le bon Dieu. » Etonnés, ravis de trouver une âme si bien disposée, nous reprîmes : « Votre femme voudrait-elle embrasser la religion catholique ? »—« Je ne veux pas la forcer, elle est libre ; mais je voudrais pour beaucoup qu'elle devînt catholique. Emma, continua-t-il en s'adressant à sa femme, les bons Pères demandent si vous voulez toujours rester protestante? » Elle répondit que depuis longtemps, elle priait Dieu de lui offrir une occasion favorable pour se faire instruire et entrer dans le sein de l'Église catholique. Son mari alors, ne pouvant plus contenir sa joie, ne savait que faire pour nous témoigner sa reconnaissance. Il ne voulait plus nous quitter, il nous accompagna de voiture en voiture, et devint un véritable apôtre. Cette visite domiciliaire eut les plus heureux résultats; elle acheva de nous gagner la confiance des saltimbanques, et nous procura trois autres premiers communiants : un petit garçon du cirque, un petit funambule et une petite fille de quatorze ans. Ne pouvant préparer cette dernière, nous la confiâmes aux Sœurs de la Providence, en qui nous trouvâmes des auxiliaires dévouées et un zèle infatigable.

« Notre deuxième tournée avait été si fructueuse que, le lendemain à onze heures, nous étions sur le champ de foire. Quel ne fut pas notre étonnement et celui de tous les curieux, de nous voir, nous, jésuites, entourés par une cinquantaine de saltimbanques, hommes, femmes, enfants! Ces braves gens, rendus familiers par la visite de la veille, semblaient heureux de venir causer avec nous. Les uns nous donnaient des poignées de main, nous exprimant leur joie et leur reconnaissance. Les autres nous demandaient des médailles, des chapelets, et, peu à peu, la conversation devenant plus intime, ils commencèrent à nous raconter leurs diverses impressions : — « Ah! disait l'un, si vous saviez, mon Père, quel bien vous nous faites en vous occupant de nous! » — « Ah! reprenait une pauvre femme, si seulement nous trouvions partout des prêtres qui voulussent bien, comme vous, nous entendre en confession! » — « Moi, dit un jeune homme, j'ai fait ma première communion à Nancy, par les soins de Mgr Menjaud. Toute ma vie, je me rappellerai sa bonté, sa douceur : nous l'appellions tous le *père des voyageurs.* » — Moi, dit un autre, c'est à Bourges ; là, j'ai eu le bonheur de rencontrer un saint prêtre, M. Raymond, qui nous témoignait vraiment le plus vif intérêt. » Enfin, un homme assez âgé ne craignit pas de nous dire, en présence de tous les autres : « Je regrette vivement d'être forcé de partir ce soir pour Abbeville, je n'ai pas fait ma première communion. » Puis, tout bas : « Je ne suis pas marié avec ma femme. » Nous lui donnâmes de bonnes espérances, et, sur sa demande, nous l'adressâmes à un saint prêtre d'Abbeville, qui, en effet, combla ses désirs.

« Une troisième tournée trouva les cœurs encore plus confiants, et recueillit de nouvelles conversions. Mais la principale conquête de cette tournée fut la mère de notre première communiante. Elle vint trouver la religieuse qui préparait sa fille, et lui témoigna un grand désir de parler au Père de la foire. Aussitôt le Père se rendit chez la Sœur, et là notre pauvre femme lui ouvrit son cœur, avec une candeur merveilleuse : « J'ai quarante-cinq ans, dit-elle, et je n'ai pas encore fait ma première communion ; mon mari ne l'a point faite, mon beau-frère et ma belle-sœur en sont au même point. J'aurais dû faire ma première communion lorsque je me suis mariée, mais je n'étais pas prête. J'ai voulu, il y a deux ans, aller à confesse, mais, à peine ai-je dit que j'étais de la foire, que le prêtre m'a repoussé, en disant : « Je ne confesse point des gens comme vous. » Je n'osais donc plus, quand l'autre jour, vous voyant si bienveillant pour nous, je me suis dit : J'irai à ce bon Père. Ah! mon Père, ayez pitié d'une pauvre femme, et faites-lui faire sa première communion. » Elle fut encore confiée à la bonne religieuse, qui se trouva bien heureuse de pouvoir instruire à la fois la mère et la fille.

« Le 22 juillet était le jour fixé pour la première communion. Depuis trois semaines, nos petits saltimbanques avaient appris le strict nécessaire; ils avaient fait tout ce qu'on pouvait attendre de tels enfants. On leur fit faire une retraite de trois jours; mais retraite d'une nouvelle espèce, car, pour de petits saltimbanques, il ne faut jamais séparer les jeux de la prière.

« Je ne m'étendrai pas sur la fête; tout ce que je dirais, tout ce que vous supposerez ne vous rendra que faiblement la vérité. Notre chapelle parée comme aux plus beaux jours, nos premiers communiants entourés de leurs parents, l'orchestre des musiciens allemands, les cantiques de nos élèves; l'allocution du P. Guidée, tout cela donnait à la cérémonie un caractère particulier et d'un effet pénétrant.

« Inutile de vous dépeindre le bonheur des enfants, des parents et des Pères. La cérémonie fit une heureuse impression sur tout le monde. Un de nos anciens élèves vint me presser la main en disant : « Ah! mon Père, jamais communion ne m'a ému comme celle-ci. »

Enfin, l'apostolat des saltimbanques fut couronné, dès cette première année, par le succès le plus consolant : 12 premières communions d'enfants ou de grandes personnes; 15 confirmations; une trentaine d'autres personnes réconciliées avec Dieu; 2 protestantes décidées à faire leur abjuration ; 3 unions illégitimes bénites ou en voie de l'être, tels furent les principaux résultats de cette première campagne.

En 1858, les fruits de salut furent les mêmes, sinon plus abondants : « Tout ce que nous avons dit l'an dernier, reprend l'annaliste de cette œuvre, nous pouvons le redire cette année. De 50 à 53 personnes se sont approchées des sacrements. Parmi celles-ci, nous comptons 35 confirmés, dont 15 premiers communiants; 1 mariage bénit, 2 autres en voie de l'être; 2 baptêmes, l'un d'un enfant de cinq mois, que sa mère ne voulait pas laisser baptiser, craignant, disait-elle, de le rendre trop méchant, l'autre d'une personne de 28 ans. A quatre reprises différentes, Mgr l'évêque d'Amiens administra le sacrement d'eucharistie et celui de confirmation, une fois au collége, trois fois à l'évêché. »

Les années suivantes, les résultats furent semblables. Tant qu'il vécut, le P. Guidée, veilla au progrès de cette œuvre, qui lui tenait si fort à cœur. Tous les ans, au retour de la foire, il choisissait lui-même les Pères destinés à ce genre d'apostolat, encourageait leur zèle, et les suivait avec un tendre intérêt, toujours disposé à les seconder de sa personne et de son influence. Aujourd'hui encore, l'œuvre des saltimbanques, fondée à Amiens par le P. Guidée, subsiste et prospère.

Il en est de même, croyons-nous, d'une autre œuvre qu'il soutint, pendant plus de vingt années, avec une égale sollicitude : celle des écoles catholiques de Suède.

III. — Le 24 juin 1838, le P. Loriquet mettait l'une de ses filles spirituelles, mademoiselle Bogen, en rapport avec Mgr Studach, vicaire apostolique de Suède, et lui disait : « Suivez ce digne prélat, allez à Stockholm pour faire l'école aux enfants catholiques et former des institutrices chrétiennes. Partez, moi, je prierai pour vous. Adieu, jusqu'au ciel. » Sur la parole de son saint directeur, la courageuse fille était partie. Le P. Loriquet, jusqu'à sa mort, l'aida de ses paternels avis, et, en mourant, il légua ce pieux devoir au P. Guidée, son ancien élève. Depuis cette époque, en 1845, jusqu'en 1865, durant vingt années, le P. Guidée, fidèle à la suprême volonté de son vénéré maître, demeura le correspondant de mademoiselle Bogen, le confident de toutes les pensées de cette âme dévouée, son consolateur dans les peines et les tribulations, et, autant qu'il le pouvait de si loin, son conseil, son aide dans la noble entreprise qu'elle poursuivait.

On nous pardonnera d'entrer ici dans quelques détails sur la nature, l'origine, les progrès et les épreuves de cette œuvre vraiment apostolique, et de puiser, comme à pleines mains, dans la correspondance si intéressante de mademoiselle Bogen avec le P. Guidée. L'édification qui en résultera, nous l'espérons, sera notre excuse, et au besoin notre justification.

Il s'agissait de restaurer, ou plutôt de recréer l'œuvre de l'éducation, tristement déchue ou même totalement inconnue en Suède. « Ici, écrivait mademoiselle Bogen au P. Guidée, ici l'instruction ne manque à personne ; mais l'éducation, personne ne la connaît. Il n'est pas rare de voir des jeunes gens assez instruits ; mais ce qui est tellement rare que je ne l'ai presque jamais vu, c'est un enfant bien élevé. » Le P. Guidée pouvait-il ne pas s'intéresser à une entreprise si bien d'accord avec ses propres goûts ? Il la soutint de toutes ses forces et de toutes manières : par les aumônes en argent ou en livres qu'il envoyait fréquemment à la courageuse mais pauvre institutrice, et par les défenseurs qu'il lui suscitait en France; plus d'une fois, il fit publier ses plaintes dans l'*Univers*, et sollicita de M. Louis Veuillot d'énergiques protestations contre les persécuteurs du catholicisme en Suède.

Aussi mademoiselle Bogen regardait le P. Guidée comme le second père de son œuvre et de son âme ; elle lui écrivait, le 11 novembre 1849 : « Pensez que vous avez en Suède des filles qui vous regardent, après le P. Loriquet, comme leur fondateur, ou plutôt leur charitable père. » Et huit ans plus tard, le 10 janvier 1857 : « Croyez, mon bien vénéré Père, que le pieux intérêt que vous avez daigné m'accorder après celui du bon P. Loriquet, est bien profondément gravé dans mon cœur. Je me fais une fête de vous en remercier au ciel ! Je suis heureuse ici, j'ai grâce pour y rester ; mais, mon vénéré Père, qu'il est dur de voir avancer si lentement l'œuvre qu'on a si fort à cœur ! »

Elle marchait bien lentement, en effet, l'œuvre des écoles catholiques en Suède, entravée qu'elle était par des obstacles de toutes sortes. Arrivée seule à Stockholm, mademoiselle Bogen avait d'abord cherché à s'adjoindre quelques compagnes. Bientôt elle essaya de fonder une congrégation enseignante sous le patronage de sainte Brigitte, et elle pria le P. Guidée d'en rédiger les constitutions ; ce qu'il fit avec zèle et prudence. Elle lui adressait à Paris les jeunes suédoises qu'elle espérait voir devenir un jour les pierres fondamentales de son pieux institut ; le P. Guidée les plaçait dans des communautés religieuses, les visitait, les instruisait, et contribuait ainsi efficacement à les convertir à la foi catholique. Mais pendant longtemps, il ne lui fut pas possible, non plus qu'à mademoiselle Bogen, d'obtenir davantage. Le caractère suédois, mou, frivole, inconstant, ne paraissait plus capable d'embrasser ou de porter l'austère fardeau de la vie religieuse. Les jeunes personnes que mademoiselle Bogen s'étaient d'abord associées manquèrent de constance et l'abandonnèrent successivement.

Elle ne se découragea point ; ne pouvant établir la congrégation qu'elle avait projetée, elle demanda, par l'entremise du P. Guidée, et reçut, d'une congrégation religieuse de Paris, de précieux secours et des compagnes zélées. L'œuvre dès lors parut faire des progrès plus sensibles : l'école catholique devint le premier établissement d'éducation de Stockholm. Et la Suède, après deux siècles de stérilité, recommença à produire des fruits de religion. Mademoiselle Bogen écrivait, le 21 septembre 1856, au P. Guidée : « Deux des filles que j'ai élevées depuis leur tendre enfance se sont réunies à nous. Elles sont novices ; une troisième semble suivre la même voie. Daignez, mon Père, les bénir et les recommander dans vos saints sacrifices : ce sont les prémices de notre pauvre petite école et celles de toute la Suède ; car ce sont les premières qui, sur cette terre de Suède, ont prononcé des mots, qui ne sont plus, pour ainsi dire, dans la langue suédoise. » Un an plus tard elle ajoutait : « La première maîtresse de classe est l'une de mes filles pour laquelle mon bon P. Loriquet a souvent prié ; c'est la première suédoise qui, en Suède, se soit consacrée à Dieu et au service du prochain. Une norvégienne, qui est dans la maison depuis huit ans, est aussi sur la même voie, elle sera nôtre tout-à-fait dans peu. Puis, il nous est arrivé de Paris une danoise, qui a pris ici son dernier engagement : n'est-ce pas consolant d'avoir réuni les prémices des trois pays scandinaves, pour les offrir à Dieu comme un sacrifice expiatoire qui, je l'espère, attirera sa miséricorde sur ces trois pays si longtemps malheureux ? Voilà, vénéré et bon Père, ce que, avec une conviction certaine, j'attribue aux prières du bon P. Loriquet et à votre charité. »

Quelque précieux que fussent ces résultats, ils n'étaient pas les seuls que l'œuvre produisît : « Notre école prospère, ajoutait mademoiselle Bogen, de jeunes luthériennes se présentent et nous les acceptons ; j'en attends quelques-unes de très-bonne famille, qui nous en attireront d'autres. Nous avons les deux filles d'un journaliste qui était bien animé contre nous, il y a quelques années. Je viens aussi de recevoir une lettre d'un jeune homme qui, il y a trois ans, revint de la province à Stockholm avec de grandes préventions contre nous, et surtout contre moi. J'eus l'occasion de lui parler, de le conduire à notre bon curé ; je lui donnai une médaille miraculeuse, à condition qu'il la porterait ; ce qu'il fit. Il dut aller en Belgique : nous l'adressâmes à un bon prêtre, qui a été pour lui un ami, un père, et plus qu'un père, puisqu'il lui a donné la vie de l'âme. »

D'autres conversions eurent lieu ; une des plus remarquables est racontée ainsi par mademoiselle Bogen au P. Guidée : « Le 8 septembre 1863, je vis arriver chez moi un adversaire connu de notre cause. Il avait besoin de faire traduire en français un document important pour lui. Malgré nos occupations, malgré notre incapacité, le bon Dieu nous inspira de faire au moins preuve de bonne volonté. Nous commençâmes ce travail, non sans être vingt fois tentées de tout laisser de côté. Le soir arriva : nous étions loin d'avoir fini, et ce monsieur revint. Il vit nos efforts; il chercha à nous bien expliquer ce que nous ne comprenions pas assez. Le document contenait certaines idées qui me donnèrent l'occasion de lui dire que, nous catholiques, nous avions une autre manière de voir, et je lui expliquai en quoi différaient sa croyance et la nôtre ; il parut satisfait, et notre conversation tourna de telle façon que je lui offris aussitôt l'un des bons livres que vous m'avez envoyés, et qui étaient encore sur ma table. Il nous quitta vers 11 heures du soir ; je passai alors dans ma petite chambre, et, me plaçant devant ma chapelle, je dis tout haut à la Sainte-Vierge : « Bonne mère, est-ce que vous ne me donnerez pas cette âme pour le jour de votre fête? » La bonne mère l'avait déjà prise. Ce monsieur revint le lendemain, et demanda des leçons de français : c'était un prétexte, nous ne parlions que de religion. Son changement était difficile : sa position le fait dépendre des personnes qui nous sont le plus opposées, et il est écrivain distingué. Je lui proposai un voyage à Paris. — Il n'a pas d'argent pour le voyage. — Je le lui avance. — Il n'a pas le moyen d'y séjourner. C'est ici le point embarrassant. Le bon Dieu, tout providentiellement, m'envoie un bon français, excellent catholique ; je m'adresse à sa charité, il m'entend, et, au milieu de circonstances que je ne puis détailler, mais qui toutes étaient marquées du doigt de Dieu, le jour de l'octave de la Nativité, notre cher protégé se trouvait catholique de cœur, il possédait le moyen d'aller à Paris, d'y séjourner tout l'hiver pour se bien éprouver et voir le catholicisme à l'œuvre. Ainsi, en huit jours, Marie, notre divine mère, a fait, de l'un de nos adversaires, un ami dévoué à notre sainte cause. Priez Dieu, mon Père, de fortifier cette chère âme et d'en faire un vase d'élection. »

A une œuvre qui produisait de si beaux fruits, l'épreuve divine, la persécution, ne pouvait manquer. L'école catholique de Stokholm participa dès son origine aux tribulations de la mission de Suède ; et l'on vit l'intrépide institutrice, traînée par l'intolérance luthérienne devant les tribunaux, y paraître avec le vénérable M. Bernhard, curé de Stockhólm. Il ne sera peut-être pas sans charme de l'entendre raconter elle-même à son bon Père Guidée la cause et les péripéties de cette longue querelle avec l'injustice suédoise.

Le 11 juin 1851, elle écrivait : « J'ai eu deux fois le bonheur de paraître en police correctionnelle, pour avoir à répondre des conversations religieuses et toutes maternelles que j'avais eues avec de jeunes personnes qui ont été élevées dans la maison. Elles étaient au nombre de neuf (1). Comme je ne voulais pas risquer mon suédois, j'ai annoncé d'abord que je ne pourrais m'expliquer qu'en français, et le préfet de police, qui le parle, mais qui ne voulait pas non plus se risquer, chargea notre bon curé d'être mon interprète et le sien, ce qui me tira d'affaire. J'ai été acquittée. » Elle le croyait, du moins, elle se trompait : « Notre procès n'est pas fini, écrit-elle le 24 juin 1851, et je ne suis pas hors d'affaire, ainsi que nous l'avions tous pensé. Notre accusateur a déclaré à la police

---

(1) Voir l'*Univers*, 1851, 22 juin.

qu'il entendait poursuivre devant les tribunaux M. le curé et moi, parce que, dit-il, il faut en finir avec l'impudence des *Jésuites*. — J'ai l'honneur de passer pour l'être. — Nous ne savons ce qu'on va faire maintenant. Mais si les journaux de l'étranger nous aident, il est à croire que les autorités suédoises, honteuses de leur rôle, n'oseront pas seconder la mauvaise passion d'un homme véritablement payé pour tourmenter ce qu'on appelle ici la secte des catholiques. »

C'est ce qui arriva d'abord : « Les articles des journaux, surtout celui de M. Veuillot (1), ont fait merveille, et nos petits mandarins, si jaloux de l'opinion européenne, se sont alarmés : le style, la réputation de M. Veuillot les a tellement effrayés qu'ils ont mandé tout de suite notre bon curé, pour tâcher d'obtenir de lui qu'il envoyât à la feuille parisienne quelques rectifications. Plusieurs feuilles suédoises ont déploré amèrement des faits qui attirent un si grand blâme sur leur nation. Voilà l'effet que nous attendions. Nous espérons donc la liberté de fait, en attendant que nous l'ayons de droit. »

Mademoiselle Bogen crut même un moment posséder l'une et l'autre : « Mon vénéré Père, dit-elle le 27 février 1852, nous ne pouvons manquer d'avoir la liberté de droit : elle a été donnée par la constitution de 1809, mais le paragraphe qui l'accorde avait été jusqu'ici mal interprété. Mon défenseur a pris la peine de compulser les archives et de revoir toutes les discussions faites aux états, au moment où la constitution a été adoptée : il a trouvé que le paragraphe 16 qui nous concerne, y avait été parfaitement et très-clairement expliqué en ce sens

(1) Voir *Univers*, 1851, 22 juin.

que tout suédois a le droit d'embrasser telle religion qu'il lui plaira, pourvu qu'il ne prétende à aucune charge ou place de l'État. Voilà ce qui existait à notre insu, et voilà ce qu'on retrouve aujourd'hui. Non-seulement notre procès sera annulé, mais encore, l'affaire ayant occupé toute la Suède, attentive à la lecture des journaux, la découverte de cette explication incontestable va porter à la connaissance de tout le pays que les suédois ont la liberté de conscience. » Elle valut du moins, aux accusées, une sentence d'acquittement.

« Nous avons donc la liberté, s'écrie mademoiselle Bogen, et nous désirons en profiter de notre mieux. » Elle ajoutait : « Je sens de la consolation à vous dire tout cela, bon et vénéré Père ; n'est-ce pas à celui qui m'a envoyé en Suède, et à votre charité, qui l'a si bien remplacé, que je dois l'indicible bonheur de vous parler des miséricordes de mon Dieu sur ce pauvre pays, devenu le mien ? »

Tout n'était pas fini cependant : la liberté de fait dura à peine quelques années, et, en 1858, la liberté de droit fut solennellement refusée par une loi votée à la diète. Dès lors la persécution contre les catholiques recommença. Le procès contre les prosélytes de M. Bernhard et de mademoiselle Bogen fut repris, et les lois furent appliquées dans toute leur intolérante rigueur : huit pauvres femmes furent expulsées de leur patrie, pour avoir osé revenir de l'hérésie de Luther à la religion de leurs ancêtres. Mademoiselle Bogen rend ainsi hommage à leur admirable constance : « Nos chers néophytes nous ont rendus tous heureux par leur fermeté, leur courage ; elles ont résisté à tout, elles ont confessé leur foi devant leurs anciens ministres, devant le consistoire, devant la police, devant les tribunaux, et enfin devant le grand gouverneur qui, avant-hier encore, leur montrant une lettre du prince régent, leur disait : « Demandez votre grâce, et vous l'aurez. » — « Non, répondirent-elles, nous n'avons commis aucun crime: nous ne demanderons point pardon, ce serait avouer que nous avons manqué, et notre conscience ne nous reproche rien. » Ce matin, 28 juin 1858, elles ont quitté Stokholm pour aller en exil. »

En 1859, l'intolérance forgea de nouvelles entraves au progrès du catholicisme. Mademoiselle Bogen les annonçait ainsi au P. Guidée : « Le 15 octobre 1859, la diète sera ouverte. Un projet de loi proposé par le roi accorde la liberté religieuse à tous, excepté aux catholiques, à qui elle crée, en outre, mille entraves et mille embarras. Si le projet passe, nous perdrons toutes nos élèves, et notre position sera bien triste, car nous serons toujours exposées à être expulsées du pays. » Il passa. Ce fut presque la ruine de l'œuvre de mademoiselle Bogen. Elle écrit le 30 mai 1860 : « Jamais nous n'avons eu les mains plus liées que maintenant. Vous savez, mon bien vénéré Père, avec quelle peine nous sommes arrivées à former des maîtresses capables. Nous avions enfin des classes où mes amies enseignaient les langues étrangères, la musique, le dessin, et ce qui tient à l'instruction ordinaire; de jeunes enfants de parents luthériens nous étaient confiées, et ceux-ci étaient satisfaits; nous avions des enfants de mères catholiques, qui avaient obtenu de leurs maris protestants la permission de nous confier leurs filles pour leur donner une éducation catholique; nous avions d'autres enfants de veuves catholiques, dont la consolation était de pouvoir élever leurs filles dans la foi qu'elles professent elles-mêmes. Tous ces enfants que je viens de désigner, ne pourront plus suivre nos classes : nous devons les renvoyer nous-mêmes; autrement, nous serions exposées à voir notre maison fermée, et à être expulsées du royaume. Nous ne pouvons risquer de faire fermer la seule école catholique en Suède. Il faut pourtant sauver au moins les pauvres enfants de nos mères catholiques, sans compter d'autres enfants que nous voudrions conserver. Voici donc le moyen que nous avons imaginé, et que je recommande vivement à votre charité, mon Père; daignez y penser devant Dieu. Nous louerons une petite maison; l'une de mes amies s'y établira avec une protestante de sa connaissance, qui donnera son nom à l'école, sans se mêler de la direction. »

Ce projet fut exécuté, et l'œuvre y gagna une école de plus. Les deux écoles vécurent, il est vrai, dans des alarmes continuelles, néanmoins elles prospérèrent; d'autres fondations s'y joignirent : un hospice et deux autres écoles tenues par des Sœurs de Saint-Joseph, de Chambéry. Comme toujours, la persécution avait porté ses fruits. Enfin, le 17 juillet 1865, mademoiselle Bogen annonçait au P. Guidée la résurrection du tiers-ordre de saint François, en Suède.

Le P. Guidée répondit à cette lettre, le 15 août 1865 : ce fut pour la dernière fois, car la mort allait bientôt le frapper. Ainsi il demeura jusqu'à la fin dévoué à la belle œuvre que le P. Loriquet lui avait transmise en mourant, et aujourd'hui, on peut le croire pieusement, réuni dans le ciel à son ancien maître, il la protége encore de sa puissante intercession.

Aux œuvres fondées ou soutenues par le P. Guidée, ajoutons enfin ses œuvres littéraires.

IV. — Le P. Guidée ne voyait dans la composition des livres qu'un moyen d'édification et un genre d'apostolat cher de tout temps à sa Compagnie; jamais il n'ambitionna d'autre fruit de ses ouvrages que d'être utile aux âmes. Il le disait dans une de ses préfaces : « Puisse ce travail, entrepris en vue de Dieu, contribuer au bien des âmes, et allumer, dans le cœur de ceux qui le liront, une étincelle du feu sacré que le Sauveur est venu apporter sur la terre ; c'est notre vœu le plus ardent, et ce sera notre plus douce récompense (1). »

En 1849, à la prière d'une respectable famille, il composa la *Notice sur la vie et la mort du P. Estève*, simple récit des travaux d'un jésuite, mort missionnaire en Chine. En 1850, après la mort du P. Varin, le P. Rubillon, provincial de Paris, écrivit au P. Guidée :

« Mon révérend Père,

« Vous avez fait avec tant de zèle et de fruit pour les âmes la notice du P. Estève, que j'ai pensé à vous pour celle de notre vénéré P. Varin. Dites-moi bien simplement si vous pouvez vous en charger. Si vous croyez pouvoir accepter, je serai tranquille ; la notice sera faite, et bien faite. »

Un désir des supérieurs était un ordre pour le P. Guidée : il accepta. L'ouvrage avança bien lentement, au milieu des embarras que suscitait à son auteur la fondation du collége de la Providence ; enfin, il parut en 1854, accompagné de Notices intéressantes sur un grand nombre des

---

(1) Vie du P. Varin, Préface.

anciens Pères de la Foi. M. le chanoine Tresvaux en rendit compte en ces termes, dans la *Bibliographie catholique :* « Nous avons eu rarement, en lisant un livre confié à notre examen, autant de plaisir que nous en a causé la *Vie du P. Varin,* Indépendamment de l'intérêt que nous inspire le souvenir de ce saint religieux, que nous avons connu pendant trente ans, nous avons trouvé cet ouvrage si bien fait, et si propre à plaire aux hommes de goût, que nous en rendons compte avec une satisfaction toute particulière. Le P. Varin, par sa haute vertu, méritait que sa mémoire fût sauvée de l'oubli ; nous espérons qu'elle le sera par le talent de son biographe. Tout contribue à faire de cette *Vie* un ouvrage excellent : narration bien conduite et constamment intéressante ; style correct et convenable au sujet ; notes curieuses répandues au bas des pages, et destinées à éclaircir certains faits relatés dans la *Vie* ; voilà ce que l'on trouve réuni dans l'œuvre du P. Guidée ; aussi, ne doutons-nous pas qu'elle n'obtienne un véritable succès (1). »

Dans une lettre particulière adressée au P. Guidée, il ajoutait : « Je n'ai pas eu besoin de me rappeler la sincère affection que je vous conserve pour rendre un compte favorable de la *Vie du P. Varin;* il m'a suffi d'écouter l'esprit de justice, qui doit toujours guider dans ses jugements un critique littéraire. Je n'ai dit de votre livre que ce que j'en pensais, et je vous félicite d'avoir entrepris cet ouvrage, qui est des plus intéressants. »

La *Vie du P. Varin* fut très-bien reçue du public religieux, que l'auteur avait surtout en vue. La Compagnie

---

(1) Bibliographie catholique. Tome XIII, p. 399.

de Jésus et les congrégations fondées ou dirigées autrefois par le P. Varin, ne lurent pas sans une réelle satisfaction cette histoire qui leur rappelait de si touchants souvenirs. De toutes parts arrivèrent au P. Guidée les plus honorables félicitations. La Compagnie de Jésus, en particulier, se montra reconnaissante : « Oh! que vous avez fait une bonne œuvre! lui écrivait le P. de Ponlevoy; la Compagnie vous en tiendra compte, soyez-en sûr, dans le ciel et sur la terre. Ainsi vous avez recueilli avec religion ces chères reliques de famille, et, en faisant cet acte de reconnaissance envers le passé, vous avez donné un nouveau moyen d'édification pour l'avenir. » — « Vous avez fait, disait le P. Cahour, un livre bien touchant et bien utile : il prendra certainement place dans nos bibliothèques; c'est de l'histoire, et vous êtes heureux d'avoir été choisi par saint Ignace pour être et demeurer le narrateur du rétablissement de sa Compagnie. » — « J'ai admiré en vous lisant, ajoutait le P. Ch. Daniel, comment la Providence préparait la résurrection de la Compagnie par une abondante effusion de l'esprit de saint Ignace. En vérité, je ne connaissais pas encore ces hommes-là ; je ne savais pas que nous fussions appelés à remplacer une génération si héroïque. Ces pages serviront un jour à compléter l'histoire de la restauration religieuse qui a suivi la révolution, et dont nous recueillons aujourd'hui les fruits. »

Au nom de la Société des Dames du Sacré-Cœur, madame Barat remercia en ces termes le P. Guidée : « La vie sainte et pleine de zèle de notre vénérable fondateur sera pour nous toutes un puissant aiguillon. En nous remettant sous les yeux ses vertus, ce que nous devons à son dévouement, elle nous rappellera aussi nos obligations et nous rendra plus fidèles à marcher dans le chemin qu'il nous a tracé. Il nous est doux aussi, mon révérend Père, de vous devoir un travail qui a pour nous autant d'utilité que de consolation, en nous retraçant, non-seulement les exemples de notre vénérable P. Varin, mais encore ceux des premiers compagnons de ses travaux, que nous avons connus, et qui, pour la plupart, ont bien voulu seconder son dévouement pour la petite Société du Sacré-Cœur. »

Une réclamation, il est vrai, se glissait dans cette lettre de madame Barat ; mais, émanant de l'humilité de la sainte religieuse, elle confirme plutôt qu'elle n'infirme le récit du P. Guidée, et nous n'avons garde de l'omettre : « J'aurais seulement désiré, continue madame Barat, que, dans ce que vous avez écrit sur mon frère, vous eussiez omis ce qui me concerne, ou que vous l'eussiez traité avec plus de vérité : le titre de fondatrice que vous m'y donnez, par exemple, me paraît usurpé, et j'en souffre, car il ne m'est certainement pas dû. Je n'ai été qu'un chétif instrument, et, sans le zèle infatigable, les travaux de mes compagnes, les soins éclairés qui nous ont soutenues et guidées, que serait devenue cette œuvre si traversée dès sa naissance? Puisqu'il n'y a pas moyen de réparer cette méprise, elle me servira du moins de stimulant pour ma faiblesse. »

Encouragé par le succès de la *Vie du P. Varin*, le P. Guidée composa successivement la *Vie du P. Sellier*, son ancien supérieur à Montdidier, des *Notices* intéressantes sur le *P. Mallet,* son ancien socius, sur le *P. Renault*, son provincial, sur *M. Dubois-Fournier,* son actif collaborateur dans la fondation du collége de Brugelette, sur un fils et un petit-fils de ce vénérable patriarche,

M. Louis Dubois et le *P. Charles Dubois*. Il réédita aussi, et enrichit de nouvelles biographies un excellent ouvrage du P. Loriquet, les *Souvenirs de Saint-Acheul* (1). »

(1) Voici la liste des ouvrages du P. Guidée :

1. — *Manuel des Jeunes Professeurs*, 1842.

2. — *Notice sur la vie et la mort du P. E.-M.-F. Estève*, prêtre de la Compagnie de Jésus, missionnaire de la Chine, 1re édit., 1843, 2e éd., 1855.

3. — *Manuel du Soldat chrétien*, 1850.

4. — *Manuel des Mères chrétiennes*, 1850.

5. — *Manuel de l'Ouvrier chrétien*, 1850.

6. — *Manuel du Marin chrétien*, 1851.

7. — *Manuel du Laboureur chrétien*, 1851.

8. — *Vie du R. P. Joseph Varin*, religieux de la Compagnie de Jésus, 1re édit., 1854, — 2e édit., 1860.

9. — *Notices historiques sur quelques membres de la Société des Pères du Sacré-Cœur et de la Compagnie de Jésus*, publiées d'abord en 1854 dans la *Vie du P. Varin*, puis séparément en 2 vol., en 1860.

10. — *Notice sur le R. P. Alexandre Mallet*, de la Compagnie de Jésus, 1856.

11. — *Vie du R. P. Louis Sellier*, de la Compagnie de Jésus, 1858.

12. — *Souvenirs de Saint-Acheul et d'autres établissements français*, dirigés par des Pères de la Compagnie de Jésus, depuis le mois d'octobre 1814, jusqu'au mois d'avril 1857. — Ouvrage du P. Loriquet, réédité et augmenté, 1859.

13. — *Notice sur M. Henri-Joseph Dubois-Fournier*, 1860.

14. — *Notice historique sur le P. Louis Leleu*, de la Compagnie de Jésus, 1860.

15. — *Notice historique sur le F. Firmin Heigny*, de la Compagnie de Jésus, 1860.

16. — *Notice historique sur le R. P. François Renault*, de la Compagnie de Jésus, 1864.

17. — *Notice sur le P. Charles Dubois*, de la Compagnie de Jésus. — Œuvre posthume, 1867.

Sans autre prétention littéraire que d'exposer clairement ce qu'il voulait faire connaître, le P. Guidée a su mettre dans ses récits l'intérêt qui est le charme propre de la narration, un style à la fois simple et digne, et jusqu'à une sorte d'élégance sobre qui atteste un commerce habituel avec les bons écrivains français et les modèles de l'antiquité. Mais que de calme, de patience et de force d'âme il lui fallut pour mener à bonne fin chacun de ses ouvrages, malgré tant d'occupations si importantes! C'était là l'objet d'un étonnement universel : « Comment, mon révérend Père, lui écrivait-on de toutes parts, comment avez-vous pu mener de front tant de choses, gouverner un collége, composer des ouvrages, et cela, étant souffrant? » Ce qui était peut-être encore plus étonnant, c'est qu'il ne se laissa pas décourager au milieu des distractions sans nombre qui venaient le détourner du travail de la composition. Il me semble le voir encore à sa table de travail, coordonnant ses matériaux, écrivant, corrigeant, obligé à chaque instant de s'interrompre pour une visite ou pour une affaire, et, aussitôt après, revenant à son travail avec une inaltérable égalité d'âme : « Tenez, cher ami, disait-il un jour à un Père qui le visitait, voyez-vous ces cahiers? C'est la vie du P. Sellier que je compose. Ils sont toujours là sous ma main, afin qu'au premier moment libre je puisse m'en occuper. Je viens tout-à-l'heure d'y ajouter quelques lignes. mais il y avait trois semaines que je n'avais pu écrire un seul mot. » On conçoit que des ouvrages composés en de telles conditions n'offrent pas les traces d'une inspiration bien vive. Ils offrent du moins, ce qui a bien son prix, le suave reflet d'une âme sereine, l'accent du juste louant les justes, et l'image d'un cœur vertueux se révélant lui-même en traçant le portrait de la vertu.

CHAPITRE QUINZIÈME

VERTUS DU P. GUIDÉE.

Pour ne pas interrompre notre récit nous avons dû négliger çà et là bien des traits qui ne sont pas cependant dépourvus d'intérêt. Nous les recueillons ici. Groupés ensemble, ils offriront comme un tableau raccourci des principales vertus du P. Guidée.

I. — La foi est la vie du juste : elle animait toutes les pensées du P. Guidée et tous ses sentiments, inspirait tous ses desseins et présidait à toutes ses entreprises. Profondément imbu de la doctrine qu'il avait puisée et si souvent méditée dans les Exercices de saint Ignace, il se regardait, non pas en théorie seulement, mais en pratique et dans le détail de toutes ses actions, comme le serviteur de Dieu, obligé de consacrer tout son être au service de ce maître souverain. Se voyant régi par sa providence paternelle il avait en lui une confiance toute filiale, et avec lui une communication fréquente, parfois une familiarité très-intime. Se sachant destiné à une félicité immortelle il avait, d'une part, une profonde pitié pour « la folie du monde qui sacrifie le ciel à un peu de fumée ou de boue, » et de l'autre, un ardent désir de cette éternelle patrie, vers laquelle il tenait sans cesse son cœur et ses yeux attachés. « O bienheureuse éternité, s'écriait-il, quand verrai-je luire l'aurore de ce jour dont la clarté n'aura point de fin ! O mon Dieu, quand me sera-t-il donné de vous aimer, sans jamais plus craindre de me séparer de votre amour ! » En attendant, il se tenait uni à Dieu sur la terre le plus étroitement possible. Il s'efforçait de le voir en tout. Et, comme saint Ignace d'Antioche, il semblait porter Jésus-Christ dans son cœur. Un jeune ecclésiastique, qui ne connaissait pas le P. Guidée, l'apercevant un jour au milieu d'un cercle nombreux de prêtres, le désignait ainsi : « Cet homme qui porte en lui Notre Seigneur crucifié. »

Rappelons seulement, car le détail en serait infini, le culte attentif dont il honorait la sainte eucharistie ; le soin spécial qu'il apportait aux cérémonies, aux prières, aux chants liturgiques ; la sévérité qu'il déployait contre ceux qu'il voyait se tenir à l'église d'une façon irrespectueuse, les foudroyant de son regard ou de sa parole indignée, et ne se croyant plus obligé à aucun égard envers ceux qui ne témoignaient plus de respect envers Dieu ; la tendre piété avec laquelle il célébrait les saints mystères, s'accusant avec simplicité d'être un peu long, mais se laissant toujours entraîner au-delà des limites ordinaires par les effusions de sa foi ; la dévotion enfin qu'il professait pour le Sacré-Cœur de Jésus, son divin chef. Élève des Pères de la Foi, primitivement appelés les Pères du Sacré-Cœur, il avait hérité de leur filiale dévotion envers ce Cœur adorable ; elle avait été comme le berceau de sa vocation religieuse, elle fut le soutien et la consolation de toute sa vie. En 1856, il consacra solennellement au divin Cœur la maison confiée à ses soins, et depuis cette époque tous les ans, à la fête du Sacré-Cœur, tous les mois, chaque premier vendredi, on le voyait venir, un cierge à la main, s'agenouiller devant le Saint-Sacrement et renouveler la consécration publique avec une foi si vive, une onction si pénétrante que tous les assistants en étaient vivement émus.

S'il n'avait eu en même temps la plus tendre dévotion pour la Sainte Vierge, il n'eût pas été un véritable enfant de la Compagnie de Jésus, non plus que le disciple ou le frère des Varin, des Sellier, des Debussi. Mais il en était tout pénétré, et il ne négligeait aucune occasion de manifester ses sentiments envers celle qu'il n'appelait pas autrement que sa « bonne mère. » Il regardait comme un grand bonheur pour sa maison, d'avoir pu recouvrer la statue de la Sainte Vierge, autrefois honorée dans l'ancien collège des jésuites d'Amiens; il la conservait comme un précieux trésor. Une autre statue de la mère de Dieu, objet d'un semblable culte à Saint-Acheul, fut reçue par lui avec reconnaissance et placée dans un sanctuaire modeste, d'où elle semble étendre une protection vigilante et maternelle sur les récréations de ses chers enfants.

Ainsi la piété et la foi animaient tous les actes du P. Guidée et formaient en lui l'homme religieux : elles suscitaient aussi l'apôtre et dirigeaient le supérieur.

Comme la gloire de Dieu par le salut des âmes était l'unique but que se proposât le P. Guidée, et l'unique récompense qu'il ambitionnât pour tous ses travaux, le désir de la procurer, le zèle, était l'unique ou du moins la souveraine passion de son âme.

Cette pensée qu'il était appelé à glorifier Dieu en sauvant des âmes, le remplissait de reconnaissance et d'amour. « Quoi! mon Dieu, s'écriait-il, malgré toute mon indignité, moi coopérer à l'œuvre la plus divine de toutes les œuvres, être le coopérateur de Dieu même dans le salut des âmes ! »

Quoique naturellement fort calme, il s'échauffait dès qu'il y allait des intérêts de Dieu et des âmes. Le trait suivant en sera la preuve; il remonte à l'époque de la première préfecture du P. Guidée à Saint-Acheul.

Une mère, ayant obtenu de faire sortir son fils, l'avait mené dîner en ville. C'était un samedi. Le dîner fut servi en gras. L'enfant, qui avait communié la veille, jour de l'Assomption, et qui ne voulait pas, disait-il, commettre un péché mortel par respect humain, refusa de toucher aux aliments défendus. En vain la plupart des convives le pressèrent de faire comme eux, disant que, « eux aussi, ils étaient chrétiens, mais qu'en société il faut faire comme les autres et que de telles singularités prêtent au ridicule et rendent la religion odieuse. » Le jeune écolier répondit de son mieux à ces maximes aussi répandues qu'elles sont commodes, et persista bravement dans sa résolution. Cependant sa mère se trouvait dans une peine étrange : d'un côté, elle aurait eu mauvaise grâce à soutenir la conduite et les sentiments de son fils, après avoir suivi elle-même le mauvais exemple des autres convives; d'un autre côté, elle avait assez d'esprit pour comprendre qu'il lui siérait encore plus mal d'employer, et sans doute inutilement, son autorité pour l'engager à une transgression. Ne pouvant néanmoins garder une entière neutralité et se renfermer dans un silence absolu, elle prit le parti, pour mettre fin à la querelle, de dire qu'il fallait laisser l'enfant agir à sa guise; que, pour elle, elle serait bien fâchée de gêner sa liberté. C'étaient là de tristes maximes et une déplorable conduite.

Le P. Guidée fut instruit de ce qui s'était passé; inutile d'ajouter qu'il en fut vivement indigné. Aussi, quand cette mère peu scrupuleuse vint quelques jours plus tard prendre congé de lui, il crut devoir se plaindre auprès d'elle du grave péril auquel sa conduite peu digne d'une mère chrétienne avait exposé son enfant : il le fit d'abord avec une grande douceur ; mais quand il l'entendit ajouter à ses premiers torts celui de vouloir se justifier, il ne ménagea plus rien et donna un libre cours à son indignation, « si bien, racontent les Annales de Saint-Acheul, que la pauvre dame, confuse, troublée, ne sut que répondre et ne trouvait plus la porte pour sortir (1). »

Le P. Guidée sentait vivement les malheurs de l'Église ou de la religion. Qui ne se souvient de l'avoir vu, à l'annonce de quelque scandale ou de quelque défection, paraître tout bouleversé, élever les yeux et les mains vers le ciel, en s'écriant : « Ah ! mon Dieu ! » puis se recueillir pour prier tout bas? Que s'il ne laissait pas toujours apercevoir cette émotion violente, c'est à cause du grand empire qu'il avait sur lui-même ; mais ses confidents intimes savent combien ses impressions étaient vives et sa douleur profonde. « Que de

---

(1) Annales, p. 222.

fois, racontait Mgr Boudinet, n'est-il pas venu épancher son âme dans celle de son évêque, partager ses préoccupations, mêler ses larmes aux siennes! Et quel zèle pour le salut des âmes! ajoutait le prélat, quelle n'était pas sa joie quand il apprenait que ses Pères avaient réussi dans leurs missions et qu'ils avaient sauvé des âmes! »

Au supérieur, la foi révélait, avec la vraie notion de la communauté religieuse, le légitime exercice de l'autorité suprême. Le P. Guidée ne voyait dans la communauté qu'une famille dont Dieu est le vrai chef, et dans le supérieur qu'un intendant responsable.

Pour lui, s'il commandait avec autorité, quelquefois même avec énergie, c'était toujours au nom de Dieu et pour Dieu. L'intérêt personnel ou le caprice n'entrait pour rien dans ses prohibitions ou ses ordres; et, après plus de trente années de supériorité presque continue, il n'avait rien contracté des habitudes impérieuses ou exigeantes que produit trop souvent chez les hommes l'exercice prolongé d'une autorité absolue.

Volontiers il écoutait ses conseillers d'office et se rangeait à leur avis. Que si parfois il décidait ou agissait contrairement à leur opinion, ce n'était point pour faire acte d'autorité, mais uniquement parce que le parti qu'il prenait lui avait paru devant Dieu le plus raisonnable ou le plus utile. Mais sitôt que la vérité lui était démontrée ou bien que le supérieur avait donné une décision positive, il ne faisait aucune difficulté de revenir sur sa résolution, soit pour se ranger au sentiment commun, soit pour exécuter ce que l'obéissance avait prescrit; et cela, sans que le sacrifice imposé à son amour-propre amenât jamais le moindre refroidissement dans ses relations avec ceux dont l'opinion avait prévalu sur la sienne. Le trait suivant vient à l'appui de ces assertions.

Dans les premiers jours du collége de la Providence, faute d'espace peut-être, ou bien sous l'influence de je ne sais quels souvenirs de Saint-Acheul, le P. Guidée ne voulait, pour tous les élèves, qu'une même salle d'étude et une même cour de récréation. Son conseil, frappé des inconvénients graves qui pouvaient résulter d'une pareille mesure, hasarda des observations qui furent écoutées, mais non suivies. Le P. Guidée, ne se trouvant point convaincu par les raisons qu'on lui objectait, persista dans son idée. Un consulteur alors, pour l'acquit de sa conscience, en référa au P. Général, et quelque temps après arriva de Rome une lettre un peu sévère qui improuvait la mesure adoptée par le recteur de la Providence. Celui-ci, surpris d'abord et un peu déconcerté, fait venir son premier consulteur: « Me voilà dans un grand embarras, lui dit le P. Guidée, lisez, » et il lui présente la lettre de Rome. Le Père, après avoir lu, confesse ingénument que cette lettre ne fait que reproduire presque textuellement les observations que lui-même avait envoyées au P. Général. Le P. Guidée sourit : « En ce cas, ajouta-t-il, je n'ai plus rien à vous apprendre. Reste à nous concerter pour l'exécution de ce qui est ordonné. » Et, sans répugnance comme sans mauvaise humeur, il revint sur la mesure qu'il avait prise et fit droit aux vœux de son supérieur.

II.—C'est qu'en effet, comme il voulait qu'on lui obéît, il obéissait lui-même ponctuellement, religieusement ; il savait concilier avec l'exercice le plus ferme de l'autorité la pratique de la plus parfaite obéissance. Obéir était son bonheur et le plus grand avantage qu'il trouvât dans la vie religieuse : « Mon Dieu ! s'écriait-il, que je suis heureux que vous m'ayez appelé à la vie religieuse ! Je suis assuré de faire toujours votre sainte volonté. Avec l'indécision de caractère qui m'est naturelle, que serais-je devenu dans le siècle ? La vie eût été pour moi une espèce de martyre, tandis qu'ici toutes mes actions sont marquées par la voix de Dieu. Quel mérite dans une vie toute employée à faire le bon plaisir de Dieu, où est toute perfection ! quelle consolation de pouvoir dire à tous les instants, à la récréation comme au travail, au réfectoire comme à l'église : « Je fais toujours ce qui plaît à Dieu ; *Quæ placita sunt ei, facio semper !* »

Aussi obéissait-il avec une exactitude admirable. C'est le témoignage qu'il pouvait se rendre à lui-même avec candeur : « Je sens, disait-il un peu après sa troisième année de probation, qu'il est certaines choses dont le sacrifice me coûterait par moments. Je ne m'en tourmente pas trop, parce que l'expérience m'a démontré que, dans l'occasion, quand l'obéissance fait entendre sa voix, le sacrifice s'accomplit toujours avec consolation. » Et à ses derniers moments lorsqu'on lui parlera de son obéissance : « Oh ! pour cela, dira-t-il, j'en rends grâce à Dieu, je n'ai jamais été un religieux récalcitrant. »

Le R. P. Mertian, son dernier provincial, entendant rapporter cette parole, ajoutait en forme de commentaire : « Ah ! cela est bien vrai. Le P. Guidée était l'homme de l'obéissance. Il pouvait n'être pas toujours de l'avis du supérieur, et il proposait ses observations ; mais en cela il ne dépassait jamais les limites de la règle, et une fois que l'autorité avait parlé, c'était fini : il obéissait sans réplique et sans retard. »

Le R. P. Fessard lui rendait un semblable témoignage. Au moment où il cessait d'être son provincial, le 22 décembre 1863, il lui écrivait : « Daigne Notre-Seigneur vous récompenser de m'avoir constamment rendu à votre égard l'exercice de l'autorité si doux et si facile ! Puissiez-vous trouver toujours en vos inférieurs ce qu'il m'a été accordé de rencontrer en vous ! Alors vous ne cesserez d'être l'heureux recteur de la Providence, comme j'ai été l'heureux provincial du vénérable P. Guidée. »

S'était-il pourtant départi, ce qui était extrêmement rare, de cette simplicité d'obéissance ? ou bien s'était-il trompé dans l'exécution de quelque mesure prescrite ? il acceptait de tout cœur les remarques qui lui étaient adressées, et il ne craignait pas de s'offrir lui-même à la correction ainsi qu'à la pénitence. « J'avoue bien humblement, écrivait-il en 1854, au P. Provincial, que je me suis lourdement trompé dans l'affaire V***. — Il s'agissait d'une renonciation de biens. — J'aurais dû vous renvoyer ce bon Frère. Je m'en suis aperçu, il y a deux ou trois jours, en relisant l'Institut. Il me reste à vous demander pardon et pénitence. Je le fais de tout mon cœur. »

Une autre fois, tout en s'accusant avec humilité, il se justifiait avec une modeste franchise : « Je suis profondément affligé, mon révérend Père, disait-il, de la peine que vous ont fait éprouver les renseignements inexacts que vous avez reçus. Il est vrai que j'ai dit à un Père, et en cela j'ai eu tort et je vous en demande pénitence, que si vous insistiez sur telle mesure, — il s'agissait de la construction de la chapelle, — j'en réfèrerais à Rome. Mais que j'aie tenu en récréation le propos que l'on me prête, je n'en ai aucune souvenance. Jamais je n'ai dit, j'en suis sûr, que si le P. Provincial ordonnait, j'écrirais à Rome avant d'obéir à l'autorité du P. Provincial. Ce langage est tout-à-fait contraire à mon caractère et aux habitudes de ma vie religieuse : je crois pouvoir me rendre ce témoignage. Je vous demande de nouveau pardon de la peine que je vous ai causée, et je vous promets de veiller encore davantage sur moi. »

Il acceptait la correction fraternelle, même de la part de ses inférieurs, sans préjudice toutefois du respect dû à son autorité. Le trait suivant eut lieu quand le P. Guidée était encore supérieur à Paris. Après une journée de fatigue et de dérangements continuels, il essayait un soir de se reposer en lisant. A peine avait-il commencé sa lecture qu'on frappe à sa porte. Il ne put maîtriser un premier mouvement d'impatience. « On ne me laissera donc pas un moment de repos ! » murmura-t-il. Le malencontreux visiteur se présente : c'était un jeune scolastique qui venait timidement demander une permission. Le P. Guidée l'accueille d'un air contrarié, et lui accorde ce qu'il demande, mais d'un ton, il faut le dire, fort peu gracieux. Témoin de cette scène, un Père qui travaillait dans la chambre du P. Recteur et qui avait avec lui son franc parler, osa lui dire : « Comme vous avez traité ce pauvre jeune homme ! c'est mal, mon Père, c'est fort mal ! » — « Comment ! dit le P. Guidée, je suis excédé de fatigue, et on ne me laisse pas un moment de repos ! » — « Soit ; c'est là un inconvénient de votre charge; mais ce pauvre jeune homme, pour oser venir jusqu'à vous et vous demander cette permission, a dû peut-être se faire une grande violence, prendre son courage à deux mains; et vous le recevez de la sorte! Sera-t-il encouragé à revenir une autre fois? Et que direz-vous si désormais, au lieu de venir vous demander des permissions qui lui valent un accueil si désagréable, il les prend de son autorité privée et se décide à violer la règle? » — « J'ai eu tort, interrompit le P. Guidée : c'est vous qui avez raison; je n'agirai plus de la sorte et je réparerai ma faute. »

Plus tard, étant recteur au collége de la Providence il lui arrivait assez fréquemment d'élever la voix dans les séances publiques, et d'adresser aux jeunes académiciens des remarques d'ailleurs fort justes, mais parfois intempestives, et, à cause de cela, moins propres à corriger les enfants qu'à les troubler et même à les déconcerter tout à fait. Un jeune professeur, dont les élèves venaient d'être victimes de ces interpellations inattendues, s'en plaignit un jour en récréation devant le P. Guidée; et, comme si l'échec subi par ses élèves avait été un affront pour lui, il s'exprima avec plus de chaleur que la modestie peut-être et le respect ne l'eussent permis. Le P. Guidée cependant l'écouta avec bienveillance, essaya d'un air souriant quelques timides excuses, et finit par promettre sérieusement que désormais il prendrait mieux son temps pour faire ses observations. Il tint parole.

Mais s'il recevait avec tant de simplicité la correction fraternelle, on comprend qu'il ne se faisait pas faute lui-même de l'administrer au besoin. Il y voyait un devoir pénible, mais indispensable, duquel dépend le nerf et la vigueur de la discipline religieuse : et il s'en acquittait consciencieusement, quoique toujours avec une prudente modération. Apprenait-il qu'une infraction à la règle avait été commise? il faisait venir le délinquant, lui rappelait en peu de mots sa faute, écoutait ses excuses, s'il y avait lieu; puis, suivant les circonstances, il ajoutait quelques avis, sévères parfois quand il s'agissait d'une récidive, plus ordinairement empreints d'une mansuétude paternelle et toujours provoquant du repentir. La réprimande avait-elle produit son effet ? il ne paraissait plus y penser ; rien dans sa conduite ou dans ses paroles ne laissait apercevoir qu'il eût conservé le moindre souvenir de la faute ou un secret ressentiment contre le coupable : le devoir seul avait agi en lui, non la passion.

Que si pourtant, dans l'accomplissement de ce devoir délicat, il s'était laissé surprendre par un premier mouvement trop naturel, sitôt qu'il s'en apercevait, il en éprouvait un profond chagrin ; et, changeant de rôle incontinent, il s'empressait de réparer, par l'expression et l'humilité de son repentir, ce que sa parole avait eu de trop vif ou sa conduite de trop rigoureux. Un jour, dans une réunion de vacances, prenant trop au sérieux certains couplets qui au fond ne présentaient rien que de convenable, il interrompit assez brusquement le chanteur. Celui-ci un peu mortifié se tut ; le P. Guidée ne tarda pas à reconnaître qu'il avait été trop sévère. Il s'approcha alors de celui qu'il venait d'humilier et, d'un air repentant : « Comme j'ai été vif ! lui dit-il, je vous en demande pardon. »

Un autre jour, pendant la récréation, il avait adressé à un prêtre quelques observations qui firent de la peine ;

il s'en aperçut, et aussitôt après la récréation, il alla trouver celui qu'il avait involontairement attristé, se jeta à ses genoux, protestant qu'il n'avait point voulu lui faire de la peine, qu'il en était désolé et qu'il lui en demandait sincèrement pardon. Le prêtre se mit à fondre en larmes, sans pouvoir presque prononcer une parole : tant l'humilité de son digne supérieur l'avait profondément ému !

III. — L'humilité en effet, autant que la haute autorité dont il était investi, conciliait au P. Guidée un souverain pouvoir sur les cœurs. La foi lui avait enseigné le prix de cette vertu si chère au Cœur de Jésus, et il s'étudiait à la pratiquer en tout. « S'exercer dans l'humilité, l'abnégation et le renoncement, surtout par rapport au désir de l'estime des hommes; » telle avait été sa résolution principale après la grande retraite.

Loin de fuir, comme tant d'autres, le spectacle peu agréable des infirmités du cœur humain et des misères qui sont le triste apanage de notre nature déchue, il y tenait son regard toujours attaché pour les contempler à loisir, pour en subir la salutaire confusion, et aussi, comme il arrive aux âmes éprises d'humilité, pour s'en accuser avec une amertume souvent excessive. Ainsi, dans sa lutte constante contre l'amour-propre, « contre ce maudit levain » qu'il poursuivait jusque dans ses formes les plus subtiles et les plus insaisissables, il reconnait bien que « ce sentiment d'ordinaire n'est pas délibéré, ni même celui qui le porte principalement à agir; » cependant il finit toujours par se le reprocher comme un crime. « Où en sommes-nous ? s'écrie-t-il, hélas ! sans avoir l'ombre d'une vertu véritable, tu voudrais avoir la réputation d'un saint! avec ce fonds d'ignorance que tu te connais, tu es bien aise qu'on te regarde comme un homme instruit et qu'on te le témoigne extérieurement! » Il se plaint de ne faire aucun progrès dans la sainteté, « d'en être encore, comme il dit, à l'*a, b, c* de la vie spirituelle. »

La vérité est que sa vertu, et en particulier son humilité, se trouvait assez forte pour lui faire envisager avec courage et accepter de grand cœur les sacrifices les plus pénibles. « Je sens, disait-il, qu'une chose qui me coûterait beaucoup serait de me voir perdu de réputation, noirci par les calomnies dans l'esprit des personnes que j'estime et à l'estime desquelles j'attache du prix. Si cependant tel est votre bon plaisir, ô mon Dieu, je m'y soumets. Puis-je dire que je le souhaite? Ce serait là le troisième degré d'humilité; je sens que j'en suis encore bien éloigné; du moins j'en sens tout le prix et je souhaite l'obtenir. Aidez-moi, ô mon Dieu! »

Pour mériter l'aide de Dieu, il s'aidait lui-même malgré les répugnances de la nature, il envisageait, il désirait, il invoquait l'humiliation. « O mon Dieu, s'écriait-il, abreuvez-moi d'humiliation et de douleur pour m'apprendre à aimer l'abjection et la pénitence. » Il l'acceptait avec courage, quand elle lui arrivait, et il répétait avec le prophète. « C'est un bonheur pour moi que vous m'ayez humilié, *Bonum mihi quia humiliasti me.* » Il allait au-devant d'elle; et, à son insu, l'humilité se trahissait en lui de mille façons touchantes. — Tantôt il appelait quelque professeur pour lui soumettre ses écrits, et, dès que le jeune aristarque signalait une imperfection, un terme à changer, une phrase à éclaircir, le bon vieillard prenait sa plume en souriant ; puis, avec la docilité d'un écolier en présence de son maître, il corrigeait aussitôt le passage incriminé. — Tantôt il demandait des éclaircissements sur quelque point des règles. Lui qui avait été si longtemps provincial et supérieur, il disait un jour à un religieux beaucoup moins ancien que lui dans la Compagnie: « En relisant l'instruction aux supérieurs, je suis toujours frappé de l'obligation qu'elle m'impose d'aider tous mes inférieurs, non-seulement en général, mais chacun en particulier, à s'avancer constamment dans la perfection. Enseignez-moi donc ce que cela veut dire et comment je dois m'y prendre pour m'acquitter de cet important devoir. » — Lorsque les infirmités commencèrent à se faire sentir et qu'il put craindre de n'avoir plus l'énergie nécessaire à l'exercice de l'autorité, il appela un Père en qui il avait une grande confiance, et le supplia de lui dire franchement s'il le croyait encore capable de gouverner le collége. Pendant six années consécutives, vers l'époque où se renouvelle l'état personnel de chaque maison, il adressa au même religieux la même question ; à la septième fois, la réponse exprima un doute : aussitôt le P. Guidée écrivit au P. Provincial le priant de vouloir bien décharger ses épaules d'un fardeau reconnu trop pesant pour elles.

Un jour, — c'était dans les dernières années de sa vie, — son conseil était réuni dans sa chambre pour la consulte qui précède ordinairement la rénovation des vœux. Après avoir, selon l'usage, passé en revue tous ses subordonnés et entendu sur chacun les observations des consulteurs, le P. Guidée ajouta : « Ce n'est pas tout. Il faut que vous me rendiez le même service qu'aux autres et que vous me fassiez mon chapitre. » Et comme tous se récriaient : — « Je le veux, dit-il ; j'ai de grands défauts, je le sais bien, mais personne n'a la charité de m'avertir ; mon admoniteur (1) lui-même ne me dit rien ou presque rien. Il faut aujourd'hui que vous me disiez franchement ce que vous pensez de moi, quels sont mes défauts, et si vous croyez que je sois encore apte à gouverner la maison. Mais, ajouta-t-il, vous serez plus libres, si je ne suis pas présent. » Se levant aussitôt il prit par le bras un de ses consulteurs, et, le plaçant dans son fauteuil : « Asseyez-vous là, dit-il, vous êtes le plus ancien dans la Compagnie, présidez ; interrogez les trois autres sur mon compte et recueillez leurs remarques ; vous me les communiquerez ensuite avec les vôtres. » Il sortit, on exécuta sa volonté, et il reçut avec une touchante reconnaissance les observations qui lui furent transmises.

C'est ainsi que le P. Guidée réunissait en sa personne, sans que l'une fît jamais tort à l'autre, l'humilité du religieux avec l'autorité du supérieur. Il savait également bien allier la plus stricte observance de la pauvreté avec l'exercice le plus aimable de la charité.

IV. — Le P. Guidée avait la plus haute estime de la pauvreté, qu'il regardait, avec saint Ignace, comme le rempart des maisons religieuses et qu'il aimait comme une mère. Il la pratiquait lui-même avec un soin scrupu-

---

(1) On appelle ainsi dans la Compagnie celui qui est chargé d'avertir le supérieur de ce que sa conduite aurait de trop peu conforme à l'Institut.

leux, et il veillait à ce qu'elle fût exactement pratiquée par tous ses religieux. Son attention sur ce point était si active qu'elle parut même à quelques-uns exagérée, et qu'elle le fit parfois accuser de parcimonie malentendue. Ce fut à tort. Le P. Guidée, sans doute, n'était point naturellement prodigue, mais il n'était pas non plus parcimonieux ; il était tout simplement ménager du bien des pauvres et fidèle à maintenir intacte la pratique de la pauvreté. Tout ce qui était nécessaire, utile, convenable, il l'accordait sans peine ; mais il sacrifiait peu à l'agrément, et point du tout au faste. Toujours en garde contre la prodigalité et attentif à ne point créer de précédents qui pussent amener des usages dispendieux, il répétait souvent : « *Moriamur in simplicitate nostra ;* mourons dans notre simplicité. On est toujours porté à renchérir sur ce qui existe, jamais à revenir à la bonne simplicité de ce qui a été. Cependant y revenir est quelquefois une nécessité, et on ne saurait le faire que par des sacrifices pénibles et des mesures odieuses. C'est pourquoi mieux vaut ne jamais sortir de la simplicité que d'y revenir malgré soi. »

Mais ce qu'il ne pouvait absolument supporter, c'était de voir se perdre inutilement une chose, si petite qu'elle fût. Un morceau de pain jeté dans la cour des élèves ou traînant dans un coin lui causait une peine sensible, et valait infailliblement une punition à l'écolier négligent, s'il était découvert, et un avertissement au maître dont la vigilance se trouvait en défaut. Un livre de la bibliothèque égaré ou mal traité, du linge, des habits mal entretenus, des dégradations provenant, non d'un usage légitime ou d'un cas fortuit, mais d'un pur manque de soin, lui faisaient pousser des exclamations de douleur; « Peut-on perdre de la sorte le bien de Dieu et des pauvres? » s'écriait-il, puis, élevant les yeux au ciel, il demandait pardon pour la faute et le coupable.

Il voulait qu'on utilisât d'abord ce qui se trouvait dans la maison, et qu'on essayât de tirer parti de tout. Agir autrement, laisser les débris et les rebuts s'entasser inutilement dans les greniers; au moindre caprice faire du neuf, lorsque le vieux pouvait suffire; au moindre besoin courir chez le marchand, lorsqu'il y avait dans la maison de quoi parer à la nécessité : c'est ce qu'il appelait le *coulage*, et il n'avait pas d'expressions assez fortes pour le maudire. « Ah! le coulage, disait-il, c'est la peste, c'est la ruine d'une maison. » Aussi se montra-t-il toujours singulièrement exact, pour ne pas dire sévère, à surveiller les dépenses et à contrôler tous les comptes.

V. — Autant que sa pauvreté, la charité du P. Guidée était remarquable. Si de prime abord il paraissait froid, austère, et si, avant de le connaître, on ne s'approchait pas de lui sans une certaine crainte, cette impression disparaissait à ses premières paroles, à son premier sourire; et plus d'une fois, en sortant d'un entretien intime avec lui, des étrangers encore tout ravis de son amabilité, n'ont pu s'empêcher de dire au Frère qui les conduisait : « Quel saint et bon Père, vous avez pour supérieur ! »

« Il aimait, dit le P. Rubillon, à rendre service à ses amis du dehors et du dedans; il se dépensait volontiers pour le bien de tous, même là où il y avait le moins de reconnaissance humaine à espérer. »

Mais là où son cœur révélait toute sa tendresse, c'était, comme de juste, dans ses rapports avec les siens. Religieux ou élèves, tous, en se présentant chez lui, étaient sûrs d'être accueillis avec charité, écoutés, consolés, fortifiés. Nous avons dit avec quelle complaisance il se prêtait aux désirs des directeurs de congrégation, de patronage ou d'une autre œuvre de zèle, quand on le priait de faire une instruction quelque part : — « Croyez-vous que cela soit utile ? » demandait-il. — « Oui mon Père. » Il n'objectait plus rien : il avait accepté.

Il était toujours disposé à faire part des connaissances pratiques, fruit de sa longue expérience : « Un jour, raconte un Père, il me fit voir dans le plus grand détail comment il composait ses collections de brochures, de revues, de journaux ; comment il avait conçu ses cahiers de notes et ses livres d'affaires ; comment il les rangeait sur sa table ou dans son armoire, afin de perdre, à les chercher, le moins de temps possible ; et il me laissa tout émerveillé de son aimable condescendance. »

Comme il s'acquittait lui-même avec une sorte de scrupule de tous les devoirs de la charité fraternelle, il veillait avec la plus grande attention à ce qu'elle régnât toujours parmi les siens ; s'alarmant aux moindres apparences de division, à la moindre vivacité capable de troubler un instant la douce sérénité de la vie commune ; s'interposant aussitôt, éclairant les esprits, apaisant les cœurs. Il s'ingéniait de toutes manières à entretenir partout une sainte et expansive gaieté. Lui-même était la joie des récréations : il y arrivait d'ordinaire avec une ample provision de nouvelles, concernant l'Église ou la Compagnie, et, à défaut de nouvelles, « sa vieille mémoire » lui fournissait, à souhait des souvenirs édifiants, des traits curieux, des anecdotes piquantes, qu'il racontait avec une bonhomie pleine de grâce et de finesse.

Ses *histoires* étaient célèbres. Il avait recueilli, durant sa longue carrière, nombre de faits édifiants et curieux. Il était toujours prêt à les raconter, et on ne se lassait guère de les entendre. C'était une fête pour les enfants lorsque le P. Recteur s'en allait dans une division *raconter des histoires*; et ceux de nos lecteurs qui se trouvèrent jadis parmi ces heureux privilégiés, ne se rappelleront pas sans plaisir ces délicieuses séances, où les enfants, groupés autour de leur vénérable père, écoutaient ses récits avec un intérêt si vif et une avidité insatiable. — Invité un jour à la maison de campagne de Saint-Acheul, il s'y rendit avec ses fameux recueils d'histoires, et, pendant plus de deux heures, il captiva les jeunes religieux par le charme de sa conversation et de ses récits; bien plus, sur le désir qu'ils témoignèrent de copier quelques unes de ces charmantes histoires, il leur laissa tous ses cahiers, avec permission d'y puiser à pleines mains et d'y prendre tout ce qui leur serait agréable.

Volontiers aussi, il prenait sa part des autres divertissements de la maison de campagne, afin d'exciter ou d'entretenir la joie dans sa double famille. Les jours de grand congé, on le voyait, au milieu des plus jeunes enfants, enfourcher les chevaux de bois du carrousel, ou, avec les plus grands, descendre sur de rapides traîneaux les rampes d'une montagne russe, décorée du nom de chemin de fer. Pendant les vacances, qu'il voulait partager avec ses professeurs, il provoquait leur verve et leurs saillies joyeuses par ses francs éclats de rire autant que par ses applaudissements; et même à l'occasion, pour payer son écot, il ne dédaignait pas de chanter son gai couplet du bon vieux temps. C'est ainsi qu'il savait se faire tout à tous.

Sa charité s'étendait particulièrement sur ceux de sa famille qui portent le poids de la chaleur et du jour, sur les frères coadjuteurs. Il avait pour eux des attentions délicates. Il les suivait dans leurs travaux, les soutenait dans leurs fatigues par de bonnes paroles, par un éloge donné à propos. Le cuisinier n'était pas oublié: « Nos jours de fête sont ses jours de peine, » disait le P. Guidée: et le lendemain des jours extraordinaires il ne manquait jamais d'aller le visiter dans son office pour le remercier, s'informer s'il n'était pas trop fatigué et l'assurer qu'il s'était souvenu de lui au saint sacrifice de la messe.

Il s'occupait également des domestiques, qui avaient en lui un maître plein de bonté et même de dévouement; au point qu'on le vit, pour l'un d'eux, redevenir à la fin ce qu'il avait été au début de sa carrière, humble maître d'écriture et d'orthographe. Pendant que les professeurs se livraient dans leurs classes au haut enseignement des sciences ou des lettres, il avait, lui aussi, son élève, dont il faisait à petit bruit l'éducation dans sa chambre. C'était un pauvre enfant attaché au service de la porte, à qui il donnait tous les jours une leçon d'écriture, de grammaire française ou d'arithmétique.

Que dire de sa charité envers les malades ? Ceux de la maison, élèves ou frères, il ne passait aucun jour sans les visiter; et le matin, après la sainte messe, sa première occupation était de les aller voir et de leur adresser quelque parole affectueuse. Ceux du dehors, parents ou amis, il les visitait aussi ou les faisait visiter fréquemment par son Frère commissionnaire ; et celui-ci, un bon frère coadjuteur qui n'avait presque jamais perdu de vue le P. Guidée, rend ainsi témoignage de ses vertus et de sa charité : « Depuis cinquante-sept ans que je connais le R. P. Guidée, toutes ses actions m'ont toujours édifié, ainsi que sa fidélité à nos saintes règles ; mais ce que j'ai le plus remarqué en lui, c'est sa charité envers les malades ; il les visitait souvent, et il me les recommandait toujours, lorsque j'allais en ville. »

Tous les Frères qui ont eu des rapports avec lui ont également noté, comme un trait particulier de sa vertu, sa grande tendresse envers les pauvres. Sa position de supérieur lui donnait le droit et le moyen de les secourir, et il en usait de grand cœur. Outre les secours ordinaires qu'il faisait distribuer à bon nombre de familles indigentes, il tenait en réserve, pour les cas extraordinaires, *la bourse des pauvres*, et il était toujours prêt à l'ouvrir pour soulager une misère réelle. Il avouait qu'il avait un faible pour les malheureux ; essayait-il parfois de se montrer difficile ? il n'y pouvait réussir : le naturel reparaissait aussitôt et la charité triomphait toujours. Cependant aussi prudent qu'il était libéral, il demandait, pour la distribution de ses aumônes ordinaires, et il suivait les conseils d'une pieuse fille de saint Vincent de Paul. Avant tout il s'assurait que l'indigence qui s'adressait à lui n'était ni une feinte coupable, ni le résultat d'une oisiveté volontaire.

VI.—L'oisiveté, il ne la tolérait en personne. « L'homme

est né pour le travail, » disait-il avec les amis de Job (1). Il voulait qu'on travaillât, et lui-même donnait à tous l'exemple d'un travail incessant. De bonne heure il s'était habitué à ne jamais perdre une minute : même ces menues parcelles de temps que l'on néglige d'ordinaire, parce qu'elles sont placées entre des occupations plus importantes, il savait les mettre à profit ; pour ces moments que nous appelons perdus, il avait des exercices fixés d'avance, une lecture, une visite au Saint-Sacrement, la récitation d'une partie de l'office divin, un arrangement dans ses papiers etc. Jamais on n'entrait dans sa chambre sans le trouver occupé ou à lire, ou à écrire, ou à prier, ou à traiter quelque affaire. C'est qu'il connaissait le prix du temps, et l'une de ses peines les plus sensibles, c'était de se voir en quelque sorte forcé par sa charge de le consumer trop souvent en des visites et en des conversations oiseuses. Que de fois, dans son journal, il se plaint de cette triste nécessité ! « Encore une matinée perdue ! s'écrie-t-il avec un accent de tristesse ; qu'il est pénible de tuer le temps de la sorte! » Aussi, quand il voyait l'entretien se prolonger sans fruit, il n'hésitait pas à le rompre en se levant le premier, ou bien quand il prévoyait une longue et inutile conversation au parloir, il ne manquait pas d'aller dire au portier : « Dans un quart d'heure vous viendrez me demander. » Etait-il donc avare de son temps ? Pas plus que du bien des pauvres : il était économe de l'un comme de l'autre. Il savait s'accommoder aux circonstances, faire des visites à propos, les recevoir avec grâce, et accorder ce que réclament les convenances même les plus délicates ; mais ce tribut légitime une fois acquitté, il revendiquait son droit, et ne souffrait plus

(1) Job. V. 7.

que l'on vint, comme il disait, « gaspiller son temps. » On ne l'ignorait pas, et, soit qu'il levât lui-même la séance, soit que le portier vînt terminer l'entretien par la formule convenue : « Mon Père, on vous demande, » nul ne s'en formalisait.

Ce temps ainsi économisé, le P. Guidée avait l'art de le multiplier encore par son calme habituel et son esprit d'ordre. Son calme, en le préservant de la précipitation, lui épargnait les démarches superflues. Son esprit d'ordre, en assignant à chaque instant du jour une tâche fixe, rendait ses journées toutes pleines. Tout dans ses occupations était réglé soit d'après un règlement général, soit d'après un ordre du jour fixé dès le matin. Tout dans sa chambre, sur sa table, dans sa bibliothèque, dans ses armoires, dans ses papiers, était rangé, classé et disposé d'après un ordre commode et invariable. Il ne souffrait pas que l'on y changeât quoi que ce fût, de peur que le changement n'occasionnât quelque hésitation dans les recherches, et par suite quelque perte de temps. A cause de cela il s'appelait « un être de routine. » Routine précieuse, puisque c'est elle qui lui ménagea, au milieu des occupations multipliées de sa charge de recteur, assez de loisir pour vaquer encore aux exercices du saint ministère, entreprendre ou soutenir un grand nombre d'œuvres importantes !

VII. — Cette qualité au reste tenait à une autre plus générale : la fidélité au devoir. Le P. Guidée était, dans toute la force du terme, l'homme ou plutôt l'esclave du devoir. « Voilà ma devise, écrivait-il dans ses notes de retraite, en tout temps, en tout lieu, en toute circonstance, en santé comme en maladie, dans l'humiliation et dans la gloire, dans la vie et à la mort, il faut que je sois tout entier à ce que veut mon père : *In iis quæ patris mei sunt oportet me esse.* »

Dès que le devoir avait parlé, il ne connaissait plus d'hésitation, plus d'obstacle, plus de fatigue, plus de douleur. Le sentiment du devoir fut constamment l'unique mobile de sa conduite. Il en fit un jour l'aveu le plus formel. C'était deux ou trois années avant sa mort, vers le premier jour de l'an ; un jeune scolastique lui disait : « Mon Père, vous devez être bien fatigué de tant de visites à faire et à recevoir. Le P. Guidée lui répondit : « Mon cher Frère, je vais vous dire une chose qu'il peut vous être utile d'entendre au commencement de votre vie religieuse. Depuis que je suis entré dans la Compagnie, il y a cinquante ans, je n'ai jamais rien fait par l'attrait du plaisir ; mais j'ai toujours agi par le sentiment du devoir. C'est pourquoi rien ne me fatigue. » Comme il ne sentait pas lui-même de plus puissant motif que la pensée du devoir, il ne croyait pas pouvoir adresser aux autres de plus puissante exhortation que de leur dire : « Enfin c'est un devoir. »

Le devoir pour lui n'était point quelque chose d'abstrait, ou de vague : c'était la volonté de Dieu, nettement formulée dans les règles, les exigences de l'emploi, et les ordres des supérieurs. De là cette docilité à tous ses supérieurs qui faisait dire à ceux-ci que nul plus que le P. Guidée ne leur avait rendu l'exercice de l'autorité doux et facile. De là son respect et son amour pour la règle. Élève à l'Oratoire et à Montdidier, religieux à Saint-Acheul et à Montrouge, préfet des classes, recteur socius, provincial, à toutes ces époques de sa vie et dans toutes les situations, il a été un modèle de régularité parfaite. Sans cesse il avait la règle présente à la pensée et il en recommandait l'observation. Partout, en public ou en particulier, de vive voix ou par écrit, il répétait son adage favori : « Gardez la règle, et elle vous gardera. »

De là le caractère propre de sa dévotion et de sa direction. L'une comme l'autre était simple, ronde, pratique : « Fidélité aux exercices spirituels, se disait-il à lui-même et répétait-il aux autres, je sens toujours que la vie intérieure pour moi est dans mes exercices de piété bien faits. Plus j'avance, plus je vois que là je trouverai tout : union avec Dieu, courage pour me vaincre, force dans les tentations, *gratia sermonis* dans la direction, onction et grâce de conversion dans la chaire. C'est là toute la vie de l'homme apostolique, c'est là qu'il puise ces vertus solides d'abnégation, de mort à soi-même, d'humilité, sans lesquelles un ouvrier évangélique fera peut-être un peu de bruit, mais peu ou point de fruit. »

Être toujours en avance pour ses exercices de piété, » c'était sa maxime ; il l'enseignait aux autres, il la pratiquait le premier. Rien de ce qui l'aidait à les bien faire n'était petit à ses yeux. Pour faciliter la pratique de l'examen particulier, il portait sous ses vêtements un petit chapelet de grains mobiles, au moyen desquels il marquait à la dérobée et comptait ses fautes.

Il demandait « à se sanctifier à petit bruit dans l'accomplissement de ses devoirs journaliers. » Il se disait à lui-même : « Allons notre petit chemin sans trouble, en esprit de simplicité et d'humilité. » Il se contentait volontiers du train ordinaire de la vie commune; « mais, ajoutait-il, sous cet extérieur commun, cachons un intérieur non commun. » Et il résumait ainsi les grandes lignes de la perfection à laquelle il tendait : « L'obéissance à la voix des supérieurs comme à celle de Dieu, la participation fervente aux saints mystères, l'exercice de l'oraison bien pratiqué : voilà ce qui, avec la mortification continuelle en toutes choses, doit faire de moi un digne ouvrier du Seigneur, un jésuite vraiment rempli de l'esprit de son état. »

De là enfin ce dévouement aux obligations de sa charge jusque dans les détails les plus minutieux ou les plus pénibles. Ni le travail ne l'arrête; le corps pourra bien quelquefois succomber sous le faix, jamais la volonté. Ni l'humiliation ne le décourage; il dit quelque part dans son journal : « On m'a éconduit le plus poliment possible. Dieu soit béni! Je n'avais fait cette démarche que pour vous, Seigneur, vous me tiendrez compte de ma bonne volonté. » Ni l'ennui ni le dégoût ne l'exaspèrent; est-il distrait de ses occupations importantes par des interruptions fréquentes, des visites intempestives, des conversations longues et frivoles? il le déplore; mais il voit en cela une exigence de sa charge, il la subit avec résignation, et, à chaque page de son journal, on rencontre des réflexions de ce genre : « La matinée a été dérangée. » — « L'après-dînée s'est passée à peu de chose ; mais non pas du moins à faire ma volonté, tant mieux. »—« Visites qui se sont succédé sans interruption et qui m'ont bien fatigué. Vous l'avez voulu, mon Dieu! » Un importun a-t-il prolongé une conversation inutile? « Le temps qu'il a passé avec moi, dit le P. Guidée, était un temps précieux dont j'avais grand besoin; mais enfin, Dieu a voulu m'envoyer cette contrariété. Que votre volonté se fasse, ô mon Dieu, et non la mienne ! »

Contrariété, ennui, dégoût, surcroît de travail, rien ne l'arrêtait : il allait toujours, lentement quelquefois, mais constamment, et le devoir était toujours rempli. « Savez-vous, demandait un jour le P. Chastel à un ami du P. Guidée, savez-vous à quoi je compare notre vénérable ami ? au bœuf du laboureur qui marche lentement, mais d'un pas ferme, qui ne regarde ni à droite ni à gauche, et qui fait son sillon régulier et profond. » — « Homme pratique et dévoué, ajoutera plus tard le P. Rubillon, il fut le type du *fidelis servus et prudens*.

Bientôt il allait entendre cette douce invitation : *Euge, serve bone et fidelis, intra in gaudium Domini tui.* « Venez, bon et fidèle serviteur, entrez dans la joie de votre maître. » La fin de sa longue carrière approchait.

CHAPITRE SEIZIÈME

MALADIE ET MORT
(1866)

1. — La santé du P. Guidée n'avait jamais été robuste. Si elle parut se soutenir assez longtemps, ce fut grâce aux soins attentifs qui lui étaient imposés par la règle ou les supérieurs ; ce fut plus encore grâce à son énergie morale, qui triomphait de sa faiblesse physique. Mais, dans cette lutte continuelle d'une âme infatigable contre un tempérament débile, le corps, à force de subir la loi et d'obéir à une volonté qui le stimulait incessamment, s'affaiblit de plus en plus, jusqu'au jour où il tomba enfin pour ne plus se relever. C'est ce qui devait arriver dans les premiers jours de 1866.

La maladie qui le fit succomber affectait un organe intérieur très-important dans l'économie du corps humain. Par les soins qu'elle exige autant que par les douleurs qu'elle cause, elle est des plus pénibles. Il y avait près de trente ans que le P. Guidée en avait ressenti les premières atteintes ; mais il portait si courageusement le double fardeau du travail et de la souffrance que, jusqu'aux crises dernières, la plupart de ceux qui vivaient avec lui, se doutaient à peine des tourments qu'il recélait dans son sein.

Pour lui, il ne se faisait pas illusion ; et, malgré l'horreur naturelle qu'il avait pour la pensée de la mort, il se familiarisa de bonne heure avec elle. Dès 1855, en commençant sa retraite annuelle, il se disait : « Il est grand temps de se préparer au terrible passage. Je suis dans ma soixante-troisième année, et je sens que ma course ne saurait plus être longue. Je le sens à l'affaiblissement de mes forces, à ces infirmités cruelles, avant-courrières de la dernière heure. »

L'année suivante, il ajoutait : « La mort si sainte du P. Mallet est pour moi une grande leçon. Ainsi meurent ceux qui n'ont vécu que pour Dieu. »

Quelquefois cependant les appréhensions « du terrible passage » se faisaient vivement sentir. En 1857 particulièrement, comme il n'éprouvait pas cette faveur sensible, qui est le signe ordinaire, mais non unique, de la paix intérieure et de l'amitié de l'âme avec Dieu, il se prit à craindre de ne pas faire assez pour plaire à Dieu, de ne pas se livrer, autant qu'il le pouvait, aux exercices de la pénitence corporelle ; il alla même jusqu'à s'imaginer que l'absence de dévotion sensible était peut-être un premier symptôme d'aveuglement spirituel. Dans son angoisse, il recourut aux lumières de celui qui était le guide de son âme. Cette simplicité d'obéissance lui rendit la paix. « J'ai soumis à mon confesseur, dit-il, mes inquiétudes sur mes pénitences corporelles : il m'a dit de m'en tenir à ce que je faisais, vu l'état de ma santé. Il m'a tranquillisé aussi sur la crainte de l'aveuglement spirituel, dont je suis parfois agité. »

En 1858, il envisage la mort de plus près : « Je sens, dit-il, que la mort approche : mon âge, mes infirmités qui vont toujours en augmentant, ceux que je vois disparaître autour de moi, tout m'annonce que ma course ne saurait plus être longue; par conséquent, ajoute-t-il en 1859, plus je dois redoubler de ferveur; en est-il ainsi? Hélas! Cependant je reconnais avec actions de grâces qu'il y a progrès dans l'esprit de recueillement et d'union avec Dieu. »

Les tristes prévisions deviennent de plus en plus précises : « Les années s'écoulent, dit-il en 1863, l'éternité s'avance à grands pas. Encore une retraite, ajoute-t-il en 1864, c'est peut-être la dernière! La finirai-je même? C'est votre secret, Seigneur. Que du moins, aucune parcelle de ces jours de bénédiction ne soit perdue pour moi! »

Ce fut, en effet, sa dernière retraite; les souffrances, devenues plus vives, ne lui laissèrent pas assez de repos, la dernière année de sa vie, pour qu'il pût vaquer régulièrement à ces saints exercices.

Au mois de février 1865, la maladie, s'aggravant tout-à-coup, réclama un traitement plus suivi. Le P. Guidée s'y résigna; mais ni les soins dévoués dont il fut l'objet, ni le repos auquel il consentit à se livrer, en se déchargeant sur le P. Préfet d'une partie de ses occupations de recteur, n'amenèrent aucune amélioration à son état. Les forces allaient diminuant de jour en jour, pendant que les souffrances augmentaient. Le médecin, alarmé de ces progrès obstinés du mal, et ne voulant rien négliger de ce qui semblait offrir le plus faible espoir de les arrêter, songea à invoquer l'expérience d'un docteur de Paris qui avait traité autrefois le P. Guidée et suivi, durant plusieurs années, le cours de sa maladie. Pour cela, un séjour à Paris était nécessaire; il fut proposé. Mais tout voyage en voiture, surtout en chemin de fer, était devenu depuis quelque temps, pour le P. Guidée, une espèce de supplice et même un danger réel; plus d'une fois déjà, en allant d'Amiens à Paris, il avait couru risque de périr. Dans l'état actuel de sa santé, le voyage proposé lui inspira donc un effroi bien naturel : « Arriverai-je jusqu'à Paris, disait-il, pourrai-je en revenir? » Cependant, fidèle à la règle qui ordonne d'obéir aux médecins et aux infirmiers pour ce qui regarde le corps, à peine eut-il entendu la décision du médecin que, malgré la faiblesse extrême où il se trouvait, malgré les sinistres appréhensions qui l'obsédaient, il se mit aussitôt en devoir d'obéir. Il partit, accompagné d'un frère coadjuteur, qui devait avoir soin de lui durant le voyage. Infirmier improvisé, celui-ci n'avait d'autre science que son dévouement; le P. Guidée, néanmoins, lui demandait son avis sur tout, et il suivait ses conseils, comme il eût fait ceux du médecin, ou plutôt de Dieu lui-même.

Il ne demeura qu'une quinzaine de jours à Paris. Le docteur qu'il y était venu consulter, avait bientôt reconnu qu'il ne restait aucun espoir de guérison, les organes paralysés du malade défiant tous les efforts de l'art. Tout au plus pouvait-on, par un traitement qu'il prescrivit, reculer de quelques mois le dénouement fatal, désormais inévitable et peu éloigné.

Le P. Guidée revint donc à Amiens; il y vécut d'abord dans une alternative de jours plus ou moins mauvais, et bientôt dans une continuité de grandes souffrances. Néanmoins, il reprit, autant que possible, ses occupations ordinaires. Il s'efforçait encore de suivre la communauté en tout : la longue habitude qu'il avait de la vie commune lui rendait comme nécessaire la présence de sa famille religieuse, et, en sa qualité de supérieur, « il voulait, disait-il, se trouver à son poste, et prêcher d'exemple jusqu'au bout. »

Jusqu'au bout, en effet, il fut pour tous un modèle de régularité parfaite, n'admettant d'autres exceptions au régime commun que celles que le médecin avait prescrites, ou celles qu'une charité ingénieuse parvenait à lui dissimuler. Tous les jours il descendit avec les autres au réfectoire, jusqu'à ce qu'un accident grave qui lui survint au milieu d'un repas, le décidât enfin à permettre qu'on le servît dans sa chambre. Presque jusqu'à la même époque il refusa de prendre, contrairement à l'usage de la communauté, un peu de viande le matin; et, ce qu'il eût prescrit à tout autre, même pour des raisons moins graves, il se le refusait à lui-même, toujours dans la crainte « de donner un mauvais exemple. »

Il se couchait, il se levait à une heure fixe : le temps qu'il accordait au repos ne dépassait guère le temps ordinaire, et encore, pendant tout ce temps, la douleur qui veillait, pour ainsi dire, à son chevet, interrompait d'heure en heure, et neutralisait ainsi la bénigne influence du sommeil. Aussi, lorsque, après une nuit troublée de la sorte, le jour ramenait le moment du lever, le corps brisé du malade réclamait parfois contre une ponctualité trop rigoureuse, et sollicitait une prolongation de repos. Le P. Guidée alors, étonné, humilié de ce qu'il éprouvait en lui, se reprochait ces murmures légitimes d'une nature épuisée comme les indices de ce vilain défaut qu'il avait tant poursuivi chez les autres : « Le croiriez-vous, disait-il en soupirant, je deviens paresseux, je trouverais de la satisfaction à rester au lit le matin. »

Au mois de septembre 1865, à l'approche de la rentrée des classes, il représenta de nouveau au P. Provincial qu'il ne s'estimait plus capable de s'occuper, selon la règle, de l'avancement spirituel des siens, et, en conséquence, il le suppliait de lui enlever et le titre et la charge de supérieur, puisqu'il n'en pouvait plus remplir la principale obligation. Sa requête ne fut encore exaucée qu'à demi. Le P. Provincial se chargea lui-même de la direction spirituelle de la communauté, et confia au préfet des classes le gouvernement extérieur du collége ; mais il laissa au P. Guidée son titre de recteur. Ce titre, à la vérité, devenait désormais plus honorifique que réel, néanmoins il conservait le P. Guidée à l'école libre de la Providence, et l'on espérait que la présence de ce vénéré supérieur, la vertu de ses exemples, et la sagesse de ses conseils, contribueraient encore puissamment à la prospérité de la maison.

Hélas ! ces espérances devaient bientôt s'évanouir. Dès le mois de novembre, les progrès plus rapides du mal ne permirent plus au P. Guidée de s'occuper de la moindre affaire. Toute illusion disparut, et le P. Provincial, voulant exaucer plus complétement les vœux du saint malade, lui annonça qu'il le déchargeait enfin de toutes ses fonctions de supérieur, et qu'il ne lui laissait, avec les devoirs communs de la vie religieuse, d'autre obligation que celle de prendre et de recevoir tous les soins nécessaires au soulagement de ses douleurs et au rétablissement de sa santé, si tel était le bon plaisir de Dieu. Le P. Guidée se soumit avec une humble reconnaissance, et, non content d'avoir remercié de vive voix le P. Provincial, il lui écrivit, le 5 novembre :

« Mon révérend Père Provincial,

« *P. C.*

« Je vous remercie de nouveau de votre très-grande charité à mon égard ; j'y reconnais la tendre sollicitude d'un père pour le moindre de ses enfants. Je me conformerai en tout à vos intentions si bienveillantes. Je ne regrette qu'une chose, c'est que ma chétive personne soit l'occasion d'une surcharge pour d'autres qui sont déjà bien chargés. Mais que la très-sainte et très-aimable volonté de Dieu soit faite !

« J'ai moins souffert ces jours-ci que les jours précédents. Encore une fois : *Fiat voluntas !*

« En union de prières et de SS. SS.

« Mon révérend Père Provincial,

« $R^{æ}$ $V^{æ}$ *servus in Christo,*

« A. Guidée, S. J. »

Ainsi parfaitement résigné à la volonté divine, le P. Guidée ne s'attristait que d'une chose, de ne pouvoir plus travailler, et de voir retomber sur un seul tout le fardeau de l'administration : « Je suis un homme inutile, disait-il quelquefois à son successeur par intérim, vous avez toute la peine; je ne fais plus que me soigner ; mais, ajoutait-il aussitôt, et c'est là ce qui me console, le R. P. Provincial me l'a ordonné. »

Les souffrances elles-mêmes, loin de l'attrister, le consolaient aussi. Jadis à Montrouge, il se disait : « N'oublions pas que, pour entrer en participation de la félicité éternelle, il faut avoir partagé ici-bas la croix du Sauveur. Dieu n'admet dans son royaume que ce qui est marqué du sceau de son divin Fils. Ici-bas la croix, là-haut la gloire, le bonheur, les délices. » Aujourd'hui que la croix est venue, il n'a point changé de sentiments. Le P. Cauneille, son ancien ami de Lyon, lui avait écrit :

« Mon digne Père,

« Nous avons appris que les forces vous faisaient défaut, et que vous étiez dans un état de souffrance continuelle. Voilà ce qui s'appelle une carrière bien remplie : on l'a commencée jeune, on a travaillé comme trois ou quatre, et, quand les soixante-treize ans sonnés demanderaient du repos, ce sont les souffrances qui commencent une nouvelle série. Laissez-moi vous dire mon révérend Père et un de mes meilleurs amis, ce que j'en pense : nos saints dont vous avez esquissé la vie dans votre ménologe, veulent vous donner place dans votre recueil, et ils vous y préparent. Laissons-les faire, et souffrons en brave. »

Le P. Guidée, d'une main défaillante, répondit le 23 novembre 1865 :

« Oui, mon cher Père, le bon Dieu m'éprouve par la souffrance : c'est une grande grâce, je le sens tous les jours ; heureux si je savais en profiter ! Je n'aurais pas eu le courage de m'en imposer : il m'en envoie ; que son saint nom soit béni ! J'en avais un immense besoin. Mais je ne suis pas content de ce que vous me dites au sujet du ménologe : ce n'est pas bien. On ne dit pas ces choses-là, quand même elles seraient vraies ; encore moins quand elles sont fausses, comme dans la circonstance présente ; il faut les laisser au démon. Je vous pardonne toutefois, en faveur de notre vieille amitié, dont je vous renouvelle l'expression avec celle de mon respect. »

Le jour de Noël, le P. Guidée eut encore la consolation d'offrir le saint sacrifice ; mais ce fut pour la dernière fois. Depuis ce moment, il n'osa plus assez compter sur ses forces pour monter à l'autel ; il continua cependant à communier tous les jours, soit à la chapelle, tant qu'il put s'y traîner pour entendre la sainte messe, soit dans sa chambre, où on lui apportait le Saint-Sacrement un peu après minuit. Il le recevait avec une ferveur admirable. « Il me semble, raconte un frère coadjuteur qui le veillait, le voir encore assis dans son fauteuil, les mains jointes, attendant avec respect son Dieu et le recevant avec amour. Quelquefois, après avoir communié, il me disait : « Cher Frère, aidez-moi à faire mon action de grâces. » Et je lui récitais les actes après la communion. Il m'arrêtait de temps en temps, afin de pouvoir se livrer plus à l'aise à ses transports de joie, de reconnaissance et d'amour. Souvent il me disait : « Que Dieu est bon de venir ainsi se donner à moi, et que je suis heureux de souffrir pour lui ! »

Pareillement, il continua aussi longtemps que possible à réciter son bréviaire. Il arriva un jour pourtant où, ses forces trahissant sa dévotion, il se sentit dans l'impuissance de remplir ce pieux devoir. Il fit demander la dispense pour un jour seulement ; mais, au lieu de la dispense, il reçut la défense de réciter l'office jusqu'à nouvel ordre : il se soumit, sinon sans regret, du moins sans murmure.

Le 29 décembre fut attristé par un accident douloureux, présage d'une fin prochaine. Fidèle à suivre l'ordre commun, le P. Guidée était descendu au réfectoire pour le dîner. Cette fois, il avait trop présumé de ses forces : saisi par le froid qui était assez intense, il essaya de lutter pendant quelque temps ; mais, la douleur devenant intolérable, il donna tout-à-coup le signal pour la fin du repas, et, les grâces à peine terminées, il monta précipitamment dans sa chambre, où il fut en proie à une crise violente. On lui prodigua toutes sortes de soins et la crise se passa ; mais elle laissait un avertissement qui fut compris : c'est qu'il fallait déterminer le P. Recteur à ne plus s'astreindre aux exercices de la communauté. « Sans doute, disait-on, il eût été beau pour lui de mourir au milieu de ses enfants, victime de sa fidélité aux observances régulières ; mais sa vie ne parlait-elle pas assez haut ? n'avait-il pas surabondamment rempli le devoir de l'édification et du bon exemple ? ne devait-il pas désormais songer un peu plus au devoir de sa propre conservation ? Décidément il ne fallait plus souffrir qu'il sortît de sa chambre au péril de sa vie. » On le lui fit entendre doucement : le Frère infirmier l'engagea à ne plus descendre, « jusqu'à ce que ses mauvais moments fussent passés. » Il sourit d'un air à la fois triste et doux ; indiquant par là qu'il n'était pas dupe de cet euphémisme, mais qu'il savait bon gré à la délicatesse qui l'avait inspiré. Depuis lors, il ne sortit plus ; le dernier pas qu'il avait fait hors de sa chambre, avait été un acte de soumission à la règle ; dans sa chambre le reste de sa vie ne fut, pour ainsi dire, qu'un acte de continuelle obéissance ; il ne prenait rien, il ne faisait rien que par l'ordre ou avec la permission du médecin, de l'infirmier, des gardiens, de tous ceux enfin qui le soignaient et qu'il regardait comme les représentants de Dieu.

II. — Le 31 décembre, toute la communauté se rendit, selon l'usage, auprès du P. Recteur, pour lui exprimer les souhaits de bonne année. Il reçut ses enfants avec sa cordialité et son sourire habituels : il les embrassa tous avec tendresse, et leur recommanda de prier pour lui, afin qu'il profitât des souffrances que le bon Dieu lui envoyait. « Oui, mes révérends Pères et mes très-chers Frères, disait-il, je remercie Dieu d'une grande grâce qu'il m'a faite : cette grâce, c'est de m'avoir envoyé de grandes souffrances en ma vie : j'en connais le prix. Je m'abandonne à la providence divine. *Non recuso laborem*, mais qu'en tout sa sainte volonté soit faite ! »

Dès le premier jour de l'an 1866, il lui devint à peu près impossible de prendre aucune nourriture. Quelques cuillerées de café au lait et quelques miettes de pain, étaient tout ce qu'il pouvait supporter.

Le jeudi, 4 janvier, son état parut s'aggraver notablement. Des crises de plus en plus violentes firent craindre qu'il ne succombât tout-à-coup dans l'un de ses accès. Le docteur déclara que le temps était venu de lui administrer les derniers sacrements.

Le lendemain, 5, était le premier vendredi du mois, jour dédié au Sacré-Cœur de Jésus, et, à cause de cela, célébré par le P. Guidée avec une dévotion particulière. Ce jour-là, le P. Provincial, étant venu de Saint-Acheul, fit part au malade de la déclaration du médecin. Le P. Guidée témoigna quelque surprise : il ne se croyait pas si proche de la mort; mais il ne fut pas troublé : sa conscience était en paix. Sans délai, il se prépara à la grande action qu'on lui annonçait, avec le calme et le soin qu'il apportait toujours aux affaires sérieuses, ordonna tout ce qui était nécessaire à la cérémonie, se confessa de nouveau, puis, recueillant toutes les puissances de son âme, il s'efforça d'exciter de plus en plus sa foi et sa confiance en la miséricorde divine. A l'heure fixée, il était prêt : il attendait, avec une douce sérénité et une joie sensible, la suprême visite de Dieu, qui veut se donner à l'âme comme gage d'immortalité, et les derniers secours de l'Église, qui vient, par son ministre, consoler le mourant et le fortifier pour les derniers combats.

A quatre heures du soir, la cloche convoquait les élèves à la chapelle. Toute la communauté s'y rendait en même temps : quelques ecclésiastiques et quelques laïques que le P. Guidée lui-même avait fait prévenir, s'y trouvaient déjà. Le P. Provincial, assisté du recteur de Saint-Acheul, du préfet des classes et d'un diacre, vint prendre le Saint-Sacrement : tous les religieux et les invités laïques, un flambeau à la main, se formèrent en procession, et se dirigèrent, en psalmodiant le *Miserere*, vers la chambre du malade; pendant que les élèves, restés à la chapelle et profondément émus récitaient le chapelet et les litanies de la Sainte-Vierge pour celui qu'ils aimaient autant qu'ils le vénéraient.

Lorsque le cortége fut arrivé dans la chambre du malade, et que le Saint-Sacrement eut été déposé sur l'autel préparé à cet effet, le P. Provincial adressa quelques mots au P. Guidée.

Comme il lui disait, pour l'encourager à la confiance : « Vous avez bien servi Notre-Seigneur, » le P. Guidée l'interrompit aussitôt, et, avec un accent d'humilité profonde :

« Non, s'écria-t-il, non, non; très-mal. »

— « Au moins, reprit le P. Provincial, vous demandez pardon au bon Dieu de toutes les fautes que vous avez pu commettre?

— « Oui, oui, de tout mon cœur, dit le malade. »

— « Et nous, mon Père, continua le P. Provincial, nous vous demandons aussi pardon de toutes les peines que nous vous avons causées. »

— « Des pardons, mon révérend Père, s'écria vivement le P. Guidée, je n'en ai pas à accorder; c'est à moi à en demander et à en recevoir. Oui, mes révérends Pères et mes très-chers Frères, je vous demande pardon pour toute la mauvaise édification, pour tous les scandales que je vous ai donnés par ma vie lâche et immortifiée. Ma vie a été pleine d'irrégularités; je le vois, je le sens, je le touche au doigt. J'ai été longtemps supérieur, trop longtemps peut-être, et pour le malheur des autres;

j'ai fait de la peine à plusieurs ; mais je dois à la vérité de dire, que je n'ai jamais voulu en faire à personne. S'il s'est glissé bien souvent des motifs humains dans ma conduite, c'était contre mon gré, par inadvertance et subrepticement. Quand je le reconnaissais, j'en gémissais, je m'en humiliais profondément, comme je m'en humilie maintenant.

« Je remercie mes amis de tout ce qu'ils ont fait pour moi ; je remercie ceux qui sont présents ici du témoignage d'amitié qu'ils me donnent en ce moment.

« Quant aux membres de ma famille....... » A ces mots, l'émotion domina sa voix, et pendant quelques instants il dut laisser couler ses larmes ; puis, se reprochant tout-à-coup cet accès de sensibilité naturelle : « Pardon, mon Dieu, dit-il, pardon de cette faiblesse, » et il poursuivit :

« Quant aux membres de ma famille, j'aurais aussi bien des choses à leur dire, je désire les voir en particulier, pour leur donner mes derniers avis et ma dernière bénédiction, mais pas aujourd'hui ; car il faut que je sois tout entier à la grande action que je fais maintenant ; demain, dans la matinée. »

Le malade s'arrêta ; il avait dit tout ce qu'il voulait dire. Comme on semblait l'écouter encore, il y eut un moment de profond silence ; quelques larmes s'échappaient de ses yeux ; les assistants pleuraient aussi, et quelques-uns ne parvenaient pas à comprimer leurs sanglots.

Après quelques instants, le diacre commença le *confiteor ;* le P. Guidée l'interrompit. « Veuillez attendre un peu, dit-il, que je me sois recueilli de l'émotion que je viens d'éprouver, et que j'aie ramené toutes mes pensées à Dieu seul. » Quand il fut prêt, le diacre recommença le *confiteor* lentement ; le malade le récita avec lui d'une voix émue ; puis il reçut, avec la foi, le respect et la dévotion qui lui étaient ordinaires, le corps de Notre-Seigneur Jésus-Christ.

Pendant l'administration du sacrement de l'Extrême-Onction, il faisait de lui-même les mouvements nécessaires pour faciliter les diverses onctions. Il suivait tout avec attention, et il répondait à toutes les prières avec une sensible piété ; il recommandait que l'on essuyât avec le plus grand soin « l'huile sainte, » et, prenant quelques flocons du coton préparé, il essuyait lui-même les dernières traces de l'onction sacrée.

Nous ne dirons pas les sentiments qui se pressaient dans le cœur des assistants. Presque tous pleurèrent tant que dura la cérémonie. Quand elle fut terminée, le P. Guidée seul paraissait calme ; il attendait la mort dans une sérénité, dans une paix, qui étaient évidemment un don particulier de Dieu.

Ce calme en face de la mort finit par l'étonner lui-même. Un jour que le préfet des classes était seul avec lui : « Mon Père, lui dit-il, combien de temps pensez-vous que je vive encore ? »

Le P. Préfet, un peu étonné de cette brusque interpellation, répondit : « Mon révérend Père, je vous dois la vérité, et je vous la dirai comme je désirerais qu'on me la dît à moi-même... »

Le P. Recteur fit un signe de satisfaction.

— « Les médecins pensent que, si rien ne vient déranger le cours ordinaire de la maladie, vous pouvez encore vivre quelque temps. Mais des désordres se manifestent du côté du cœur et de l'estomac, et cela peut amener une mort assez prochaine. »

— « Ah! très-bien... Oh! je vous remercie... Je vous suis bien reconnaissant de ce que vous me parlez ainsi... Mais il est bien étonnant qu'en présence de la mort je n'éprouve aucune crainte; je suis presque effrayé de n'être pas effrayé. »

— « Pour moi, mon révérend Père, une seule chose pourrait m'étonner, ce serait de vous voir effrayé. »

— « Comment cela ? »

— « Eh! mon Père, n'ai-je pas assez longtemps vécu près de vous pour pouvoir affirmer, sans crainte d'être démenti par vous, que vous avez été un religieux obéissant ? »

Alors, le P. Guidée se relevant : — « Oh! pour cela, dit-il, j'en rends grâces à Dieu, je n'ai jamais été un religieux récalcitrant. Oh! mon Père, que cette pensée est une douce consolation, quand on arrive aux portes de l'éternité ? » Puis, après un moment, il reprit : — « Pourtant, j'ai si longtemps commandé. »

— « Oui, mon Père, mais, pour vous, commander c'était encore obéir; et cette obéissance, vous le savez, n'est ni la plus facile ni la plus agréable. Si l'on vous eût donné le choix... »

— « Si l'on m'eût donné le choix, interrompit vivement le P. Guidée... je n'aurais pas choisi. »

Il goûtait donc en son âme la paix de la conscience; mais en son corps, il avait à soutenir un rude combat contre la souffrance. Tout lui était devenu extrêmement douloureux, et sa maladie qui déterminait à chaque instant des crises aigues, et, presque autant que la maladie, les remèdes par lesquels on essayait de le soulager. Telles étaient souvent ses tortures que tout son corps en frémissait, et que ses dents s'entrechoquaient avec force. Quelquefois, au milieu de la crise, il se levait, se tenait debout, et, la houppelande jetée sur les épaules, les mains jointes devant la poitrine, la tête inclinée, il gardait le silence, avec une telle expression de souffrance peinte sur son visage que les Frères qui veillaient auprès de lui, disaient : « Nous croyions voir l'*Ecce Homo*. » D'autres fois, ajoute l'un d'eux, pendant que j'essayais de le soulager, il passait ses bras autour de mon cou, penchait sa tête contre la mienne, en soupirant : « Oh! mon cher Frère, comme je souffre! Ce sont des souffrances de l'autre monde. » — « Mon Père, lui disait-on, unissez vos souffrances à celles de Notre-Seigneur. » Il répondait aussitôt : « Oh! oui, Seigneur, de tout mon cœur, je vous les offre; je les unis aux vôtres, mon Dieu, Seigneur, ayez pitié de moi, misérable pécheur. »

La violence du mal lui arrachait parfois des gémissements, des cris de douleur, il disait alors : « Ah! mon Frère, je vous scandalise peut-être par mon impatience. Ce n'est pas la volonté qui refuse de souffrir, mais la mauvaise nature qui réclame. » Pourtant ces gémissements involontaires, il se les reprochait encore. « Je me plains! » disait-il ; ou bien : « Dites-moi, mon Frère, ceci, n'est-ce pas se plaindre? » — « Non, non, mon Père, ce n'est pas là se plaindre ; c'est la douleur qui vous fait gémir. Notre-Seigneur lui-même a gémi dans le jardin des Oliviers. » Ces bonnes paroles le rassuraient, le consolaient; il paraissait content.

Il était pénétré d'une vive reconnaissance pour ceux

qui le soignaient, et il la leur exprimait d'une manière touchante. « Quand j'y pense, raconte l'un d'eux, je suis encore tout honteux et confus. — « Mon bon ami, » me disait-il, ou : « cher enfant, » ou : « cher Frère, » car il ne se servait jamais envers moi que de ces tendres expressions. Un jour, que j'arrangeais son lit, il me dit avec son aimable sourire : « Ah! mon cher Frère, quel soin vous avez de moi; vous êtes comme une bonne mère qui veille auprès de son enfant. — Vous voulez rire, mon Père. — Non, cher ami, je dis ce que je pense ; que Dieu daigne vous récompenser ! » Un autre jour, il remercia avec effusion le frère infirmier, puis, tendant vers lui les bras : « Venez, cher Frère, dit-il, venez, que je vous embrasse. »

Monseigneur l'évêque d'Amiens vint le visiter dans les derniers jours de la maladie, et s'en retourna tout ému de l'invincible patience et de la profonde humilité du vénérable religieux. « Il m'a demandé ma bénédiction, disait-il, j'étais venu pour lui demander la sienne. »

Le jeudi, 11, la journée avait été très-mauvaise ; la nuit suivante le fut encore davantage. Dès le signal du lever le préfet des classes, qui avait passé la nuit près du malade, fit avertir la communauté qu'on allait réciter les prières des agonisants. A quatre heures et demie du matin, tous les religieux qui n'étaient pas retenus d'office auprès des élèves, entouraient leur supérieur mourant et faisaient pour lui les dernières recommandations de l'âme.

Le vénérable malade, gisant sur son lit, la tête seulement et le buste relevés par des oreillers, paraissait en proie à une cruelle agonie. Sa respiration haletante n'était plus qu'un soupir rapide qui soulevait avec effort sa poitrine; sa bouche restait entr'ouverte, ses yeux presque fermés. Humecter de temps en temps ses lèvres arides avec une éponge imbibée d'eau, c'était le seul rafraîchissement qu'il fût possible de lui procurer. En cet état, il conservait cependant toute sa connaissance; presque jusqu'à la fin, il manifesta par des signes qu'il s'associait aux prières que l'on récitait pour lui, et, sur ses traits défigurés par la souffrance, se lisait encore une expression de calme et de sérénité, reflet de la paix de son âme et de son inaltérable résignation à la volonté divine.

Son crucifix était placé sur son lit, à portée de sa main, son chapelet, enroulé autour de son bras droit: chers objets dont il ne s'était jamais séparé pendant la vie, et auxquels il s'attachait encore à la dernière heure, comme aux gages précieux de ses immortelles espérances.

Depuis que l'agonie avait commencé, la chambre du P. Guidée demeurait ouverte à tous ses enfants, et tous y revenaient aussi souvent que leurs autres devoirs le permettaient, pour contempler une dernière fois les traits vénérés de leur père, pour prier, pour pleurer en silence auprès de son lit de douleur. Les prêtres s'y succédaient sans interruption, et, tour à tour, suggéraient à l'agonisant des actes de foi, de confiance, d'amour, des invocations à Jésus, à Marie, aux saints, ou bien lui présentaient, tantôt son crucifix à baiser, tantôt de l'eau bénite pour faire le signe de la croix.

Rien de plus touchant que de voir avec quelle fidélité

il s'efforçait de profiter de tous ces secours spirituels, répétant toutes les prières que l'on récitait devant lui, ou du moins faisant signe, de la tête ou de la main, qu'il les comprenait et qu'il s'y associait de cœur. Les signes devenaient plus expressifs, les efforts pour parler plus énergiques, chaque fois que, un prêtre succédant à l'autre, une nouvelle voix avait frappé plus vivement son oreille, ou bien lorsque une invocation plus chère remuait plus doucement son âme. Ces mots : *Cor Jesu sacratissimum, miserere mei;* « Cœur très-sacré de Jésus, ayez pitié de moi, » avaient tout particulièrement le pouvoir de pénétrer jusqu'à son cœur, et, dès qu'il les avait entendus, sa bouche, redevenant presque obéissante, en redisait, d'un souffle entrecoupé, mais distinct, toutes les syllabes à moitié formées. Ceux-ci encore : *Maria, salus infirmorum;* « Marie, salut des infirmes, » lui causaient une douce émotion ; il essayait de les répéter, et, s'il n'y pouvait parvenir, il portait la main à son cœur, en signe d'union à la prière et de confiance en Marie.

Dans la journée du vendredi, 12, il avait encore assez de force pour tenir le crucifix dans ses mains. Une fois entre autres, avant de le baiser, il le regarda longtemps, et pendant que ses yeux mourants demeuraient ainsi arrêtés sur l'image du divin Sauveur, ses lèvres souriaient avec une ineffable expression d'espérance et d'amour.

Ce même jour, pendant qu'il était seul avec un Père en qui il avait toujours eu une grande confiance, il sembla tout-à-coup en proie à une agitation singulière, qu'il manifestait surtout par le mouvement de ses mains. Le

Père, pour le calmer, lui adressa quelques paroles pleines de consolation et d'encouragement, puis, s'emparant de ses mains inquiètes, il les ramena doucement sur le lit. Le malade aussitôt revenant à un calme parfait, saisit l'une des mains du Père, son ami, la retint dans les siennes, la porta lentement jusqu'à ses lèvres, contre lesquelles il l'appuya fortement, témoignage suprême d'estime, d'affection et de reconnaissance, plus éloquent que tout ce que l'on pourrait ajouter.

Le soir, le P. Préfet, étant venu le voir, s'agenouilla près de son lit, en disant : « Mon bon Père, donnez votre bénédiction à tous vos enfants, à tous les membres de votre famille et à vos bons amis. » Le malade leva la main et forma le signe de la croix très-distinctement.

Le matin venu, le P. Préfet lui dit encore : « Je dois vous quitter, je vais célébrer la messe pour vous. » Le P. Guidée porta la main à son cœur, puis il acheva le geste en étendant le bras vers celui qui lui parlait. — « Mais nous ne vous abandonnons pas, reprit le P. Préfet, voilà un prêtre qui reste auprès de vous. » La tête du malade s'inclina à plusieurs reprises comme pour dire : « Oui, oui, c'est bien. »

Vers midi, il donna encore des marques de connaissance. On annonça M. le curé de Saint-Remi. A ce nom, il tressaillit. — « Père Guidée, lui dit M. Léraillé en s'approchant, courage, confiance ! » Au son de cette voix si connue et si aimée, le mourant parut vivement ému ; il entr'ouvrit les yeux ; il tendit la main, en signe de suprême adieu, au fidèle ami de toute sa vie.

Enfin, vers trois heures, le P. Préfet, qui récitait auprès de lui l'office du saint Nom de Jésus, et lui suggérait quelques invocations tirées de l'office même, crut s'apercevoir, à quelques symptômes, que le fatal dénouement se précipitait. Il récita aussitôt l'acte de contrition, et se hâta de donner au mourant une dernière absolution. Il en achevait à peine la formule que le P. Guidée exhalait son dernier soupir, et rendait son âme à Dieu. C'était le 13 janvier, aux premières vêpres de la fête du saint Nom de Jésus, de ce nom qu'il avait ambitionné de porter, et sous lequel il avait si vaillamment combattu, durant plus d'un demi-siècle.

III. — Les âmes chrétiennes aiment à reconnaître, dans certaines coïncidences extraordinaires, des traits providentiels, des attentions de la tendresse paternelle de Dieu. Ici ces coïncidences ne sont-elles pas trop frappantes pour paraître simplement fortuites? Ce fut un premier vendredi du mois, jour consacré au divin Cœur de Jésus, que le P. Guidée reçut les derniers sacrements; neuf jours après ce fut un samedi, jour dédié à la Sainte Vierge, la veille de la fête du saint Nom de Jésus, au moment où l'Église en avait déjà commencé la solennité, qu'il rendit le dernier soupir. Ainsi le Cœur et le Nom sacré de Jésus, la protection de Marie, tout ce que le vénérable religieux avait honoré, aimé, prêché pendant sa vie, semblait se réunir pour sanctifier sa mort. Aussi les amis et les enfants du P. Guidée trouvent-ils, dans cette réunion de circonstances, une nouvelle consolation ajoutée à celle que leur offre le souvenir de ses travaux et de ses vertus. Et sa mort, comme sa vie, leur laisse à tous la douce assurance que les épreuves d'ici-bas ont fait place pour lui aux immuables récompenses du ciel.

Le 13 au soir, on lisait dans le *Mémorial d'Amiens :*
« Le R. P. Guidée a rendu son âme à Dieu, aujourd'hui à
4 heures du soir. Pour satisfaire au désir d'un grand
nombre de personnes, demain dimanche, le corps sera
exposé dans un des parloirs de l'école... En publiant
cette note, à la prière des Pères de la Providence, nous
ne pouvons pas ne pas nous associer sincèrement aux
légitimes regrets qu'une telle perte doit exciter parmi
eux, et nous ne doutons pas qu'elle ne soit aussi vivement
sentie de tous nos concitoyens. »

En effet, aussitôt que cette triste nouvelle se fut répandue, les amis et les anciens élèves du P. Guidée s'empressèrent de lui donner un suprême témoignage de leur filiale reconnaissance, et disputèrent aux élèves de la Providence l'honneur de veiller et de prier auprès de ses restes vénérés.

Toute la journée du dimanche, on vit se presser dans le parloir où le corps était exposé, une foule considérable de fidèles, avides de contempler le saint religieux sur son lit funèbre, heureux de lui faire toucher des objets de piété, et plus disposés, ce semble, à invoquer son intercession qu'à l'aider de leurs prières.

Ce qui les confirmait dans ces sentiments, c'est l'expression de douce sérénité que le P. Guidée avait conservée jusque dans la mort. « La vie de la nature était éteinte, mais il y avait, autour de cette tête vénérable, comme une atmosphère de vie surnaturelle (1), » comme une auréole de paix céleste.

(1) Le R. P. Guidée, p. 48.

Les obsèques eurent lieu, le lundi 15, dans la chapelle de la Providence. Simples et pauvres en elles-mêmes, comme devaient l'être les funérailles d'un religieux, elles furent rendues magnifiques par un concours extraordinaire d'hommes honorables, négociants et industriels, magistrats et hauts fonctionnaires de la cité ou du département, venus pour rendre à l'homme de Dieu un hommage public de vénération et d'amour. La plupart des prêtres de la ville, un grand nombre de curés du diocèse, le chapitre tout entier de la cathédrale, Mgr l'évêque lui-même, revenu exprès de sa tournée pastorale, avaient tenu à honneur de manifester hautement leur affection au vénérable religieux, dont la vie s'était si généreusement dévouée à la cause de Dieu et de l'Église.

M. l'abbé Fallières, vicaire général, chanta la messe; Mgr Boudinet fit l'absoute. La cérémonie terminée, Sa Grandeur monta en chaire, et adressa à la nombreuse assistance une allocution qui fit verser bien des larmes, mais dont nous ne pouvons reproduire qu'une froide analyse.

Monseigneur traça d'abord à grands traits le tableau de la carrière et des œuvres du P. Guidée; puis, recueillant les utiles leçons qui ressortent pour tous d'une vie si sainte et si bien remplie, aux élèves du collège il répéta ces grandes maximes du salut, l'obligation de se vaincre et de servir Dieu, que le P. Guidée savait si bien leur enseigner autrefois et qu'il leur prêche encore aujourd'hui du fond de son cercueil; aux parents il rappela les éminentes qualités de l'instituteur de leurs enfants, sa fidélité à suivre ou à deviner leurs pieuses recommandations, sa sollicitude à conserver intact le précieux dépôt qui lui était confié ; aux religieux de la Compagnie de Jésus il adressa cette exhortation de l'apôtre : « *Mementote præpositorum, qui vobis locuti sunt verbum Dei : quorum intuentes exitum conversationis, imitamini fidem* (1). N'a-t-il pas été leur maître et leur modèle ? N'était-il pas de la race de ces hommes apostoliques, l'héritier légitime des Varin, des Sellier, des Debussi, des Leleu, et de ces autres religieux, pieux et savants, qui ont fait revivre la Compagnie de Jésus en France ? Il avait leur foi vive, leur dévouement à l'Église, leur zèle infatigable pour le salut des âmes. Comme eux, il a connu, il a subi la persécution pour le nom de Jésus ; mais, comme eux aussi, il a vu luire le jour où il est bon d'avoir porté ce nom glorieux, ce nom suave, qui, après avoir été une cause de haine et une source d'ignominie, devient une cause de salut et la source d'une immortelle félicité. »

Ce fut sous l'émotion profonde de cette touchante allocution que l'immense cortége de prêtres, d'amis, d'élèves, se mit en marche vers la maison de campagne de Montières, où se devait faire la sépulture. M. l'abbé Morel, vicaire général, présidait le convoi. Les coins du poêle étaient portés par des amis et des élèves du P. Guidée, représentants du diocèse et de la cité, de Saint-Acheul et de la Providence.

Au cimetière, un ancien élève de l'école libre, avocat au barreau d'Amiens, adressa, au nom de tous, un dernier adieu au bien aimé père dont le cercueil allait des-

---

(1) « Souvenez-vous de vos supérieurs qui vous ont prêché la parole de Dieu ; et, considérant quelle a été la fin de leur vie, imitez leur foi. » Hebr. XIII, 7.

cendre dans la tombe. Enfin, la dépouille mortelle du P. Guidée fut déposée en terre, au pied de la croix que lui-même avait plantée et bénite.

Il a disparu du milieu de nous ; mais son esprit, entretenu à la Providence par les maîtres qu'il avait formés, n'a pas cessé d'animer ses enfants ; et son souvenir précieusement conservé dans la Compagnie de Jésus, ne s'effacera jamais du cœur reconnaissant de ses frères.

Le R. P. Rubillon, se faisant l'interprète de tous, a résumé l'éloge du P. Guidée en ces lignes, qui retracent fidèlement le portrait du vénérable religieux, et qui seront la meilleure conclusion de cette notice :

« Le P. Guidée a rendu de grands services. Homme pratique et dévoué, il ne s'est jamais laissé saisir par l'entraînement de briller et de paraître ; il a sacrifié son temps et tout son savoir-faire au bien de la communauté, de la province et de la Compagnie. Et ce dévouement, qui n'a jamais fléchi, accompagné d'un sens droit et pratique, en a fait un homme vraiment remarquable : ce fut un type du *fidelis servus et prudens*. Puisse la bonté divine lui susciter un grand nombre de dignes héritiers ! »

FIN.

PIÈCES JUSTIFICATIVES

I

BREF DU PAPE GRÉGOIRE XVI A MGR AFFRE

(Voir p. 199.)

VENERABILI FRATRI DIONYSIO, ARCHIEPISCOPO PARISIENSI,

VENERABILIS FRATER,

Allatum istinc ad nos est exemplum mandati, die 9 septembris a Fraternitate Tua editi, super presbyteris Societatis Jesu ad excipiendas in metropolitana Tua urbe sacramentales fidelium confessiones approbatis; quod quidem intimo perlegentes doloris sensu vix Nobismetipsis persuadere poteramus, Te edixisse ac statuisse quæ inibi habentur, quæque, — licet aliter ipse putaveris, — et congrua minime sunt canonicis sanctionibus, et hoc præsertim tempore cessura erunt in sacræ rei detrimentum. Cave tamen existimes, Venerabilis Frater, Nos hinc minori Te prosequi caritatis studio; cujus imo non aliud nunc præbere Tibi possemus luculentius documentum, quam ut nostris hisce Litteris ea de re Tecum loquamur.

Ac primum Fraternitatem Tuam considerare volumus decretum concilii Tridentini (Sess. 23, c. 15, de Reform.) de confessionibus sæcularium personarum a nullo vel regulari præsbytero nisi pos acceptam episcopi approbationem excipiendis, et recentiores in eamdem sententiam Romanorum Pontificum constitutiones non co certe spectare, ut episcopus datum inde sibi putet arbitrium adjiciendi approbationi suæ limites inutiles, aut etiam regularium confessariorum Ordini injuriosos; qualis sane præfinitio illa est, qua iidem confessiones audire prohibeantur in ecclesia sua.

Deinde, ad pœnitentium causam quod attinet, legimus in mandato Tuo discrimen positum inter homines ecclesiasticos et laïcos, et circa hos solummodo, sive feminæ sint, sive sint viri, statutum ne presbyteri Societatis Jesu, extra destinatam unicuique parochialem ecclesiam et alia quædam definita loca, sacramentales eorum confessiones auscultent. Atqui, nostra hac ætate atque in urbe ista præsertim, magnus est laïcorum imprimis virorum numerus quos nimius pudor vel derisionum metus a sacramentorum usu retrahit adhuc in præsens, aut alias retraxit. Hi autem, si justam non habeant libertatem seu confessarii, cui plane confidant, seu loci et temporis, quo illum adeant, eligendi, longe inde difficilius adduci poterunt ad eluendas per sacramentum pœnitentiæ animi sordes, divinamque subinde communionem salubriter accipiendam; aut ab assumpto jam more utriusque sacramenti rite ac sæpius suscipiendi, facile admodum recedent.

Ita igitur ex inconsultissima eadem præscriptione mandati Tui non leve animarum periculum consequetur : Tuum vero est, Venerabilis Frater, videre qualem ejus rei excusationem habiturus sis apud divinum Judicem, qui rationem ab episcopis reposcet vel unius creditarum cuique ovium, si non propria tantum, sed pastoris etiam, culpa perierit.

Post hæc fatemur ignorare Nos quare illud nominatim statueris circa solos confessarios e Societate Jesu; et qua porro auctoritate, quave ex causa, iisdem insuper interdixeris ne recedant ab urbe ista aut in eam veniant, nisi Te ante mensem consulto. Novimus tamen hanc Societatem, utpote de catholica re bene merentem, apud prudentiores et ferventiores catholicos, atque adeo apud hanc sanctam sedem magno in pretio esse; ipsam vero male audisse apud homines aut incredulos, aut sacræ Ecclesiæ auctoritati parum amicos, qui posthac nomine Fraternitatis Tuæ gloriari poterunt, ut suis contra illam calumniis fidem concilient.

De reliquo persuasum habemus Te, Venerabilis Frater, mandatum illud haud mala edixisse mente, sed aliqua potius utilitatis specie deceptum non perspexisse animo quanta inde damna consequerentur. Firmam igitur erigimur in spem fore ut, hac accepta epistola, nostraque de mandato eodem sententia perspecta, revocare illud festines. Ita et scandalum tolles quod exinde jam venerat, et insigne Nobis documentum præbebis sinceræ Tuæ erga Romanum Pontificem reverentiæ, germanæque humilitatis, qua nihil potius esse debet christiano antistiti, suas omnes spes in Eo collocanti qui *superbis resistit, humilibus autem dat gratiam*. Nec vero timendum est ut ea propter quidquam amittas apud prudentes quosque bonosque viros, qui norunt sapientis esse mutare consilium, et eo vel magis observabunt personam ac dignitatem Tuam, quo Te promptiorem viderint in Tua omni ratione ad gloriam divini nominis atque ad spiritualem gregis utilitatem accommodanda.

Interea Nostræ in Te voluntatis pignus adjungimus Apostolicam benedictionem, quam ex intimo corde depromptam Tibi, Venerabilis Frater, eidemque Tuo gregi peramanter impertimur.

Datum Romæ, apud Sanctam-Mariam Majorem die 12 octobris anni 1843, Pontificatus Nostri anni XIII.

II

DÉPÊCHE DU CARDINAL LAMBRUSCHINI
A MGR FORNARI, NONCE A PARIS

(Voir p. 253.)

4 agosto 1845.

A Monsignor Nunzio apostolico.

Illustrissimo e Reverendissimo Signore,

La lettera del R. P. Guidée, che Vostra Signoria Illustrissima e Reverendissima mi ha communicata col suo dispaccio del 22 luglio, n. 537, si riduce in sostanza a dire :

1° Che è impossibile di distruggere nel publico l'opinione che la Santa-Sede abbia preso parte alle concessioni fatte dai Gesuiti al governo.

2° Che l'espressioni adoperate dal ministero o in publici o in privati discorsi, significano che le concessione della Santa-Sede si siano già estese, o siano per estendersi a tal punto che l'autorità ecclesiastica vieti ai Gesuiti in Francia anche quello che il signor Portalis ha confessato non potersi in niun modo vietare dall' autorità laica.

3° Che per conseguenza, se tutto ciò è falso, sarebbe necessario che i vescovi fossero esattamente istruiti del vero stato delle cose.

Ora, dai miei dispacci del 28 giugno e degli 11 luglio, V. S. Illma può bene aver veduto che qui si è costantemente risposto al signor Ministro di Francia sapersi bensì che il P. Generale dei Gesuiti prenderebbe certe discrete misure di prudenza per appianare le difficoltà insorte al R. Governo ; ma alla Santa-Sede essere impossibile d'intervenire in altro modo che conformemente alle regole canoniche e ai doveri dell'Apostolico Ministero. Talché fu conchiuso che, se esistesse su tal proposito una domanda del R. Governo alla Santa-Sede, dovrebbe necessariamente esistere una risposta della Santa-Sede, convenientissima certamente nelle forme, ma negativa nel fondo.

Dapprima queste cose furono dette solamente a voce. Presentemente, con le giuste cautele per non offendere, furono chiaramente indicate anche in scritto dovendosi rispondere ad una communicazione del signor Ministro sul modo con cui è stata accolta dal regio Gabinetto la notizia dei temperamenti che i Gesuiti erano per prendere.

Da tutto ciò pertanto egli è evidente che non esiste nessun documento nè publico, nè segreto, il quale in alcun modo autorizzi l'opinione che attribuisce all'autorità della Santa-Sede le misure spontaneamente adottate dai Gesuiti.

Quanto poi all'estensione di tali misure, nè io ho mai annunziato al signor Ministro, nè egli ni ha mai detto di avere inteso dai miei discorsi che i Gesuiti dovessero perdere o alienare la proprietà delle loro case e cessare di esistere in Francia. All' opposto, egli in ultimo si è limitato a domandare che si mettessero in condizioni di permettere al Governo di non vederli, come non li ha veduti fino agli ultimi anni. Ed io ho riposto che le piccole case possono facilmente non esser vedute, le grandi, ovvero quelle che fossero collocate in luoghi dove le passioni irreligiose sono più violenti, sarebbero ridotte a pochi individui, senza precisare il numero, e di tutte poi i Gesuiti conserverebbero la proprietà.

Tale in fatti era la misura a cui le diceva nel mio dispaccio del 28 giugno potersi ridurre i sacrifici che sembravano indispensabili per evitare mali maggiori ai Gesuiti, e che essi avevano annunziato di voler fare. Tanto è lungi dal vero la supposizione contenuta nella lettera del P. Guidée, che un'autorità spirituale qualunque sia per vietar loro di rimanere in Francia come rimasero in Inghilterra ed altrove nei tempi più difficili.

Finalmente ai vescovi V. S. Illma già sa dal mio dispaccio del 18 luglio che non si è mancato di far conoscere la verità nelle riposte date loro dal Santo-Padre o da me. Ma prima ancora ch' Ella ricevesse quest'ultimo dispaccio, dai precedenti era informata del modo con cui erano passate le cose ed autorizzata a far prudente uso delle sue notizie quando lo richiedesse la necessità di combattere supposizioni ingiuriose alla verità e all' onore della Santa-Sede. Perloché non dubito che V. S. Illma abbia già date al P. Guidée le convenienti verbali risposte : come dai sui dispacci, n° 540 e 541, pervenutimi in questo momento, veggo che ha molto bene risposto al signor Ministro Guizot.

Sù questo proposito, io debbo dirle essere in primo luogo vero bensì che il signor commendatore Rossi mi lesse un'abozzo del suo dispaccio inviato poscia a Parigi il 23 giugno. Ma sebbene io non abbia motivo di supporlo, non posso sapere se, nel metterlo in forma, siasi aggiunto qualche cosa a ciò che mi fu letto.

In secondo luogo, nel foglio che mi fu letto non v'era alcuna frase significante che la Congregazione dei Gesuiti dovesse cessar di esistere in Francia. V'era la frase : *La congrégation des Jésuites va se disperser d'elle-même*, ma mi fu notato che *se disperser* è altra cosa che *se dissoudre*. Non v'era poi la frase : *Les maisons seront fermées*, ed avendo io reclamato al signor Rossi contro questa espressione allorché la lessi nel discorso del signor Guizot alla camera, egli mi assicurò positivamente di non averla scritta. Che anzi alcune persone che si credono bene informate dicono che il signor Rossi abbia fatto sapere indirettamente al P. Generale dei Gesuiti che nè egli l'avea scritta, nè in bocca del Ministro si dee intendere alla lettera.

Tutto ciò premesso, V. S. Illma potrà dire, in via di consiglio, ai Gesuiti che adempiano quel tanto che il loro P. Generale scrisse loro di fare ; non essendo obligati di oltrepassere le istruzioni del loro capo.

Con sensi della più distinta stima mi confermo

D V. S. Illma e R^{ma}

Servitore,

Roma, 4 agosto 1845.

TABLE

Avant-propos v

CHAPITRE 1er.

FAMILLE. — ÉDUCATION. — VOCATION.

I. **Famille.** — Un pèlerinage à Liesse. — La famille Guidée. — Naissance d'Achille Guidée. — Souvenirs d'enfance. 1

II. **Éducation.** — Premières études. — Le pensionnat des Pères de la Foi à l'Oratoire d'Amiens. — Souvenirs de collège. — Première communion d'Achille. — Visite du premier consul. — Translations successives du pensionnat. — Achille continue ses études au faubourg de Noyon, à Montdidier, à Plainval. — Sa régularité 3

III. **Vocation.** — Achille attiré à l'état religieux, malgré l'opposition de ses parents. — Professeur à la maîtrise de la cathédrale d'Amiens; ses collègues. — Élève au grand séminaire; ses condisciples. — Directeur à la maîtrise; son zèle. . . 9

IV. **Les Jésuites rétablis.** — Mission d'Achille à Compiègne. — Quel en fut le résultat. — Rétablissement de la Compagnie de Jésus en Belgique, en France. — Démarches que fait Achille pour y entrer. — Il y est admis à Saint-Acheul. — Sa reconnaissance 13

CHAPITRE II.

NOVICIAT ET RÉGENCE.

I. **Noviciat.** — Exercices du noviciat. — Pourquoi ils furent incomplets. — Ce qui en résulta, et comment le F. Guidée répara le déficit. — Ses notes de retraite. — Idée qu'il se fait de la perfection et des principales vertus religieuses. — Son amour pour sa vocation. — Ses résolutions. — Sa ferveur. — Ses premiers vœux. 20

II. **Régence.** — Multiplicité d'offices. — Travaux littéraires du F. Guidée. — Sa manière d'instruire et de tenir les élèves en classe. — Soin des petites choses, et humilité. — Il est élevé au sacerdoce. 29

CHAPITRE III.

PREMIÈRE PRÉFECTURE DES CLASSES.

I. **Première préfecture.** — Ce que doit être un préfet des classes. — Ce que fut le P. Guidée dans cette charge. — Activité qu'il déploie dans une difficile opération. — Singulière marque d'estime qu'il reçoit de son provincial mourant. 35

II. **Études.** — Comment le P. Guidée s'efforce d'élever et de maintenir le niveau des classes 44

III. **Discipline.** — Comment il entendait l'autorité dans un maître. — Il se fait craindre ; son ascendant ; sa manière de commander, de faire exécuter, de punir. — Il se fait estimer ; opinion que l'on a de sa vertu, de sa justice. — Il se fait aimer en prévenant les fautes, pardonnant à propos, prouvant son affection. — Témoignages de confiance qu'il reçoit des élèves. 42

IV. **Réforme.** — Le P. Guidée prépare un plan de réforme. — Il reçoit l'ordre de quitter Saint-Acheul. — Marques d'affection qu'on lui donne à son départ, puis à son retour. — Il exécute la réforme projetée. — Sa prudence et sa vigueur. — Son activité. — Le soin de sa propre perfection. — Ses sentiments à la mort du P. Louis Debussi. 52

CHAPITRE IV.

SCOLASTICAT. — SECONDE PRÉFECTURE. — TROISIÈME ANNÉE DE PROBATION.

I. **SCOLASTICAT.** — Le P. Guidée étudiant à Saint-Acheul. — Sa vie obscure et appliquée. — Il va achever sa théologie à Vitry, près de Paris. — Son talent. — Ses études. — Sa science 63

II. **SECONDE PRÉFECTURE.** — Il est rappelé à Saint-Acheul. — Changement qu'il y trouve. — Réforme qu'il y introduit. — Secours qu'il reçoit du B. Alphonse Rodriguez. — OEuvres de charité des élèves. — Fin de la préfecture du P. Guidée. 65

III. **TROISIÈME ANNÉE DE PROBATION.** — Le P. Guidée à Montrouge. — Ses dispositions en y entrant. — Sa grande retraite. — Sentiments qu'il y éprouve. — Fruits qu'il en recueille. — Ordonnances de 1828. — Sentiments du P. Guidée à cette nouvelle. — Esquisse de son caractère. 71

CHAPITRE V.

RECTORAT A SAINT-ACHEUL.

I. **GOUVERNEMENT RELIGIEUX.** — Un effet salutaire des ordonnances de 1828. — Le P. Guidée ministre, puis vice-recteur à Saint-Acheul. — Son programme de gouvernement. — Idéal qu'il se fait d'une maison religieuse. — Il entretient la ferveur : extraits de son journal. — Il anime le zèle ; travaux apostoliques. — Comment le P. Guidée les dirige et les partage. — Sa manière de prêcher. — Désintéressement dans l'exercice du saint ministère — Derniers vœux. — Le P. Guidée est nommé recteur. — La Saint-Achille. 82

II. **SAINT-ACHEUL ATTAQUÉ.** — Tracasseries universitaires. — Lettre du recteur de l'Académie au P. Guidée. — Réponse. — Révolution de 1830. — Prudence du P. Guidée. — La nuit du 29 juillet. — Saint-Acheul attaqué, envahi. — Alarmes et dispersion de la communauté. — Le P. Guidée se rend auprès du Saint-Sacrement. — Le P. de Ravignan se présente aux émeutiers. — Tumulte, dévastation. — Arrivée d'un agent de police, puis de la troupe. — Retraite et dispersion des pillards. — La communauté se réunit autour du P. Guidée. — Journée du 30. — Messages alarmants. — Le P. Guidée se décide à abandonner Saint-Acheul. — Départ de la communauté. — Réflexion du P. de Ravignan 97

CHAPITRE VI.

RÉSIDENCE A AMIENS.

I. **LA FUITE.** — Le P. Guidée errant de village en village. — Il se retire à la Sainte-Famille. — De là il visite ses enfants dispersés. — Accueil bienveillant fait partout aux fugitifs. — Le curé de Villers-Bretonneux et la famille Moirez. — Dessein des ennemis de la Compagnie déjoué par le P. Guidée. — Arrivée du P. Provincial. — Rappel des fugitifs de Saint-Acheul. — Leur départ pour l'étranger. — Leur correspondance avec le P. Guidée. 113

II. **LA DISPERSION.** — État de la communauté de Saint-Acheul. — Le P. Guidée y entretient l'union et la pratique de la règle. — Demande d'indemnité pour les dommages faits à Saint-Acheul. — Lettre du préfet de la Somme au P. Guidée. — Réponse. — Bibliothèque gratuite. — Voyage dans le nord de la France et en Belgique. — Dans quel but. — Spectacle édifiant que présentent au P. Guidée plusieurs familles chrétiennes. — Travaux apostoliques du P. Guidée. — Le choléra à Amiens. — Saint-Acheul transformé en hôpital militaire. 122

III. **RAPPORTS AVEC LA FAMILLE** — Le P. Guidée assiste sa mère mourante. — Comment il aimait ses parents. — Sa sollicitude pour leurs intérêts spirituels. — Son affection pour ses amis 138

CHAPITRE VII.

LE P. GUIDÉE SOCIUS DU PROVINCIAL.

I. **Travaux.** — Le P. Guidée est nommé socius du P. Renault. — Ses sentiments. — Il réorganise la maison de Saint-Acheul. — son travail à Lyon. — *Archivium* de la province et de la maison.   145

II. **Voyages.** — Comment le P. Guidée voyageait. — Ce qu'il remarquait, ce qu'il notait. — Ses voyages en Belgique pour la fondation du collège de Brugelette.   151

CHAPITRE VIII.

PROVINCIALAT.

I. **Administration de la province.** — Le P. Guidée provincial de Paris. — Il consolide les maisons existantes, il en fonde de nouvelles. — Son mode de gouvernement. — Ses rapports avec son supérieur, ses égaux, ses inférieurs. — Sa manière de traiter les affaires. — Il essaie de fonder un collège à Jersey.   157

II. **Institut des hautes études.** — Projet d'un établissement à Paris adopté par le P. Guidée. — Deux audiences de M. Villemain. — Programme de l'Institut des hautes études. — Fondation. — Dénonciations de la police. — Note du P. Guidée.   164

III. **Théologat de Saint-Acheul.** — Saint-Acheul dénoncé comme maison d'études. — Prudence et activité du P. Guidée. — Lettre impérieuse de M. Persil à Mgr de Chabons. — Réponse énergique du prélat. — Nouvelle lettre du ministre. — Saint-Acheul sauvé par la chute de M. Persil. — Thèse de théologie soutenue publiquement à Saint-Acheul. — Éclat compromettant. — Dénonciation au gouvernement — Annonce d'interpellations. — Le P. Guidée fait composer un mémoire justificatif. — Le théologat éloigné de Saint-Acheul — Les Jésuites attaqués au parlement, défendus par le *Journal des Débats* et M. Barthe.

— Le P. Guidée déchargé du provincialat. — Lettre du
P. Roothaan 474

IV. **Repos a Saint-Acheul.** — Le P. Guidée ministre à
Saint-Acheul. — Son application à son emploi. — Il publie le
Manuel des jeunes professeurs. 190

CHAPITRE IX.

RECTORAT A PARIS.

I. **Rapports avec Mgr Affre.** — Le P. Guidée rappelé à Paris.
— Préventions de Mgr Affre contre les jésuites de Paris. — Son
ordonnance. — Visite du P. Guidée au prélat. — Ce qu'il en
obtient. — Grégoire XVI blâme l'ordonnance ; elle est non ave-
nue. — Nouveaux malentendus. — Lettre de Mgr Affre au P. de
Villefort. — Témoignage d'estime donné par le prélat mourant. 192

II. **Insultes et calomnies.** — Le P. Guidée nommé recteur à Paris. — Il essuie les outrages des ennemis de la Compagnie. — Il confond deux journaux calomniateurs. — Il écrit
à Mgr Wiseman. — Réponse du prélat. — Part que prend le
P. Guidée à la défense de la Compagnie et à celle de l'Église. —
Il écrit à Mgr Giraud, à Mgr Parisis, à Mgr de Bonald. — Il poursuit à Rome la condamnation des erreurs de M. Cousin. 204

III. **Procès Affnaer.** — Vol d'Affnaër. — Ses calomnies. —
Angoisses du P. Guidée. — Réquisitoire de M. de Thorigny. —
Sentence. 217

IV. **Interpellations parlementaires.** — Les Jésuites
attaqués par M. Cousin, par M. Thiers. — Ordre du jour motivé. —
— Quel en fut le résultat. — Que prétendait le ministère 218

CHAPITRE X.

NÉGOCIATION ROMAINE.

I. **M. Rossi a Rome.** — Travail inofficiel de l'envoyé français.
— Son *Memorandum.* — Le P. Guidée, instruit des progrès de

la négociation, travaille à la faire échouer. — Correspondance avec Mgr Parisis. — M. Rossi échoue auprès du Pape. — Il négocie indirectement avec le général des Jésuites. — Teneur et étendue des concessions qu'il en obtient. 222

II. **LA NOTE DU MONITEUR**. — Embarras des Jésuites de France. — Le P. Rubillon part pour Rome. — Le P. Guidée vice-provincial. — Note publiée par le *Moniteur*. — Effet qu'elle produit dans le public. — Article du *Courrier Français*. — Lettre de Mgr de Beauvais, de Mgr Parisis. — Alarmes des jésuites de Paris. — Première circulaire du P. Guidée. — Lettre rassurante venue de Rome. — Seconde circulaire. — M. Guizot se déclare décidé à exécuter à la rigueur la note du *Moniteur*. — Nouvelles alarmes des Jésuites. — Efforts du P. Guidée pour susciter des défenseurs à la Compagnie. — Il écrit à Mgr Parisis ; réponse et écrit du prélat. — Le P. Guidée adresse une *Note* au nonce du Pape. — Retour du P. Rubillon à Paris. 229

III. **ÉCLAIRCISSEMENTS**. — Dépêche de M. Rossi à M. Guizot. — La note du *Moniteur* convaincue d'erreur ; la dépêche, d'exagération ; toutes deux, d'équivoque. — Malentendu entre les négociateurs. — Un piége diplomatique habilement tendu, habilement évité. — Dépêche de M. Guizot. — Réponse du cardinal Lambruschini. — Commentaire de M. Rossi. — Dépêche du cardinal Lambruschini en réponse à la note du P. Guidée 246

CHAPITRE XI.

PERSÉCUTION ET RÉVOLUTION.

I. **DISPERSION A PARIS**. — Arbitraire gouvernemental. — Les Jésuites justifiés des reproches que leur fait M. Guizot. — Dispersion de la communauté de Paris. — Sollicitude du P. Guidée, resté supérieur. — Trois maisons établies à Paris. — Le P. Guidée supérieur à la maison, rue de Sèvres. 258

II. **RÉVOLUTION DE 1848**. — Prévisions et alarmes du P. Guidée. — Journées de juin. — Mgr Affre et le P. Guidée. — Le P. Guidée et le P. de Ravignan. — Part que prend le P. Guidée à la défense de l'Église, aux luttes pour la liberté d'enseignement 263

III. **Résidence a Lille**. — Le P. Guidée supérieur à Lille. — — Ses rapports avec le cardinal Giraud. — Lettres du cardinal. — Le P. Guidée compose le *Manuel du soldat*, établit à Lille l'œuvre des militaires et celle des mères de famille. — La loi sur la liberté d'enseignement. — Le P. Guidée appelé à fonder un collège à Amiens 268

CHAPITRE XII.

RECTORAT A LA PROVIDENCE (AMIENS).

I. **Fondation de l'école**. — Initiative des anciens élèves de Saint-Acheul, secondée par Mgr de Salinis. — Difficultés relatives à l'emplacement, à la nature de l'établissement. — Ouverture des classes. — Excellent esprit des élèves. — Ferveur de la communauté religieuse. — Dévouement du P. Guidée. 276

II. **Constructions**. — Ce qu'étaient les bâtiments au commencement de l'école. — Ceux que fit construire le P. Guidée. — Critiques qu'ils soulèvent. 286

CHAPITRE XIII.

ŒUVRE DE L'ENSEIGNEMENT.

I. **Instruction**. — But que se propose la Compagnie dans les collèges. — Le *Ratio studiorum* — Le P. Guidée travaille à le remettre en vigueur. — Soin qu'il prend des maîtres, des élèves, des lettres. — Il veut des études solides, classiques, chrétiennes. — Luttes qu'il a à soutenir. 289

II. **Éducation**. — Comment le P. Guidée entendait l'éducation. — Il cultive la religion dans le cœur des enfants. — Ses instructions. — Sa sollicitude pour l'âme des élèves. — Les *Pensées d'Humbert*. — La retraite des anciens. — Il développe la piété filiale et soutient l'autorité des parents. — Sa conduite envers les parents faibles ou inconsidérés, envers les élèves. — Fermeté et bonté 304

III. **Résultats**. — Injuste préjugé contre les études dans les colléges de la Compagnie. — Etat prospère de l'instruction aussi bien que de l'éducation à l'école de la Providence. — Témoignages divers. — La fête du P. Guidée. 314

CHAPITRE XIV.

ŒUVRES DIVERSES.

I. **Œuvre des militaires**. — Le P. Guidée établit à Amiens l'œuvre des militaires. — Organisation. — Prospérité. — Destruction de l'œuvre. 321

II. **Œuvre des saltimbanques**. — Origine de cette œuvre. — Débuts peu encourageants à Amiens. — Progrès et résultats remarquables. 326

III. **Œuvre des écoles catholiques en Suède**. — Le P. Guidée reçoit du P. Loriquet la mission de soutenir l'école catholique de Stockholm. — Histoire de cette œuvre. — Ses progrès. — Ses résultats. — Ses épreuves. 334

IV. **Œuvres littéraires**. — Vie du P. Varin. — Jugements sur cet ouvrage. — Autres ouvrages du P. Guidée. — Le P. Guidée écrivain , ... 344

CHAPITRE XV.

VERTUS DU P. GUIDÉE.

I. **Foi**. — Esprit de foi. — Dévotion à Notre-Seigneur, à la Sainte-Vierge. — Zèle pour la gloire de Dieu. — Exercice de l'autorité. 350

II. **Obéissance**. — Témoignages rendus à l'obéissance du P. Guidée. — Simplicité à recevoir comme à faire la correction fraternelle. 356

III. **Humilité**. — Estime et exercice de cette vertu. 362

IV. **Pauvreté** 365

V. **Charité** envers les étrangers, ses frères, les malades, les pauvres 367

VI. **Emploi du temps.** — Application au travail. — Esprit d'ordre 371

VII. **Fidélité au devoir**, à la règle, aux exercices de piété, à la vie commune, aux obligations de sa charge. 373

CHAPITRE XVI.

MALADIE ET MORT.

I. **Souffrances.** — Sentiments du P. Guidée à l'approche de la mort. — Sa régularité exemplaire. — Comment il supporte la souffrance 378

II. **Derniers moments.** — Le P. Guidée est déchargé de ses fonctions. — Il reçoit les derniers sacrements. — Son calme en présence de la mort. — Sa reconnaissance envers ceux qui le soignent. — Son agonie. — Sa mort 388

III. **Funérailles** — Concours extraordinaire. — Discours de Mgr l'évêque d'Amiens. — Le P. Guidée est enterré à Montières. — Son éloge par le P. Rubillon 399

PIÈCES JUSTIFICATIVES.

I. Bref du pape Grégoire XVI à Mgr Affre, archevêque de Paris. . 406

II. Dépêche du cardinal Lambruschini au nonce de Paris, en réponse à une note du P. Guidée 408

FIN

AMIENS. TYP. LAMBERT-CARON, IMP.-LIB. DE MGR. L'ÉVÊQUE.

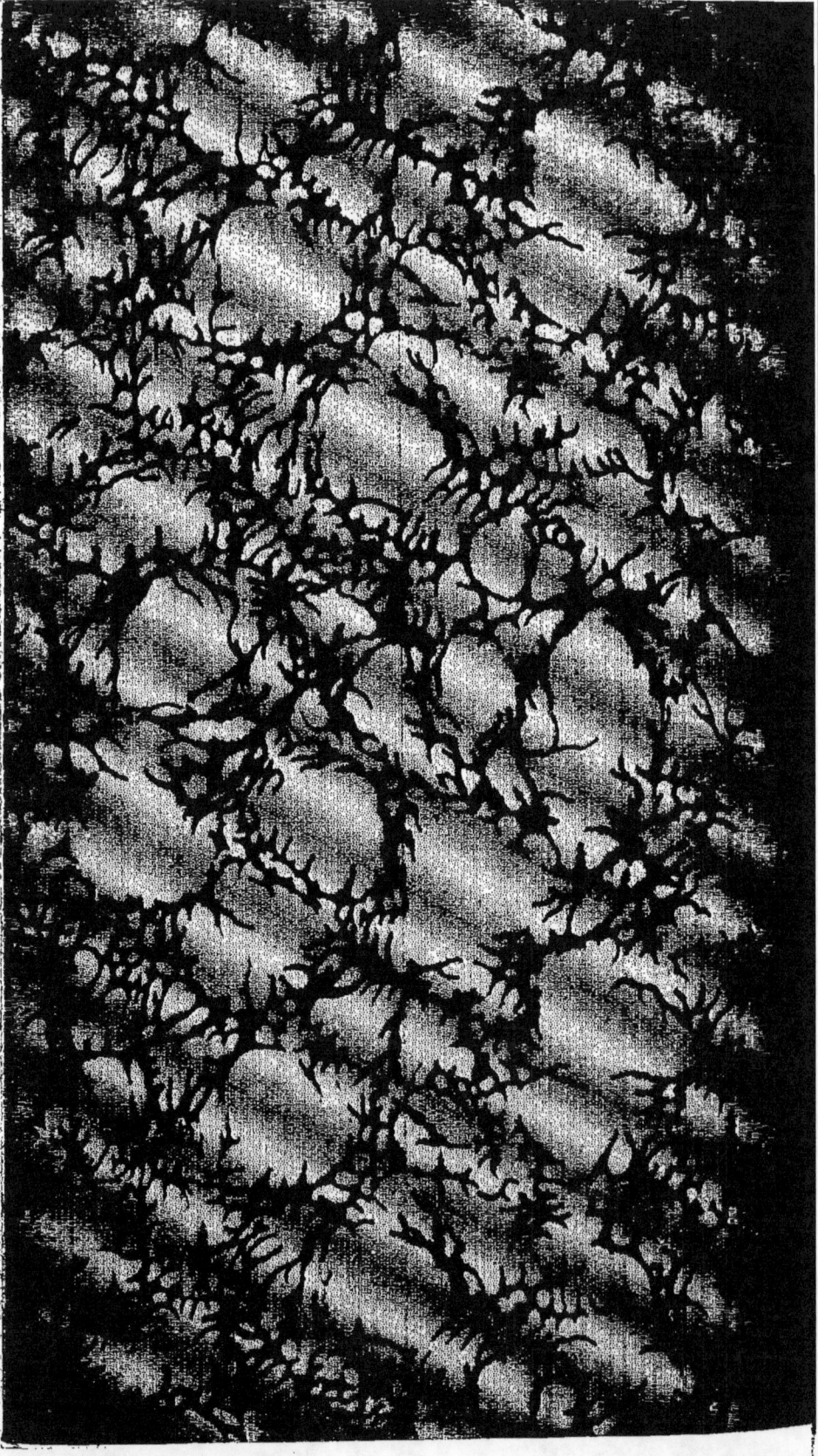

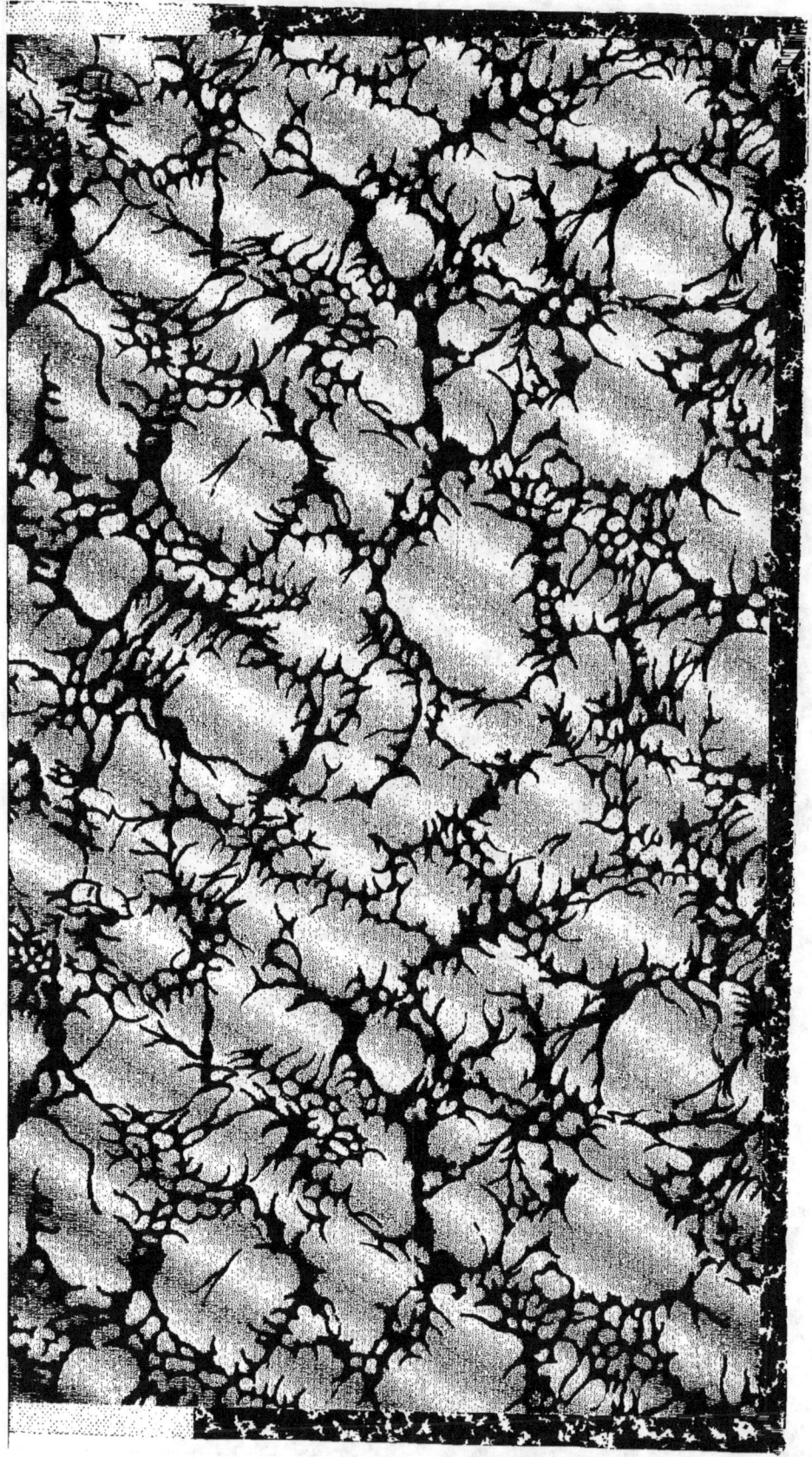

www.ingramcontent.com/pod-product-compliance
Lightning Source LLC
Chambersburg PA
CBHW070616230426
43670CB00010B/1544